U0934547

珍藏本
纪念版

汉译世界学术名著丛书

# 财产、法律与政府

## 巴斯夏政治经济学文萃

〔法〕弗雷德里克·巴斯夏 著

姚中秋 译

2017年·北京

Frédéric Bastiat

**SELECTED ESSAYS ON POLITICAL ECONOMY**

本书根据 the Foundation for Economic Education

1995 年版译出

# 汉译世界学术名著丛书
# (120 年纪念版·珍藏本)
# 出 版 说 明

2017 年 2 月 11 日，商务印书馆迎来 120 岁的生日。120 年前，商务印书馆前贤怀揣文化救国的理想，抱持"昌明教育，开启民智"的使命，立足本土，放眼寰宇，以出版为津梁，沟通中西，为中国、为世界提供最富智慧的思想文化成果。无论世事白云苍狗，潮流左右激荡，甚至战火硝烟弥漫，始终践行学术报国之志，无改初心。

迻译世界各国学术名著，即其一端。早在 20 世纪初年便出版《原富》《天演论》等影响至今的代表性著作，1950 年代后更致力于外国哲学和社会科学经典的译介，及至 1980 年代，辑为"汉译世界学术名著丛书"，汇涓为流，蔚为大观。丛书自 1981 年开始出版，历时三十余年，迄今已推出七百种，是我国现代出版史上规模最大、最为重要的学术翻译工程。

丛书所选之书，立场观点不囿于一派，学科领域不限于一门，皆为文明开启以来，各时代、各国家、各民族的思想与文化精粹，代表着人类已经到达过的精神境界。丛书系统译介世界学术经典，引领时代思想，为本土原创学术的发展提供丰富的文化滋养，为推动中国现代学术和现代化进程做出了突出的贡献。

为纪念商务印书馆成立120周年，我们整体推出“汉译世界学术名著丛书”120年纪念版的珍藏本，寄望既利于文化积累，又便于研读查考，同时向长期支持丛书出版的译者、编者和读者致以敬意。

两甲子后的今天，商务印书馆又站在了一个新的历史时间节点上。我们不仅要铭记先辈的身影和足迹，更须让我们的步伐充满新的时代精神。这是商务人代代相传的事业，更是与国家和民族的命运始终紧密相连的事业。我们责无旁贷，必须做好我们这代人的传承与创造，让我们的努力和成果不仅凝聚成民族文化的记忆，还能成为后来人可以接续的事业。唯此，才能不负前贤，无愧来者。

商务印书馆编辑部

2017年10月

# 目　　录


前　言 …………………………………… F. A. 哈耶克 1
第 一 章　看得见的与看不见的 ……………………… 5
第 二 章　法律 ……………………………………… 68
第 三 章　财产权与法律 …………………………… 140
第 四 章　正义与博爱 ……………………………… 163
第 五 章　国家 …………………………………… 193
第 六 章　财产权与掠夺 …………………………… 207
第 七 章　贸易保护主义与共产主义 ………………… 258
第 八 章　掠夺与法律 ……………………………… 299
第 九 章　学位与社会主义 ………………………… 315
第 十 章　反对政治经济学教授的战争宣言 ………… 383
第十一章　关于压制产业工会的讲话 ……………… 391
第十二章　致民主人士 …………………………… 409
第十三章　贸易差额 ……………………………… 414
第十四章　蜡烛制造商关于禁止太阳光线的陈情书 ………… 419
翻译说明 ………………………………………… 425

# 前　言

F. A. 哈耶克

即使那些怀疑巴斯夏作为经济学家没有什么出众之处的人也会同意，他是一位天才的政评作家。约瑟夫·熊彼特曾称他为“有史以来最出色的经济新闻记者”。为了介绍现在您手头这本收入了他写给普通公众的最成功的文集，我们倒是很乐意承认这一点。我们甚至可以同意熊彼特对巴斯夏的苛评，他说“他不是一位理论家”，但这一点却也并不足以抹杀他的地位。在其非常短暂的写作生涯快要终结的时候，他确实曾想为他的一般性概念提供一种理论上的论证，但他最终没有讨得专业圈内的欢心。一位经济学家针对公共事务仅仅撰写了 5 年评论，然后在绝症迅速地侵袭之际的几个月时间内，为自己截然不同于既有学说的论点进行辩护而取得如此大的成就，可能真的就已经是一个奇迹了。然而，人们可能会问，恐怕不会是他年仅 49 岁时就英年早逝的事实，才使他没有取得更大成就。但是，他那雄辩的著述当然证明，他对什么是重要的问题具有洞察力，也具有把握事物本质的天赋，而按说这能够为他提供丰富的材料，从而对科学做出真正的贡献。

证明这一点的再好不过的例子，就是收入本书的第一篇，他那著名的《政治经济学中什么是看得见的什么是看不见的》。从来没

有人用这么一句简单的话就清楚地揭示了理性经济政策的关键难题所在,我还想加上一句,也为经济自由给出了决定性的论证。正是因为他把整套这种观念浓缩为几个单词,我才在上一段中称他为"天才"。他围绕这句话组成的一篇文章,就清楚地阐明了一整套自由至上主义的经济政策体系。这句话尽管只是头一篇文章的题目,实际上它是整本书的一个纲领。巴斯夏在反驳他那个时代流行的谬见的时候,一遍又一遍地阐明了其含义。我后面将会提到,尽管他所驳斥的那些看法,今天只是穿上了一件更为复杂的外衣,但其实质自巴斯夏以来,并没有根本改变。不过,首先我想就他的核心观念的一般含义多说几句。

显而易见的是,如果我们仅仅根据经济政策措施的当下的和可以具体地预测得到的效应判断这些政策,那么,我们就不仅不可能实现某种可以维续的秩序,还将必然一步一步地丧失自由,从而阻止了比我们的措施所可能产生的后果更好的东西之出现。自由对于各不相同的个体充分地利用只有他们自己才了解的具体环境和条件来说,是非常重要的。因此,如果我们限制他们以自己乐意的任何方式服务于其他人的自由,那么,我们从来不知道,我们已然阻止了什么样的有益的行动。而所有的干预行动,就正是这样的限制。当然,这些干预行动总是许诺要达到某些明确的目标。而只有完全阻止一些个体的某些不为人知、却有益的行动,政府的这类行动才能每次都达到其事先预见到的直接结果。其后果就是,如果这样的决策一个接一个,并且不受对作为一种普遍原则的自由的忠诚的约束,那么,我们必然会在几乎所有方面丧失自由。巴斯夏把选择的自由看作是一种道德原则,绝不能出于权宜的考虑而牺牲自由，这是十分正确的。因为，假如只有在废止自由的具体损害能够被明确指认出来时才尊重自由，那么，自由的任何方面就都不是不能废止的了。

巴斯夏对他那个时代谬种流传的诸观点予以迎头痛击，今天，很少有人再像当时那样那么天真地使用那些论证，但我请读者不要自欺欺人，以为同样的谬论在当代经济学讨论中已经销声匿迹了：今天，那些观点只不过是以一种更为复杂的形态出现，因而也更难察觉。读者如果逐渐认清以更简单的形态表现出来的这些大量的谬误，那么，当他看到从那些看起来更为科学的论证中得出的同样的结论，至少就会更为小心。当代经济学的一大特征，就是用日新月异的证据来论证那些十足错误的见解，那些见解的魅力非常之大，因为从它们那里推论出来的定理太令人愉快或者是太方便了：支出是好事情，而储蓄是坏事情；浪费有益，节约会伤害广大群众；钱掌握在政府手里，要比掌握在民众手里更好一些；保证每个人得到自己应得的东西是政府的职责，等等。

在我们这个时代，所有这些想法仍在大行其道。唯一的区别就在于，巴斯夏在驳斥这些看法时，有整个专业经济学家队伍站在他一边反对利益集团所使用的那些流行的俗见，而今天，同样的看法却是由某种极有势力的经济学派，用门外汉根本就不懂的、给人印象深刻的词汇提出来的。在这些谬论中是否有某一点，人们原本以为巴斯夏已将其一劳永逸地驳倒了，恐怕再也难以见到其复活了？这一点还真成疑问。我不妨举一个例子。在巴斯夏非常著名的经济学寓言《蜡烛制造商关于禁止太阳光线的陈情书》中讽刺说，应该禁止房子上安装窗户，因为蜡烛制造商的繁荣会给所有人带来好处。然而，法国一本颇为有名的经济学史教科书最新版上却为这篇文章加了一条脚注："必须注意到，按照凯恩斯关于不充分就业的假设及乘数理论，严格地说，蜡烛制造商的说法是完全成立的。"

有心的读者将会注意到，巴斯夏驳斥了那么多我们似曾相识的经济学万应药，不过，我们这个时代的一个重要危险他却似乎没有预料到。尽管他也批驳了他那个时代信用问题上的种种奇谈怪论，不过在他那个时代，由政府赤字造成直线上升的通货膨胀，却不是太大的危险。在他看来，支出的增加必然立刻导致加捐增税。原因就在于，在他那个时代，所有的人，只要一生经历过一次大的通货膨胀，就再也不会容忍货币持续贬值这样的事发生。因此，如果有读者看到巴斯夏觉得需要加以反驳的那些很简单的谬误之后有一种优越感，那他应该记住，就某些方面而言，100 年前的那些人其实比我们现在的人要明智得多。

# 第一章　看得见的与看不见的[①]

在经济领域，一个行动、一种习惯、一项制度或一部法律，可能会产生不止一种效果，而是会带来一系列后果。在这些后果中，有些是当时就能看到的，它在原因发生之后立刻就出现了，人们都能注意到它；而有些后果则得过一段时间才能表现出来，它们总是不被人注意到，如果我们能够预知它们，我们就很幸运了。

一个好经济学家与一个坏经济学家之间的区别就只有一点：坏经济学家仅仅局限于看到可以看得见的后果，好经济学家却能同时考虑可以看得见的后果和那些只能推测到的后果。这种区别可太大了，因为一般情况都是，当时的后果看起来很不错，而后续的结果却很糟糕；或者恰恰相反。于是，事情经常就是，坏经济学家总是为了追求一些当下的好处而不管随之而来的巨大的坏处，好经济学家却宁愿冒当下的小小的不幸而追求未来的较大的收益。

当然，无论在卫生和道德领域都存在同样的现象。通常，一种



① 本文发表于1850年7月，是巴斯夏最后写作的一篇作品。它的问世耗费了一年多时间。时间之所以拖得这么长，是因为在搬家时丢失了本文的手稿。寻找了很长时间，最终也没有找到。他决定全部重写，并挑选自己刚刚在国民公会发表的讲话作为论证的主要基础。写完之后，巴斯夏又觉得自己太过于严肃了，于是将其付之一炬，重新写了现在我们看到的这篇文章，因此，本文是名副其实的三易其稿。——法文版编者注

当时让人觉得舒坦的好习惯，后来总是带来痛苦，比如，生活放荡、懒惰、挥霍浪费。一个人如果仅仅注意到一种习惯的可以看得见的后果，而没有洞悉那些当时看不到的后果，他就会沉溺其中而不能自拔。他这样做，不仅仅是天生的嗜好，也自以为是经过深思熟虑的。

这说明了人必然要经历一个痛苦的过程。当他还在摇篮中时，处于无知之中，他就根据行动的当下的后果调整自己的行动，在他年幼时，也只能看到这种后果。只有在经过较长时间后，他才知道还应该考虑其他后果[①]。有两个截然不同的导师教会他认识到这一点：经验和远见。经验有效而残酷地教育了他。我们的深切感受教导我们了解一个行动的所有后果：火如果烧到我们自己，从这一感受中，我们最终必然认识到，火在燃烧。不过，我还是想尽可能地用一个更温和的导师即远见替代这位过于粗暴的导师。为此，我将研究几个经济现象的各种后果，把看得见的后果与看不见的后果进行一番对比。

## 1. 破窗理论

你是否见过这位善良的店主——詹姆斯·“好人”先生[②]生气的样子？当时，他那粗心的儿子不小心砸破了一扇窗户玻璃。如果你置身于这样的场合，你恐怕会看到这样的情景，围观者，哪怕

① 参见《和谐经济论》第十章。——法文版编者注

② 在法语中 Jacques Bonhomme 就像英语中的“约翰牛”一样，用来指讲究实际的、负责任的、傲慢不逊的普通人。——英译者注

有三五十个人，都会异口同声如此这般地安慰这位不幸的店主："不论发生什么不幸的事，天下总有人会得到好处。人人都得过日子呀，如果玻璃老是不破，要玻璃工干什么呀。"

现在，这种千篇一律的安慰已经形成为一种理论，我们将用这个简单的例子来说明这一理论。我们会发现，很不幸，就是这样的理论在指导着我们绝大多数的经济制度。

假定这块玻璃值 6 法郎，你就会说，这个事故给玻璃工带来了 6 法郎的生意——它提供了 6 个法郎的生意——这我承认，我绝不会说这不对。你的话很有道理。这位玻璃工赶来，履行自己的职责，然后拿到 6 个法郎，在手里掂量掂量，而心里则感激那个莽撞的孩子。这些都是我们能够看到的。

但是，另一方面，假如你据此推论，得出结论——人们确实常常得出这样的结论——说打破玻璃是件好事，说这能使资金周转，说由此可以导致整个工业的发展，那就容我大喝一声：绝不会有这种好事！你的理论只看到了能看到的一面，而没有考虑看不到的一面。



看不到的那一面就是，由于我们的这位店主在这件事上花了 6 个法郎，他就不能用这 6 法郎办别的事了。你没有看到的是，如果他不修补这扇窗户，那么，或许就可以换掉自己的旧鞋，或者给自己的书架上再添一本新书。简而言之，如果没有发生这起事故，他就可以用这 6 法郎干别的事。

下面让我们把工业作为一个整体，来看看这一事故对它的影响。现在窗户打破了，玻璃工的生意增加了 6 个法郎，这是我们已经看到的。如果窗户没有破，鞋匠（或别的什么人）就会增加 6 个法郎的营业额，这是我们看不见的。

而如果在看得见的一面之外——这是积极的事实，也考虑一下看不见的一面——这是消极的事实，那么，我们就会明白，不管窗户是打破还是完好，对整个工业，乃至全国的就业，都没有好处。

现在，让我们站在詹姆斯·好人先生的角度考虑一下。第一种情况，如果窗户被打破了，他花了6法郎，那么，他从窗户中得到的享受，既不会比从前少，但也不会比从前多。第二种情况，假如窗户没有被打破，他也就可以拿这6个法郎去买鞋，于是，他在继续享用窗户的同时，还可以得到一双鞋。而由于詹姆斯·好人先生是社会的一个组成部分，因此，我们必然可以得出结论，综合起来考虑，对享用和劳动进行一下估计，那么，我们已经丧失了被打破的窗户的价值。

作一个概括，我们可以从中得出这么一个出人意料的结论："有些东西被毫无意义地毁灭，社会损失了某些价值。"我们必然会同意这么一个令贸易保护主义者毛骨悚然的公理："破坏、损坏和浪费，并不能增加国民就业"，或者更简单地说，"破坏并不是有利可图的"。

《工业观察报》[①]对此会有何看法？或者令人尊敬的查曼斯先生[②]的弟子们，你们对此还有何话说？你们的老师曾经那么精确

① 当时法国贸易保护主义组织——国内工业保卫委员会办的一份报纸。——英译者注

② Auguste, Vicomtede Saint-Chamans(1777—1861)，复辟时期的议员和国务委员，贸易保护主义者，贸易平衡的鼓吹者。巴斯夏所引的他对"壁垒"的著名的立场见他的 Nouvel essai sur larichesse de snations(1824)，后收入他的 Traité d'économie politique(1852)。——英译者注

地计算过，如果烧毁巴黎，那将有那么多房子要重建，会带来多少生意啊。

我很抱歉打扰了人家很有独创性的计算，尤其是因为这种精神已经渗透到我们的立法中。不过我还是请他另算一遍，先把那些能看见的一面放到一边，考虑一下那些看不见的一面。

读者在进行观察时，必须谨记，在我讲的那个小故事中，并非只有当事的两个人，还有第三个人隐藏在幕后，我请他对此予以关注。一方是詹姆斯·好人先生，他代表着消费者，他本来可以有两样享受，但由于一个破坏行为，现在只能享受一样。代表另一方出场的是玻璃工，表示生产者，他张开双臂欢迎窗户打碎的事故。第三方则是鞋匠（或者别的行当的商人），他的劳动却由于同一事故而遭受了同样大小的损失。这第三个人一直藏在阴影中，使我们一直没有留意到，但他却是这一问题中一个必不可少的因素。正是他向我们揭示了我们从破坏行动中能得到利润的想法是多么地荒唐。正是他，马上就可以教导我们，以为从限制贸易中能够得到多少好处的想法，其实更荒唐。毕竟，所有的破坏性行为中，再也没有比这更荒唐的了。因此，如果你把所有为贸易限制辩护的论证追根溯源，你所看到的，其实就只是老百姓的这句话：如果没有人打破窗户，玻璃工干什么去呀。

## 2. 军队复员

一个国家跟一个人差不多。如果一个人想让自己舒服一些，他就得弄清付出的代价是否值得。对一个国家来说，获得安全保障可以说是最大的幸福。如果为了获得这种保障，必须动员十万人，花费一亿法郎，那我就无话可说了。这是付出了巨大的代价来换取的一种享受。

对于我想就这个问题发表的看法，请大家不要有误会。

一位议员提出要复员十万军人，这将减轻纳税人一亿法郎的税负。假定有人现在对他的提议作出反应："这十万人和这一亿法郎是维护我们的安全所不可或缺的，这的确是某种代价，但是如果不付出这些代价，法国就会陷入内乱，或者可能会遭外敌入侵。"在这里，我不想反驳这种看法，这种看法在不同的场合，可能正确，也可能错误，不过，至少从理论上说，却不算经济学上的胡言乱语。真正的胡言乱语是说，这种代价本身就体现了某种收益，因为它能给有些人带来好处。

如果我没有弄错，提出这一复员议案的人刚从讲台上走下来，就有一位雄辩家冲上去，开始讲起来：



> 裁撤十万人！你在想什么？他们会成为什么样子？他们靠什么生活？他们从哪儿搞到收入？你难道不知道现在到处都有失业现象吗？所有的职位都有很多人等着想干？难道你想把他们扔进市场，加剧竞争，压低工资水平？如果最后他们不足以维持基本的生存，不得不由国家来供养这十万人，又有什么好？再考虑一下军队所消费的酒、服装和武器，这些让很多工厂和驻军城镇有生意可做，对于无数供应商来说，这可是飞来的横财啊。想想你的那种想法可能让这么多工厂关门大吉，你就无动于衷吗？

从这番讲话中我们弄清楚了，他之所以赞同维持十万兵员，并不是因为国家需要这么多人在军队中服役，而是由于经济理由。我下面要驳斥的正是这些说法。

纳税人花上一亿法郎，不光能使十万将士自己过得不错，这一亿法郎也能让他们的供应商过上好日子：这些是看得见的。

但是，来自纳税人口袋的这一亿法郎，就不能用于这些纳税人和他们的供货商的生计了，数额也是一亿法郎。这是看不见的。算一算，想一想，然后你说说，对于全部国民来说，好处在哪儿？

我本人则会告诉你我们在哪儿蒙受了损失。为了让事情容易理解，下面我不说十万人和一亿法郎，我们就说说一个人和一千法郎吧。

假定这儿有个 A 村庄，征兵官到处转悠，征召到一个人。税务官也同样在村里转了一圈，征到一千法郎的税款。这个人和这笔钱都被押送到东北部的梅斯城，这个人在这里可以过上一年跟以前不一样的生活，什么也不用干。如果你只注意梅斯——是的，你确实已经看了几百遍了——你觉得这样可真不错，有利可图啊。但是，如果你回头再看看 A 村庄，那么，除非你是个瞎子，否则，你就会看到，这个村庄损失了一个劳动力，也损失了可以作为他的劳动报酬的一千法郎，也损失了他细水长流地花这一千法郎所能带来的生意。



乍一看，这些损失似乎已经弥补上了。本来应该在村庄里发生的事现在搬到了梅斯。村庄里的人、钱，仍然好好地在梅斯呢，似乎什么也没有丧失。在那个村庄中，他是一个土里刨食、辛苦劳动的人，是个劳动人民；而在梅斯，他成了位士兵，他的生活整天就是“向右看齐！”、“向左看齐！”而已。在两个地方，金钱的使用和循环是一样的。然而在一个地方，有某个人每年三百天都在从事生产性劳动；而在另一个地方，他每年三百天却是在干没有收益的事。当然，我们这是假设，对于公共安全来说，军队的一部分是必不可少的。

现在，要遣散这些军队了。你跟我说，市场上突然增加了十万工人，会加剧竞争压力，从而抑制工资水平。这是你所看到的。

不过，还有你没有看到的一面。你没有看到，把十万士兵遣散回家，并不是把一亿法郎给弄没了，而是把它归还给纳税人了。你没有看到的是，用这种办法把十万工人扔进市场的同时，也把一亿法郎投入到市场中用以支付他们的劳动；因而，在增加劳动力供应的同时，劳动力的需求也等量增加了，据此，可以得出结论，你说工资将被压低，仅仅是幻觉而已。你没有看到，在遣散之前和遣散之后，与十万人配套的都有一亿法郎，而唯一的不同之处在于：在遣散之前，国家把一亿法郎给那十万人，他们却什么也不干；而在遣散之后，这一亿法郎却可以让十万人工作。最后一点，你也没有看到，纳税人交出自己的钱，不管是给一位士兵，结果什么也得不到，还是给一位工人，换取某种产品或服务，在这两种情况下，这些金钱周转的比较长远的后果都是相同的，唯一不同的地方就在于，在第二种情况下，这位纳税人能够得到某种东西，而在第一种情况下，他什么也得不到。结论就是，对于国家来说，维持没有用处的军队是净损失。

我在这里批判的这种诡辩，不可能经受住将其推论到极致的考验，而这是所有理论原则的试金石。不妨考虑一下，如果扩大军队规模能够有利于国家，那么，干吗不征召本国所有的男人都穿上制服呢？

## 3. 赋税

你是否曾经听什么人说过："纳税是最好的投资；它们是生命的甘露。想想吧，赋税让多少家庭得以维持生存，然后再想象一下它们对工业的间接影响，它们的好处可真是无穷无尽，就像生活本身一样无边无际。"

为了驳斥这种说法，我不得不重复前面的论证。政治经济学非常清楚，它的论点并不怎么有趣，以至于随便什么人都能说三道四；重复则是最让人高兴的。因此，跟 Basile① 一样，政治经济学也为自己的应用"准备"了好几个谚语，可以肯定，在它看来，教育就是重复。

政府官员花销他们的薪水所享受的好处是可以看得见的，这些钱给他们的供应商带来的好处也是可以看得见的。就你那有限的视野而言，那些话是正确的。但是，希望减轻税收负担的纳税人的不幸，你却没有看见；供应他们必需品的那些商人由此而遭受的损失，你就更看不见了。尽管这些事实是明摆着的，完全可以从理智上认识到。

假如一位政府官员自己多花了 100 苏(法国过去的一种货币单位，20 苏等于 1 法郎。——译者注)，这就意味着，纳税人自己

① 在《塞维利亚的理发师》第二幕中，音乐家 Basile 说："我已经准备了好几个不同的谚语。"——英译者注

就要少花100苏。政府官员的花费是看得见的，因为这种事情已经发生了，而纳税人那边的情况却是看不见的，因为，唉，他没办法再花那笔钱了。

你把国家比喻成一块炎热干旱的土地，而赋税就是救命的及时雨，的确如此。不过，你也应该问问自己，这场及时雨是从哪儿来的，这场及时雨是不是从潮湿的地方吸上来从而使这个地方也变得干涸了？

你应该再进一步问问自己，这块土壤从这场及时雨中得到的宝贵的雨水，是不是比它由于蒸发而损失的水分要多？

完全可以确定的一点是，当詹姆斯·好人先生掏出100苏给税务官时，他什么回报也没有得到。后来，当一位政府官员在消费100苏的时候，又把它还给詹姆斯·好人先生，以换取他所需要的同等价值的小麦或者服务。最终的结果是詹姆斯·好人先生损失了5个法郎。



政府官员确实——如果你愿意的话，也可以说几乎总是——能够向詹姆斯·好人先生提供等值的服务，补偿他交纳的那笔税款。如果是这样，那么，双方就都没有损失。这仅仅是一种交换关系。因此，我上面的论点一点都不涉及官员的那些有用的功能。我想说的是：如果你想创造一个政府职位，那么，就请先证明它的用处何在。向詹姆斯·好人先生证明，他付出那笔钱是物有所值，他能得到它所提供的等值的服务。而除了这些内在的固有效益之外，不要再像支持创建新的官僚机构的人士那样，说什么这些机构可以为官僚本身、为他的家人、为那些供应他们日常用品的商人带来多大好处；也不要说这能创造多少就业机会。

如果詹姆斯·好人先生把100苏给某位政府官员并得到了真正有用的服务，那么，这种情况就跟他把100苏给某位鞋匠从而换到一双鞋一模一样。这是一种买卖交换关系，其结果对双方都是公平的。但是，如果詹姆斯·好人先生交出100苏给政府官员，却没有得到相应的服务，甚至给自己带来了麻烦，那么，这就相当于他把自己的钱给了个盗贼。说政府官员花费的这100苏会给我们国家的工业生产带来多大的好处，这种说法毫无意义；比起政府官员来说，盗贼也可以用这些钱做更多的事，詹姆斯·好人先生如果没有倒霉地碰上这两位非法的或合法的寄生虫，也完全可以给这笔钱派上更多用场。

因此，我们一定不能仅仅根据看得见的方面就作出判断，而要习惯于根据看不见的方面进行评价。

去年我还在议会财政委员会，因为当时反对党的成员还没有被人从制宪国民大会中全部给轰出来。当时，制宪者们的行为还算很明智。我们曾经听梯也尔先生[①]说："我毕生都在跟那些保王党人和教会党人作斗争，但自从我们都面临共同的危险以来，我开始了解他们，我们也经常在一起面对面谈话，我发现，他们并不是以前想象中的怪物。"

是的，如果双方不能经常接触，那么，敌意就会被夸大，而仇恨就会越来越强；如果多数派能够允许少数派成员进入各个委员会的圈子，那么，也许双方都会认识到，他们的理念之间的差异并不

① Louis Adolphe Thiers(1797—1877)，法国政治家和著名历史学家。在其漫长的政治生涯中，曾担任过议员和首相(1836年和1840年)，最终则在1871年当选为法兰西第三共和国总统。——英译者注

如想象中的那么大，而最重要的是认识到，他们的意图并不像想象的那样不正当。

这种情况并非不可能，去年我就在财政委员会。每次，我们的同事一说到要把共和国总统、内阁部长、驻外大使的工资固定在一个比较适中的水平上时，就会有人对他说：

> 为了得到良好的服务，我们必须让某些官员能够置身于某种声望和尊严的气氛中。这是吸引这些人士奉献他们的才智的办法。无数不幸的人都有求于共和国总统，而如果他总是不得不拒绝帮助他们，他就会处于痛苦之中。各部委和驻外使馆某种程度的奢华，正是宪政政府正常运转的一个组成部分，如此等等。

不管这样的说法是否值得商榷，但总是值得严肃对待的。不管他的想法是对是错，这样的说法总是基于公共利益的；而就我本人而言，我可以比我们的很多反对这种说法的人士给出更有说服力的论证，这些反对者不过是被狭隘吝啬和嫉妒心理所驱使罢了。

但真正触动我的经济学家良知，让我为我的祖国的知识声誉感到羞愧的是，他们从这些论点继续发挥（他们总是忍不住继续发挥一番），最后提出下面这种荒唐的陈词滥调（却总是有人乐于接受）：

> 除此之外，政府高官的奢华生活也可以促进艺术、工业和就业。国家首脑和他的内阁部长们如果不能举行欢宴盛会，就无法把自己的生活完全融入政治中去。降低他们的工资，就必然使巴黎的经济成为无源之水，从而也使整个国家的经济陷入萧条。

看在上帝的份儿上，先生们，您至少得尊重算术吧，别不知羞耻地跑到国民制宪大会上说，一个数字加另一个数字的总和，会由于是用这个加那个还是用那个加这个而有所不同，还怪人家不支持你。

那么，好吧，假设我正准备找个工人来帮我在我的田里挖一条沟，为此我准备出 100 苏。就在我跟工人快要谈妥时，税务官跑来，拿走了我的 100 苏，经过一系列的程序，最后这 100 苏到了内政部长手里。我跟工人的生意没法做了，而部长大人的晚宴上多了一道菜。你是根据什么竟然可以断言，这位官员的支出增加了全国的经济总量？你难道不明白，这仅仅是一次简单的消费和劳动的转移？一位内阁部长的餐桌的确更加丰盛了，这没错，但相应地，一位农民的田里的排水却不畅通了，这同样是千真万确的。我承认，巴黎的某位包办宴会者能拿到 100 苏了，但你也得承认，外省的某个挖沟工人也少挣了 5 个法郎。对此我们所能说的就是：官员的餐桌和心满意足的包办宴会者是看得见的，而让雨水淹了的田地和挖沟工人没活可干就是看不见的了。

上帝啊，在政治经济学中要证明 2 加 2 等于 4 竟是这么地艰难！而如果你竟然证明了这一点，有人肯定会大喊起来："这本来就很简单嘛，谁不明白？你烦不烦啊？"然而，在他们投票的时候，却仿佛你从来就没有证明过任何东西一样，他们该怎么来还是怎么来。

## 4. 剧院与高雅艺术——国家应该补贴艺术吗?

关于这一问题,正反双方都能说出一大堆理由。

有些人会说,艺术可以扩大民族的视野,提升民族的精神水平,并使民族的心灵富有诗意,为此,国家应该扶持艺术。这些人说,艺术可以将本民族从物欲的沉迷中解救出来,可以使本民族对优美的东西有一种渴望,因而也可以对她的行为方式、对她的习俗、她的道德甚至还有她的经济产生有益的作用。他们会问,如果没有意大利剧院(Théatre-Italien)和音乐学院,那么,法国的音乐会是什么样子?如果没有法兰西剧院(Théatre-Franais),法国的戏剧艺术会是什么样子?如果没有我们的画廊和博物馆,我们的绘画和雕塑艺术会是什么样?人们甚至可能更进一步指出,如果没有对高雅艺术的集中管理(centralization)和补贴,那么,是否能够发展出这种高雅的趣味?这是法国人的心血所取得、并奉献给整个世界的高贵的成就。面对这么高尚的成就,放弃这种补贴,难道不是最轻率的行为吗?这种补贴分摊到每个公民身上,根本就没有多少,而归根到底,艺术的成就可以让我们在整个欧洲人面前觉得自豪和光荣。

这种种理由,我得承认当然是很雄辩的,不过,我们也可以给出很多同样雄辩的驳斥。首先,我们可以说,存在着一个分配性正义(distributive justice)的问题。立法者的权力是否大到可以使他研究艺术家的工资水平问题,从而对艺术家的利润给予补贴?拉马丁[①]曾说过:“如果你取消对剧院的补贴,那么,你在这条路上要走多远? 按你的逻辑,你是不是也要关闭大学各个系科、关闭博物馆、研究所和图书室?”对此,人们可以这样回应:如果你想补贴所有美好而有用的事业,那什么时候才是尽头? 按你的逻辑,是不是也应该为农业、为工业、为商业、为教育同样拨出王室专款? 而且,你怎么就那么确定,补贴就一定有利于艺术的进步? 这是一个远没有答案的问题,而我们亲眼看到,那些繁荣兴隆的剧院恰恰是那些靠自己的努力维持生存的剧院。最后,如果从更深层次进行考虑,我们就会看到,需求和欲望是此消彼长的,要让全国的财富满足这些需求和欲望,那么,必然是越高级的欲望占的比例就越小;政府决不能多管闲事干预这一过程,因为不管现在全国的财富有多少,通过税收来刺激奢侈品产业,都不可能不伤害基础产业,从而必然会逆转自然的文明进程。人们也会指出,人为地扰乱需求、趣味、劳动和人口之间的相应比例,将把国家置于一种不稳定而危险的境地,使之丧失稳固的基础。

这是反对国家干预某种秩序的人士提出的一些理由,在这种秩序中,民众相信他们应该自己满足自己的需求和欲望,因而可以自己决定自己的行动。我坦白承认,我也认为选择和刺激应该来自下面而不是上面,来自民众而不是立法者,而与之相反的理论,



① Alphonse Marie Louisde Lamartine(1790—1869),法国重要的浪漫主义诗人,后来成为著名政治家。1834 年第一次当选议员,在 1848 年革命时期,他的声望达到顶峰,当时他是建立共和制的最积极的鼓吹者。他运用自己雄辩的口才说服了那些威胁要毁灭巴黎的暴民,并成为临时政府领导人。不过,他更多地是个理想主义者和演说家,而不是一位实际政治家,因此,不久他就失去影响力,并于 1851 年退休。——英译者注

在我看来，将导致自由和人的尊严的毁灭。

然而，你知道人们现在是怎么根据错误而不公正的推测而骂经济学家的吗？如果我们反对补贴，人们就指责我们反对要进行补贴的这一艺术活动本身，我们被看成所有这些艺术活动的敌人，原因仅仅是，我们想让这些艺术活动成为人们的自愿活动，应该自己去寻找恰当的报酬。因此，当我们要求国家不要用税款干预宗教事务时，我们就被人看成是无神论者；如果我们要求国家不要用税款干预教育，那么，我们就被人看成是憎恨启蒙；如果我们说国家不应该通过税款人为地虚增某块土地或某个工业部门的价值，我们就成为财产权和劳工的敌人；如果我们认为国家不应该补贴艺术家，在某些人眼里，我们就成了主张艺术无用的野蛮人。

我决不能同意上面的这些推测。我们决不会荒唐到想取消宗教、教育、财产权、劳工和艺术的地步；我们要求国家保障所有这些人的活动自由发展，但不应该用别人的钱来供养他们；恰恰相反，我们相信，所有这些至关重要的社会活动都应该在自由的气氛中协调地发展，不管是哪一类活动，都不应该成为麻烦、弊端、暴政和混乱的根源，而这种状况今天恰恰所在多有。

我们的论敌则相信，一项活动，如果不给予补贴或者不加以管制，就等于取缔该活动。我们认为恰恰相反。他们所信任的是立法者，而不是普通人。而我们信任的是普通人而不是立法者。

于是，拉马丁先生说了："根据这项原则，我们恐怕就不得不取消能够给这个国家带来财富和荣誉的公共博览会。"

对拉马丁先生，我的回答是：按照你的观点，不予以补贴就是取缔，因为你是从下面的前提出发的：除非依靠国家，否则，任何东西都不能存在；据此你得出结论，如果不用税款来支撑，任何事情都办不成。但是，我会就你说的事举一个恰恰相反的例子：我要告诉你，迄今为止最大、最壮观的博览会，就是现在伦敦正在筹备的博览会[①]，这个博览会乃是建立在最自由、也最普遍的理念基础上的，我想就是用“人道主义”这个词，在这里也并不算夸张，而正是这个博览会，政府却一点都没有插手，也没有一点税款补贴。

回头再来看看高雅艺术吧，我想重复一遍，人们可以提出很充分的理由来赞成或反对补贴制度。而读者当然明白，为了与本文的具体目的保持一致，我无须再陈述这些理由，或者在两种立场中间进行选择。

但是拉马丁先生提出的一个论证，却是我不能假装没有看到、坐视不理的，因为他的论证正好就落在我的经济学研究的范围之内。他说：“剧院的经济问题可以用一个词来概括：就业。这种职业的性质就不用多说了；它跟别的任何行业一样，在创造就业机会方面也是很有潜力很管用的。你们都知道，剧院的工资支撑着不少于 8000 名各式各样的人的生活——美工、砖瓦匠、装潢、服装道具、建筑师等等，他们都是活生生的生命，他们的产业的产值占我们首都的 1/4 强，他们应该有资格获得你们的同情！”

你们的同情？翻译过来就是：你们的补贴。

还有呢：“巴黎的赏心乐事为外省各部门提供了就业机会和消



①　指 1851 年伦敦海德公园举行的万国博览会(The Great Exhibition)，由旨在推动工艺和工业发展的一个协会——伦敦工艺协会(The London Society of Arts)主办。这是大型国际博览会即“世界博览会”的第一届，博览会是在一个引人注目的建筑中举行的。维多利亚女王的丈夫艾伯特亲王主持了博览会。——英译者注

费品，富人的奢侈是整个共和国靠复杂的剧院经济为生的 20 万各行各业工人的工资和面包之所在，他们都通过这些高雅的活动获得报酬，而这些高雅的活动使得法国的形象光辉灿烂，正是这些高雅的活动使他们得以维持自己的生计并给他们的家人和孩子提供生活所必需的东西。你们拨付的这 6 万法郎，正是为了这一目的。”（好啊！好啊！热烈的鼓掌。）

而从我的角度看，我不得不说：糟透了！糟透了！当然，我的这一判断仅仅是针对拉马丁先生的经济观点。

是的，我们现在讨论的这 6 万法郎至少有一部分会到达剧院员工的手中。肯定有不少会在路上就被人截留。如果仔细地进行追究，我们甚至可能会发现，馅儿饼的大部分都落入了别人的手中。如果竟然有一些碎渣留给他们，实在就是他们的福气！不过现在我倒愿意假设，全部的补贴都能送到美工、装潢、服装道具、发型师等人士的手中。这些是看得见的。

然而，这些补贴是从哪儿来的？这是硬币的另一面，考察这一面跟考察它的正面一样重要。这 6 万法郎是从哪儿蹦出来的？假如某次议会投票没有抢先一步让这笔钱从市政厅流向塞纳河左岸[①]，那么这笔钱会流向什么地方？这则是看不见的。

确实，没有谁会说，议会的投票活动能让这笔钱从投票箱中自己孵出来；没有人敢说这笔钱是对国民财富的一个净增加；也没有人敢说，如果没有这奇迹般的投票，这 6 万法郎就仍然是看不见、摸不着的。我们恐怕得承认，议会投票时的多数派唯一能够做到

① 即从市政厅到塞纳河左岸的戏院区。——英译者注

的，就是来决定，从某个地方拿出这笔钱，然后把它派送到别的地方，这笔钱只有从一个地方转移出来，才能被送到其要去的另一个地方。

这就是事情的真相。很清楚，纳税人一旦交出一个法郎后，就再也不能使用那一个法郎了；很清楚，他被剥夺了那一个法郎所能带来的享受，而本来准备满足他这一个法郎之享受的工人，不管他是谁，就都得不到这一个法郎的收入了。

因此，我们千万不要有那种天真幼稚的幻想，以为 5 月 16 日的投票真的凭空增加了国民财富和就业机会。它只不过是重新分配了财富，重新分配了工资，如此而已。

是不是有人会说，它所补贴的那种能给人满足的事物和那种职业，是一种更急需、更道德或者更合理的东西或职业？对此我无话可说。我要说的是：你拿走纳税人的 6 万法郎，提高了歌唱家、发型师、装潢工和服装师的收入，那么，庄稼汉、挖沟工、木匠、铁匠的收入就相应减少了同等数量。没有任何东西可以证明前一个阶层就比别的阶层更重要，拉马丁先生也并没有这样说。用他自己的话说，跟其他行业相比，剧院的工作是一样地有效率，一样地有成效，而不是更多。然而，这种说法似乎值得商榷，因为剧院行业没有比别的行业更有效率的最好的证据就是，它竟然呼吁别的行业补贴它！



不过，对不同职业内在价值和优点的这种比较，并不是本文的目的所在。我在这里竭力证明的只是，拉马丁先生及那些为他的说法鼓过掌的人士，假如已经看到了那些向演员们提供必需品的商人们所获得的收益，那么，他们也应该看到另一面，看到那些供应纳税人必需品的人们所蒙受的收入损失。如果他们做不到这一点，他们就难免被人讥笑为把某种重新分配错当成了某种净收益。如果他们的理论讲究逻辑性，那么，他们就应该要求对所有东西给予补贴；因为在一个法郎或6万法郎身上应验的东西，放在10亿法郎身上，也不应该失灵吧。

先生们，如果涉及税款的问题，我们可以用某些理由来证明它是有用的，但千万不要用下面这种拙劣的说法："公共支出能使劳动阶级维持生存。"这种说法的错误之处在于它掩盖了一个我们必须从根本上了解的事实：即公共支出无非是私人投资的一种替代而已，其结果也许会很有力地支持一位工人替代另一位工人，却不会让作为一个整体的工人阶级的总体收入增加一丁点。你们的看法很时髦，但十分荒唐，因为你们的推理过程是不正确的。

## 5. 公共工程

当国家确信在某个行业创办一个大企业会为社会带来好处后，就用从民众那儿征收上来的资金创办这样的一家企业，天下再也没有比这更自然的事了。不过，当我听到有人竟然用这样的经济学谬论——"除此之外，这种企业还是为工人创造就业机会的一条办法"——来为这种事情辩护时，我承认，我立刻火冒三丈。

国家开通一条公路，建筑一座宫殿，修缮一条街道，挖掘一条运河……这些工程确实可以为某些工人带来就业机会。这是可以看得见的。但这种做法也剥夺了另一些工人的就业机会，这是不大容易看得见的。

假定正在修筑一条公路。有一千名工人日出而作，日落而息，并挣得自己的那份工资；这一点是确定无疑的。如果政府不准备开辟这条道路，如果议会没有投票为其建设拨出资金，这些善良勤劳的工人就干不了这份工作，也拿不到这些收入；这一点也是确定无疑的。

但这就是事情的全部吗？再全面地考虑一下，整个过程中是否还有点别的什么事情我们没有注意到？当迪潘先生[①]以庄严的语言宣布："议会已经决定……"的时刻，那几百万法郎难道真的像不可思议的月光一样，自然而然地就洒落进富尔德先生[②]和比诺先生[③]的保险箱中？为了完成这一过程，国家除了花钱之外，难道不得组织人征集这笔资金？难道不得先派税务官到全国各地征税，纳税人个个不都得做贡献？

因此，必须从两个方面来研究这一问题。一方面要注意到，国家要用议会拨付的几百万法郎干某些事情，同时也不能忽视，纳税人本来可以用这几百万做什么事情——而现在再也不能干这些事情了。因此，你明白了，公共企业是一枚有两面的硬币。一面画的是一位忙碌工作的工人，这幅图案是看得见的；另一面画的则是一位失业的工人，这幅图案却是看不见的。

把我在本文中批判的诡辩运用到公共工程中，就更为危险，因

① Charles Dupin(1784—1873)，法国著名工程师和经济学家，艺术和工艺学院教授，众议员，参议员。他对政治经济学的最大贡献是在经济统计领域。——英译者注

② Achille Fould(1800—1867)，政客与金融家。——英译者注

③ Jean Martial Bineau(1805—1855)，工程师和政客，1852年担任财政部长。——英译者注

为这种诡辩就是在为最愚蠢的浪费事业进行辩护。如果一条铁路或一座桥梁真的有用,那么,还可以根据这一事实来论证它所带来的种种好处。而如果这些公共工程并没有多大用处,那些人会怎么做呢?他们一般都会搬出下面的胡言乱语:"我们要替工人们创造就业机会。"

从有人先是下令修建战神兵营(the Champ-de-Mars)[①]后来又下令废弃不用这样的事实中,我们就能看出这种意思。据说,伟大的拿破仑在下令挖开一条沟然后又填上之时,也自豪地认为,自己在干一件很有博爱精神的事业。他也曾说过,"这样做有什么效果呢?我们就是想让财富流入到劳动阶级中。"

让我们从根子上探讨一下这个问题。货币使我们产生了一种幻觉。以货币的形态要求所有公民对一项公共工程提供资助,实际上就是要求他们提供真实的物质上的资助,因为,他们每个人所交纳的税款都是通过自己的劳动才挣来的。现在,假如我们把所有公民召集起来,要求他们为一件有利于所有人的工程贡献自己的一份力量,也即提供劳役,大家都会理解这件事情,因为他们的报酬就是这项工程所能发挥的作用本身。但是,如果把他们召集起来,强迫他们修筑一条根本不会有人要走的道路,或者修建一座根本没有人愿意住的房子,唯一的理由是这项工程可以为他们创造出就业来,那也未免太荒唐了,他们当然有正当的理由予以反对:我们宁肯不要这样的工作,我们还不如自己给自己干呢。

① the Champ-de-Mars,最初是巴黎塞纳河左岸的一处阅兵场,现在是埃菲尔铁塔和军事学院之间的一处公园。——英译者注

如果公民们拿出来的不是劳役，而是货币，事情的性质并没有任何改变。但是，如果公民上交的是劳役，损失要所有人承担，而如果公民们贡献的是金钱，那些由国家出面雇佣的人就不会损失他们的那一份，而那些已经上交了一笔税款、却没有在这里谋到工作的人，却还得再蒙受更多的损失。

《宪法》中有一条是这么写的：

"社会要……通过国家、各部委、市政当局所组织实施的、雇佣失业者的适当的公共工程，以帮助和鼓励劳工的发展。"

作为应付严冬的一种临时应急措施，代表纳税人进行的这种干预具有良好的效应。这并没有增加就业数量，也没有提高工资总量，而是把平时的一部分就业和工资拿出来，在困难时期作为一种慈善事业，施舍给他们，这实际上是一种损失。

而把这作为一种持久的、普遍的、系统的措施，就完全是只有负面影响的骗人把戏，是根本不可能坚持实行的，是自相矛盾的；表面上，它似乎创造出一点点就业机会，并且搞得大张旗鼓，这是可以看得见的；但它掩盖了一个事实：有更多的就业机会因此而被排挤掉了，这是看不见的。

## 6. 中介

社会是人们强制或自愿地彼此相互提供之所有服务的总和，强制提供的即公共服务，自愿提供的即私人服务。

第一种是由法律所强加或管制的，一般都不大容易随着需求的变化而调节。它们总是具有超长的生命力，即使已经没有任何用处而完全成了公共害人精，却仍然大言不惭地自称为公共服务。第二种则是自愿的、也即个人承担责任的领域。在交易之后，每个人都卖出他所拥有的而买进他所希望得到的。我们可以认为，这些服务肯定都是有真正的用处的，这种用处的大小可以用它们的比较价值来准确地衡量。

正是因此，前者就通常都是静态的，而后者则遵循着进步的法则。

尽管公共服务部门过度的发展已经导致了资源的大量浪费，在社会中造成一群病态的寄生虫，然而，令人惊奇的是，很多现代经济思想流派却把这些坏现象归罪于自愿的私人服务部门，他们企图转变这些职业所发挥的功能。

这些思想流派在攻击他们所说的中介时简直是义愤填膺。他们强烈地要求消灭资本家、银行家、投机分子、企业家、商人和小店主，指责他们横插在生产者与消费者之间，向两边都榨取钱财，没有为生产者和消费者增加任何价值。不过，这种中介的职能好像不大容易彻底消灭，于是，改革家们宁愿由国家担负起中介的角色。

有人关于这一点的诡辩就在于，他们大肆宣扬公众为其获得的服务向中介支付了什么，而刻意掩盖如果取消中介他们将向国家支付什么。我们又一次遇到了同样的冲突：我们可以亲眼看到的，与我们只能在心智中意识到的，也即看得见的与看不见的。

尤其是在 1847 年和大饥荒时期[①]，社会主义学派成功地普及



① 由于 1846 年北欧和西欧谷物、土豆歉收，导致 1847 年食品价格上涨，使农业、工业和金融都陷入衰退。——英译者注

了它们那些错得离谱的理论。它们明白，即使是这荒唐的宣传，也能够吸引那些正在遭受灾难的人们；饥饿是魔鬼的引路人[①]。

于是，这些动听的词语就有如神助：人对人的剥削，饥荒中的投机行为，垄断。他们的目的没有别的，就是抹黑企业的名声，就是抹杀企业的好处。

他们说："为什么要把从美国或克里米亚进口食品的任务交给那些批发商呢？我们国家或各部委或市政当局不能组织一个供应服务机构、建立储备货栈？这些机构可以以成本价出售商品，于是，人们、穷人就不用再向那些自由的、也即自私的、个人主义的、无法无天的商人上贡了。"

人们支付给商人的那些利润是看得见的。而在社会主义制度下，人们支付给国家或其办事机构的贡品却是看不见的。

人们支付给商人的这种所谓的贡品是什么？它的来源是这样的：两个人在竞争的压力下、根据协商后达成的某一价格，充分自由地相互对对方的某种服务给予补偿。



如果巴黎人的胃觉得饿了，而能满足这种欲望的小麦是在俄罗斯的奥德萨，那么，在小麦进到胃里之前，人们的痛苦是不会消失的。有三种办法可以使胃得到满足：饥饿的人自己跑去寻找小麦；他们也可以把这事完全托付给专门从事这门生意的人；第三种办法则是他们甘愿让国家征收一笔税款，然后由政府官员来承担这一任务。

---

① "饥饿是魔鬼的引路人"，见维吉尔的叙事诗《埃涅伊德》(Virgil's AeneidVI, 276)。——英译者注

在这三种办法中，哪一种最有优势？

在所有时代的所有国家中，比较自由、文明、有阅历的人，如果可以自愿选择的话，总是毫不例外地选择第二种。我承认，在我看来，这已经足以证明它的优势了。我的心智不会承认，人类会在这么一个显而易见的问题上自己欺骗自己[①]。

不过，我们还是仔细研究一下这个问题吧。

让3600万人都统统跑到奥德萨去搞到他们必需的小麦，显然是不可行的。第一种办法没有任何可行性。消费者不可能事必躬亲；他们不得不转而求助于中介，不管是政府官员还是商人。

然而，我们得注意到，这第一种办法应该是最自然的办法。从根本上说，谁觉得饿了，那他自己就有责任去搞到自己要吃的小麦。这是一个只关乎他自己的任务，按说，这项任务只能由他自己来完成。假如别人，不管他是谁，为他提供了这项服务，替他完成了自己本该完成的任务，那么，这个人就有权获得补偿。我们这里所谈论的其实正是这一点：中介的服务内含着某种获得补偿的权利。

不过，我们必须面对社会主义者所说的寄生虫问题。我们姑且承认中介是寄生虫，那么，两种寄生虫——商人或公共服务机构——中，到底哪一个的寄生性少一点？

商行（我假定它是自由的，否则的话，我的论证就无法进行下



① 作者经常把所有人在实践中普遍赞同的东西假定为真理使用。尤其是参见《和谐经济论》第十三章，《文集》第六章的最后（法文版），及《和谐经济论》第六章中题为《财富的道德观》（中译本见193页）。——法文版编者注

去了)是受它自己自私自利的动机驱使的,它研究季节的变化,日复一日地了解农作物的生长环境,接受来自世界各地的报道,预测人们的需求,采取预防措施。它的轮船时刻准备着,它在所有地方都有合伙人,它完全是自私自利的。而正是这些,使它能以尽可能低的价格买进,能有效地利用经济运转过程中的细枝末节,从而能以最小的代价获得最大的结果。时刻忙碌着满足法国人的日常需求的,不仅仅是法国的商人,还有世界所有地方的商人;如果自私自利能驱使他们以最低的成本完成他们的任务,那么,他们之间的竞争也同样能够迫使他们让消费者从他们已实现的实惠中分享好处。一旦小麦运到,商人就希望能在最短时间内将其售出,以降低自己的风险,实现自己的利润;如果有机会的话,把这一过程再重复一遍。私人企业在价格比较的指引下,会把食品配送到整个世界范围内,而且总是从最紧缺的地方开始,也就是说从人们的需求最殷切的地方开始。因此,我们无法想象,还有别的什么组织能够更好地满足饥饿者的利益?这组织之优美——当然不是社会主义者所能看到的——恰恰是由于下面的事实:它是自由的,也就是说,是自愿的。是的,消费者必须向商人支付他花在陆上运输、跨洋运输、存储、委托等方面的费用,但是在哪种体系下,那些消费小麦的人可以不支付将其运送到自己手里的费用呢?当然,除此之外,消费者还必须为商人的服务买单;但是,中介的份额可以通过竞争压缩在最低水平;至于公正问题,如果马赛的商人能够为巴黎的工匠服务,那么,巴黎的工匠怎么会不为马赛的商人服务?

如果按照社会主义者的方案,在这些交易中由国家取代私人商人,将会出现什么局面?求求你,让我看看,这样做能给公众带来什么样的实惠。零售价格会降低？然而想象一下，4 万个市政当局的代表在某一天——在需要小麦的那一天——同时涌到奥德萨，你以为这对价格会产生何种影响？运输费用会降低？然而，运输同样东西所需要的轮船、水手、远洋货轮、仓库会减少吗？或者我们真的可以不为所有这些东西花一分钱？商人的利润会减少？然而，那些市政代表和政府官员到奥德萨难道一无所求吗？他们大老远跑去难道是出于兄弟友爱？他们就不需要生活吗？他们的时间就不值钱吗？你以为这些费用不会达到商人准备获得的2％～3％这样的利润率的上千倍？

然后，再想想征收这么多税款来配送这么多食品的难度，想想必然伴随这样的活动而来的那些不公正和陋习，想想政府是否能够担负起这么重大的责任。



那些发明了这些愚蠢想法并在不幸时刻将这些想法灌输进群众大脑中的社会主义者，大方地给自己冠以“高瞻远瞩”的称号，该词的这种用法蕴涵着一种真正的危险，语言的暴政给这个单词及其所蕴涵的判断标准赋予了正当性。“高瞻远瞩”的意思就是说，这些先生的目光要比常人深远得多；他们唯一的失误就是过于超前于他们的时代；而如果消灭私人企业即他们所谓的寄生虫的时间还不成熟，那出错的就是公众，是他们没有跟上社会主义的脚步。但根据我的意见和知识，与此相反的想法才是正确的，我不知道我们要倒退回什么样的野蛮时代，才能对这一点的认识，找到跟社会主义者的水平相当的理解。

现代社会主义流派不断地反对当今社会中的自由结社。他们没有意识到，自由社会是一个真正的合作体，要比他们从自己丰富的想象中编造的任何形式的合作都要优越得多。

我们用一个例子来说明这一点：

某个人，早上一觉醒来，可以穿上一套衣服，在一块圈起来的土地上，施肥、疏浚、耕耘，种上某种植物，然后在上面牧养一群羊，从这些羊身上剪下羊毛，这些羊毛经过纺纱、编织、染色，然后织成布料；布料经过裁剪、缝纫，做成衣服。这整整一系列的过程需要无数他人的介入，需要利用农牧业、养羊业，需要工厂、煤炭、机器、货运等等。

假如社会不是非常真实的合作体，那么，不管是谁，要想有一套衣服穿，就都不得不自己独立奋斗，也就是说，要自个儿完成上面所说的数不胜数的一整套操作过程，从最初开始的挥镐翻地到最后的拿针缝衣。

好在我们就有现成的协作，这是我们这种动物的根本属性，这些操作过程已经被分解到无数劳动者之中了。为了共同的利益，他们再继续往下细分，直到某一个点。在这里，只要消费需求增加，每一单独的专业化的操作过程就可以成为一个新的行业。整个生产过程分解之后，每个人都为总体的社会价值贡献自己那份价值。如果这不是协作，我倒要请教，这是什么。



注意，每个劳动者都不可能自己凭空制造出他所需要的最细小的原材料，因此，他们必然会互相利用对方的服务，为了一个共同的目的而互相协作；每个群体都跟其他群体联系在一起，因此，所有的人都可以被看成是中介。举个例子，假如在整个生产交换过程中，交通运输变得十分重要，足以雇佣某一个人，下来是纺线，再下来是织布，那么，我们凭什么说头一个人比别人更像寄生虫？是不是没必要存在交通运输了？不是有人在花费时间和心思来完成这一任务吗？他干吗不把这些时间和心思节省下来让别人来干？是他们会干得比他好，还是仅仅由于他们干的是不同的事情？至于他们的报酬，也即他们在生产交换过程中应得的份额，难道不是都得遵从同样法则的约束，限定于协商达成的价格之范围内？这种劳动分工和这些充分自由地决定的制度安排，难道不是有利于共同利益？我们是否因此而需要一位社会主义者，打着计划的旗号跑过来，专制地摧毁我们的自愿性组织，消灭劳动分工，用自己孤零零的努力取代合作工作，从而逆转文明的进步？

我在这里所描述的协作难道就不是协作吗？在这里，每个人都可以自由地进入或退出，可以在其中选择自己的位置，可以按自己的意愿作出判断进行交换，自己承担一切责任，而正是自己的自私自利，赋予了他的行动以力量，也是成功的保证。是合作，就要名副其实，那么，所谓的改革家跑过来把他自己的想法和意志强加给我们，比如，把全人类都集中在他周围，那还叫合作吗？

我们越是深入地考察这些“高瞻远瞩”的思想学派，我们就越是深信，归根到底，这些思想完全是建立在无知的基础上的，它们宣称自己永不会出错，并打着这种不会出错的名义，要求获得专制的权力。

希望读者原谅我有点离题了。在这个当口，我多说了一些上面的话，也许并不是一点用处都没有，因为圣西门主义、法朗吉的宣传者、伊卡里亚岛之崇拜者的著作[①]，激烈地反对中介的长篇大论，充斥着报纸，回响在国民公会，严重地威胁着劳动和交换的自由。

## 7. 贸易管制

贸易保护主义先生[②]（这个大名不是我起的，而是迪潘先生的创意）把自己的时间和精力都用在把它的祖国土地上的矿石转化成铁。由于大自然对比利时人更慷慨，他们可以用比贸易保护主义先生更诱人的价格向法国人出售铁。这就意味着，所有的法国人，或者说整个法国，从好心肠的佛兰德斯人[③]那儿购买一定量的铁，只需付出较少的劳动。于是受他们的自私自利的激励，法国人就充分地发挥这种局面的优势，每天都有无数的制钉者、金属加工

① 圣西门（Claude Henride Rouvroy，Comtede Saint-Simon，1760—1825）是法国社会主义的创始人；法朗吉即公共建筑，是傅立叶（Francois Marie Charles Fourier）1832年在其报纸《法朗吉》（Le Phalanstère）中提出的，每个法朗吉有600人，是其社会主义纲领的组成部分；《伊加里亚旅行记》（*Voyageto Icaria*），是卡贝（étienne Cabet，1788—1856）写的一本乌托邦著作。——英译者注

法朗吉是傅立叶所幻想的理想社会（即“和谐制度”）的基层组织。他本人曾多次进行试验，均告失败。他的门徒也曾在美国进行试验，也没有成功。卡贝是法国空想共产主义者，曾在欧文支持下，在美国得克萨斯州建立伊加利亚社会组织，很快就宣告失败。他的《伊加里亚旅行记》描绘了建立在平等、博爱、统一和民主基础上的理想社会。——中译者注。

② 在法语中，M. Prohibant这一讽刺性单词是指贸易保护主义者，诚如巴斯夏所说，是由迪潘最早使用的，大致可以翻译为“贸易限制论先生”（Mr. Restrainer-of-Trade）或“贸易保护主义先生”（Mr. Protectionist）。——英译者注

③ 比利时境内有东、西佛兰德斯省。——中译者注

工匠、车匠、技工、铁匠、犁匠或者是本人，或者是派遣中间商，跑到比利时去购买他们所需要的铁。贸易保护主义先生却一点都不喜欢这个样子。

他的第一个想法就是自己赤手空拳进行直接干预，以阻止这种陋习继续蔓延。这当然是收效甚微，因为只有他自己会受到伤害。于是，他对自己说，我要扛起我的马枪，我要在我的腰里别上四把手枪，我要在弹夹中装满子弹，我要打开枪上的刺刀，最后，他全副武装起来。我要到边界上去，我首先要杀了那些金属加工工匠、制钉匠、铁匠、技工、锁匠，他们竟然只管追求自己的利润，而不管我的死活。我要给他们点颜色看！

然而，就在他要起身的时候，他又有了一个想法，让那战斗激情凉了半截。毕竟，那些跑去买铁的人，我们的那些同胞，也是我的敌人，也很有可能采取自卫行动，最后的结果也许不是我杀掉他们，而是他们可能干掉我。而且，即便把我的全部仆人都派上阵，恐怕也未必能守住整个边界。还有，我这么大张旗鼓，付出的代价也太大了吧，比我能从中得到的好处并不大。



贸易保护主义先生只好长叹一口气，颓然倒下，听之任之。突然，他有了一个很棒的主意。

他记起来了，巴黎有一个伟大的法律工厂。他自问道，法律是什么玩意儿？法律就是这样一种措施，一旦颁布，不管好坏，每个人都得遵守。为了执行这一法律，政府组织了一支公共警察队伍，而为了维持这支所谓的公共警察队伍，国家专门拨出了人力财力。

那么，如果我能让这间伟大的巴黎工厂搞出一部小小的精密的法律，宣布“查禁比利时出产的铁”，比利时铁就只能接受这样的结局：政府会派两万人去替代我的那几个仆人，到边界上去对付我痛恨的那些金属加工工匠、锁匠、铁匠、手艺人、技工和犁匠。当然，为了让这两万名关税官员保持良好的精神风貌和健康的体魄，就需要每年拨给他们2500万法郎，而这笔钱，自然也出自那些铁匠、钉匠、手艺人和犁匠的腰包。经过这样一番组织，就可以达到保护的目标了，而我自己却什么也不用付出；我再也不会显得像掮客那样野蛮了；我可以按我自己喜欢的价格出售铁了。看着我们伟大的人民这么被人不体面地愚弄，我的心里真有一种说不出的快感。他们老是宣称自己是欧洲一切进步的先驱和推进者，这下总算给他们当头一棒。这可真是一个聪明的主意，完全值得一试。

于是，贸易保护主义先生来到法律工厂（也许我会另找个时间来讲讲他在这里所进行的阴暗的、见不得人的勾当，不过今天，我只想谈谈他公开的、大家都看得见的那些活动步骤），他站在那些尊敬的议员先生面前，说出了下面一番话：



> 比利时铁在法国的售价是10法郎，逼得我不得不也以这个价格出售。我们其实更愿意以15法郎的价格出售，但由于这些讨厌的比利时铁，我却不敢这么做。因此，赶紧制造一部法律，规定“比利时铁不准进入法国”。我立刻就可以把我的售价提高5法郎，其结果则如下：
>
> 我卖给大家的每100千克铁的价格不再是10法郎而是15法郎，因此，我自己将更快地富裕起来，我可以扩大自己的生意，我将雇佣更多工人。我和我的雇员会花销更大，从而给供应我们的那些人带来更多好处。这些供应商也有一个更大的市场，将对整个工业下更多的订单，慢慢地，这种积极效应

会扩散到整个国家。你们投进我的保险箱中的这 100 苏硬币就像一颗石子扔进湖里,将形成无数个同心圆沿着同一个方向扩散到很远的地方。

法律制造家们给这一番话迷住了。他们完全沉浸在这样的想法中:仅仅通过立法就可以这么容易地增加国民财富啊。于是他们投票通过了禁止法令。他们说:"干吗还要说什么劳动和储蓄?如果一项法令就可以搞定一切,那么,增加国民财富的这些痛苦的办法还有什么用处?"

的确,法律会具有贸易保护主义先生所预料的所有后果,不过,除此之外,还有其他一些后果;公平地说,他的推理也许并没有错,只是很不完整。为了寻求特权,他指出了能够看得见的那些效应,却掩藏了那些看不见的效应。他指明了两个人物形象,而实际上,在这幅图景中还存在着第三个人物。我们的任务就是补上他遗漏的那些情节,不管是他真的不知道还是故意遗漏的。

是的,通过立法程序落入贸易保护主义先生保险箱的那 5 法郎对他本人和那些因此而得到就业的人来说,当然是一件大好事。如果是法律下令从月亮上落下这 5 法郎,当然就不会出现什么坏效应来抵消这些好效应。不幸的是,这奇迹般的 100 苏并不是从月球上掉下来的,而是来自金属加工工匠、针匠、车匠、铁匠、犁匠、建筑工的腰包,一句话,出自詹姆斯·好人先生的口袋。今天,他掏出了这笔钱,却连一毫克的铁都没有得到。于是,我们现在讨论的问题立刻就变了样了,因为非常明显,贸易保护主义先生得到的好处,将被詹姆斯·好人先生的损失所抵消,贸易保护主义先生当然可以用这 5 法郎促进国内工业的发展,但这 5 法郎如果在詹姆斯·好人先生手里，他也同样能够做到这一点。石子之所以刚好是扔到这个湖里的某个地方，完全是因为，法律禁止把它扔到别的湖里。

于是，看不见的东西抵消了看得见的东西；而整个这么一个过程的后果则是某种不公正，而这种不公正却正是法律所导致的，再也没有比这一点更可悲的了。

但这还不是问题的全部。我还要说，有一个第三者还藏在阴影中。我得让他在此显身，而他将能揭示我们还得再损失 5 个法郎，这样我们才算搞清楚了整个过程中的全部后果。

詹姆斯·好人先生有 15 个法郎，这是他劳动的果实（我们是在追溯他还可以自由行动的那个时候）。他怎么使用这 15 个法郎？他用 10 个法郎买了一顶女帽，他用这顶帽子来换取（或者由他的中介替他换取）100 千克比利时出产的铁。他手里还有 5 个法郎。他不会把它们扔到河里去，而会用它们付给某位匠人或者别的什么人，来交换可以满足自己需要的某些东西——比如，用它跟某位出版商换取一本波舒哀[①]所著的《通史》。

因此，他对国内工业的贡献是 15 个法郎，即：

支付给巴黎的女帽制造和贩卖商的 10 个法郎

支付给出版商的 5 个法郎

① Jacques Bénigne Bossuet（1627—1704），Condom 和 Meaux 主教，是当时著名的布道者，他在皇室成员葬礼上的演说辞是法国古典风格和力量的杰出典范。他曾担任路易十六的王位继承人的导师，写作了《通史》（Histoire universelle），是法国几代学生捧读的经典。他最坚定地反对新教，也领导了限制宗教权力的运动，这使他独立于法国天主教会，因而成为教会史上和文学史上的重要人物。——英译者注

至于詹姆斯·好人先生，他用他的15个法郎得到了两样能够满足他需要的东西，即：

（1）100千克的铁

（2）一本书

现在却颁布了法令。

詹姆斯·好人先生会怎么样呢？国内工业会怎么样呢？

詹姆斯·好人先生把这15法郎一股脑儿全部给了贸易保护主义先生，换取他的100千克铁，然后，他除了可以使用这些铁之外，就一个子儿都没有了。他丧失了那本书或者别的任何一个与此价值相当的东西带来的享受。他也损失了那5法郎。你都赞成这种说法吧，你不能不同意这种说法，你不能不承认，贸易限制抬高了价格，消费者则损失了这5法郎的差额。

然而，有人却说，国内工业得到了这个差额。

不，它没有得到这个差额；因为，颁布法令后，这笔钱带来的促进作用是一样的，都是15法郎。

由于颁布了法令，詹姆斯·好人先生的15法郎只能全都交给冶铁商，而在法令颁布之前，这笔钱却可以分成两份，分别给女帽制造贩卖商和书商。

而从道德的立场看，贸易保护主义先生个人在边界上所能动用的力量，和这项法令为他的利益所发挥的力量，是截然不同的。有些人竟然认为，抢掠只要变成合法的，就不再是不道德的了。就我本人而言，我无法想象比这更令人惊心的事了。但是，也许有一件事情是确定的，那就是其经济后果总是不会有什么两样。

你可以从随便什么角度来研究这个问题，而如果你冷静地考察这一问题，你就会发现，从合法或非法的抢掠中是得不到任何好处的。我们并不想否认，这可能为贸易保护主义先生或他的行业，或者如果你愿意的话也可以说为国内工业，带来了 5 法郎的好处。但我们也可以肯定，这种行为也导致了两层损失：一是詹姆斯·好人先生，以前他买那些铁只需要 10 法郎，现在却需要支付 15 法郎；另一个蒙受损失的是国内工业，它不再能够得到那 5 法郎的差额。你自己选择一下，我们所承认的那些好处能够补偿哪个损失。你没有选择的那一项就必然是一个净损失。

道德：使用暴力并不是生产，而是破坏。天哪，如果使用暴力也算生产，那么，法国就该比现在富裕得多啊。

## 8. 机　器



"我们诅咒机器！年复一年，这些机器日益强大的动力使成百万工人陷入贫困之中。机器夺走了工人的工作机会。剥夺了他们的工作，就是剥夺了他们的工资；而剥夺了他们的工资，就是剥夺了他们的面包！我们诅咒机器！"

这是来自无知的成见的呼声，这种呼声回响在我们的报纸上。

然而，咒骂机器，就是咒骂人的心智。

令我迷惑的是，竟然还真有人信服这样一种理论！[①]

因为，归根到底，如果这些说法是可信的，那么，其严格的逻辑

① 参见法文版 Vol. V，第 86 和 94 页；《经济学的诡辩》第一部分第 14、18 章；也可参见本书第 7 章。——法文版编者注

后果是什么？必然是：只有那些愚昧的、精神处于静止状态的民族，上帝没有赋予他们思考、观察、发明、创造、用最小的代价获取最大的成果的那些天赋的可怜的民族，才有可能获得安乐、财富、幸福。相反，那些努力寻找和探索铁、火、风力、电力、磁力和化学、力学法则——一句话，即探索自然的力量——及自身所蕴藏的力量的民族，则必然只能得到衣不蔽体，屋不遮雨，陷入贫穷和停滞，这可真是应了卢梭的一句话："不管是谁，只要一思考，就成了堕落的动物。"

但这还不是全部。如果这种理论是正确的，那么，人们所思考和发明创造的一切，事实上是从头到脚一切的一切，人的每时每刻的存在本身，人们努力想让自然的力量为我所用，以小搏大，尽量减少自己的体力劳动或服务于他们的那些人的体力劳动，用尽可能少的劳动量获得最大限度的能满足自己需求的东西，所有这些努力，就都是该咒骂的；我们必然要得出结论：就是因为这种渴望进步的聪明才智似乎在折磨着这个世界上的每个人，所以，整个人类都正在走向堕落。



因此，我们应该能够从统计学上肯定，兰开斯特[①]的居民必然会为了不使用机器，而跑到爱尔兰去，那里的人们还不知道使用机器；因此，按照那种理论，在历史上，应该是野蛮的阴影笼罩文明的新纪元，而文明必然在无知和野蛮的时代才能繁荣。

显然，在这种理论中存在着很多自相矛盾之处，有些可以说令人震惊，并警示我们，这个问题掩盖了对解决该问题非常重要的因

① Lancaster，英国英格兰西北部工业城市。——中译者注

素，对此尚无人充分地予以揭示。

所有的秘密都在于，在看得见的东西后面还有看不见的东西。我下面就是要揭开这看不见的东西。我的论证无非是前面已经讲过很多遍的东西的重复，因为这里的问题其实没有什么两样。

人具有一种天性，如果不受暴力阻挠，他们就希望进行交换，也就是说，交换某种东西，获得能满足自己需求的同等价值的东西，以节省自己的劳动，不管这种东西出自能干的外国制造商之手，还是出自能干的机器制造商之手。在这两种情况下，反对人的这种天性的理论上的理由都是一样的。不管在哪种情况下，人们都指责他们显然是减少了工人的工作机会。然而，其实际的效果并不是使工作机会减少，相反，它们能够解放人的劳动，使之从事其他工作。

正因如此，面对外国人和机器的竞争，都设置了同样的障碍——同样的暴力。立法者禁止外国产品的竞争，也不许机器进入竞争。让这些人士压抑所有人的天性、取消他们的自由的，还能有什么理由呢？当然，在很多国家，立法者只禁止一种形态的竞争而对另一种形态的竞争只是口头上抱怨抱怨而已。这只能证明，在这些国家，立法者还不够持之以恒。

这不应该让我们觉得奇怪。在错误的道路上，总是会出现这种不能贯彻到底的事，假如不是如此的话，那人类岂不是早就完蛋了。我们从来没有看到过、也希望永远不要看到，把某个错误的原则贯彻到底。我曾经在其他地方说过：荒谬的东西必然是前后不一的。我愿意再加上一句：前后不一也正是其荒谬性的证据。

我们还是接着来谈机器问题吧，我不用费太多口舌。

詹姆斯·好人先生有两个法郎,可以让两个工人挣走。

但是现在,假定他发明了一套滑轮装置,使同样的工作只需要原来一半的时间就可以干完。于是,他的需求得到了同样的满足,却节省了一个法郎,少雇用了一个工人。

他没有雇佣某一位工人:这是可以看得见的。

仅仅看到这一点的人就说了:“对文明来说,这是多么不幸的一件事啊!你看看,自由对于平等来说,可真是致命的威胁啊。人的心智搞出了一个新玩意儿,立刻就有一位工人永远地陷入贫困的深渊了。也许詹姆斯·好人先生还可以继续雇两个人给他干活,但他却不可能再给他们每人 10 苏了,因为这两个工人会互相竞争,最后只能以更低的价格来出卖他们的劳动。就这样,富人越来越富而穷人却越来越穷了。我们必须改造我们的社会。”

真是一个很杰出的结论,也是一个与预设前提相匹配的结论。



幸运的是,这里的前提和结论都是错误的,因为在可以看得见的那一半现象的背后,还有另一半看不见的东西。

人们没有看到的就是,詹姆斯·好人先生节省下来的那一个法郎,和节省下来的这笔钱必然会带来的效应。

由于利用了自己的发明创造,詹姆斯·好人先生为实现自己的需求,不用再花费两法郎而只用花一法郎,他手里还留下一法郎。此时,如果市场上有一个想出卖自己劳动的工人无事可做,那么,在另一个地方,也必然有一个资本家在为他手里的一法郎寻找出路。这两个因素会相遇,然后就结合在一起。

很显然,此时,劳动的供应和需求之间的关系,工资的供应和需求之间关系,都没有任何改变。

现在,发明出来的新技术和那个获得了第一个法郎的工人将一起完成以前由两个工人干的活。

另一个工人则会获得另一个法郎,干一份新工作。

那么,这个世界因此会有哪些改变呢?整个国家的满足程度提高了;换句话说,新发明是一种凭空得来的好处,整个人类都可以获得一种不用付出任何代价的好处。

从上面给出的这一论证中,有人也可能会得出下面的结论:"正是资本家拿走了从机器的发明中所获得的全部好处,而劳动阶级最初要暂时地承受机器带来的痛苦,却从中得不到好处,因为,根据你上面说的那番道理,机器的发明不过使劳动阶级在全国各个产业中的比例有所调整,这个过程中确实没有减少工作机会,但也没有增加工作机会呀。"

在这一篇文章中不可能回答所有的疑问。本文的唯一目的是驳斥一种无知的偏见,这种偏见非常危险而又广为流传。我希望证明,新机器的发明在创造出一定数量的工人可得到的工作职位的同时,也必然创造出可支付他们的工资的资金。这些工人和这些钱最终会结合在一起,从而生产出在发明之前根本不能想象的东西;由此可以得出结论:发明创造的最终结果就是,人们的满足程度增加了,增加的数量就等于节省下来的劳动的数量。

那么,谁获取了这部分满足人们需求的超额的东西?

是的,首先是资本家获取了它,是发明家、是最早成功地使用这台机器的人获取了它,这是对他们的天才和勇气的奖赏。在这里,我们已经看到了,他实现了生产成本的节约,节省下来的钱,不管他怎么花(反正他总要花出去),总是可以提供就业机会,其数量就等于机器节约出来的就业岗位。

但是很快，竞争就会迫使他降低他的产品的售价，直到不再能够占有节约的那些成本为止。

这时候，发明家就不再能够占有发明创造的好处了；占有这些好处的将是这种产品的购买者，消费者，公众，其中也包括工人——一句话，是整个人类。

这就是看不见的：节约下来的那部分钱，会由所有消费者获取，从而形成了一笔资金，这笔资金可以转化为工资，用来雇佣那些被机器淘汰的工人。

最初（回到前面的例子），詹姆斯·好人先生要支付两个工人的工资才能得到一件产品。由于他的发明创造，现在他只需要为体力劳动支出一个法郎。



如果他以同样的价格出售这件产品，那么，在制造这件产品的过程中就要少雇佣一个工人，这是看得见的；但是，詹姆斯·好人先生节省下来的那个法郎又可以多雇佣一个工人，这是人们看不见的。

随着整个事态的自然演变，詹姆斯·好人先生渐渐就得把这件产品的价格降低一法郎，直到他不再能够比别人省钱；这时候，他就不再能够腾出一个法郎为整个国家创造生产新产品的工作岗位。但是总有某个人，或者是整个人类取代了他，得到了这笔节省下来的钱。不管是谁购买这件产品，都可以少花一个法郎，节省一个法郎，他必然把节省下来的一个法郎转变为工资基金。这同样也是看不见的。

人们还提出了解答这一问题的另一条思路，好像蛮有道理。

有人说："机器压缩了生产成本，降低了产品价格。价格降低必然会刺激消费增加，而这必然又会促进生产增加，最后，就会使用跟发明创造之前同样数量的工人——或者更多工人。"为了支持这种论点，他们引用印刷术、纺纱机、印刷机的例子。

这种说法是不科学的。

从这种说法中，我们必然会得出结论，如果我们正在探讨的这种产品的消费保持平稳或基本上保持不变，那么，机器就会对就业造成损害。事情当然不是这样的。

假定在某个国家，所有人都戴帽子。如果使用了机器，使帽子的价格下降了一半，这未必会使帽子的销售量也增加一倍。

是不是可以这样说，如果真是那样，那么，全国劳动力中就有一部分人无事可做？如果根据无知的推理过程，我们的回答就是：是；但如果根据我的理论，回答就是：否。因为，即使在这个国家，不会有人去多买一顶帽子，但整个国家用作工资的资金总量却并没有发生变化；我们看到，所有消费者所节省下来的钱如果不是都流入帽子加工业，那就会转变为由于机器的出现而多余出来的整个劳动力的工资，从而推动所有工业取得新发展。



这才是社会的现实。我以前看的报纸都要卖 80 法郎，现在却只卖 48 法郎。节省下来的那 32 法郎归了订户。我们不能肯定，至少不敢说这 32 法郎必然会继续流入新闻行业；但我们可以肯定，事情也必然是，这些钱如果不流向这个地方，就要流向另一个地方。一个法郎可能用来买更多的报纸，另一个法郎可能买更多的食品，第三个法郎可能买来更好的衣服，第四个法郎可以买来更好的家具。

因此，各行各业都是紧密相连的。它们构成一个巨大的网络。在这个网络中，所有的线都通过不为人知的方式连接在一起。一个行业中的节约会有利于所有行业。重要的是清楚地认识到，永远，永远不要以就业和工资为借口来干扰经济[①]。

## 9. 信　用

所有时代，尤其是在最近几年，人们一直梦想着通过使信用普遍化而实现财富的普遍化。

我敢肯定，可以不夸张地说，自从二月革命[②]以来，巴黎炮制了不下一万本小册子来贩卖这种解决社会问题的方案。可惜，这种解决方案完全是建立在一种错觉的基础上的，假如某种错觉竟然可以算是什么东西的基础的话。这些人先是混淆了产品与硬通货，然后又混淆了硬通货和纸币；他们就是从这两点混淆出发的，却假装自己了解到事实真相。

在探讨这一问题时，绝对有必要忘记货币、硬币、钞票和其他人们用于交换产品的媒介，我们只需仅仅关注产品本身，这才是贷款的真正本质所在。因为，一个农民为了买犁而借进 50 法郎时，实际上他所借的并不是 50 法郎，而是那犁具。如果一个商人准备

① 参见《和谐经济论》第 3 章、第 8 章。——法文版编者注

② 1848 年 2 月 22 日抗议首相基佐(Guizot，1787—1874，法国政治活动家，著名历史学家)的群众示威活动，结果导致他被国王路易·菲力浦撤职。然而，这场谨慎的运动却没有让国王吸取教训，相反，次日，军队向示威群众开枪。愤怒的巴黎民众发动了武装起义，于 24 日冲进杜伊勒里宫，国王逃跑，以拉马丁为实际首脑的十一人革命临时政府成立，25 日宣布成立共和国，即法兰西第二共和国。——中译者注

借 2 万法郎买一栋房子，那么，他欠人家的并不是 2 万法郎，而是那栋房子。

货币之所以出现，仅仅是为了便利各方之间的安排。

彼得可能并不愿意把自己的犁借给别人使，但詹姆斯却很乐意借出自己的钱。这时候威廉该怎么办？他会从詹姆斯那儿借钱，然后用这笔钱去从彼得那儿买犁。

事实上，没有人会为了钱本身而去借钱，我们借钱总是为了得到某种产品。

那么，没有一个国家能够把超出现存产品、不存在的东西，从一个人手里转移到另一个人手里。

不管硬通货和纸币的数量有多少，借方所能拿到的东西总不可能超出贷方所能提供的犁、房子、工具、必需品或原材料的总量。

因为我们必须牢记，每一个借方都必然意味着存在一位贷方，而每一笔借款后面总得有一笔贷款。



如果我们承认这一点，那么，信用机构有什么作用呢？他们可以使借、贷双方更容易地彼此寻找到对方，并比较容易地彼此理解。而他们不可能做到的事就是同时增加借进、贷出的东西的总量。

然而，信贷机构为了实现社会改革家们的目标，却恰恰在做这样的事，因为这些先生们所渴望的不是别的，正是要让所有想得到犁、房子、工具、供应、原材料的人都得偿所愿。

那么，他们是如何想象自己能够做到这一点的呢？

通过由国家对贷款提供担保。

我们还是深入地探讨一下这个问题吧，因为在这里，也有一些东西是看得见的，有一些东西是看不见的。我们要努力地观察到两个方面。

假定这个世界上只有一张犁，而有两个农民都需要它。

彼得是全法国唯一的一张犁的所有者，约翰和詹姆斯都想借用它。约翰用他的诚实、他的财产和他的名誉来做担保。我们可以信任他，他很有信用。詹姆斯则不是那么让人信任，至少看起来不是那么可信，最后的结果，自然是彼得把犁借给约翰。

然而现在，在社会主义精神的鼓舞下，国家干预进来，对彼得说："把你的犁借给詹姆斯，我们将向你提供偿付担保，这个担保要比约翰的担保值钱得多，因为，他只是自己对自己承担责任的个人，而我们，尽管确实拿不出一件实打实的东西，却掌握着所有纳税人的财富；如有必要，我们会用他们的钱来偿还詹姆斯欠你的本金和利息。"

于是，彼得把他的犁借给了詹姆斯；这是我们能够看得见的。

于是，社会主义者就欢呼起来，说，"你看，我们的方案是多么成功啊。正是依赖国家的干预，贫穷的詹姆斯才有了一张犁。他不用再自己动手翻地了，他现在就可以创造自己的财富了。这对他本人有利，也有利于整个国家。"

啊，不，先生们，这并不是国家之福，因为这里，有些东西你们没有看到。

没有看到的一面就是：这张犁之所以到了詹姆斯手中，就是因为它没有借给约翰。詹姆斯是不用再翻地了，他可以用犁耕地了，但你们没有看到的是：约翰却不得不动手翻地，而不能用犁耕地了。

因此，你以为是额外增加了贷款，其实不过是贷款的重新分配而已。

你还没有看到，这种重新分配制造了两个严重的不公正：对约翰不公正，本来是他应该得到的，他可以用自己的诚信和自己的实力赢得的信用，却眼睁睁地被剥夺了；对纳税人也不公正，他们不得不承担起偿付跟他们没有任何关系的贷款的责任。

那么，政府就不能向约翰提供与詹姆斯同样的机会吗？但是，由于只有一张犁在那个地方，那么，就不可能同时借给两个人。于是，他们的论证就又返回到宣称：由于国家的干预，可以借到的东西会多于能够出借的东西，因为，犁在这儿只是用来表示可以利用的资本的总量的。

确实，我是把整个过程简化到最简单的形态来论述的，但是，用同样的试金石来检验最复杂的政府信贷机构，你肯定会相信，它们所能做到的也只能是重新分配信贷，而不可能增加信贷数量。在特定的国家的特定时刻，可以利用的资本的总量总是一定的，它们总是要投放到某个地方。国家向可能破产的债务人提供担保，当然可以增加借款人的数量，从而提高利率（这些成本则要全体纳税人承担），但它不可能增加贷方的数量，也不可能增加贷款的总价值。



不过，我祈求上帝保佑大家不要误解我的意思。我是说，法律不应该人为地鼓励借贷，我并没有说法律应该人为地阻挠借贷活动。如果在我们的制度中或者在任何别的地方，有什么东西妨碍信用的扩张和运用，那就应该由法律将其清除，没有什么比这更好、更公正的了。但是，社会改革家如果真想名副其实，在改革的同时维护自由，就应该求助于法律。①

## 10. 阿尔及利亚

有四位雄辩家都在国民公会上声嘶力竭地讲着，先是一起大喊，然后又是一个接一个地喊。他们都说些什么？说的确实都是些很美好的东西，说的是法国的实力和伟大，说的是我们广阔的殖民地灿烂的前景，说的是重新配置我们的过剩人口的好处，等等。这些雄辩的杰作，总是装点着这样一个诱人的结论：

> 拨款5000万法郎（有的人说得多一些，有的人要得少一些），在阿尔及利亚修建港口和公路，从而使我们能够把殖民者运进那里，为他们建造房屋，为他们平整出土地。这样，我们就可以从法国工人的肩上卸掉一些负担，促进非洲的就业，增加马赛的贸易，所有人都可以从中受益。

是的，在国家花费这5000万法郎时，如果我们只考虑这些钱将流向哪儿，而不考虑它们是从何而来的；如果我们只考虑它们离开税务官的保险箱后所带来的好处，而不管征收这些税款所带来的损害，或者不考虑这些钱由于进了政府的保险箱而使纳税人自己无法受益，那么，确实，所有人都在受益。而且，可以说，如果这样考虑问题，那么，所有事情都是有利的：建在北非伊斯兰教区的房屋是看得见的，建在北非沿岸的港口是看得见的，这里所创造的

---

① 参见法文版全集 Vol. V，p. 282.，论无息信贷的第12封信结尾。——法文版编者注

就业岗位也是看得见的；法国的劳动力在某种程度上会有所减少是看得见的，马赛的商业活动会繁荣起来，也是看得见的。

然而，有某些东西是这些人士没有看到的，这就是：政府花了这 5000 万法郎，纳税人自己就不能再花这笔钱了。从公共开支所带来的一切好处中，我们必然可以推论出妨碍私人开支的全部坏处——起码在我们还没有过分到竟然说，詹姆斯·好人先生根本不在乎他辛辛苦苦挣来、却被税务官拿走的那 5 法郎；而这乃是一个荒唐的说法，因为，他之所以不辞辛劳地去挣那 5 个法郎，就是希望可以用这些钱获取某些满足自己欲望的东西。他本来可以雇人给自己的花园扎上篱笆，现在却办不到了；这是看不见的。他本来可以雇人给自己的田里施肥，现在也办不到了，这是看不见的。他本来可以增添一些设备，现在也不行了，这是看不见的。他本来可以吃得更好一点，穿得更漂亮一些；他本来可以让自己的儿子接受更好的教育；他本来可以多给女儿一些嫁妆……这些，现在他都做不到了，这些是看不见的。他本来可以加入互助会，现在没有办法了，这是看不见的。一方面，他被剥夺了一些必需品的享受，他办事要依赖的东西眼睁睁地就没有了；另一方面，他的那笔钱本来可以使他所在村子里的雇工、木匠、铁匠、裁缝、教师有更多的活儿可干，而现在，这些工作机会不复存在了，这些都是看不见的。

我们的国民会好好地考虑阿尔及利亚未来的繁荣景象，当然，我们承认这一点；但也得让他们同时考虑考虑法国必然要蒙受的损失。人们向我展示了马赛商业繁荣的前景，然而，假如这种繁荣是税款催生出来的，那我倒宁愿指出，国内其他地区的商业将遭受的损害有多大。他们说："每运送一位殖民人口到北非伊斯兰地区，就可以减轻留在法国的人们所面临的人口压力。"对此，我的答复是："问题是，在我们把这位殖民者运送到阿尔及利亚的同时，我们是不是也得运送比他在法国维持生存所需要的东西多二三倍的资本？"①

我唯一的目的就是希望读者明白，不管是什么样的公共开支，在其表面的好处的背后，都存在着更加难以洞悉的坏处。我一直在尽自己最大的努力使读者养成一种习惯，在看到看得见的一面的同时，也能洞察看不见的一面，对二者进行全面的权衡。

当有人提出增加公共开支的时候，我们必须仔细地考察它给我们自身带来的好处，而不仅仅考虑其在增加就业机会方面带来的所谓正面效应，因为这方面的效应无非是一种幻觉。公共开支在这方面能够做到的，私人来投资可以做得更好。因此，就业机会问题根本就与此不相干。



评估投入阿尔及利亚的公共开支的内在价值，并不在本文讨论范围之内。但我还是忍不住要作一个一般性考察。因为，人们从来没有对通过税收而进行的公共支出带来的正面经济效应作出过正确的评价。为什么？我提出下面的理由。

首先，公正总是会因此而蒙受损害。因为詹姆斯·好人先生辛辛苦苦地挣来100苏，是想用来满足自己的需求的，现在却将这笔钱征收走，他肯定会生气，至少会说，税务官把他的一些享受拿

① 战争部长最近宣布，把一个人送到阿尔及利亚，要花去国家8000法郎。而我敢肯定，现在一个普通人如果每年有4000法郎，就可以在法国生活得很不错了。那么，我就想知道，如果你在带走一个人的同时，带走了可以供养两个人的钱，你是怎样有利于法国人的？——作者原注

走，给了另一个人。于是，那些征税的人当然得给人家一些好听的理由吧。我们看到，国家总是会讲出这么一个令人生厌的理由："用这一百个苏，我会让某些人有活可干。"詹姆斯·好人先生（只要他脑子清楚）必然会回答："天啊！我本来是可以用这 100 苏让别人为我干活的！"

国家曾经提出过上面的论点，有人曾赤裸裸地提出过这种看法，则公共财政官员与可怜的詹姆斯先生之间的辩论就非常简单了。如果国家对他说："我要从你这儿拿走 100 苏，用来雇佣警察，他可以满足保障你安全的需要，也可以雇人修筑你每天都要走过的马路，也可以雇佣文官，他可以负责保护你的财产权和自由权利，也可以供养军队以保卫我们的边界。"对此，詹姆斯·好人先生恐怕无话可说，我的多虑也是大错特错。但是，如果国家这样对他说："我从你这儿拿走 100 苏，是想拿出 1 苏作为奖赏，如果你好好地耕种自己的田地，或者教你的儿子学习你不想让他学习的东西，或者让某位内阁部长在他的晚宴上增加第 101 道菜，我就奖给你 1 苏，我也可能拿这 100 苏在阿尔及利亚修建一座小别墅，不用说也可能拿更多钱去维持某位在那里的殖民者的生活，或者用一笔钱供养一位士兵保护这位殖民者，再用一笔钱供养一名将军来控制这些士兵，如此等等"，那么，我想，詹姆斯先生肯定会大叫起来："这套司法体系简直就是丛林法则的翻版！"如果国家预见到了这些反对的理由，它会怎么办呢？它就会胡搅蛮缠；它会提出某种对讨论问题没有助益的令人生厌的论点。它会大谈，这 100 苏可以创造多少个就业机会；它会说，有多少个厨师和零售商因满足部长大人的需求而获益；它跟我们大讲，这 5 个法郎可以养活一名殖民

者、一位士兵或一位将军；总而言之，它讲给我们的，都是那些看得见的东西。而假如詹姆斯·好人先生不知道下一步就该探讨那些看不见的一面，就必然会被愚弄。正是考虑到这一点，我才要高声教给他这种观察方法，并且来来回回地重复。

公共支出只能重新配置就业岗位，而不可能增加工作岗位，从这一事实中我们必然得出结论：这种支出的质量是低劣的，必须严词拒绝。重新配置就业岗位意味着使工人的位置发生变化，扰乱控制着人口在整个地球上分布的自然法则。如果这 5000 万法郎留给纳税人，由于他们分散在全国范围内，所以这笔钱可以促进全法国 4 万个市镇的就业；如果能这样，这笔钱就是一个纽带，把每个人都跟他的祖国联系到一起；它可以在尽可能多的工人中间和所有可以想象出的行业中配置。而现在，假如国家拿走国民的这 5000 万法郎，将其集中起来，花到一个地方，必然会吸引其他地方相应数量的工人迁移到这个地方来，而一旦这些钱花完。这些工人就会流离失所，形成流动人口，失去原来的社会地位。那时，我敢说，这些工人的处境就很艰难了。然而，现在的情况却是(这里我又回到本文的主题了)：这种狂热的举动、也即把所有的钱都投向一个小地方，吸引了每个人的注意力，这些是看得见的；人们拍手叫好，人们惊叹于其过程的美好和轻而易举，还要求重复这种过程，扩大实施的范围。看不见的则是在法国的其他地方，却再也创造不出同样数量的工作岗位了，而且是可能更有用的岗位。

# 11. 节俭与奢侈

看得见的一面遮蔽了看不见的一面，这一点，并不仅仅表现在公共支出问题上。由于无视政治经济学的智慧，这种看得见和看不见的现象形成了一种错误的道德标准，导致人们把他们的道德利益和物质利益看成是对立的。还有什么比这更令人沮丧或更令人悲伤的了？请看：天底下所有的父亲，无不教导自己的孩子遵守秩序，持家有道，讲究实惠，力求节俭，适度消费。天底下所有的宗教无不痛斥摆阔气和奢侈无度。这些都很好，很有益。然而，另一方面，还有一些比这些格言更流行的说法：

"聚藏钱财会使民族的血脉枯竭。"

"大人物的奢侈可以使小人物生活得更舒服。"

"纨绔子弟毁了自己却富了国家。"

"穷人的面包，就是用富人的浪费做成的。"



在这些话语中，道德观和经济观之间当然存在着不可调和的矛盾。有多少杰出人物在有人指出这种矛盾之后，竟然可以作出一副若无其事的样子！对此，我实在是无法理解。因为在我看来，再也没有比在自己内心中看到这两种趋势彼此冲突更令人痛苦的了。不是由于这一端，就是由于那一端，反正人类总是得堕落！如果讲究节俭，人类就将陷入可怕的短缺状态！而如果挥霍浪费，人类便会跌入道德破产的深渊！

幸运的是，这些广为流行的格言对节俭和奢侈的看法是错误的，它们只考虑了短期的、可以看得见的后果，而没有考虑那些看不见的、比较长远的效应。我们下面就对这种不完整的看法做一些矫正。

蒙多尔和他的兄弟阿里斯特平分了父亲的遗产，每人每年有5万法郎的收入。蒙多尔的生活就是现在最时髦的：花钱大方慷慨，挥霍无度。他一年之内就几次更换家具，每月就换一辆新马车，人们都在想着搞出新奇好玩的东西，好尽快将他那些钱榨干净。总之，他让巴尔扎克、大仲马小说中生活奢靡的主人公也相形失色。

这样的人却被人奉若神明，备受赞誉！“给我们讲讲蒙多尔的事吧！蒙多尔万岁！他可真是劳动阶级的大恩人，他是民族的善良天使。他确实沉迷于奢华无度的生活，他的马车确实给行人溅了一身的泥水，他本人的尊严和人类的尊严确实多多少少蒙受了损害……但这又有什么呢？即使他确实不是靠自己的勤劳使自己成为对社会有用的人，他也通过自己的财富造福于社会了。他让钱周转起来了，他的院中商人们络绎不绝，每个商人都满意而归。人们不是说金币是圆的，本来就应该转起来嘛。”

阿里斯特的生活方式则跟他的兄弟截然不同。如果说他不是个自我中心主义者(egoist)，那至少也算个人主义者；因为他花钱的时候很理智，只追求一些比较适度、合理的享受，总是考虑自己孩子的未来，简而言之，他节俭度日。

现在，我想让你听听大伙儿是怎么说他的！

“这个富人、这个守财奴这样生活对社会有什么好处？当然，毫无疑问，他的简朴生活很感人，动人心弦，而且，他是仁慈的，善良的，大方的，但是，他也太会算计了。他没有挥霍自己的全部收入。他的房子没有一年到头都光彩照人，也不是门庭若市。那么，你想，木匠、车匠、马商和糖果商人能对他有什么好印象吗？”

这些评判对道德伦理是有害的。之所以得出这种看法，是因为人们只看到了一件事：纨绔子弟的挥霍；而没有看到另一件事实：比较节俭的兄弟的花销，其实是同样多，甚至更多。

不过，造物主所安排的社会秩序是如此的美好有序，跟万事万物一样，在这种秩序中，政治经济学与伦理绝不是互相冲突的，相反，是彼此和谐一致的。因而，阿里斯特的智慧不仅更珍贵，而且比起荒唐的蒙多尔来，甚至能带来更多好处。

我说能带来更多好处，并不仅仅是指为阿里斯特本人带来更多好处，甚至也不仅仅是对整个社会带来更多好处，也包括能给当下的工人、对当代的产业带来更多好处。



为了证明这一点，我们必须在心智中观照人的行动所带来的那些肉眼所看不见的隐蔽的后果。

是的，蒙多尔挥霍的效应是所有人都能看得见的：每个人都能看见他各种各样的马车，比如四轮双座有篷马车，双排座开合式顶篷四轮马车，四轮敞篷轻便马车；人们也都能看见他房中天花板上精细的绘画；看见他名贵的地毯；看见他那富丽堂皇的豪宅。每个人都知道，他在赛马中驾驭着纯种马。他在巴黎豪宅中举行的宴会，足以使林荫道上的行人心醉神迷，人们争相传诵说，“有一个很慷慨的家伙，他一点都不吝惜自己的钱，他很可能在他的钱袋子上开了个眼。”

从工人角度看，阿里斯特的收入怎么有益于工人，却不大容易看得清楚。但是，如果我们认真地探究，就可以完全肯定地说，他的所有收入，直至最后一个子儿，都会用来雇佣工人，其作用跟蒙多尔的收入一模一样。唯一的区别是：蒙多尔荒唐的挥霍必然使其口袋迅速瘪下去，最后总有没钱的那一天；而阿里斯特明智的花钱方式却会是使他雇佣工人的数量一年一年地增加。

如果这一点的确有道理，那么，公众的利益自然就跟伦理道德和谐一致了。

阿里斯特每年为他本人和家人的生活花去 2 万法郎。如果这还不足以使他觉得幸福，那他就不会被称之为明智了。他有感于穷人所承受的不幸，觉得有一种道德上的义务，多少也要救济一下他们，于是，每年拿出一万法郎从事慈善活动。他在商人、制造商、农民中总有一些朋友，他们可能会暂时陷入财政困境中，他了解到他们的处境，决定拉他们一把，当然要考虑周到，并且帮忙要帮到点子上，在这方面每年又花去一万法郎。最后，他也不会忘记，自己的女儿需要有副好嫁妆，自己的儿子要有个好前程，于是他告诫自己每年必须为此而储蓄、投资一万法郎。

因此，下面就是他的收入的用途：

(1) 个人花销 2 万法郎

(2) 慈善事业 1 万法郎

(3) 帮助朋友 1 万法郎

(4) 储蓄 1 万法郎

如果我们仔细地考察一下这些支出项目，那就会明白，所有的钱同样都投入支持了国家的工业，一个子儿也没剩。

（1）个人花销。对于工匠和店主来说，这些钱的效应跟蒙多尔花同样数量的钱的效应完全相同。这一点不言而喻，我们不用更多地讨论。

（2）慈善活动。他为此目的而捐献出的一万法郎跟别的同样数量的钱一样扶持了工业，这些钱会流入面包师、屠户、裁缝、家具商手中，只是用那些钱换来的面包、肉、衣服，并不是要直接地满足阿里斯特的需求，而是满足那些得到他的捐献的人们的需求。而一个消费者替换另一个消费者，对于整个工业并没有任何影响。同样100苏，是由阿里斯特本人直接消费，还是他请一位穷人去消费，结果是完全相同的。

（3）帮助朋友。阿里斯特把钱借给某个朋友，或者不图回报，而是用这笔钱为朋友举办葬礼，其经济结果跟我们的说法也没有矛盾。他的朋友会用这些钱购买商品或者偿还自己的债务。在前一种情况下，这些钱会促进工业发展。谁敢说蒙多尔用一万法郎购买一匹纯种马给工业带来的好处，要大于阿里斯特或他的朋友用一万法郎购买布料所带来的好处？如果这笔钱用来偿还一笔债务，其结果是将出现第三个人，债权人，他将拿到这一万法郎，但是他也必然会用这笔钱在他的企业、工厂中干某些事情，或者开发利用某些自然资源。他的出现只不过是在阿里斯特和工人之间又多了一道中介而已。人名变了，但钱总得花出去，因而照样会促进工业发展。



（4）储蓄。还有一万法郎储蓄起来了。正是这一点，从表面上看，从促进艺术、工业发展和创造就业机会的角度看，蒙多尔似乎要比阿里斯特表现得好一些，尽管阿里斯特在道德上似乎要比蒙多尔优越一点点。

如果伟大的自然诸法则之间确实存在着这种矛盾，那么，我不可能不陷入实实在在的肉体的痛苦之中。如果人类沦落到只能在两者之间进行选择，要么是自己的利益蒙受损害，要么是自己的良心遭受折磨，那么，我们恐怕就要对人类的前景绝望了。所幸，事实并非如此[①]。要看清阿里斯特的生活方式在具有道德上的优越性的同时，也具有经济上的好处，我们只需明白下面这个令我们欣慰的公理即可，而这个表面上看起来自相矛盾的公理是颠扑不破的：储蓄也是支出。

阿里斯特怎么储蓄他那一万法郎？是不是在自家的花园中挖一个坑把那20万苏硬币埋起来？不，当然不是。他还想增加自己的资产和收入呢。因此，他会用这笔不用的钱来购买一块地、一栋房子，购买政府债券、购进一家工业企业，他也可能把它委托给某位经纪人或是银行家打理。这些钱的用处不管是这里假设的哪一种，你都得承认，这笔钱也会通过买家、卖家的中介，最后促进工业发展，其效果跟他的兄弟用它来换取家具、珠宝、良驹没有两样。

当阿里斯特用他那一万法郎购买一块土地或一笔债券，他之所以这么做，是因为他觉得，他不用消费这笔钱。这一点似乎让你觉得他没有尽到促进工业发展的责任。然而，出售这块土地或者债券的人，最后也必然会以某种方式花掉他得到的那一万法郎，不

① 参见法文版 Vol. V，第 86 和 94 页；《经济学的诡辩》第一部分第 14、18 章；也可参见本书第 7 章。——法文版编者注

会有任何例外。

因此，不管怎样，钱总是会花出去的，不管是阿里斯特本人花，还是别人代替他来花。

因此，从劳动阶级的立场和扶持工业的角度看，阿里斯特的行为和蒙多尔的行为之间只有一个区别：蒙多尔的支出是由他本人直接花费的，并且只为满足自己的欲望；这是看得见的。而在阿里斯特的行为中，有一部分钱是通过中介渠道花费的，经过了一些曲折；这是看不见的。然而，实际上，对那些受他们消费活动影响的人来说，看不见的行为的效应与看得见的行为的效应是完全相等的。能够证明这一点的就是，在这两种情况下，钱都在周转，存留在明智的哥哥的保险箱里的钱，并不比存留在挥霍的弟弟保险箱里的钱更多。

因此，说节俭会对工业带来实际的损害，是错误的。就促进工业而言，节俭和奢侈的最终效果是一样的。



然而，我们觉得，这些钱如果不是用于及时行乐，而是细水长流，那么，对工业的好处会更多，此话怎讲？

10 年过去了。蒙多尔、他的财产、他的广为传诵的轶闻，如今安在哉？这一切早已经烟消云散了。蒙多尔已经玩完了，他早就不能每年为经济注入 5 万法郎了，相反，他可能早就开始靠公众供养了。不管现在他怎么样，反正他不再是店主的乐趣所在了；他不再被当成是艺术和工业的促进者了，他对工人也不再有任何用处了；他对他的子孙也毫无用处，他把他们抛置在悲惨生活之中。

同样是在 10 年之后，阿里斯特却不仅继续将其收入投入货币周转中，而且，每年贡献出的钱还在增加。他为国家的财富加砖添瓦，也就是说，他增加了用于工资的资金数量；而由于对工人的需求取决于这些资金的数量多少，因而他为劳动阶级提供了越来越多的报酬。而到他去世时，他留给孩子的，将是这些进步和文明的成果。

节俭从道德上要优越于奢侈，这是无可争辩的。令人欣慰的是，从经济的角度看，节俭也同样是优越的。不管是谁，只要他不是仅仅考察事物的直接效应，而是深入探究其深层效应，就必然会承认这一点。

## 12. 就业的权利与保证获取利润的权利



“兄弟们，匀出你的一些钱让我有活可干。”这是就业的权利，是初级的或者说是初级水平的社会主义。

“兄弟们，匀出你的一些钱让我有钱可赚。”这是保证获取利润的权利，是比较精致的，或者说是中级水平的社会主义。

这两者都是靠看得见的那些效应来维持其生命力，而那些看不见的效应自会令它们丧失合法性。

可以看得见的是，靠向社会搜刮钱财，的确创造出了这些工作机会和利润；而看不见的则是，如果这些钱留在纳税人自己手中，也同样能够创造出这么多工作机会和利润。

在 1848 年，就业的权利曾经在一段时间显示了其双重面孔。这就足以把它毁在公众舆论手中。

一副面孔被称之为：国立工厂。另一副面孔则是：加税45分。[①]

每天，有上百万人从塞纳河两岸涌入国立工厂工作。这是这枚硬币美好的一面。

然而，这枚硬币还有另一面。为了从保险箱中拿走那几百万法郎，首先得有人挣出那数百万法郎。于是，就业权利的那些创办者最后都不得不转而向纳税人伸手。

于是，农民们说了："我必须交纳45分。因此，我就会失去一件衣服；我不能再给我的田地施肥了，我不能再雇人修缮我的房子了。"

于是，等人雇佣的手艺人们说了："由于我们的老板没法添置新衣服，所以，裁缝的活儿就少了；由于他无法再给自己的田地施肥，所以帮工的事也少了；由于他没钱修缮房子，所以木匠和砖瓦匠的工作也少了。"

因此，事实已经清楚地证明了，你不可能从一桩买卖中两次获利，也证明了，由政府掏钱创造工作岗位，其代价就是纳税人不能再掏钱创造就业岗位。这就是就业权利的最终结局，大家都看到了，它既是一种不公平，也是一种幻想。

然而，获取利润的权利无非是就业权利的一种扩展而已，却仍

① 二月革命时成立的新政权发起创建国立工厂，以解决失业问题，同时也把间接税率提高了45分。而事实证明，这种工厂并不是解决失业问题的令人满意的办法，简直是一场闹剧，作用很小，甚至根本就无法运转。但当政府决定取消国立工厂，把失业者安排进军队、公共工程或私人工业企业时，巴黎的劳动阶层对政府背叛"就业权利"义愤填膺，在1849年发动了革命，经过一番激烈的战斗后才被镇压下去。——英译者注

然很有生命力，仍然大行其道。

贸易保护主义者让社会所扮演的角色是不是多少有些可耻？

贸易保护主义者对社会说："你必须给我提供工作岗位，更有甚者，你必须给我提供有利可图的工作岗位。我曾经愚蠢地选择进入这个行业，结果，我现在亏损了10%。如果你对大家征收20法郎的税金时，给我来个免税，那我就从亏损转为赢利了。现在，实现赢利就成了一种权利，你有义务满足我的这种权利。"

社会听信了他的这一番诡辩，在对全社会都征税时却让他例外。社会没有认识到，那个行业的亏损被它勾销，并不等于它不亏损了，而是其他人被迫承担起了那个亏损——我倒是觉得，这个社会也只配承担别人强加给它的这些负担。

因此，从我上面讨论的很多问题中我们看到了，不了解政治经济学，会使我们在面对某一现象的直接效应时昏了头；而了解政治经济学之后，就能够全面地考虑各种各样的效应，既包括直接效应，也包括远期效应[①]。



我本来还可以找出一大堆问题进行一番同样的分析，不过，我还是决定不这么做了，因为道理都是一样的，论证起来都是千篇一

① 如果一项行动的所有后果都有益于该行动者，那么，我们就该马上修正我们的理论。然而，这个例子并不能说明什么问题。有时，看得见的好的效应都让我们赶上了，而看不见的坏效应却由别人承担，因而就使那些坏效应更不为我们所知了。因此，我们必须等候那些承受了行动的坏后果的人们作出反应才能观察清楚。这经常需要较长时间，而这会延长错误流行的时间。一个人做了某些事，给自己带来了相当于10法郎的利润，给大家带来了相当于15法郎的损失，但却在30个人中间分摊，那么，每个人所承受的损失就只有半法郎。从总体上说，出现了亏损，因而他们必然会作出反应。但是，我们必须承认，这种反应要在很长时间之后才能看到，因为坏效应广泛地分摊在大量人口中，而好效应却集中被一个人获得了。——出自作者未出版的散篇

律，我希望把夏多布里昂[①]谈论历史的一段话用到政治经济学上，作为本文的结语：

> 历史总有两种后果：一种是当下的，几乎同时就可以认识到的；另一种则是比较遥远的，最初觉察不到的。这两种后果经常是互相抵触的，前者出自我们短视的智慧，后者则需要我们具有目光长远的智慧。幸运的结果总是合乎人性的结果。在人的后面站着上帝。有人尽管竭力拒绝获得至上的智慧，不相信这种智慧的力量，或者玩弄概念，把普通人称之为天意的东西称为"环境的力量"或者是"理性"；但是，看看那些已经完成的事情的结局，你就会发现，如果一件事情不在一开始就建立在道德与公正的基础上，则其结果必然会是南辕北辙，适得其反。（夏多布里昂，《墓外回忆录》）

① Vicomte Francois René de Chateaubriand(1768—1848)，法国浪漫主义文学运动先驱，出身贵族，在政治上属于忠实的保王党人，坚定地拥护波旁王室。曾参加反对革命的军事斗争，也曾反对过拿破仑的统治，多次流亡国外。1814 年波旁王朝复辟后成为贵族院议员，出任外交大臣。1830 年七月革命后专事写作，主要著作有《革命史论》、《基督教的真谛》、《关于罗马帝国崩溃的历史研究》，最著名的则是其积 40 年之功力写就的回忆录《墓外回忆录》(中文节译本译为《墓中回忆录》，三联书店，1997)，被奉为法国散文的典范。——中译者注

# 第二章 法律[①]

## 《法律》导言

沃尔特 E. 威廉姆斯[②]



头次阅读弗雷德里克·巴斯夏的经典著作《法律》已是40年前的事了。当时有个不知名的人士——我将永远感激他——主动给我寄来一本。读了本书后，我确信，如果不接触巴斯夏，自由主义的文科教育就是不完整的。阅读巴斯夏的著作使我惕然醒悟，我以前真是虚度年华，过去的生活哲学不过是从一条邪路走向另一条邪路而已。《法律》不仅仅使我的哲学观发生变化，还使我深入思考自由和人们正当行为的秩序。

很多哲学家都写出了论述自由的巨著，巴斯夏也不例外。而巴斯夏最伟大的贡献在于，他使这种论述走出了象牙塔。他对自

---

① 1850年巴斯夏在Mugron与家人在一起时写作了这篇文章。——法文版编者注

正文前的导言和前言则译自单行本The Law, translated by Dean Russell, Foundation for Economic Education, 1998。

② 作者Walter E. Williams系美国弗吉尼亚州费尔法克斯之乔治·梅森大学经济学教授、经济学系主任。

由理念的阐述是那么地清晰，即使是未受过教育的人士也可以理解，让那些鼓吹极权的人们再也不能迷惑他们了。要说服我们的同胞相信个人自由在道德上的优越性，清楚明晰是至关重要的。

跟其他作者一样，巴斯夏认识到，对自由的最大威胁正是政府。而他明晰的论述有助于我们辨析并认清政府所搞的合法化掠夺行径。巴斯夏说，"我们看到，法律从拥有某种东西的人那里攫取，将其给予并不拥有该东西的人；法律以牺牲他人为代价造福于某一公民，而要是该公民本人从事这样的行径肯定是犯罪行为。"看了巴斯夏对合法化掠夺如此准确的描述，我们不能不得出结论，政府——包括我们的政府——的大多数行为，都是法律意义上的掠夺，或者用现代的语言说，是以法律之名行盗窃之实。

巴斯夏是我们《独立宣言》签署者的同路人。这些建国者对自由及政府恰当职能的看法，体现在下面不朽的句子中：

> 我们认为下面的真理是不言自明的：人人生来平等，他们被造物主赋予某些不能剥夺的权利，其中包括生命、自由和追求幸福之权利。为保障这些权利，人们组建政府……

巴斯夏提出了同样的看法，他说，

> 生命、能力和生产——换句话说，人身、自由和财产——就构成了人。尽管政治领袖们耍尽了手腕，但上帝赐予的这三样礼物却是先于并高于所有人类的立法活动的。

巴斯夏为政府之存在给出的理由与我们的建国者一样，他说，"生命、自由和财产不会因为人们制定了法律就不复存在；相反，生命、自由和财产是人们制定法律之前就已然存在的事实。"这种对于自然权利或上帝赋予的权利的阐述，再也没有比我们的《独立宣言》和《法律》更精当的了。

巴斯夏对美国寄予厚望，他说，“……看看美国，这个世界上没有一个国家像美国那样，法律被严格地限制在其正当范围内：即保护每个人的自由和财产。因此，在这个世界上，也没有一个国家像美国那样，将其社会秩序建立在最稳固的基础上。”巴斯夏该文写于1850年。他注意到当时的美国有两大缺陷：“奴隶制是借助法律侵害自由。保护性关税则是借助法律侵害财产。”

如果巴斯夏活到今天，他一定会对我们未能将法律限制在其正当范围而感到失望。经过一个半世纪的努力，我们创造了五万多部法律。其中大部分法律都允许政府对那些并没有伤害他人的人施暴。这些法律从禁止在公共场所吸烟和社会保障“捐税”，到各种许可证法律和最低工资法。每一部这样的法律都使那些坚定地要求和捍卫上帝赋予之权利的人士陷入孤立，最终被我们的政府所毁灭。

巴斯夏指出，社会主义者希望扮演上帝，他们要求用法律限制和平、自愿的交换，惩罚那些不愿受人干预者。社会主义者将人民看成是可以塑造成各种社会形态的原材料。在他们——精英——看来，“人民与立法者的关系就相当于黏土与制陶工的关系”。对持有这种观点的人，巴斯夏唯一一次大发脾气是在冲着那些空想的社会改良家和未来的统治者的：“啊，你们这些可悲的家伙！你们觉得你们很伟大！你们觉得人类很渺小！你们想改造一切！为什么不先改造你们自己！对你们来说，这就已经是很艰巨的任务了！”

巴斯夏是一位乐观主义者，他以为，捍卫自由的雄辩可以拯救社会。但历史却不在他一边。人类的历史就是一部精英们通过教会、但大部分时间是通过政府，系统地、专断地滥用权力和控制的历史。这是一部悲惨的历史，几亿不幸的生灵被屠杀，大部分葬身于自己的政府之手。二三百年后的历史学家将会看到，自由只在人类很小的一部分——主要是西方国家——存在过很短的时间——也就是一两个世纪，不过是历史上的奇闻逸事而已。这位历史学家也将注意到，这段奇闻逸事也只是转瞬即逝的现象，人类又回复到了传统的状态——专断的滥权和控制。

幸运的是，历史也将证明，悲观主义的估计也会是错误的。整个世界的人们尊崇空想社会主义理念的心态之崩溃表明，人类还有一线希望。另一个有希望的征兆是，技术创新将使政府获得有关公民的信息并控制他们，变得更为困难。信息访问(information access)、通信和电子货币结算等技术创新，将使政府实施控制的成本更高，更难以实施。这些技术创新也将使整个世界的公民在政府不知晓、未批准、不允许的情况下沟通和交易。

论及自由在美国的前景，……技术创新与有利于传播巴斯夏观念的、充满活力的自由市场组织，这些都是最足以令人乐观的因素。美国人肩负着艰巨的重任和道德责任。如果自由在美国死了，也必将在整个世界消亡。而更仔细地了解巴斯夏的自由理念，则是重新点燃美国人对自由精神的尊重和热爱、并使之复苏的重要一步。

# 《法律》前言

谢尔登·瑞奇曼[①]

国家是一个巨大的虚构体，每个人都试图借助它以牺牲他人为代价维持自己的生存。

——巴斯夏

弗雷德里克·巴斯夏(1801—1850)在热爱自由的人们的心灵和思想中占有特殊位置，这不难理解。巴斯夏最大的吸引力在于他的思想的完整和明晰。他的著作所展示的透彻和论理之激情，是现代学者中少有的。他的作品很容易理解，具有说服力。

透过通俗的话语，巴斯夏巧妙地摧毁了当时的法国人对经济学的曲解。今日的美国，知识分子和政治家还不断跟我们说，外国产品自由进入美国将使我们变穷，而地震或飓风可以创造出重建的需求从而可以带来繁荣，这就是对巴斯夏无知的后果。

不过，仅仅以为巴斯夏是个经济学家，是低估了他，巴斯夏也是第一流的法学家。我们这么说的依据就是《法律》。本文写于法国受社会主义错误理想诱惑之时，巴斯夏是从古典意义上理解法

---

① 作者 Sheldon Richman 是美国经济学教育基金会(The Foundation for Economic Education)出版之 Ideason Liberty 杂志的编辑，并担任自由前景基金会(The Future of Freedom Foundation)高级研究员。著有 *Separating School & State: How to Liberate America's Families*; *Your Money or Your Life: Why We Must Abolish the Income Tax and Tethered Citizens*; *Time to Repeal the Welfare State*.

律的，他指引自己的理性发现了最适合于人类的社会组织原则。

他一开篇就指出，个人必须为维持其生存而有所作为。他们得把自己的才能运用于自然世界，将其种种物质转化成对人类有用的产品。巴斯夏写道，“生命、能力、生产——换句话说，人身、自由和财产——就构成了人”。而由于这些是人性的本质所在，因而它们“先于、也高于任何人类的立法活动”。很少有人明白这一点，即使是那些鼓吹个人自由的人士，也备受法律实证主义的痛苦的折磨（例如边沁功利主义的信奉者）。这种理论认为不存在什么权利，权利先于立法的看法是错误的。而巴斯夏则提醒我们，“生命、自由和财产不会由于人们制定了法律而不复存在。相反，生命、自由和财产是在人们制定法律之前就已经存在的事实”。

在巴斯夏看来，法律是否定性的。他同意一位朋友的说法，这位朋友指出，说法律能够创造公正，乃是不正确的。事实上，法律只应当防止不公正。“只有当不公正不存在时，才有公正”。这可能让一些读者感到疑惑。然而仔细想一下，我们就可以发现，自由而公正的社会只能是不存在对个人的强制干涉，即他们不受干扰的社会。

法律的目的是保卫生命、自由和财产。巴斯夏指出，这是“个人集体行使其正当自卫权的组织”。每一位个体均有捍卫其生命、自由、财产的权利，因而一群人也拥有聚集资源以保卫自己的“集体性权利”，“因而，集体性权利的原则——其存在的理由，其正当性——乃是以个人权利为基础的。从逻辑上说，这一保障其集体性权利的公共力量除了充当一种替代品之外，没有任何其他目的或使命。”如果法律的目的就是保卫个人权利，那么，法律就不能被用于——这必然是自相矛盾的——去做个人无权去做的事。"对这一力量的这种滥用是……与我们的前提相矛盾的",其结果必然是非法之法。

建立在正当法律概念之上的社会是井然有序和繁荣的。然而不幸的是,有些人却更喜欢掠夺而不是生产,只要前者所需付出的勤劳比后者少。如果制定法律(立法活动)的阶层倾向于掠夺,就会出现致命的危险。巴斯夏写道,其结果将是"合法的掠夺"。最初是一小撮立法者进行合法的掠夺,然而,这将开启一个过程,那些遭到掠夺的阶层不会争取消灭法律之扭曲,而是拼命争取自己也参与掠夺。"似乎在实行正义的统治之前,每个人都必须体验一番残酷的报偿似的——有些是由于其邪恶,有些则是由于缺乏理解力。"

由于普遍的合法掠夺使道德和法律陷入对立之中,其结果是道德上的混乱:"如果法律与道德彼此冲突,公民将不得不面临痛苦的抉择:要么丧失道德感,要么不再尊重法律。"巴斯夏指出,在很多人看来,法律上规定的东西就是正当合法的,于是他们就陷入混乱、陷入矛盾之中。

假如我们允许法律偏离其正当目的,不是保卫财产权而是侵害财产权,那么,每个人必将争相参与立法活动,或者是为了保护自己免受掠夺,或者是为了利用法律进行掠夺。政治问题就将总是压倒一切,吸引所有人的注意力。立法大厦的门前将争斗不止,大厦内的斗争也一样激烈。

似曾相识?

除了渴望战利品外,巴斯夏在合法化掠夺背后还发现了另一种动机："错误的博爱之心"。他在这儿又看出了一种自相矛盾。如果博爱不是出于自愿，它就将摧毁自由和正义。法律如果不先取于某人，就不可能给予某人。他将这一分析框架应用于种种形式的政府干预活动，从关税到所谓的公共教育。

巴斯夏的话听来如此新鲜，仿佛就是今天写的。他说，如果我们看到，法律授权把某人的财产给予他人，就是合法的掠夺行径。应当"毫不迟疑"地取缔这样的法律。然而，他又警告说，"那些从这些法律中获益的人们会苦苦哀求，会捍卫他的既得利益"，捍卫他所获得的政府津贴。巴斯夏的建议则直截了当："不要听信这些既得利益者的诡辩。接受这些论辩就将把合法掠夺塞进整个制度中。在现实中，已经形成了这种局面。人们总是错误地以为可以以牺牲他人为代价让某人富裕起来。"

巴斯夏写道，导致法律扭曲的那种世界观，把人看成是某种被动的实体，自己没有动力，而静等着明智的立法者来操纵和设计。他引了一段卢梭的话："立法者是发明机器的工程师。"圣茹斯特则说，"立法者操纵未来。正是他，将造福于人类；正是他，使人类成为他希望他们成为的那样子。"罗伯斯庇尔非常尖锐地说过："政府的职责是指挥国家的物质和精神力量迈向国家所欲追求之目标。"



巴斯夏重申了亚当·斯密对"体系之人"(man of system)的批判，这种思想把人看成是可以在棋盘上随意移动的棋子。立法者为了实现自己的目标，必须消灭人的差异，因为这差异妨碍他的方案之实施。那时的秩序将是强求一致(还能是什么样的一致)。巴斯夏在这里引用了一些作者的话，然而回应说：

啊，庄严的作家们！请记住，你们如此任意揉搓的这些泥土、沙子、肥料，都是人！他们是你们的同类！他们也跟你们一样是理智而自由的人类。跟你们一样，上帝也赋予了他们进行观察、制订计划、思考、自行判断的天赋。

在引述了几位想重新设计人类的作家的话之后，巴斯夏实在忍不住自己的怒火：

啊，你们这些可悲的家伙！你们觉得你们很伟大！你们觉得人类很渺小！你们想改造一切！为什么不先改造你们自己！对你们来说，这就已经是很艰巨的任务了！

无限民主也没有逃出巴斯夏的锐利眼光。他同样敏锐地把握了这一问题的本质。民主党人为人民的智慧而欢呼。这些智慧都表现在哪儿？就是挑选全能的立法者的能力——仅此而已。“那些在大选期间如此明智、如此道德、如此完美的人民，现在却不再具有这些趋向了；如果说他们有什么趋向的话，那就是堕落的趋向……如果人民是政治家所说的那样的无能、邪恶和无知，那么，为什么他们却如此热情地捍卫这些人的选举权？”“如果人类的天性是如此恶劣，因而让人们的自由很不保险，那么，为什么单单这些组织管理者的天性如此美好呢？”

巴斯夏在结尾呼唤自由，拒绝把人为的社会秩序强加于人的种种见解。他恳请所有“立法者和空想的社会改良家拒绝所有这种制度，而不妨试试自由”。

自《法律》一文发表后，古典自由主义传统中很少有人再写出过如此明晰、如此有力、几乎具有诗一般品质的文章来。唉，整个世界都忘记了《法律》所总结的教训。巴斯夏一定会对今日美国的情形感到伤心。他曾经警告过我们。他已经揭示了正当的人类社会所不可或缺的原则，并使之可为任何人理解接受。在终结国家主义的合法掠夺、在捍卫个人自由的斗争中，对一个人，我们还能有什么要求呢？

1995年11月

（译者注：上面两篇文章所引用巴斯夏话语，因所取译本不同，因而与下文略有不同。）

法律已经走上了邪路！与法律一体的国家的所有集体性力量也都走上了邪路！我不得不说，法律不仅已将自己的正当目标抛置一旁，反而在追求一种完全相反的目标！法律变成了形形色色的贪婪之心的工具，而不是其约束者！法律本身就正在犯下本来它应该惩罚的那些罪行！当然，如果事情果真如此，那就是一个相当严重的问题，我想提请我的同胞们对此予以关注。

我们从上帝那儿获得了一种赐予，对我们而言，就是一切天赋的根本：生命——肉体的生命，理智的生命和道德的生命。然而，生命并不能仅靠自身维系。上帝在赐予我们生命的时候，也把维护它、发展它、保护它的责任留给了我们。

为此目的，上帝也向我们提供了种种不可思议的本领。他也把我们安置在各种各样的资源之中。通过把我们的能力运用到这些资源中，就形成了吸收利用和占有的现象，借此，生命得以完成自己特定的历程。

生存、能力、吸收利用——换句话说，人身、自由和财产权——这就是人之为人的本质所在。

如果不听信种种蛊惑人心的诡辩，那么，对于这三项，我们就可以说，它们要先于、并且优位于所有的人为立法。

并不是由于人们制定了法律，人身、自由和财产权才得以存在，恰恰相反，是因为已经存在着人身、自由和财产权，人们才去制定法律。

那么，法律到底是什么？我在别的地方曾经说过，法律就是个人行使其正当自卫权利的集体性组织。[①]

我们每个人当然都从自然、从上帝那里获得了保卫自己的人身、自由和财产的权利，因为它们是构成或维系生命的三个基本因素。这三大因素是互为补充的，要理解它们，三者不可缺一。因为，如果我们不延伸我们的人身，那我们如何具备各种能力？如果我们没有扩展我们的能力，那又何来财产？

如果每个人都有权保卫他的人身、自由和财产，甚至可以使用暴力，那么，若干人也就有权团结起来，获得某种共识，组织某种集体性暴力，以正规化地提供这种防卫服务。



因此，集体性权利的基本准则，其存在的理由，其合法性基础，乃在于个人之权利；据此，我们可以说，集体性暴力除了它所替代之个人性暴力的目的和作用之外，不可能具有其他的目的和作用。

因此，如果个人使用暴力侵害另一个体的人身、自由和财产的行为不可能是合法的，那么，由于同样的原因，运用集体性暴力摧毁某个人或某一阶层之人身、自由和财产权也不可能是合法的。

因此，不管出于什么样的理由，不正当地使用暴力，都是与我们的前提相对立的。谁敢说，我们被赋予暴力，不是为了捍卫我们

① 参见本书第 8 章《掠夺与法律》的最后两页。——法文版编者注

的权利,而是为了要摧毁我们的兄弟同样的权利?如果每个个体个别地滥用暴力是不正当的,那么,无非是个别的暴力之有组织的联合的集体性暴力之滥用,又怎能是正当的?

因此,如果真有什么东西是不言自明的,那就是:法律乃是行使天赋之正当自卫权利的组织;它是用集体性暴力替代个人的暴力,它只能在它有权行使之范围内行使,只能做它有权做的那些事情:即确保人身、自由和财产权之安全,使正义之治降临于所有人。

假如某个国家是据此而建立的,那么,在我看来,秩序就将在那里取得实际的统治地位,如同理论中所描述的那样。在我看来,这样的国家必会是最单纯的、最经济的,是负担最轻的,烦扰最少的,干预最少的,最公正的,因而也可以设想,它的政府是最稳定的,不管它采取什么样的政治形态。

因为在这样的政治制度之下,每个人都将清楚地领会,他的生命的全部享受,以及由此而带来的全部责任,都属于他本人,并且只属于他本人。只要他的人身受到尊重,他可以自由地劳动,他的劳动果实绝对不会遭受任何不公正的侵犯。那么,绝对不会有人会拒绝接受这样的国家。在走运的时候,我们不会把我们的成功归功于国家——这确是实情;而在陷入不幸的时候,我们也不会将自己的不幸归罪于国家,就像我们的农民不会把自己的不幸归罪于冰雹或霜冻一样。我们仅仅是在感受到安全的无以估量的好处时,才知道国家之存在。



我们还可以肯定,正是由于国家没有干预私人事务,欲望和满足需求之物才会沿着其自然的秩序发育成长。我们不会看到贫穷的家庭在获得面包之前从书本中寻找教导。我们不会看到,以牺牲农村为代价把人口移民到城市，或牺牲城市而把人口迁往农村。我们不会看到由于立法措施所导致的资本、劳动和人口的那种严重脱节，这种脱节已经使生存所必需的最基本的东西陷入不确定和不稳定之中，从而把那么巨大的责任加之于政府肩上。

不幸的是，法律已根本不再被局限于其正当的作用之范围内了。它不仅已成为冷漠和值得质疑的东西，已经不再发挥其合法的职能，它的情况比这还糟糕，它走上了与其自身目的完全相反的道路；它已经摧毁了它自身的目标：它已经被用来取缔正义，而它本来是应该维护正义的；它已经越过了权利的界限，而它的职责本来是该尊重这些界限的；它已经使集体性暴力服务于那些利用他人的人身、自由和财产为自己谋利的人没有任何风险，也不再有任何顾忌；它已经把掠夺粉饰为一种权利，旨在保障这种权利，而它也已经把正当防卫说成是一种犯罪，从而可以惩罚这种防卫行动。

法律是如何被人如此滥用的？这种滥用造成了什么样的后果？

法律是在两个大相径庭的理由下被人不正当地利用的：愚蠢的自私自利和虚伪的仁爱之心。

我们先来谈谈第一个理由。

自我维系和自我发展是所有人共同的愿望，因此，如果每个人都可以自由地发挥他的能力，自由地支配其成果，那么，社会的进步就必然会是持续的、不间断的和无穷无尽的。

但是，还有一种倾向也是所有人共有的，那就是：如果可能的话，就以他人为代价来求得自己的生存和发展。这并不是一个轻率的指控，也不是孤僻和悲观主义精神状态的表现。历史可以为这一点作证：史书上充满了漫长的战争、大规模的迁徙、教会专制统治的法令、普遍实行的奴隶制、商业欺诈、垄断，等等。

这种倾向的根源就在于人性本身，在于那种驱使人们追求自身幸福而规避痛苦的原始的、普遍的、无法克服的天性。

人们只有通过不断地吸收、利用和占有，也就是说，通过劳动，把自己的能力持续作用于一些东西，才能够生存，并享受生活。这就是财产的由来。

然而，事实上，他也可以通过利用和占有他人劳动之成果维持自己的生存，并享受生活。这就是掠夺的起源。

唉，劳动本身是痛苦的，而人们的本能也倾向于避免痛苦，结果就是——历史已经证明了：不管在什么地方，只要掠夺比劳动更省劲，就必然会大行其道；在这种情况下，任何宗教或道德规范都不能阻止人们这么干。

那么，掠夺什么时候才会收场？只有在掠夺比起劳动更费力、也更危险时。

因此，再明显不过了，法律的目标就应该是运用集体性暴力强大的阻碍作用，阻止这种有害的倾向，因而，法律就应该保护财产权而反对掠夺。

然而，在通常情况下，法律是由某个人或某个阶层的人制定的。而由于如果没有制裁措施，如果没有占有优势之暴力的支撑，法律就无法存在，因而，这种暴力不可避免地会落到那些制定法律的人手里。

这种无法避免的现象，再加上我们看到的、存在于人内心深处的不良倾向，可以解释最常见的不正当地利用法律的现象。据此，我们可以理解，法律是如何沦落为某些人从事不公正行为的工具，而不是约束这些不公正。事实上，法律已经成为那些人最无可匹敌的工具。据此也可以理解，与立法者的权利相应，在不同程度上，法律为了立法者的利益，通过奴隶制摧毁了其他人的人身权利，通过压迫摧毁了他们的自由权利，通过掠夺摧毁了他们的财产权。

人天生就必然反抗导致他们成为牺牲者的那种不公正。因此，只要存在着立法者为了自己的利益而利用法律进行的掠夺，那么，遭受掠夺的各个阶层必然会通过和平或革命的手段，寻求介入制定法律。这些阶层在努力获取自己的政治权利时，根据其所获得的文明启蒙程度之不同，可能提出两种不同的目标：他们可能会希望彻底埋葬法律中的掠夺行为，他们也可能会要求自己享有掠夺的权力。

对于国家来说，不幸的是，当轮到群众掌握制定法律之权力的时候，他们却总是被后一种想法完全控制了。

在此之前，仅仅是少数人在干那些从法律上掠夺多数人的行径，因为在大多数国家，制定法律的权力集中控制在少数人手中。然而，现在，制定法律的权利成了普遍的权利，于是，如果想做到公平合理，平衡各方利益，就必然鼓励普遍的掠夺行径。于是，社会不公正没有被消除，反而变得更普遍了。曾经被剥夺了特权的阶级一旦获得了它们的政治权利，涌现出的第一个念头，并不是消除掠夺现象（这对它们而言应该是比较明智的），而是组织一个报复其他阶级的体系，这种报复其实对它们自己也是有害无益；仿佛在正义统治之前，必须让所有人都遍尝某种严酷的报复，有些人是由于其曾经对他人不公而招致报复，有些人则完全是因为其无知而希望通过报复获得正义。

一个社会所实行的制度，再也没有比下面一点更不幸更邪恶的了：那就是把法律变为掠夺的工具。

这种不正当地利用法律的后果是什么呢？要想全面描述这些后果，需要写好几本书。我们这里仅指出其荦荦大者。

首先销蚀了每个人的良知，使他们不能区分何者是正义，何者是不正义。

如果尊重法治的态度在某种程度上不能占据主流，那么，任何社会都维持不下去；但是，令法律得到人们普遍尊重的最可靠办法是，法律本身是值得尊重的。如果法律和道德规范是冲突的，民众就会发现自己陷入一种两难境地，要么是丧失道德感，要么是不尊重法律，这两种罪恶彼此不相上下，人们恐怕很难从中作出抉择。

法律的本质就在于使正义获胜，因而在普通民众心目中，法律和正义完全就是一回事。我们所有的人都具有一种强烈的倾向，就是尊重正当的法律，因而有很多人，在很大程度上，就错误地认为，一切正义皆源于法律。这种认识就足以使法律把掠夺行径神圣化、赋予其合法性，从而在很多人的良知中，掠夺行径也似乎成了正义的、神圣的。奴隶制、贸易限制、垄断都不仅在从中得利的群体中获得了支持者，甚至在那些蒙受其害的群体中也能找到辩护者！如果你企图对这些制度的道德性提出一丁点质疑，人们就对你说，“你是个危险的革新者，乌托邦分子，理论空谈家，蔑视法律的家伙；你正在破坏我们社会的根本基础。”如果你试图开设伦理学或政治经济学课程，官方组织就会向政府发出这样的呼吁：

“自此以后，经济科学不仅不能从自由贸易（或者是自由、财产权、正义）的角度来讲授，而且尤其不能触及法国工业界目前占主流的事实与法律（这些正好违反了自由、财产权和正义）。”

“由于教职员工的工资都是由国库支付的，因此，教授们必须坚决避免哪怕是最轻微地损害目前民众对于法律所持的尊重态度。”①

这样看来，如果确实存在着支持奴隶制、垄断、压迫或掠夺的法律，不管其以何种形态存在，人们恐怕就不敢谈论它；因为，只要你谈论起它，怎么可能不损害人们对该项法律的尊重？而且，伦理学和政治经济学也必然将从法律的角度讲授，也就是说，这些课程将基于下面的假设：仅仅因为它是法律，所以它就是正义的。

这种可悲的滥用法律的另一个后果是，使政治激情和政治斗争，事实上是政治领域的一切的一切，具有某种异乎寻常的重要性。

我可以从各个角度证明这一主张。不过，下面我仅举一个例子，从最近非常热门的一个话题来分析一下这一问题：普选权。

卢梭学派自认为非常进步，不过我相信，他们要比时代落伍了20个世纪，不管他们对普选权（指这个词比较严格的含义）有何看法，反正我觉得，普选权并不是什么神圣的教条——仿佛仔细地考察它或者怀疑它，就是一种犯罪。

我们可以郑重地提出很多理由反对实行普选权。首先，“普遍



① 制造业、农业与商业委员会（May 6，1850 年 5 月 6 日会议记录）。——法文版编者注

的"这个词就掩盖着一个明显的诡辩。法国有 3600 万人口。如果选举权确实是普遍的，那么，就必须将其赋予 3600 万选民。而在最广泛的选举制度中，也只有 900 万选民是合格的。这就是说，4 个人中就有 3 个被排除在外，更有甚者，他们是被那第四个人所排斥的。那么，这种排斥根据的是什么样的原则？根据是有些人不具备能力。于是，普选权就仅仅意味着那些具有能力的人的普遍的选举权。不过这里就有一个问题：什么样的人算是具备能力的人？仅仅根据年龄、性别、犯罪记录，就可以确定一个人不具备能力？

如果我们更进一步地考察这个问题，很快就会察觉到为什么普选权要以能力为取舍标准的理由了。就此而言，最普遍的选举制度与最有限的选举制度唯一的区别在于，它们是根据不同的特征来判断一个人是否具备能力。这仅仅是一种程度上的差异，而非本质上的区别。

理由就在于，选民的行动不仅是为了他自己，也是为了所有人。

如果像具有古希腊、罗马遗风的共和派所宣称的那样，普选权是每个人与生俱来的权利，那么，成年男子限制妇女和儿童参加选举就是不公正的。为什么不让他们参加选举？因为他们被认定不具备能力。为什么把不具备能力作为排斥他们的一个理由？因为承担一个选民的投票之后果的，并不仅仅是该选民本人；因为每一票都会涉及和影响整个社会；因为社会显然有权要求获得投票决定的法案所提供的某些保障，社会的安宁与生存都有赖于此。

我知道，对此，人们会作何反应，我也知道，人们会如何反驳。

不过，这里并不是深入争论这一问题的地方。我只是想提请大家注意，如果法律正当地履行了其所应当履行的职责，那么，这一极具争议性(也是最具政治色彩的问题)、曾经令整个国家骚动不安、纷纷扰扰的问题，就不至于这么重要了。

事实上，如果法律仅限于保障所有人的人身、自由和财产权利；如果它仅仅是个人行使其正当自卫权、预防、监督、惩罚所有压迫和掠夺行径的组织，那么，我们这些平民百姓干吗还要这么激烈地争论什么选举权是否应该是普遍的？这样的纷争难道不是已经威胁到了社会最大的利益，即公众的和睦吗？被剥夺的阶层为什么不愿和平地等待它们时来运转？难道不是因为那些既得利益者过于贪恋他们的特权？我们不是已经看得很清楚了，所有人的利益都是一致的、共通的，被赋予投票权的人们的投票行为并不会给其他人带来多大的不便？

然而，一旦实行那种灾难性的原则，在组织、管制、保护或者鼓励的借口下，法律拿走一些人的东西给另一些人，把所有阶层创造的财富中的一部分抽取出来以增加某个阶层的财富，不管这个阶层是农民、制造商、商人、船主，还是艺术家或演员什么的，那么，在这种情况下，很自然地，每一个阶层都有最充分的理由要求插手立法过程，都会宣称自己拥有投票的权利，都觉得自己是合格的选民；而如果他们未能获得这种权利，就会威胁要推翻现有的社会秩序。甚至乞丐和流浪汉都可以向你证明，他们也拥有不容争辩的选举权利。他们会告诉你：“我们买酒、烟和盐的时候，从来没有说我们可以不纳税，而这些税款中有一部分，却由法律以奖赏和补贴的形式，让那些比我们更有钱的人拿跑了。另有一些人则利用法律人为地提高了面包、肉食、铁制品和布料的价格。既然所有的人都在利用法律为自己谋利，那我们也要这么干。我们希望法律能够赋予我们获得公共救济的权利，这是穷人应该掠夺的那一份。为此，我们也必须成为选民和议员。这样，我们就可以为我们阶层组织大规模的救济，因为你们也已经为你们阶层的利益搞了大规模的保护性关税。别跟我们说，你们会代表我们的利益，你们肯定会把我们踹到一边，就像米默勒尔先生①提议的那样，用 600 万法郎收买我们，给我们扔下一根骨头让我们啃，让我们安安静静地待着。我们有很多要求，不管怎么样，我们要自己掌握自己的命运，因为其他阶层也都是自己只为自己的利益奔波！”

对这样的要求，我们能怎样回应？是的，只要我们从原则上承认，法律可能会偏离其真正的使命，它可能会侵犯财产权，而不是保障财产权，那么，每个阶层就都必然想制定法律，不管是为了保护自己不受他人的掠夺，还是想为了自己的利益而搞掠夺。于是，政治问题就必然弥漫在社会的方方面面，在社会中占据支配地位，也最为吸引人。简而言之，人们都会不断地争相叩击立法机关的大门。而立法机关内部的斗争，也同样激烈。欲了解这一点，不需要观察法国和英国议会中正在进行的斗争，只要看看那里都在争论哪些问题，就足以明白了。

这种对法律的可恶的滥用，正是仇恨、混乱和社会失序的根本

① Pierre Auguste Remi Mimerel de Roubaix(1786—1872)，纺织品制造商和政客。1848—1849 年，他是活跃的贸易保护主义活动分子，曾激起过巴斯夏的愤怒。这之后，他被拿破仑三世任命为国务顾问和制造商委员会委员。1849 年他当选为议员，1852 年被拿破仑指定为参议员。——英译者注

原因所在。这一点还用特意提出证据予以证明吗？看看美国就够了。这个世界上，恐怕没有哪个国家像美国那样，法律非常严格地局限于履行其正当的职能，即保障所有人的自由和财产权。同样，这个世界上也没有哪个国家像美国那样，其社会秩序建立在相当稳定的基础上。尽管如此，即使是在美国，也存在两个问题。而仅仅就是这两个问题，自其建国以来，已经好几次将其政治秩序推入危险境地。这两大问题是什么呢？奴隶制问题和关税问题。而这两个问题，恰恰与这个共和国的一般精神相冲突，而体现了相关法律的掠夺性质。奴隶制是对人的权利的一种侵犯，却得到法律的认可。保护性关税是对财产权的侵犯，也得到法律的认可。当然，更引人注目的是，很多其他方面的争论也是肇端于这两大掠夺性法律。这是它从旧世界继承的恶劣的遗产，而其中的随便一个，都有可能导致联邦的瓦解。法律成为不正义的工具，确实难以想象一个社会还会有比这更严峻的局面了。如果这一在美国属于例外的事实，给美国已经造成了这样可怕的后果，那么，在这种情况随处可见，并且已自成体系的欧洲，其后果将有何等严重？



德蒙塔朗伯尔先生[①]吸收了卡尔利埃先生[②]在其非常著名的宣言中表达的思想，他曾经说过："我们必须对社会主义开战。"这里的社会主义，按照查尔斯·迪潘先生的定义，肯定是指掠夺者。

---

① Charles，Countde Montalembert（1810—1870），政论作家，自由主义天主教的代表人物。——英译者注

② Pierre Carlier（1799—1858），法国政客和警官。1830 年到 1848 年革命期间长期担任巴黎警察局长，1849 年被任命为法国警察总监。——英译者注

不过，他所说的是哪种类型的掠夺？因为存在着两类掠夺：一类是未经法律授权的掠夺，一类是法律上的掠夺。

未经法律授权的掠夺，跟盗窃和坑蒙拐骗一样，是由刑法所界定的，在刑法中有相关规定，并会受到刑法的惩罚。我觉得，我们不能笼统地将其装进社会主义的概念中。系统地威胁着社会根基的，并不只是社会主义。再者，反对这类掠夺的斗争是不用等到德蒙塔朗伯尔先生和卡尔利埃先生打响信号后才开始的。事实上，自从人类诞生以来，这场斗争就一直在进行着。远就二月革命以前，早在社会主义出现之前，法国就一直与这种非法掠夺进行斗争，一整套的法庭、警察、宪兵、监狱、地牢、绞架等就是进行斗争的工具。法律本身一直在进行着这场战争。在我看来，法律对掠夺行径始终如一地保持这种态度，实在是应该的。

然而，事情并非总是如此。法律有时竟然会站到掠夺者的一边。有时，法律自己就干下掠夺的行径，为的是减少其受益者良心上的羞耻、危险和担心。有时，法律会使一整套法庭、警察、宪兵、监狱体系服务于掠夺者，而遭受掠夺的人如果进行自卫，反而会被投进监狱。换言之，存在着一种法律授权的掠夺行为，毫无疑问，这才是蒙塔朗伯尔先生所说的那种掠夺行径。

这种法律上的掠夺行径可能只是国家立法活动中一个不怎么常见的瑕疵。如果真是这样，那么，我们所要做的，就不是愤世嫉俗，唉声叹气，而是尽可能迅速地清除这些瑕疵，尽管这样做可能让既得利益者恼羞成怒。

那么，如何确认这种法律上的掠夺现象？非常简单，我们只需看看，法律是否将某种东西从其拥有者手中拿走，然后将其给予本来不拥有这些东西的人。我们只需看看,法律是否为了一个公民的利益,而损害其他人的利益,而如果是后者自己这样干,却不可能不被指控为犯罪。必须毫不迟疑地废除这样的法律。这种法律本身就是不公正的,同时它也是各种不公正的肥沃的土壤,因为它会招致报复,而一不留神(开始时的例外),很快就会变成普遍的现象,自我复制繁殖,最后发展成一种有自身生命力的制度。毫无疑问,受惠于该法律的人必会对废止该法律大声抗议,他会利用他所获得的一切权利阻止废除这种法律。他会说,国家有义务保护和促进他所在的产业;他会宣称,国家让他富裕对国家也有利,因为他富裕起来后,会花更多的钱,从而会给穷困的工人撒下更多工资。千万小心,不要听信这种诡辩,因为系统地阐述这些说法,恰恰会使法律上的掠夺行径制度化。

实际上,已经出现了这种局面。我们这个时代很流行的一种幻想是,能够通过互相牺牲,最后实现所有阶层的共同富裕——在用法律组织掠夺的幌子下,使掠夺行径普遍化。于是,人们可以用数不胜数的借口去干法律上的掠夺行径;于是,也就存在着数不胜数的组织掠夺行径的方案:关税,贸易保护,补助金,补贴,优惠政策,累进所得税,义务教育,就业权,利润权,工资权,获得救济的权利,生产资料权,无息贷款,等等。而所有这些方案的共同点是,它们都是法律授权的掠夺行径,在社会主义的名义下,它们接踵而至。



既然上面所说的种种社会主义措施已经成为一种理论体系,那么,你针对它的斗争就必须是理论斗争,除此之外,还能是什么样的斗争呢?你觉得这种理论是错误的、荒唐的,令人憎恶的,那驳倒它。假如它的理论错误更严重，更为荒唐，更加令人憎恶，那你就能更轻松地驳倒它。然而，如果你希望更为强大，那么，最重要的工作则是，从你的立法活动中根除那些潜伏在其中的一切空想因素，而这，却并不是一项轻而易举的任务。

一直有人指责德蒙塔朗伯尔先生企图动用残暴的力量来对付社会主义。他是不应当遭受这种不白之冤的，因为他曾正式宣布："我们要发动的针对社会主义的斗争，必须符合法律、荣誉和正义。"

然而，德蒙塔朗伯尔先生怎么从来就没有觉察到，他正在把自己置于一种恶性循环之中呢？

你想用法律抵制社会主义？但是，渗透在法律中的，恰恰就是社会主义啊。社会主义所寻求的并不是未经法律授权的掠夺，而是法律上的掠夺。与形形色色的垄断一样，社会主义也在竭力地利用法律本身；一旦它有法律撑腰，那么，你怎么能够指望法律反而会对付它？你怎么会指望你的法庭、警察、监狱会跟你自己作对？



那么，你该怎么办？你想阻止社会主义插手立法过程，你想把它拒之于立法机关门外。容我斗胆说一句，你是不会成功的。立法机构所通过的法律，肯定都是合乎法律上的掠夺原则的。如果你竟然还有别的念头，那未免太不合情理，也太荒唐了。

我们必须毅然决然地解决这种法律上的掠夺问题。我们只有三条路可走：

少数人掠夺多数人；

所有的人掠夺所有的人；

没有一个人掠夺他人。

部分掠夺,普遍掠夺和消灭掠夺——我们必须作出选择。法律只能从这三条道路中选择其一。

只有一部分人享有选举权时就会出现部分掠夺制度,为了避免社会主义的侵害,有些人希望回到这种制度。

自从选举权普及之后,我们就一直面临着普遍掠夺制度的威胁,刚刚获得选举权的群众所形成的想法,正是在他们未获得选举权之前的立法者们所运用过的法律上的掠夺原则。

不存在掠夺,则是正义、和平、秩序、稳定、和谐、理智的原则,我会竭尽我的肺部的所有力量宣示这种原则,死而后已。[①]

说实话,对于法律,除了要求它不存在掠夺之外,夫复何求?具有必要的制裁力量的法律,除了用于保障每个人的权利之外,我们还能将其合理地用于干别的事情吗?我怀疑,把法律扩展到这一界限之外,难保不会滥用它,因而也难保不会使之成为侵害人的权利的力量。而这是我们能够想象到的最可悲、最不合理的社会乱象。因此,我们必须清楚地认识到,在经历了艰难的上下求索之后,社会问题唯一的解决之道,就包含在下面非常简单的一句话中:法律是有组织的正义。

这样看来,通过法律——也即借助暴力——来妥善安排正义,就必然要排除运用法律或借助暴力组织人的任何活动的想法,不管这种活动是劳动、善举、农业、商业、工业,还是教育、高雅艺术或宗教;因为,用法律组织所有这些次一级的活动,都不可避免地会

① 巴斯夏在这里提到了肺病,后来正是这种病要了他的命。——英译者注

摧毁那根本性结构——正义。说实话，我们怎么可以设想，侵害公民自由的力量竟然不会被用来损害正义本身，从而恰好与其正当目标背道而驰呢？

在这里，我与当代最流行的偏见存有冲突。人们不仅希望法律是正义的，还希望法律是博爱的。正义应当就是保障每个公民自由而不受妨碍地发挥其肉体、智力和道德发展之能力；他们不满足于此，还要求法律在整个国家范围内直接提供福利、教育和道德规范。这就是社会主义诱人的一面。

然而，我想重复一遍，法律的这两个功能是彼此冲突的。我们必须从中作出抉择。一个人，不可能同时是自由的和不自由的。拉马丁先生曾写信给我说："你的理论只说出了我的一半纲领，你只停留在自由层面，我则进一步说到了博爱互助。"我回信给他说："你那另一半纲领将会毁掉这一半。"事实上，在我看来，根本不可能把"互助友爱"这个词活生生地从"自愿"中分离出来。在我看来，绝对不能设想，互助友爱竟然可以运用法律强制地实现。如果是这样，自由不被法律摧毁、正义不被法律踩在脚下，那才叫怪事呢。

法律上的掠夺有两大根源：一个就是我们前面提到的，人的自私自利，另一个则是虚伪的博爱之心。

在进一步论述之前，我觉得应该解释一下我赋予"掠夺"一词的含义。[①]

我绝不是在某种含糊的、不确定的、近似的或比喻的意义上使

① 法文原文是 laspoliation，英语使用 plunder 要比 spoliation 合适。参见下文对第 6 章标题的脚注。——英译者注

用这个词的，而一般人经常这样使用这个词；我是在其精确、科学的意义上使用这个词的，是指那种与财产权相对立的理念。如果财产未经其所有者的同意，未给予补偿，不管是通过暴力还是通过欺骗，将该财产从拥有它的人手里，转移到并未创造它的某个人手里，我就要说，财产权受到了侵害，发生了掠夺行径。我觉得，这种行径，恰恰是需要法律予以查禁的，不管其发生在何时何地。如果法律本身就干下了这种它本来应当予以查禁的行径，我要说，它仍然是一种掠夺行径，就其对社会的影响而言，这是一种更为恶劣的掠夺行径。而在这种情况下，要对此行径承担责任的，并不是干下掠夺的具体的人，而是法律，是立法者，是社会本身，而其政治危险恰恰就在于此。

令人遗憾的是，“掠夺”这个词是个贬义词。我曾经徒劳无益地努力找到另一个词来表示这个含义，因为我从来不愿意尤其是在这个时候，不愿意给我们已经喧闹的纷争再添乱。因此，不管大家是不是相信我，反正我自己觉得，我并不想用这个词来贬低任何人的动机和道德水准。我之所以批判这种观念，是因为我相信，这种观念是错误的，这种体制在我看来是不正义的，这种不正义或许是在我们每个人获得好处之时不期而至的，我们已经遭受了损害，却依然处于懵懵然无知的状态。我并不想怀疑贸易保护主义、社会主义甚至共产主义的鼓吹者们的真诚，谁要怀疑这一点，那他必然是在党派偏见或恐惧的支配下写作的。但是，需要指出的是，上述三个主义乃是一种东西发展的三个阶段而已，从根本上说是一回事。人们唯一可以得出的认识是，法律上的掠夺，在贸易保护主义下最明显，因为前者的掠夺仅限于特殊利益集团[①]，而后者的掠夺则是普遍的。由此我们可以得出结论，在这三种体制中，社会主义是最模糊、最为犹豫不决的，因而也是最真诚的。

不管是否真诚，那些赋予法律上的掠夺权利的人的动机都是不容置疑的，我已经说过，他们乃是基于某种博爱之心才这么做的，尽管这是一种错误的博爱之心。

在明白了这一点后，我们来讨论一下下面这种流行的想法：即企图通过普遍的法律上的掠夺来实现普遍的福利，让我们看看这种想法的价值何在，根源何在，由此将导致何种结果。

社会主义者曾经反问我们："既然法律能够实现正义，那么，为什么它就不能够组织管理劳动、教育和宗教？"为什么不能利用法律达到这些目标？因为如果法律要组织管理劳动、教育和宗教，那就必然会扰乱正义。

不要忘了，法律乃是暴力，因而，把法律的正当功能扩大到其正当的暴力范围之外，就不可能是正当的了。

如果法律和暴力欲将一个人限制于正义的界限之内，那除了某种纯粹的否定之外，它们不能再把任何东西强加于他。它们唯一可以强加于他的义务乃是避免伤害他人。它们不能侵害他的人身或自由或财产。它们只能保卫所有人的人身、自由和财产。它

① 在法国，如果只有一个阶级能享受到保护——比如说铁加工企业主，那么，这就是一种很荒唐的掠夺行径，它肯定不能长期维持下去。因此，我们看到，受到保护的各个产业总是抱成一团，进行其共同的事业，甚至会组织一个协会，吸收方方面面的成员，使之看起来囊括了全国的各行各业。它们本能地感觉到，掠夺行径必须要在普遍化的幌子下进行。——作者注

们处于防卫的地位，它们捍卫所有人的平等的权利。它们所履行的这种职责，显然是无害的，其益处是明白无误的，其正当性也是不容争辩的。

我的一位朋友曾经评论说，法律的目标就是使正义获得胜利。根据上面的分析可以知道，严格地说，这种说法是不准确的。我们应该说：法律的目标是防止不正义占据支配地位。事实上，使法律得以存在的，不是正义，而是不正义。只有在不正义不存在之时，才能获得正义。

然而，如果法律在其不可避免的执行机构、暴力的干预下，某种劳动制度、某种教育的方式和目标、某种信仰或宗教被强加于人，那它就不再是否定性的了，而是肯定性的了。它以立法者的意志取代个人的意志，用立法者的计划取代个人自己的计划。如果果真如此，那么，人们就无法协商、比较、事先制订计划了，而法律本来就是为他们进行这些活动而设的。他们不再是真正意义上的人了；因为他们丧失了他们的人身、自由和财产。

你能想象在不践踏自由的前提下，法律可以把某种劳动制度强加于社会吗？在不侵犯财产权的情况下，竟然能够实现财富的转移？如果这些情况都不能想象，那么，你就必须承认，法律也不能组织管理劳动和工业，假如你不想制造不正义的话。

如果某位政治理论家在埋头书桌之余，抬头看一眼书斋外面的社会，他一定会为社会中存在的种种不正义现象所震惊。他会为我们如此多的兄弟承受如此沉重的苦难而扼腕叹息。而社会另一极所呈现的奢靡和富裕，更加重了他们的痛苦之感，这一点更足以令我们的这位理论家拍案而起。

面对此情此景，这位政治理论家应该问自己，这种社会状况的根源，难道不正是古代征服活动中的掠夺行径，是最近在法律干预下的掠夺行径？他应该考虑到，假如所有人都渴望幸福和自我实现，那么，正义占据支配地位，难道不足以使进步的力量进入到迅速发展的轨道，从而实现最大程度的平等？这种平等是与上帝所规定的个人所应承担的责任相一致的，即个人的美德和罪行必将得到公平的报偿。

然而，这位政治理论家却根本不是这样想的。他的想法已经转向了计划、安排，合法的或者说人为的进行组织管理。然而，他所开出的药方，却只能使产生这些病态的条件强化、永久化。我们已经看到，正义乃是一种纯粹否定性的概念，那么，所有这些肯定性的法律安排，怎么可能不包括法律上的掠夺原则？

你会说："确实有一些人，他们实在是没有钱啊"，于是你诉诸法律。然而，法律并不是一只自己会产奶的乳房，法律所分泌的乳汁除了取自社会外，不可能凭空自天而降。如果不迫使某个公民或某个阶层奉献出自己的财富，那么，国库是不可能用这些财富来造福于另一个公民或另一个阶层的。如果每个人拿出某些财富，然后又能获得同等数量的财富，那么，你的法律确实不是掠夺性的。然而，这样的法律对于那些没有钱的人，也没有任何意义；它也根本不能促进收入的平等。法律要想成为实现平等的手段，就只有一个办法，那就是从一个人那儿拿走财富，送给另一个人。而这恰恰就是掠夺的办法。为证明这一点，你不妨仔细考察一下保护性关税，补贴，保证获取利润的权利、保证就业的权利，获取公共救济的权利，获得教育的权利，累进税制，无息贷款，公共工程，等等。你总会发现，这些东西所依据的正是法律上的掠夺，有组织的不正义。

你会说，“有些人确实缺乏教育啊”，于是你就诉诸法律手段。然而，法律并不是一支自己可以发光照亮远方的火炬。放眼整个社会中，总是有些人具有知识，而有些人没有知识；有些人想要学习知识，而有些人则愿意教这些知识。而让他们各得其所，只有两种办法：一种是让这种交换自由进行，也就是说，让那些想教书的人自愿地去满足想学习的人的需求。另一种办法就是使用强制，从某些人那里拿走一些钱，支付给教师，然后指派他们去教那些没有钱的人。然而，第二种办法却不可能不侵害有的人的自由和财产，也就是说，它不可能不是一种法律上的掠夺。

你会说，“有些人确实缺乏必要的道德和宗教信仰啊”，于是你诉诸法律手段。然而，法律乃是一种暴力，我是否还有必要特意指出，把暴力引入到这些领域，是十足狂热和愚蠢的行径呢？

然而，社会主义者尽管自我感觉良好，似乎不可能觉察不到，法律上的掠夺的怪物，恰恰就源于他们的计划和成就。然而，他们是怎么干的呢？他们在互助友爱、团结一致、社会组织、社团等的诱人招牌下，掩饰掠夺的行径，他们聪明地用那些幌子遮住所有人的眼睛，甚至遮住自己的眼睛。而我们没有像他们那样呼吁制定那么多法律，我们所要求的仅仅是法律向我们提供正义，于是，社会主义者就声称，我们拒绝互助友爱、团结一致、社会组织、社团，他们轻蔑地把我们斥为个人主义者。

然而，他们应当知道，我们所拒绝的，并不是自然形成的组织，而是强制捏合的组织。

我们所否定的，并不是自由结社，而是社会主义者企图强加于我们的种种形态的社团。

我们所反对的，并不是自发的兄弟情义，而是法律所规定的互助友爱。

我们所排斥的，并不是上帝赐予我们的团结，而是那种人为的团结一致，它无非是责任感的不正当的替代品罢了。

社会主义与作为它的源头的那些古代政治思想一样，把政府与社会混为一谈。正因为此，每当我们反对由政府干某一件事时，社会主义者就得出结论说，我们根本就不想干这件事。我们反对国家主办教育，于是，我们就被看成是反对一切形式的教育；我们反对某种国家宗教，于是，他们就说我们根本不要任何宗教；我们抵制由国家强加的平等，于是，他们就以为我们反对一切平等，如此等等。他们差点就要说，我们不想让人吃饭，因为我们也反对由国家组织农业耕作。

那么，法律可以制造它根本无能为力的东西——那些肯定意义上的善，比如财富、科学和宗教——这种奇怪的想法，是如何在政治领域中大行其道的呢？

现代政治理论家，尤其是社会主义学派的那些理论家，尽管其学说形形色色，但都建立在一个共同的假设基础上，这种假设可谓有史以来人的心智所能形成的最奇怪、最自负的想法。

他们把人分为两类：第一群人是普通人，除了他自己以外，所有人都属于这个群体；而政治理论家本人，则构成第二个群体，一个迄今为止最重要的群体。

事实上，这些政治理论家首先假定，普通人既没有被造物主赋予积极性，也没有洞察力；他们也全然没有主动创造性；他们根本就是没有生命力的物体，是消极被动的琐屑的存在物，是没有自觉意识的原子，对自己的生存方式漠不关心，过着一种呆板单调的生活。他们假定，普通人容易受到他人意志和力量的影响，可以被塑造成各种各样的形态，或多或少是整齐划一、富有艺术性、完美的形态。

接下来，他们立刻就假定，他本人——其头衔可以是组织者、发现者、立法者或建国者——就是控制普通人的那种意志和力量，是宇宙的原动力，是造物的力量。他的崇高的使命就是用这些零碎的普通人做原材料，重新构造社会。

这些理论家看待人的方式跟园丁看待其花园内林木的方式没有什么两样。园丁可以根据自己的趣味，把树木随意修剪成金字塔形、伞状、立方形、圆锥形、花瓶状、纺纱杆型和扇状，同样，每个社会主义理论家也都根据自己的奇思异想，把可怜的人类修整成不同的集团、系列、中心、次中心、细胞、社会工厂，彼此和谐或者彼此冲突，等等。园丁需要斧子、锯子、修剪镰刀和大剪刀来修剪树木，同样，那些主张人为计划建立某种社会秩序的人士，则需要那种只能从法律中寻找到的力量来组织他心目中的社会：这些法律包括关税法，税法，救济法，教育法，等等。

社会主义者确实相信人类就是原材料，可以用各种各样的社会模子塑造，不过有时，他们并不十分肯定这些安排是否能够成功，因此，他们就要求，至少可以拿一部分人作为原料来进行试验。现在我们就明白了，试验各种各样的制度的想法，在他们中间是那么普遍。众所周知，他们中的一位领导人曾经郑重其事地要求立宪大会拨给他一个区连同其全部居民，以供他做试验用。

这种要求不难理解，每个发明家都会在制作出全尺寸机器之前先做一个缩小的模型。化学家为了证实自己的某种想法，可以先牺牲一点试剂，农民也乐意为此而在他的一小块田里费些种子。

然而，园丁与他的树木之间、发明家与他的机器之间、化学家与他的试剂之间、农民与他的种子之间，差距不可以道里计。社会主义者也十分真诚地相信，他与社会其他人之间的差距，正是如此。

因此，当我们看到19世纪的政治理论家把社会看成是源于立法者之天才的某种人为的东西，我们就无须惊奇了。

这种想法乃是古典教育的结果，这控制着我们这个世纪所有思想家和伟大的作者。他们全都把人与立法者之间的关系等同于泥土与制陶工之间的那种关系。而即使他们不得不承认，在人的内心中存在着行动的天性，在人的理智中具有洞察的天资，他们也会觉得，上帝赋予人类的这种天赋乃是致命的。他们觉得，人类在这两种冲动的影响下，不可避免地会趋向于堕落。事实上，他们认为，如果立法者放任人们由着自己的性子胡来，那么，他们的宗教忙来忙去，最后得到的只能是无神论；他们自己搞教育，最后必然是陷入无知状态；他们自己自由地进行劳动和贸易，最后只能导致所有人堕入贫困之中。



根据这些作者的理论，幸运的是，还有一些人——即统治者和立法者——他们得到了上天赐予的与此相反的天赋，这些天赋不仅仅是属于他们本人的，也是为所有人准备的。

人类趋于邪恶，而他们却趋于良善；人类正在堕入黑暗，而他们却立志要进行启蒙；人类被恶习吸引，而他们却为美德醉心。正是依据这种假设，他们呼唤暴力。这样，他们就可以处于某种居高临下的位置，从而得以用他们的这些高尚的取向，替代人类的那些不良的倾向。

随便翻开一本哲学、政治学或历史学著作，几乎都可以看到，这种想法——这是正统思想研究的结果，也是社会主义的根源——在我们的国家是多么地根深蒂固。在这些理论家们看来，人类不过是没有生命的物体而已，必须从政府那里获得生命、组织、道德和财富；或者可能更糟糕，人类本身总是趋向于自甘堕落，只有立法者那只神秘的手才能将其拉住不至于堕落至地。陈腐的经典无处不在告诉我们，在被动的社会的后面有一种神秘的力量，它被冠以法律或者立法者之名，有时则用别的术语，将其称为具有某种无可辩驳的影响力和权威的不具名的人或群体，“他们”鼓动、控制、造福或改造人类。

## 博絮厄

让我们先来看看博絮厄（Bossuet，路易十四国王的皇太子的导师）的一段话：

> 在埃及人心灵中留下（由谁？）最强烈印象的一件事，乃是对他们的国家的热爱……任何人都不得拒绝效力于国家。法律为每个人指派了相应的职业，这种职业父子代代相传。没有人可以拥有两种以上职业。没有人可以从这个职业跳槽去干另一种工作……但是，有一项职责，没有任何人可以拒绝顺

> 从:这就是学习法律和智慧。不能以任何理由为借口不去了解国家的宗教和政治规章。而且,每项职业都被指定(由谁指定?)限制于特定的地区……在所有这些良好的法律中,最好的规定是,每个人都必须接受培训(谁的培训?)来服从这些法律。其结果就是,埃及人的心智中充满了非凡的创造力,所有能使生命更安逸、更宁静的东西,都不会逃过他们的慧眼。

于是,在博絮厄看来,人单靠自己什么也干不出来:爱国主义、财富、产业、智慧、发明创造、管理和科学,所有这些,人们都只能经由法律或国王的调教才能获得。普通人唯一要做的事,就是服从他们的领导。

博絮厄坚持国家乃是一切进步之源泉的看法甚至到了一种荒唐的地步。有人说,埃及人曾经抵制过摔跤和音乐,博絮厄不由大怒,“这怎么可能呢”,博絮厄说,“因为这些艺术本来就是特利斯墨吉斯忒斯[①]所发明的嘛”。



至于波斯人,博絮厄也声称,他们的所有东西都来自法律和国王所赐:

> 君王的首要职责之一是促进农业发展……他必须设置官职来确定军队的规章制度,同样,他也必须设置官职来指导农业生产……波斯人对皇室的权威尊重到了极点。

在博絮厄看来,古希腊人,尽管非常聪明,仍然不能控制他们自己的命运,就像马和狗一样,靠它们自己,甚至发明不出哪怕是

① Trismegistus,即 Hermes Trismegistus,埃及智慧之神 Thoth 的希腊名,其职司与希腊神话中的 Hermes 相似,相传曾著有魔术、宗教、占星术、炼金术等方面的书籍。——译者注

最简单的运动项目。在古典思想中，人们通常都认为，所有的东西都来自外力，没有什么是人类自己所成就的。

> 古希腊人之所以很聪明，很勇敢，是因为早年他们受到过来自埃及的国王和殖民者的熏陶教育。正是从埃及人那里，他们学到了体育锻炼、竞走、赛马和战车比赛……而埃及人教给古希腊人的最好的东西则是，人应该温顺听话，应该为了共同利益而由法律塑造他们。

## 费纳隆

这些古典理论（晚近的教师、作家、立法者、经济学家和哲学家心目中的理论）都坚持，人所享有的每一样东西都源于他们本身之外，这一点是毋庸置疑的，我们可以再举费纳隆[①]的例子。



他见证了路易十四的权势。他接受了古典正统学派的教育，非常羡慕古代，因而，自然地，费纳隆接受下面的看法：人类应当是被动的；人的不幸与兴隆——邪恶与美德——都是由法律和立法者所加之于他们身上的外部力量影响所致。因而，在其构想的萨朗蒂姆的乌托邦[②]中，他将人——连同他们的兴趣、才能、欲望和财产——都置于立法者的绝对支配之下。不管什么事情，他们都

---

① Francois de Salignac de La Mothe-Fénelon（1651—1715），加莱地方天主教大主教、作家、教育家，路易十四的孙子勃艮地公爵的导师。他支持寂静主义，主张限制王权、教会脱离政府控制，为国王及教会所贬斥。著有寓言集《死人对话》（the Dialogues of the Dead）和《泰雷马克历险记》（Tèlèmaque）。——中译者注

② Salentum，在法语中，是一个传说中的城市，费纳隆在其著作《泰雷马克历险记》中，在那里构想了他的乌托邦政府。——英译者注

不能自行作出决断，而必须由君王决定他们的命运。构成国家的群众是不成形的，而君王则是他们的灵魂。思想、远见、所有的进步和一切组织的法则，都存在于君王心中，因而，一切责任均系于他一人之身。

为了证明这一点，我本来应当引述费纳隆的整整10卷书。不过，我希望读者自己找来看一看，我自己则从这本名著中随便摘录了几段，就足以令我对他的所有论述大表钦佩了。

崇拜古代社会人士的一个典型特征是盲目地轻信。费纳隆认为，埃及人个个幸福，而他们的幸福并不是源于自己的智慧，而是来自国王的统治。这种想法忽视了理性的权威和基本的历史真相。

> 富裕的城镇乡村，人人安居乐业；从来不休耕的农田里，年年都是五谷丰登；牧场上，牛羊成群；工人被沉重的粮食压弯了腰，这是大地奉献给耕耘者的；牧人的笛声一遍一遍地回响在大地上。对所有这一切，我们不能视而不见。太傅[①]说："幸福属于那些在一位明君统治下的人民"。



接下来，太傅要我们注意，整个埃及，两万两千个城镇，无处不洋溢着幸福丰裕。他羡慕这些城镇中完善的市政管理，羡慕劫富济贫的公正制度，也羡慕孩子所受的健康的教育，使他们学到了顺从、勤奋、冷静、热爱艺术和学问；也羡慕他们在所有的宗教仪式中所体现的细心；羡慕他们的慷慨、高度敬重荣誉、彼此信任，敬畏神灵，每个父亲都会把这些教给自己的孩子。他并不是仅仅羡慕这

① 在《泰雷马克历险记》中，太傅是年轻的君王的导师。——英译者注

个国家的繁荣，他告诉我，“那些由一位明君按这种方式统治的人民是幸福的。”

费纳隆对克里特岛[①]的描述更加诱人，那位太傅接着说：

> 在这个迷人的海岛上，你所能看到的一切，都是米诺斯[②]的法律的成果。他规定孩子所接受的教育必使他们的身心都健全而强壮。他们从小就习惯了朴素、节俭而勤勉的生活，因为法律认定，一切欢快的感觉都会使他们的肉体和心灵脆弱。这些法律所允许他们享受的，只有美德所带来的快乐和获得荣誉后的欢乐……在这里，法律惩罚三种罪恶：忘恩负义、伪善和贪婪，而在其他民族那里，这些是不会受到惩罚的。法律从来不需要限制人们摆阔气、挥霍浪费，因为这些东西根本就不为克里特人所知……他们从来不准拥有名贵的家具、华丽的服饰或金碧辉煌的宫殿。

于是，太傅准备——毫无疑问是以最良好的动机——把他的学生改造、锤炼为伊萨卡人[③]，而为了让他的学生信服这些观念所蕴涵的智慧，太傅就向他讲述了萨朗蒂姆的榜样。

正是从这类博爱之心中，我们获得了我们的最重要的政治观念！人们教导我们，对待人，就要像德瑟雷斯[④]教导农民整治和照

---

① Crete，位于地中海东部，这里是古希腊文明的发源地之一，约在公元前2000—1700年间，为米诺斯早期王宫时代。——中译者注

② Minos，克里特岛国王，宙斯和Europa所生之子，秉公治国，死后为阴曹地府三判官之一。——中译者注

③ Ithaca，史诗《奥德赛》中主人公奥德赛的家乡，在希腊西岸爱奥尼亚海中。——中译者注

④ Olivierde Serres（1539—1619），法国农业之父，亨利四世的顾问。——英译者注

管土壤那样。

## 孟德斯鸠

现在，我们来听听伟大的孟德斯鸠是如何谈论这一问题的：

> 为了维护商业的精神，就需要一切法律都有利于它。这些法律也必须把商业活动所创造的财富接相应比例进行分配：应当向每个穷人都提供充分安逸的环境，从而使他们能够跟其他人一样生活工作；使每个富人的状态适度地降低，从而使他们为了生存或改善自己的生活而不得不努力工作。

于是，法律决定着所有财富的安排！

> 尽管财富的平等是民主国家的本质所在，但是，我们很难说，十全十美地做到这一点总是有利的。只要大家达成一种共识，在一定程度上缩小或者调整财富的这种分化，就已经足够了。只要做到这一点，那么，向富人课税以救济穷人，实现财富平等，就可以留给具体的法律来解决。

这里，我们再次看到了，要用法律、用暴力来实现财富的平等。

在古希腊，存在过两类共和国。一类是军事性的，比如斯巴达；另一类则是商业性的，如雅典。在斯巴达，国家希望公民无所事事，而在雅典，国家则努力地引导公民热爱劳动。

我想提请读者注意斯巴达立法者所具有的伟大的天才：他们贬低所有公认习俗——故意混淆所有公认的美德观念——他们早就知道，整个世界都会佩服他们的智慧。把公正的精神视同盗窃罪，把最极端的自由跟最残酷的奴隶制画等号，把最伟大的中庸之道看作是最残暴的感情，通过这样一些办法，莱克格斯[①]给他的城邦带来了稳定。他似乎使他的城邦抛弃了它的一切资源、艺术、商业、货币和防卫；在斯巴达，人们有野心，但没有改进物质生活的指望；在那里，人的自然天性得不到宣泄，因为他们不是某人的儿子，或某人的丈夫，或某人的父亲；甚至贞洁都不再被看作是高尚的了。正是由此，斯巴达通往了伟大和光荣……

希腊的各项制度中所能看到的那些异乎寻常的现象，在我们这个时代的退化与堕落的人们中间也可以看到。某位凑巧出现的诚实的立法者塑造了一个民族，于是，在这个民族中间，人们天生就是诚实的，就像斯巴达人天生就勇敢一样。比如，彭威廉先生[②]就是一位真正的莱克格斯，尽管莱克格斯将战争作为自己的目标，而彭威廉先生却以和平作为自己的目标，但他们有一点是相同的，即他们都对自由人施加了自己的道德影响，从而使他们能克服偏见，约束激情，领导他们各自的人民走上正途。

巴拉圭国家[③]则给我们提供了另一个例子，说明了民族是由其立法者所塑造的。一个人，如果认为发号施令的纯粹的愉悦感乃是生活中最大的快乐，那么，他就可能对社会犯下大罪，这一点毋庸置疑；但是，按这样的方式进行统治并使统治者能够更为幸福，也总是一种高尚的理想……

① Lycurgus，传说公元前9世纪斯巴达的立法者。——中译者注

② 疑即 William Penn(1644—1718)，英国基督教新教贵格会领袖，北美宾夕法尼亚殖民地创建人(1681)，曾与印第安人缔结和平条约。——中译者注

③ Paraguay，当时的巴拉圭，要比今天大得多。它是由耶稣会士建立的殖民地，让印第安人定居在村庄中。他们的统治更加温和，总的来说，印第安人由此而免受了更加热衷权势的征服者的更加残暴的统治。——中译者注

那些想要建立这样的制度的人，必须照下面的原则做：就像在柏拉图的共和国那样，确定财产的共同所有权；要像柏拉图所要求的那样敬畏上帝；要使本民族与外国人严格区分开来，以维护本民族的道德规范；应由国家，而不能由公民自己来搞商业。立法者应该向我们提供艺术，而不是奢靡，他们应当满足我们的基本需求，而不是横流的人欲。

那些没有脑子、稀里糊涂的大众会惊呼说："孟德斯鸠曾经这样说过，所以，这是高尚的，也是崇高的！"但是，我还是鼓足勇气有话要说。我想说的是：

"什么？你竟然说它优美？也太厚颜无耻了！"[①]

而这也太可怕了！可恶！这些从孟德斯鸠著作中随便拿出来的话——我还可以再加上一些——揭露了，在孟德斯鸠看来，人的人身、自由、财产权，人类的一切，无非是立法者用以炫耀其聪明才智的物料而已。

## 卢　梭

现在，我们来看看卢梭这方面的思想。这位政治理论家，民主的最高权威，将社会的大厦建立在公意的基础上。尽管如此，我们完全不能接受他下面的看法，他把人类看成是操纵在立法者手中的完全被动的东西：

① 这是 Alceste 对他的朋友 Philinte 的答复，这位朋友曾伪善地赞美一首非常差劲的十四行诗（见莫里哀《愤世嫉俗》第一幕第二场）。——英译者注

> 如果伟大的君主确实比较罕见,那么,伟大的立法者是不是更罕见呢?君主只能遵循立法者所创造的那些典范。立法者是发明创造这台机器的设计师,而君主仅仅是操作它运转的工人而已。

那么,在这中间,普通人算什么?他们不过是这台被人创造和操作的机器而已,事实上,他们也许只不过是用于制造这台机器的原材料而已!

因此,立法者与君主之间的关系,就相当于农业专家与农民之间的关系;而君主与人民之间的关系,就类似于农民与他的田地之间的关系。那么,这位政治理论家又比人类高多少档次呢?原来,是卢梭本人支配这些立法者,他用下面这些命令的口气教导他们如何从事自己的职业:

> 你们想不想实现国家的稳定?如果想的话,那就要尽一切可能把极端的因素清除干净。既不要宽容富人,也不要纵容穷人。
>
> 如果土壤过于穷乏或贫瘠,或者国家对其居民来说过于狭小,那就致力于发展工业和技艺,来换取你所需要的粮食产品……而如果生活在土地肥沃的地方,居民稀少,那就全神贯注于发展农业,因为这可以使人口成倍增长;同时要取缔一切技艺,因为这只能使国家人口减少……
>
> 如果你占有漫长而可以利用为港口的海岸线,那就充分地发展船运业,但你的人民的生命会辉煌而短暂;如果你的海岸线上净是无法利用的悬崖绝壁,那就让你的人民停留在野蛮状态,以渔猎为生,他们的生活会更宁静——或许更美好;

当然，他们也会比那些航海家更幸福。

一句话——这也是所有民族共通的一条公理——每个民族都自己具体的独特环境，这就意味着其立法活动只能适应于自己的环境。

因而，以前的希伯来人、最近的阿拉伯人，将宗教作为他们首要追求的对象；而雅典人追求的是文学；迦太基人和推罗人①追求的是商业；罗得岛人②追求的是航海；斯巴达人的志向是战争，罗马人追求的是美德。《论法的精神》的作者孟德斯鸠已经向我们揭示了，立法者应当通过什么样的技巧来指导教育以追求这些目标……

然而，如果立法者错误地理解了他的目标，采取了一条与他的人民的自然天性所显示的不同的原则，会发生什么样的事呢？如果他选择的原则，一会儿是创造奴隶制，一会儿是追求自由；有时是追求财富，有时是实现人口增长；有时是和平，有时是征服，又会发生什么样的情况呢？立法者目标混乱的结果，必然是逐渐地削弱法律，破坏宪法；国家必然会陷入持续的动荡局面，最终可能毁灭或发生变革，而无敌的自然又会恢复其控制。



但是，如果自然是如此地不可征服，会恢复其控制，那么，为什

① 迦太基，约公元前814年由推罗殖民者在今突尼斯湾所建立的古代国家，经营海上贸易是迦太基人致富之源。推罗，古代腓尼基的重要城市，今黎巴嫩的苏尔(Sur)，其文明在公元前10世纪强盛，积极从事海外贸易和殖民活动。——中译者注

② 罗得岛位于爱琴海东南部，古典时期，该岛人主要从事海上贸易，于公元前900年制定了世界上最早的海商法。——中译者注

么卢梭不承认，最初就根本不需要立法者来实现这种控制？为什么他不承认下面一点：人，按着自己的本性行事，即使没有某个莱克格斯或梭伦或卢梭的非常容易出错的干预，自己就完全能够知道，如果土壤肥沃，就应该从事农业，如果海岸线漫长而良好，就应当进行海上贸易？

不管怎样，我们已经看到，卢梭所加之于社会的创建者、组织者、领导者、立法者、操纵者身上的，是多么可怕的重担！于是，他对他们提出了非常高的要求：

> 不管是谁，如果想勇敢地投身于创造一个民族，那他就应当相信，他具有改造人性的能力，而他本人则必须是完美的、与众不同的，他能够把每个人改造成为一个更大的整体的一个小小的组成部分，只有通过这一整体，个人才能获得其生命和其存在的全部或某一部分。这个立志创造一个民族的人应当相信，他有能力改造人的体质，可以增强人的体质，可以用一种道德的、作为整体的组成部分的存在，来取代其肉体的、独立的存在①；一句话，他必须清除人身上自然的力量，赋予其不同于其天性的力量。

可怜的人类！如果他们把自己交付给卢梭的信徒，不知道人的尊严是否还有立足之地？

---

① 在卢梭看来，社会人的存在，在其完全成为社会的一部分后，就是作为整体的部分的存在，只有在他知道自己是如此的存在后——并且从整体的立场来思想和感觉——他才是道德的。——英译者注

# 雷纳尔[①]

现在，我们来看看雷纳尔对立法者如何塑造人的论述：

气候，也即空气和土壤，是立法者最重要的指导原则。他所占有的资源决定着他的使命。他首先必须考虑自己的地理环境。一个生活在沿海地区的民族必须制定处理航海问题的法律……如果是在内陆有一块居住区，那么，立法者就必须考虑土壤的类型和肥沃程度……

立法者的智慧尤其体现在财产的分配中。不管什么时代，在世界上所有国家，在建立一块居住地时，要把土地分配给所有人，也就是说，每个人都要获得足以维持其家人生存的土地。如果你是把孩子移居到一个无人居住的孤岛上，那么，你只要任真理的种子随着孩子们理性的发育成熟而健全完善起来就可以了……但是，如果你是想把一个具有历史的民族安置在一个新国家，那么，立法者的技巧就在于允许人们继续保持其古老的、有害的心态和习俗，如果无法改造、纠正的话。如果你希望这些有害的心态和习俗不要传递给子孙后代，那就要让所有孩子都到公共学校中接受教育。君主或立法者如果不首先指派圣贤指导青年人，就不可能建立起一个国家……在一个新国家中，那些希望人们的习俗和行为方式纯

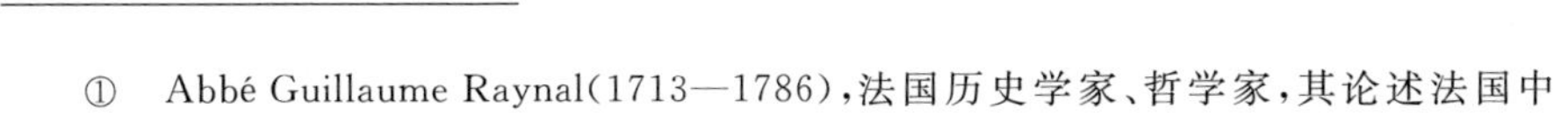

① Abbé Guillaume Raynal(1713—1786)，法国历史学家、哲学家，其论述法国中世纪文学的著作最为出名。——英译者注

正的立法者，有充裕的机会实现自己的理想。如果他具有美德和天赋，那么，他能够支配的那些土地和人民就将激发他形成自己的社会计划。理论家们事前对这个计划只能根据一些不怎么可靠的假设形成某种含糊的设想，由于环境的千差万别，高度复杂，所以，很难事前对其作出详尽的预测，想出完善的办法……

雷纳尔向立法者提出的如何管理人民的教导，就相当于农业教授讲给他的学生管理农作物的方式：气候是农民要考虑的第一个指导原则。他的资源决定着他的耕作方法。他首先必须考虑他所在的地理位置。如果他所在的地方属于黏土土壤，他就应该如此这般；如果土壤是沙质的，那他就必须如彼那般。农民如果想平整和改进他们的土壤，到底需要做哪些事，事前都是未定的。如果他具有比较出众的能力，那么，他就会在某个时间发现可能需要施肥了。而对这样的计划，农业教授事前只能根据不怎么可靠的假设有一个大概的设想，而环境是千差万别的，因而事先很难准确地预测和处理。

啊，多么高尚的理论家！不过，您或许应该记住，你如此随意地处理的这些黏质土、沙质土，这些肥料，都是人啊！他们跟你是一模一样的人，他们跟你一样是有理智的自由人。你所具有的能力，他们也同样都从上帝那里获得了。他们也可以进行观察，事前作出计划，进行思考，并为自己作出判断！

# 马布利[①]

他想象某个国家的法律废弛，国家的安全受到忽视，由此他继续发挥说：

> 在这种情况下，人民必须确信，政府的发条就松弛了……而只要重新再上一下这个发条(马布利是讲给读者听的)，就又可以防止罪恶了。必须予以惩罚的错失的数量减少了，而需要奖赏的事情却多了。这样，你就会使你的共和国恢复青春的活力。正是因为自由人对这种办法一无所知，他们就失去了他们的自由。但如果罪恶已经相当严重，以至于用通常的管理手段都不能解决，那就必须实行特别行政官制，其任期更短，权力则更大。如此一来，公民就再也不敢胡思乱想了。

他的整整20卷著作中，都贯穿着这种想法。

在这种学说——它构成古典教育的基础——的影响下，必然会出现这种局面：每个人都希望把自己置于人类之外和之上，从而可以按照他自己的方式管理人类、组织人类、教育人类。

---

① Gabriel Bonnotde Mably(1709—1785)，法国历史学家，哲学家，空想共产主义者。他认为私有制是一切社会灾难之源，但消灭私有制、恢复公有制已经不可能，因此，他主张不消灭私有制而尽可能做到平等，主张人民是最高主权的体现者，人民有权以暴力方式改变现存政权。——中译者注

# 孔狄亚克[①]

下面来看看孔狄亚克对立法者和人类的看法：

啊，上帝，如果没有莱克格斯或梭伦这样的人物，人类将会怎样。在你读完这篇文章之前，你肯定会对把法律赋予那些野蛮人的想法嗤之以鼻。然而，让这些游牧部落定居下来，教导他们圈养牛羊……努力地让上帝深植于他们内心深处的良知发育完善……强迫他们开始履行人的使命……使用惩罚措施，令肉欲的享乐在他们眼里成为讨厌的东西。然后，你就会发现，你所订立的每条律法，都促使这些野蛮人放弃邪门歪道而得到美德。

所有的民族都拥有法律，但他们中只有少数能获得幸福。为什么会这样呢？因为立法者本身对于社会的目标——即通过公共利益把所有的家庭团结为一体——也通常总是一无所知。

法律的公正包括两层意思：同时实现公民在财富上的平等和人格尊严上的平等……只要你的法律实现了更大程度的平等，在每个公民眼里，法律才更值得珍惜……如果实现了所有人在财富和尊严上的平等……如果法律使破坏这种平等的

① étienne Bonnotde Condillac(1715—l780)，法国哲学家，启蒙运动的重要人物，他发展了约翰·洛克的所有知识和经验都来自感觉的理论，认为感觉是人类知识的基础，著有《论人类知识的起源》和《感觉论》。他关于政治经济学的看法则可参见其《商业与政府》(*Le Commerceetle gouvernement*)。——中译者注

所有企图都没有实现的机会……那么，人们怎么会为贪婪、野心、放荡、懒惰、羡慕、憎恨、嫉妒等情感而疯狂呢？（随后是一段田园牧歌式的描述）

在这一问题上，斯巴达共和国的做法对你有何启示？没有任何一个国家制定的法律，比它更严格地合乎自然的秩序，即平等的秩序。[①]

一点也不惊讶，17、18 世纪的理论家把人看成是某种没有生命的物体，可以接受伟大的君主、伟大的立法者、伟大的天才给予他们的任何东西，比如外形、体格、冲动、运动和生命等。在这两个世纪中，人们醉心于古典历史的研究。而古典时代，各个地区，埃及、波斯、希腊、罗马等古代文明所呈现的，都是少数人按照自己一时的兴致，通过暴力和欺骗塑造大多数人的情景。然而，这并不能证明，这种局面就是可取的。它只能证明，由于人和社会是具有进步的能力的，因此，在人类发展的初期，必然是错误、无知、专制、奴隶制和迷信相对来说比较盛行。我上面所提到的那些理论家的错误，并不在于他们发现了古代的制度是这样的，而在于他们要求未来的人们也敬畏和效仿这些制度。他们的错误在于，盲目地赞赏古典时代这些矫揉造作的社会中那些不能容忍的东西，即其壮丽、尊严、道德和幸福，他们没有丝毫的批判精神，非常幼稚，盲目崇拜传统。他们没有认识到，文明教化的发展和传播是需要时间的，只要人类获得了文明教化，就不必再用暴力来维护权力了，社会也就

① 在《学位与社会主义》一文中（收入本书第 9 章），作者接连引用了类似的段落，再次揭露了同样一些谬种流传的错误。——法文本编者注

重新获得了自行发展的权利。

而事实上，我们今天所看到的世界上的政治斗争都是什么性质的斗争呢？无非都是所有民族本能地争取自由的斗争[①]。那么，这种自由是什么？仅仅是自由这个词，就使人们激动万分，就撼动着整个世界。自由不就是所有自由权利——良心自由、教育自由、结社自由、新闻自由、迁徙自由、劳动自由、交换自由——的总和吗？一句话，自由不就是每个人充分地发挥自己的才能的自由，只要他不妨害他人也发挥自己的才能？或者换句话说，自由不就是摧毁一切专制统治吗？哪怕是法律授权的专制统治。说到底，自由不就是把法律限制在其合理范围内吗？也即协调个人合法自卫和镇制不公正的权利。

我们必须承认，人类热爱自由的这种天性在很大程度上受到



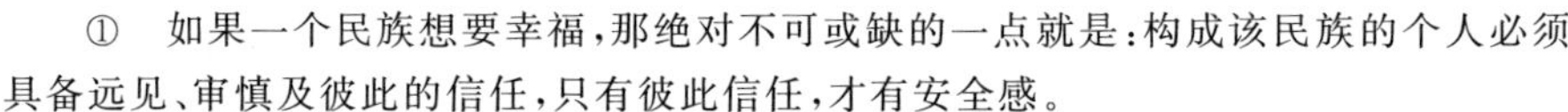

① 如果一个民族想要幸福，那绝对不可或缺的一点就是：构成该民族的个人必须具备远见、审慎及彼此的信任，只有彼此信任，才有安全感。

而这些素质，只有通过经验才能获得。在不具备远见的情况吃了亏，人们就会变得深谋远虑；只有当人们因为草率行事而受到惩罚，他们才会学会审慎行事，等等。由此我们可以得出结论，自由在最初阶段总是伴随着一些不幸，这些不幸乃是人们未经深思熟虑运用自由所带来的后果。

看到这些，有些人就跳出来，要求禁止自由，他们说，“还是让国家来强制每个人深思熟虑、审慎行事吧。”

对此，我有以下疑问：

1. 这是否可能？从一个没有任何经验的民族中，能否形成一个经验丰富的国家？

2. 最起码，这种做法是不是从一开始就会妨碍人们丰富自己的经验？如果通过暴力强制人们干具体的事情，那么，个人如何能从他的行动的后果中总结教训？那么，他是否要永远处于别人的监护之下？

而国家，如果要控制一切东西，那它也就必须对一切东西承担责任。

在这里，蕴涵着无穷无尽的革命的火种，因为人们已经获得了新的经验，却被禁止不准进步，他们必然要发动革命。[摘自作者手稿——法文本编者注]

了阻挠，尤其是在法国。这主要是由于我们的政治理论家中普遍存在的一种致命的幻想，一种从古典教育中熏陶出来的幻想：他们幻想可以把自己置于人类之上，可以按照自己喜欢的方式安排人类、管理人类、教育人类。

社会正在为实现自由而斗争，然而，那些自命为社会灵魂的大人物们却满脑子装的都是17、18世纪的精神。他们只想着让人类服从他们自己所发明创造出来的仁慈的暴君。就像卢梭一样，他们想强迫人类温顺地接受他们自己幻想出来的那种共同幸福的枷锁。

这一点在1789年时非常明显。旧制度刚被推翻，大革命的领导人就把同样是人为设计的制度强加于社会，这种制度总是建立在同样的前提之上的：法律是万能的。

## 圣茹斯特[①]

立法者掌控着未来。正是他决定着人类的利益。正是他能使人成为他所想望之人。

---

① Louis Antoine Léonde Saint-Just(1767—1794)，法国大革命时期雅各宾派领袖之一，罗伯斯庇尔的助手，曾任公安委员会委员(1793—1794)，是大恐怖的始作俑者，残酷镇压了埃贝尔派和吉伦特派。在热月政变其恐怖统治被推翻后，他跟其导师一样，被送上了断头台。著作有《圣茹斯特全集》、《圣茹斯特演说与报告集》。——中译者注

## 罗伯斯庇尔

政府的作用就在于指引民族的物质和道德力量趋向于实现政府赖以建立之目标。

## 比洛德-瓦朗纳[①]

一个民族要想获得自由，就必须经过一番改造。因为必须摧毁旧的成见，改变旧的习俗，改正那些堕落的倾向，限制那些过多的欲望，根除那些根深蒂固的恶习……为此就需要强大的力量，有力的行动……莱克格斯的不容挑战的严厉统治所造就的公民，是斯巴达共和国的稳固基础，而梭伦的软弱和轻信，则使雅典沦为奴隶制社会。这两种态度及其结果贯穿在有关政府的整个科学中。

## 勒佩勒蒂埃[②]

考虑到人类目前堕落的程度，我确信，人类必须经历一个

① Jean Nicolas Billaud-Varenne(1756—1819)，法国大革命时期国民公会委员，最初是罗伯斯庇尔的朋友，后来两人反目为仇，在大恐怖时期被驱逐出国。——英译者注

② Louis Michel Lepéletierde Saint-Fargeau(1760—1793)，革命时期国民公会委员，在他投票赞成处死路易十六后遇刺身亡。——英译者注

再造过程，换句话说，如果可能的话，必须创造出新人。

你现在明白了吧，人只不过是原材料而已。在这些人士看来，人不可能靠自己取得进步，他们根本没有这种能力。根据圣茹斯特的说法，只有立法者有这种能力。人仅仅是立法者随心所欲塑造出来的东西而已。

按照罗伯斯庇尔的观点——他则是照搬卢梭的思想，立法者必须先决定国家所欲追求的目标。在确定了这一点后，政府唯一要做的就是指引全国的物质和道德力量迈向这一目标。而此时，民众则是完全处于被动状态的。根据比洛德-瓦朗纳的理论，除了立法者要求他们所具有的见解、喜好和要求之外，普通人是不得有任何成见、习俗和欲望的。他甚至于宣称，某个人的不可动摇的严厉统治，乃是共和国的基础。

如果所谓的罪恶非常严重，以至于用常规的治理程序无法矫正，马布利就建议实行专政，以增进人的美德。他说，“就必须实行特别行政官制，其任期更短，权力则更大。如此一来，公民就再也不敢胡思乱想了。”这种学说从来就不乏信奉者，听听罗伯斯庇尔的说法：

> 共和国政府的原则是美德，而建立美德必须要用的手段就是恐怖。在我国，我们希望用道德代替自私，用诚实取代面子，用原则取代习俗，用责任取代礼仪，用理性的治理取代时尚的暴政，用鄙视恶行取代鄙视不幸，用自豪感取代傲慢，用心灵的充实取代空虚，用热爱荣誉取代热爱金钱，用好人取代好好先生，用功劳取代诡计，用天才取代小聪明，用真相取代夸饰，用幸福的魅力取代及时行乐的倦意，用普通人的伟大取

代大人物的渺小，用慷慨、强大、幸福的民族，取代伪善、琐屑、颓废的民族，一句话，我们希望用共和国全部的美德和奇迹，取代君主制下的一切恶行和愚蠢行径。

罗伯斯庇尔把他自己置于人类之上的一个多么居高临下的地位！也请注意他的话里透露出的自负。他并不满足于仅仅表达自己对人的精神大觉醒的希望，也没有说通过一个常规的政府来实现他的目标。不，他所希望的是改造人类，并且是借助恐怖手段。

从上面所引罗伯斯庇尔那一大串对比中我们可以看出，他是想解释应当指导革命政府的道德原则。注意，罗伯斯庇尔要求实行专政，绝不是为了驱逐外国入侵，也不是为了镇压反对派。相反，他之所以要求实行专政，是为了把他的道德原则强加于整个国家。他是说过，这只是制定一部新宪法之前的一个临时性措施。然而实际上，他的全部欲望就是使用恐怖手段从法国彻底根除自私自利、好面子、习俗、礼仪、时尚、空虚、爱钱、好好先生、诡计、小聪明、淫荡和贫乏。在他，罗伯斯庇尔完成这些奇迹——他曾正确地将其称之为奇迹——之前，他是不会让法律重新统治社会的。啊，你这无耻之徒，你竟然如此地自负！你竟然认为人类是如此的无足轻重，你竟然想改造一切。先改造你自己吧！这对你来说就是个艰巨的任务了。

然而，一般来说，这些老爷们——社会改造家、立法者、政治问题理论家——倒也并不是直接要求对人类进行专制。啊，不，他们要中庸、仁慈得多，所以不会直接提出这种要求。相反，他们所要求的只是法律的专制、绝对统治和无所不能。他们仅仅要求制定这种法律。

要想揭露这种奇怪的念头在法国知识分子中是如何地普遍，

我不仅要研究马布利、雷纳尔、卢梭、费纳隆的所有著作——还得加上博絮厄、孟德斯鸠长长的语录，恐怕还得逐字逐句摘录国民公会的会议记录。我再也没有兴致做这桩事了，读者们可以自己找这些文献来看看。

这种观念对拿破仑有异乎寻常的吸引力，是一点都不奇怪的。他热烈地信奉这些观念，并且积极地将其付诸实施。拿破仑自认为是个化学家，他把整个欧洲都看成自己做试验的材料。然而，很不幸，这些材料起的反应却竟然是推翻了他。在圣赫勒拿岛[①]，拿破仑基本上醒悟过来了，似乎终于认识到，人似乎是具有某种主动性的。在认识到这一点后，他对自由的敌意似乎有所消解。尽管如此，这并没有使他在遗嘱中把自己的这一教训传承给儿子，他仍然宣称，“统治就是提升和传播道德、教育和幸福。”

我们似乎用不着再小心翼翼地引用摩莱里[②]、巴贝夫[③]、欧文、

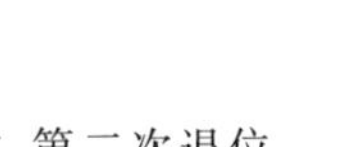



① 1815年6月，拿破仑(1769—1821)在滑铁卢被反法同盟军击败，第二次退位，被流放至该岛，并口述了回忆录。——中译者注

② Morelly，18世纪法国空想共产主义者，摩莱里为其笔名，本名及生平均不详。他热情地渴望改革当时的社会弊端(参见其论著 Essai sur l'esprit humain，Essai sur le coeur humain，1745；Physique de la beauté，1748；Le Prince... systeme d'un sage gouvernement，1751)，从唯理论和社会契约论出发，描述了共产主义理想，带有强烈的平均主义和奇特的父权民主制色彩。其著作《巴齐里亚达》(Naufrage desîles flottantes ou Basiliade，1753)是一本乌托邦“史诗”，《自然法典》(*Code de la nature*，1755)则包含着空想共产主义的激进观念，对巴贝夫产生了强烈影响。——中译者注

③ Babeuf(1764—1797)，法国空想共产主义者、法国大革命时期的政治家。革命期间曾领导“先贤祠俱乐部”、建立“平等会”和密谋起义委员会，因密谋泄露而被处死。他认为革命应依靠少数人组成的密谋团体以暴力方式发动，从革命开始到共产主义完全建成的过渡时期，应实行革命专政。新政权将建立国民公社，集中管理，人人劳动，剥夺私有财产。其充满禁欲主义和平均主义色彩的理想，对布朗基派产生了重大影响。——中译者注

圣西门、傅立叶的陈词滥调了。不过，这儿想请读者看看布朗基[①]论述劳动组织的著作中的一句话："在我们的方案中，社会发展的动力乃是政府。"

那么，政府给予社会的这一推动力量是什么样的力量？就是使用暴力把布朗基先生的方案强加于社会。而社会，无非就是人。因而，按照布朗基先生的定义，人只能从布朗基先生那里得到动力。

当然，据说，人们可以自由地决定接受还是拒绝这一方案。诚然，人们可以自由地接受或拒绝任何人给予他们的意见。然而，布朗基先生却不是这么看待这一问题的。他希望把他的方案转化成法律，然后借助暴力将其强加于人：

> 根据我们的方案，国家只需制定一系列法律（当然也请执行之），借助这些法律，工业活动能够、并且必然会完全自由地发展。国家只需把社会放在一段下坡路上（仅此而已吗？），然后，社会就会在其自身力量的驱使下、在既定的机制自然作用下，自己一路滚下去。

那么，布朗基所说的这段下坡路是什么呢？这条路难道不正是通向深渊？不，它通往幸福。如果果真是幸福，那么，社会为什么没有自己选择这条路呢？因为社会不知道自己需要什么。社会

---

① Louis Blanc（1811—1882），法国革命家、空想共产主义者、历史学家，长期从事反政府活动，有33年在狱中度过。他从道德和理性出发批判资本主义，认为社会的罪恶源于竞争的压力，因而要"按需分配、按能贡献"；强调组织秘密团体举行武装起义，建立少数革命家的专政，以建立新社会。著有《社会批判》、《武装起义指南》、《祖国在危急中》。——中译者注

必须要有一种来自外部的驱动力量。那么，这种驱动力量是什么？就是政府。那么，谁能为政府提供驱动力量呢？啊哈，就是这种机制的创造者，就是布朗基先生本人。

## 恶性循环

我们永远难以走出这一恶性循环：人类是被动的，所以需要伟人利用法律的力量来驱策人类。

一旦社会被置于这个斜坡上，社会是否将享受某些自由？当然当然。那么，请问布朗基先生，自由到底是什么？

> 我们坚定地认为：自由不仅仅是某种被赋予的权利，更在于个人被给予在公正统治下和法律的保护下，发挥和发展自己才能的某种能力。

这种区分并不是无足轻重的：其含义是极其深刻的，其后果是难以估量的。一旦我们承认，人想要真正自由，就必须具备发挥和发展自己才智的能力，那么，我们就必然得承认，每个人都有资格要求社会提供某种教育，从而能使自我发展。也必然得承认，每个人都有权利要求社会提供生产资料，因为没有这种资料，就不可能真正有效地从事人的活动。那么，由谁来进行干预，迫使社会给予其每个成员必要的教育和必要的生产资料？不是国家，还能有谁？

于是，自由就等于能力。那么，这种能力是指什么？是指接受教育？是指被赐予生产资料？谁来提供教育和生产资料？社会，社会对每个人都负有不可推卸的责任。社会要通过什么途径向那些不拥有生产资料的人提供生产资料？当然是通过国家干预了。

那么，国家会从谁那儿得到这些东西呢？

读者不妨想想这个问题。你会注意到，国家的手已经伸进了我们的腰包，正在拿走我们的东西。

我们这个时代最奇怪的现象之一——肯定会让我们的子孙后代惊奇的现象——就是建立在下面三个假设之上的理论：人类从根本上说是没有主动性的，法律是全能的，立法者则是不会出错的。这三种观念，已经成为自称为彻底的民主党人的那些人士的神圣象征。

他们也自命为社会的。由于他们讲究民主，所以他们对人类有无限信心。但又由于他们讲究社会性，所以他们就把人类当成泥巴随意揉搓。我们更细致地分析一下这种矛盾。

如果讨论的是政治权利，如果立法者是从人民中间选择出来的，这位立法者会怎样看待人民呢？在他看来，啊，人民具有某种天生的智慧；他们被赋予了令人倾倒的直觉能力；他们的意志总是正确的；公意是不可能出错的。



选举权已经十分普遍了。很显然，在投票选举的时候，社会没有要求任何选民具有充分的选举能力。人们认为，理所当然地认为，他们具有明智地抉择的意志和能力。人民怎么可能犯错误呢？我们不正生活在启蒙时代吗？什么？怎么能够把人民永远置于监护状态下？他们不是已经付出了巨大的努力和牺牲而赢得了权利了吗？他们不是已经提供了足够证据证明了他们的明智和智慧了吗？他们不是已经成熟了吗？难道他们没有能力作出自己的判断？难道他们不知道什么对自己最有利？竟然有人，或有个阶层胆敢声称，自己有权把自己置于人民之上，代替他们作出判断、采取行动？绝对不允许这样，人民是自由的，也应该是自由的。他们希望自己治理自己的事务，他们一定能做到这一点。

然而，一旦立法者被选择出来，不再受选战承诺的约束，哈，他的口气就完全变了。人民又成了被动的，死气沉沉的，没有自觉意识的；而立法者则成了全知全能的人物。现在轮到他来创造、指挥、驱使和组织了。人们除了服从之外别无选择。专制时代又降临了。现在，我们看到了这种致命的观念：在选举过程中还那么明智、那么道德、那么完美的人民，现在，却不再具备任何自然的天性了，当然，如果说他们还有什么天性的话，那就是不断堕落的趋势。而你们却要让他们保留一点点自由！孔西代朗[①]曾经说，难道你们不知道吗，自由必然会导致垄断。我们认为，自由就意味着竞争，而在布朗基先生看来，竞争，必然会使商人破产，并毁灭人类。因此，一个民族越自由，就越接近于破产和毁灭（布朗基先生或许应该看看竞争在瑞士、荷兰、英格兰、美国等国的成就）。布朗基先生又说了，竞争会导致垄断。于是他告诉我们，由于同样的原因，低价也必然会导致高价；竞争最终会耗尽所有人的消费能力，从而使生产变成为破坏性活动；竞争力量在迫使生产增长的同时，也会使消费减少。由此必然会得出结论，自由人的生产并不是为了消费；自由就意味着人们中间的压迫和疯狂；而布朗基先生必然会得出这样的结论。

① Victor Considérant（1808—1893），傅立叶学派的社会主义者，是马斯夏经常予以批评的对象。——英译者注

那么，立法者应该为人们保留多大程度的自由？

良心自由吗？但是，如果允许他们有这种自由，我们就会看到，人们会利用这个机会堕落成无神论者。

教育自由吗？然而，如果他们拥有这种自由，父母们必然热衷于花钱请老师教导他们的孩子不道德和错误的东西。此外，根据梯也尔先生的看法，如果人们拥有教育的自由，那么，就会国将不国，我们肯定会向我们的孩子传授土耳其人和印度人的观念，万幸的是，现在我们实行的是教育的合法的专制，因而，我们的孩子很幸运地能够学习罗马人的高尚的思想。

那么，赋予人们劳动自由？然而，劳动自由必然意味着竞争，进而必然导致生产出很多消费不了的东西，让商人倒闭破产，毁灭整个民族。



或许可以实行自由贸易？然而，众所周知——贸易保护主义者一遍又一遍地证明给我们看了——贸易自由将使每个从事这一行当的人破产，因此，为了使社会繁荣昌盛，就必须取缔贸易自由。

结社自由呢？然而，按照社会主义者的理论，真正的自由与自愿结社是互相对立的。因为，他们的目的就是：为了强制人们真正自由地团结在一起，所以就要剥夺他们的结社自由权利。

现在，我们就明白了，即使是好心肠的社会民主党人，也不可能允许人们拥有自由。因为他们相信，人的本性总是趋向于陷入形形色色的堕落和不幸。因此，很自然地，就需要立法者来为他们制订方案，拯救人类。

既然如此，一个饶有兴趣的问题就是：如果人是如此的无能、不道德、无知，那他们为什么嚷着要捍卫这些人的普选权？

这些人间的组织管理者所提出的那种种要求还让我们想到了另一个问题。我常常跟他们提起这个问题，然而，据我所知，他们从来没有正面回答过：如果人类的自然天性是如此的恶劣，根本就不能赋予他们自由，那么，为什么这些组织管理者的天性却偏偏是那么好呢？这些立法者和他们的手下不也都属于人类吗？难道他们真的相信，比起别人来，自己是用特殊材料制成的？这些组织管理者宣称，社会如果不加以指挥，就必然会一路走向毁灭，因为人性就是如此地执迷不悟。立法者要求获得权力，以阻止人们在这条自我毁灭的道路上越滑越远，使人们走上正道。那么，很显然，立法者已经从上帝那儿获得了某种才智和美德，从而使之超越于人，高于人，而这给了他们表现自己优越性的资格。他们想让自己成为牧羊人，想要我们成为他们的绵羊。而这种安排的前提条件当然是，他们天然地优越于我们这些凡人。那么，呼唤这些立法者和组织管理者，在我们堕落之前来验证他们的优越性，就是完全正当的了。

请注意，我并不想否定人家发明创造社会秩序的权利，不想否认人家宣传自己、推广自己的信念，进行社会试验的自由，只要他是自己付出代价，自己承担风险即可。我只是觉得，他们没有权利通过法律——即借助暴力——把自己的发明创造强加于我们，并且强迫我们用我们的税款为他们的试验买单。

我没有说，卡贝主义者[1]、傅立叶主义者、普鲁东主义者[2]、古典主义者、贸易保护主义者等形形色色的社会主义理论的支持者应该放弃他们自己的观念。我只是说，他们应该放弃他们中间共同的一种想法，他们应该放弃下面的想法：他们有权用暴力强迫我们接受他们的社会组织方式，接受他们的社会工厂，接受他们的无息银行，接受他们希腊罗马时代的道德规范，接受他们对商业的限制。我只是请求他们高抬贵手，允许我们有权自己决定是否采用这些方案，而如果我们觉得这些方案可能会损害我们的利益，或者有违我们的良心，请不要直接或间接地使用暴力强迫我们接受它们。

然而，这些组织者希望通过征税和法律的暴力来实践他们的方案。这种想法除了是压迫性的、不公正的之外，还蕴涵着一个致命的自负：组织者是不会出错的，而人类是低能的。然而，我们又得问一句，如果人类的能力低下，根本不配自主判断自己的事情，那么，他们干吗都在大谈特谈普选权？

很不幸但合乎逻辑的是，这种观念上的自相矛盾在法国诸多历史事件中都能看到。比如，法国人一直在争取权利——或者更



① 法国社会主义者、理论家、试验者卡贝（étienne Cabet，1786—1856）的追随者。他们在法国、在美国德克萨斯州的红河和伊利诺伊州的Nauvoo创办了合作社，以实践卡贝著作《伊加里亚旅行记》中所设想的社会制度。——英译者注

② 普鲁东（Pierre Joseph Proudhon，1809—1865）是法国社会主义者，无政府主义创始人之一，著有《什么是财产？》、《哲学的贫困》、《一个革命者的自白》、《税收理论》等，宣扬激进的无政府主义思想。巴斯夏曾与他就无息贷款问题展开过激烈辩论。他的学说和政治活动在法国工人运动中形成了一种很有影响力的改良主义和无政府主义思潮——普鲁东主义，认为最理想的社会是以个人所有为基础的“互助制”社会，同时敌视一切政府、组织。——中译者注

准确地说，追求政治权利——的斗争中走在欧洲各国前头。然而，这一事实却没有阻止法国人成为欧洲受统治最严密、受管制最多、受强制最严重、受束缚最紧、受剥削最深重的民族。比起其他国家来说，法国也是革命最频繁、并且最有可能继续发生革命的国家。在这种背景下进行分析，那种自相矛盾就不难理解了。

只要我们的政治理论家们仍然接受布朗基先生曾经很精辟地表述过的观念——“社会发展的动力来自政府”，那么，这种局面还将持续下去；只要人类仍被看作是消极被动的；只要人们觉得自己没有能力运用自己的才智，通过自己的努力来改进自己的生活，增进自己的幸福；只要他们仍然指望法律赐予他们一切，一句话，只要他们认为，自己跟国家的关系就等同于羊群与牧羊人的关系，那么，这种不断革命的局面就不会改观。

同时，如果上面的观念占了上风，那么，很显然，政府的责任就必然是无限的，一个人是幸运还是不幸，是富裕还是贫穷，社会是平等还是不平等，个人具有美德还是恶行，所有这些，都必得依赖政治当局。我们把所有事务都托付给它，由它来处理一切问题，它无所不为，因此，它就要对一切负责。如果我们很幸福，我们当然会满腔热情地感谢政府；而如果我们身处不幸，政府就成了我们唯一的替罪羊。我们的人身和财产现在不都成了政府可以随意处置的了吗？法律不成了全能的了吗？

由于实行的是教育的垄断，所以政府必须设法满足已被剥夺了自由的父母对孩子教育的期望。如果这种期望落了空，除了政府，还能归罪于谁？

由于政府管制了经济，因此就有义务使经济繁荣。如果做不到这一点,政府剥夺经济自由就没有道理。那么,如果经济遇到了困难,人们不怪罪政府还能怪罪谁?

政府既然通过征收关税而扰乱了贸易的平衡,那就有责任实现贸易的繁荣。它如果不能做到这一点,反而使贸易衰退,那么,责任还能由谁承担?

如果政府剥夺了国防工业的自由而将其置于保护之下,那就有义务使其赢利。如果这些企业最后竟然成了纳税人的负担,那么,谁该对此负责?

如果不是政府自己要担起这些责任,那么,人们也不会由于上面这些事而怪罪政府。因此,政府的每一次处理不周就导致法国面临一次革命的威胁,这又有什么奇怪的呢?

面对这种威胁,人们提出的又是什么样的救治之道呢?无限制地扩大法律管辖的范围,也就是说,无限制地扩大政府的责任范围。



然而,如果政府承诺要控制和提高工资,而它没有做到;如果政府承诺照顾所有缺衣少食的人,而它没有践诺;如果政府保证要向所有工人提供养老金,而它无力做到;如果政府答应了向所有借贷者提供无息贷款,而它后来失信了;总之,如果政府很遗憾地没有做到拉马丁先生下面的话中提出的要求,“国家自以为它的目的就是教化、发展、提高、加强、尊重人们的心灵,并使之富有灵性”;如果政府没有做到所有这一切,那在每次失望之后(这可太有可能了,唉),不可避免地总会爆发一次革命。

现在,回到本文的主题,经济科学与政治科学之间的关系,政治经济学的发展从逻辑上必须要先于政治学。从本质上说,经济学是研究人们的利益是天然地和谐还是互相冲突，而政治学则首先要搞清楚政府的正当职能。政治学的第一个最为重要的问题就是：

法律是什么？它应该做什么？它的正当性的范围何在？它的界限何在？因而立法者的特权应该止于何处？

我毫不迟疑地回答：法律就是用以防止不正义的集体性暴力手段，简而言之，法律就是正义。

立法者对我们的人身和财产不拥有绝对的权力。因为，这些早在立法者出现之前就存在着了，因而他的职责不过是为其提供保障而已。

法律的职责不在于管理我们的良心、我们的观念、我们的意志、我们的教育、我们的意见、我们的工作、我们的生意、我们的才能和我们的娱乐。法律的正当职责是保护我们自由地行使这些权利，并防止任何人侵犯他人同样自由地行使自己的这些权利。



由于法律必然要求暴力的支持，所以，法律的正当范围仅仅在于那些必需合法使用暴力的领域，也即正义。

每个人都有使用正当自卫之暴力的权利，因此，集体性暴力——它不过是个人暴力之有组织的联合而已——也只能用于同样的目的；用于其他的目的，都是不正当的。

因此，法律不过是在法律出现之前就存在的个人所拥有的正当自卫权之结合所形成的组织。法律就是正义。

法律的使命绝不是压迫个人，掠夺他们的财产，即使这么做是出于博爱利他之心。因为它的正当使命是保护人身与财产。我们绝对不能说，如果法律不作出任何压迫或掠夺行径，那就可以是博爱利他的:这种说法是自相矛盾的。法律不可避免地会对人身和财产产生影响;法律如果不是保护我们而是干任何除此之外的什么事情,那么,它的任何行动,仅仅是它的存在本身,就必然会侵害我们的人身、自由和财产。

法律即正义。

法律就是这么简单、明了、精确而有限度。每个人都可以理解这一点,人人都可以看到这一点,因为公正是固定的、永恒的、不可能改变的,除了这一点之外,不可能是别的什么。

如果你超出这个正当的界限,如果你企图通过法律追求宗教目标,实现兄弟友爱,实现社会平等、博爱,促进经济、文学和艺术发展,那么,你必然会迷失在一个未知的领域中,你必然会陷入模糊与不确定性之中,堕入某种强制的乌托邦,或者更糟糕,会搞出好多个乌托邦争相篡夺法律,并将其强加于你我。因为,兄弟友爱、博爱利他之类的东西,跟公正不一样,是没有准确明晰的界限的。那么,一旦走上这条路,什么时候才是个尽头?法律的最终界限在什么地方?德圣克里克先生[①]想把他的博爱之心仅仅赋予某些产业,他希望法律能够控制消费者从而使这些制造商赚钱。孔西代朗先生则捍卫劳工阶层的利益,他要求利用法律来保证他们获得最低限度的衣服、住房、食品等生活必需品。第三位是布朗基先生,他以同样的理由说,这种最低限度的保障只是通向彻底的兄弟友爱的一个基本的开端而已,他会说法律还应该向每个劳动人



① Pierre Laurent Barthélemy, Comte de Saint-Cricq,1828年1月4日至1829年8月8日任下院议员,商业部长,后为上院议员。

民提供生产资料和免费教育。第四位又说，这种安排仍然可能导致不平等，因此他呼吁法律应该为每个人——即使是生活在最遥远偏僻的村落的村民——提供奢侈品、文学和艺术。于是，你就直接通向了共产主义；或者是，立法活动将成为——事实上现在已经成为——形形色色的梦想和毫无顾忌的贪欲互相争夺的战争。

法律即正义。

如果我们接受这一命题，我们就可以构想出一个简单而持久的政府。我倒要听听，如果政府的有组织的暴力仅仅局限于取缔不公正的行径，那么，革命、起义，或者哪怕是小骚乱的念头，又从何而来呢？在这样的政治制度下，必然会实现社会的繁荣，这种繁荣景象会为更多人平等地分享。而面对自己无法摆脱的那些痛苦不幸，人们就不会想到要去怪罪政府。这是因为，如果政府的暴力仅仅局限于镇制不公正，那么，政府当然就与这些痛苦不幸无关，就如同政府与气温的变化没有任何关系一样。为了说明这一点，不妨考虑一下这一问题：你是否见过有谁跑到上诉法院或某个治安法官那里聚众闹事，要求获得更高的工资、无息贷款、生产资料、保护性关税或政府创造的就业机会？人人都知道，这类事情根本就不在上诉法院或治安法官的职权范围之内。如果政府把自己限制在其正当范围之内，那么，每个人也都会清楚，这些事情是在法律管辖范围之外的。

然而，如果法律是根据友爱的原则制定的——从而表明不管是好是坏，都是法律的结果，法律会为每个人的不幸和所有的社会不平等承担责任，那么，政府就不可能摆脱无穷无尽的抱怨、愤怒、动乱、革命了。

法律即正义。

如果法律真做除此之外的事情也算正当，那实在是太奇怪了。正义不就是正当吗(right)？正当不就是平等吗？那么，法律强制我遵守米默勒尔先生、德默伦先生[①]、梯也尔[②]先生或布朗基先生所规划的社会秩序，有何正当性？如果法律这么做也具有道德上的正当性，那么，法律为什么不强制这些先生们遵从我的方案？难道你们觉得我没有从上帝那里得到足够的想象力从而梦想不出一个乌托邦？难道法律的作用是从这种种荒诞的白日梦中随便挑出一个，然后就运用政府的一切有组织力量来实现这一梦想？

法律即正义。

我们不要再大谈——然而事实上人们却一直在这样说——什么法律应该是无神论的，是个人主义的，或者是冷酷无情的；说什么法律应该按这些观念塑造人类。这实在是荒唐的结论，只有那些盲目崇拜政府、以为人类无非是法律的创造物的人，才会这样想。

我们如果能够自由行动，这些政府崇拜者是否就得出结论，说我们会什么也不干？在这些政府崇拜者看来，如果法律没有赋予我们动力，我们就根本没有任何动力了；如果法律仅仅局限于保障我们自由地发挥自己的才能，我们就根本没有什么才能可以发挥的了；如果没有法律来把某种宗教、合作模式、教育方式、劳动规

---

① Armand de Melun(1807—1877)，法国著名慈善家，Society of Saint Vincentde Paul 领袖，政治上是一位温和的保守主义者。——英译者注

② Louis Adolphe Thiers(1797—1877)，法国政治家与历史学家，反对自由贸易，在巴斯夏时代，他也鼓吹法国应采取对英国采取进攻性政策。参见本书第 11 页注①。

则、贸易规章、慈善计划等强加于我们，我们必然马上会堕落成无神论者，陷入孤僻、无知、贫穷、自私之中。在他们看来，如果我们自由了，我们就体认不到上帝的力量和仁慈；我们就不会互助友爱，互相帮助；就不会爱我们的同胞，救助我们的不幸的兄弟；就不会研究自然的奥秘，也不会努力地提高自己、最充分地发挥自己的才能。

法律即正义。

只有在公正的治理下，在正义的治理下，在自由、安全、稳定和责任感的影响下，每个人才能实现他存在的真实的价值和真正的尊严。只有在公正之法律的治理下，人类才能以某种坚实而有序的方式，迈向——虽然很缓慢，但方向是确定无疑的——上帝为人类设计的目的。

在我看来，这个真理是在我这一边的。对于我们讨论的任何问题——不管是宗教哲学、政治或经济问题；不管是涉及繁荣、伦理、平等、正义、公正、进步、责任、合作、财产、劳动、贸易、资本、工资、税收、人口、财政或政府——不管我们从科学的角度探讨哪个问题，我们都无一例外会得到同样的结论：各种社会问题的解决之道都在于赋予人们以自由。



经验能不能证明这种看法？看看当今世界的现状吧。哪个国家的人民最和平、最道德、最幸福？是那些法律对私人事务干预最少的国家的人民。在这样的国家中，人们几乎难以察觉到政府的存在，个人拥有最大的活动范围，自由的公共舆论具有最大影响；在这些国家，行政权力最小、也最简单；税负最轻，也最接近平等，引起公众的不满最小，这种不满也最没有理由；在这里，个人和群体最积极地履行自己的责任，因而即使这里的道德并不完美，也必然会逐渐地改进提升；在这些国家，贸易、集会、结社所受的限制最少，劳动、资本、人口被强制安置的可能性最小；在这里，人类基本上接近于顺乎自己的天性生活，人的发明创造与上帝的法则最为和谐；一句话，最幸福、最道德、最和平的民族，是那些最接近于遵从这一原则的民族：人类是不完美的，尽管如此，在公平的范围内，人类社会的一切希望都系于人的自由、自愿的行动；人们使用法律或暴力，仅仅是为了追求普遍的正义，除此之外，别无所求。

是啊，这个世界上有那么多“伟”人——立法者，组织者，社会的奠基人，民族领袖，国家创建人，等等。这么多人都把他们置于人类之上，这么多人俨然以组织管理人类、统治人类为己责，要人类对他感恩戴德。

人们也会对我说：你看，你自己不就十分关注人类嘛。

这没错。不过，你必须承认，我是从完全不同的角度关心人类的，我的关心跟他们是截然不同的；如果说，我也跻身于所谓改革家之列，那么，我的唯一目标就是说服这些改革家们高抬贵手，饶过这些凡人吧，让他们自己决定自己的事情。我绝不会像沃康松[①]看待他的自动机器那样对待人类。相反，我会像一位生理学家对待客观存在的人体那样，也接受人类的现状。我只是研究人类，并对人类创造了那么多奇迹感到惊奇。

我对待其他人的态度，跟下面这个故事中所描述的这位著名旅行家的心态一样：有一天，他来到了一个野蛮部落，正巧有个妇



① Jacques de Vaucanson（1709—1782），他因为发明若干自动机器而出名，最有名的是“长笛演奏机”和“鸭子”。——英译者注

女在生孩子。一大群戴着指环、吊钩，穿着长袍的占卜者、巫师、庸医围在这里。一位说，“如果我不拉长他的鼻孔，这个孩子以后恐怕品尝不了烟斗的芳香。”另一位说，“如果我不把他的耳朵扯得耷拉到肩膀上，这孩子以后就是个聋子。”第三位则说，“如果我不弄歪他的眼睛，他以后恐怕看不到阳光了。”还有一位说，“如果我不弄弯他的腿，他就站不直。”第五位又说了，“如果我不抹平他的头盖骨，那他以后就不会思考。”

这位旅行者大喊一声：“停停停！该上帝做的，他已经做得很完美了。别假装自己比上帝还有能耐。上帝赋予了这种脆弱的生物以各种器官，那就让这些器官自己发育，并通过实践、试错过程、体验、自由而生长出越来越强大的能力。”

上帝已经赋予人以应付其命运所必需的所有能力。我们已经幸运地获得了人的某种存在形态，也幸运地拥有了某种社会形态。而人类的这些社会机制是由上帝构造的，因而它们必能在自由、清新的空气中和谐地发育成长。因此，我们应该远离那些庸医和计划者们，远离他们的指环、项链、吊钩、镊子等！远离他们人为的体系；远离他们的社会工厂、空想的共产村庄；远离他们的国家主义，他们的中央集权；远离他们的关税，他们的大学，他们的国家宗教，他们的无息贷款或金融垄断，他们的管制，他们的限制；远离他们虔诚的道德说教，也拒绝他们通过税收实现平等的计划。那么多立法者和空想的社会改革家把那么多人为的制度强加于人类，但最终我们发现这一切是徒劳无益的，那么，我们也许该回到我们的起点了：让我们赶走所有这些人为的制度，而给自由一个机会——自由，正是对上帝及其作品的信心的认可。

# 第三章　财产权与法律[①]

我的同胞们对我充满信心，给了我议员的头衔。

如果我像卢梭那样理解这个头衔，那我当然会拒绝这种荣幸。

他说，“不管是谁，如果斗胆许诺创建一个国家”，那肯定是觉得“自己具有改造人性的能力，也就是说，要把每个就其自身而言完美无缺、作为一个独立的整体而存在的个人，改造为一个更大的整体的一个组成部分，个人由此而获得其生命和存在，要改造人的肉体结构以使之更为强壮，等等……如果伟大的君主已经很少见了，那么，伟大的立法者恐怕会更罕见吧？君主只不过是遵从他已创立的规制而已，后者则是造物主，是他发明创造了这台机器，前者只不过是操作这台机器之启动、关闭而已。”



卢梭相信，社会是人的某种创造物，因而他觉得必须把法律和立法者置于极其崇高的位置上。他认为立法者和普通人之间存在着一道鸿沟，或者更像是一道不可逾越的深渊，就相当于机器的发明者与他所创造的没有自己生命的机器之间的关系一样。

在他看来，法律应该改造人，应该创造或者消灭财产权。而在

---

① 本文发表于 1848 年 5 月 15 日的《经济学家杂志》（*the Journal desé conomistes*）上。——法文版编者注

我看来，社会、人、财产权都是先于法律而存在的，尤其是对于财产权。我要说，并不是由于有了法律才有财产权，恰恰相反，是因为有了财产权才有了法律。

这两种认识之间的对立具有重大意义。由于我们一直在回避正视由此而得出的结论，因此，我希望大家允许我更为准确地说明这一点。首先，我想声明，我是在一般意义上使用“财产权”一词的，而没有使用其特定的含义，即土地财产。我很遗憾，或许所有经济学家都跟我一样觉得遗憾，因为这个词让我们不知不觉地联想到占有土地这种想法。我理解的财产权，是指劳动者对他的劳动创造的价值所拥有的权利。

如果大家都接受我的这种用法，那么，我就要问，这种权利是由法律创制出来的？还是恰恰相反，它不是法律创制出来的，而是先于并高于法律；是否得先有了法律，然后才出现了财产权利？或者是相反，财产权利是一个先在的事实，是这种权利导致了法律的出现？如果实情是第一种，那么，立法者的职责就是组织、完善财产权；如果它觉得有益于社会，甚至可以取缔财产权。而如果第二种说法有道理，那么，立法者的权限就仅仅限于维护和保障财产权利。



在现代最伟大的思想家德拉芒内斯[①]起草的一份宪法草案前言中，我看到了下面的句子：

“法国人民宣布：他们认识到了，权利和责任先于并高于所有

① Félicitéde Lamennais(1782—1854)，法国哲学家，天主教神父，改革家，工人阶级的热情洋溢的捍卫者。试图把天主教理论与自由主义结合在一起。——中译者注

成文的法律，并且不依赖于这些法律。”

“这些权利和责任直接源自上帝，它们构成了三条信念，可用下面几个神圣的单词来表达：平等、自由和博爱。”

我疑惑的是，为何没有把财产权包括在内，这种权利也是源自上帝的，也先于法律，反而是法律存在的根源所在。

不像有的人所认为的那样，这是个理论性的、没有价值的问题。相反，这是个重大的、根本性的问题。当前，社会最迫切地需要解决的正是这一问题。我希望，大家在看完我对有关财产权、法律的起源的两种思想体系及其后果的比较后，能够信服这一点。

经济学家相信，财产权乃是上天的旨意，就跟人的存在一样。法律不可能带给一个人生命，同样，也不可能带来财产权。财产权乃是人性的必然结果。



从这个词的完整意义上说，人生来就是一个所有者，因为他生来就具有一些需求，只有满足这些需求，他才能维系生命。他生来就具有各种器官和官能，而要运用这些器官和官能，就必须要满足这种需求。官能不过是人的延伸而已，而财产无非是人的官能的延伸而已。把一个人与他的官能分离，只能使这个人死亡；把一个人与他的官能所创造的产品分开，则同样会让这个人死亡。

有那么一些政治理论家，他们热衷于探究上帝当初应当如何造人。而我们，则只研究上帝事实上是如何造人的。我们注意到，人，如果没有某些东西来满足他的需求，他就无法生存；如果他不劳动，他就不能满足自己的需求；如果他不能确信可以用自己的劳动果实来满足自己的需求，那他就不会主动地去劳动。

正是因此，我们相信，财产权就是这样神圣地形成的，而人们制定法律的目的就是保护或保障其财产权。

财产权先于法律，这一点是确定无疑的，即便是尚没有法律或者最起码尚没有产生成文法的野蛮人，也承认这一点。假如一个野蛮人投入自己的劳动建造了一间草房子，就绝不会有人会怀疑他对这间房子的占有权或所有权。另一位更强壮的野蛮人确实可以把他从这间房子中轰出去，但整个部落不可能不因此而群情汹汹。而正是这种暴力的滥用，促成人们达成了协作、共同协议和法律，以利用公共警察暴力来保护个人的财产权。因此，法律生来就是为了保护财产权的，而不是相反，财产权并不是因法律而出现的。

我们可以说，甚至在动物中间也是承认财产权原则的。燕子都是在自己付出心血建造的巢中哺育自己的后代的。

甚至植物也是借助吸收养分、通过占用某些东西而生存发育成长的。它们得占有特定区域内的土壤、空气、盐分。如果这一吸收占用的过程被打断，那么，它们就必然会枯萎、凋零、死亡。



人也是通过占用某些东西而生存、发育成长的。占用是一种自然的现象，对于生命而言是天赐的，是根本性的；而劳动则赋予所占用的财产以某种正当性。如果劳动使某些以前不能利用、不能占有的物质可以被利用、被占有，那么，我实在不明白，有些人为什么要声称，这种正当地占有的行动非得造福于别人，而不应当为付出了劳动的本人带来好处。

正是为了回应这些最基本的事实，回应人性的必然的后果，法律就应运而生了。生命和自我发展的欲望诱使强者掠夺弱者，从而侵害弱者对其劳动果实的权利，于是大家就同意，把社会所有成员的力量联合起来，用以防止和镇压这种暴力侵害行径。因此，法律的职责就是保护财产权利。人们所达成的协议所构造的不是财产权，而是法律。

现在，我们来探究一下相反的理论体系的根源。

我们过去的所有宪法都宣布，财产权是神圣不可侵犯的。这一事实似乎说明了，社会组织的目标就是私人社团或个体通过自己的劳动自由地发展。这意味着，财产权先于法律，因为法律的唯一目的一直就是保护财产权。

然而，我想知道，我们的宪法中是否真正地写进了这样的宣示，也就是说，是否仅仅是个虚伪的句子，是一个形同虚设的规定。最重要的是，这一条是否真正构成了我们社会信念的基础。

如果像有些人说的那样，文字著述确实是社会的某种反映，那么，对上面这一点，我们不能不有所怀疑；因为那些政治理论家们在谦恭地赞美过财产权原则后，又那么深情地呼唤法律的干预。他们不是要求法律保护财产权利，而是要求法律矫正、削弱、改造、均分和管理财产权、信用与劳动。

于是，人们就以为，对于人身和财产的绝对权力属于法律，因而也就是属于立法者。

这一点可能让我们难过，但我们却不应该觉得惊奇。

我们从什么时候开始抛弃我们关于这些事务的看法，甚至是权利的概念本身的？从拉丁和罗马时代就是如此了。

我没有研究过法律，但我也能知道，我们的理论的源头是在罗马法，我们肯定了他们中错误的东西。罗马人必然会把财产权看成是某种纯属约定的东西——即成文法的某种产物、某种人为创造的东西。显然，他们不可能像政治经济学家那样追溯基本的人性，也不可能察觉人的需求、官能、劳动与财产权之间所存在的关系和必然的联系。他们如果做了，反而是荒唐的，对他们而言，也是自杀性的。因为当时，他们就是靠掠夺为生。他们的所有财产都是掠夺而来的，他们的全部生活方式都是建立在奴隶制的基础上。那么，他们怎么可能有那种认识？如果他们把财产的真正权利来自自己的劳动这一观念贯彻到立法活动中，怎么会不动摇他们社会的根基？不，他们不可能这样说，也没办法这样想。他们不得不满足于对财产权下一个纯粹经验的定义——“使用和滥用的权利”[①]——这个定义仅仅指出了效果，而没有说明理由或根源，因为事实上，他们只能对此假装没有看见。

众所周知，19 世纪的法律科学仍然是建立在古代阐明奴隶制之合法性的诸原则之基础上的，这一点真让人觉得悲哀，但却很容易理解。因为在法国，法律学说被某些人垄断着，而垄断则排斥了进步。



法学家确实不可能创造一切公共舆论，但我们必须承认，目前的大学和神学教育使法国年轻人非常轻松地就可以接受法学家们关于这些问题的错误观念，因为在我们生命最美好的 10 年中，这种教育把我们都置于蕴涵渗透于罗马社会的那种战争和奴隶制的气氛之中。

因此，当我们看到 18 世纪的人们在重复罗马人关于财产权是关联于习俗和法律制度的问题的观念时，就不要觉得惊讶了；在他

① 原文为拉丁文 jus utendi et abutendi。——中译者注

们那里，法律根本不是财产权的逻辑结果，相反，财产权是法律的逻辑结果。我们都知道，在卢梭看来，不仅仅是财产权，还有整个社会，都是某种契约、某种发明的结果，是立法者精神的某种产物。

“社会秩序是一种所有东西赖以为基础的神圣正当性，”然而，这种正当性却并非来自自然。因而，它是根据约定确立的。

可见，赖以作为所有其他东西之基础的正当性，纯粹是约定性的。因此，作为次一级正当性的财产权，也是约定性的。它并非源于自然。

罗伯斯庇尔完全继承了卢梭的衣钵。这位门徒关于财产权所说的每一句话，在其导师的理论甚至是诡辩中都可以看到。

“公民们，我首先要向你们提出几条想法，以使我们的财产权理论完善起来。别让这个想法吓着了你们。你们这些只知道崇拜金钱的肮脏的灵魂，不要害怕，我并不想把你们的财富弄到我手里，不管怎样，这些财富都是肮脏堕落的……相反，我宁可出生在非比里修斯[①]的草屋中，也不愿出生在卢卡拉斯[②]的宫殿中”，等等。

这里应该注意，一个人在剖析财产权概念的时候，如果把这个词等同于富裕，会更糟糕，等同于通过不正当手段获得的财富，那

① Gaius Luscinus Fabricius，古罗马著名的将军和执政官，非常诚实正直。公元前 280 年，他受命出使古希腊伊比鲁斯城邦，准备用赎金交换罗马在赫莱克莱亚（公元前 280 年）和奥斯库卢姆两战役中被俘的罗马将士，结果，他的品德感动了其国王皮洛士，没有付赎金就换回了俘虏。他一生清廉，没有积蓄，去世之后，只得由国家出面为其女儿提供嫁妆。——中译者注

② Lucullus（大约 110—56BC）罗马大将，曾担任财政官、行政长官等，以其豪宅、华宴著称于当时。——中译者注

就是非理性的、危险的。非比里修斯的棚屋也是一种财产，跟卢卡拉斯的豪宅一样。不过，我想提请读者注意下面一段话，这段话就可以概括这种思想体系：

“想要捍卫自由，人的最基本的需求，他的最神圣的自然权利，我们可以完全正确地说，自由就是对其他人的权利的限制。那么，你们为什么不把这一原则运用于社会创造出来的财产？仿佛永恒的自然法则要比人的约定俗成更没有神圣性似的。”

在给出了这么一番导言式的评论后，罗伯斯庇尔开始阐明他自己的原则：

“第一条：财产权是每个公民享有和支配法律为他提供的那一份物品的权利。

第二条：跟所有其他权利一样，财产权利要受尊重他人权利义务之限制。”



于是，罗伯斯庇尔就把自由与财产权截为对立的两橛。存在着两种来源大相径庭的权利：一个源于自然，另一个则是社会创造出来的；第一种是自然的，而第二种则不过是约定俗成的。

罗伯斯庇尔对这两种权利都施加了同样的限制，由此必然会觉得，这两种权利的起源其实是相同的。不管我们讨论的是自由还是财产权，反正都得尊重他人的权利。而在他看来，这不会摧毁或削弱该权利，反而是承认和强化了该权利。恰恰是因为财产权和自由都是先于法律而存在的权利，因而，只有在尊重他人同样的权利的条件下，两者才能存在。于是，法律的职责就是确保人们遵守这些约束，而这正好就意味着承认和支持这种原则本身。

不管怎样，我们可以确定一点，罗伯斯庇尔对卢梭亦步亦趋，认为财产权是社会创造出来的，是约定俗成的。他没有把财产权与其真正的合法性来源——劳动联系起来看。他说，财产权就是支配法律赋予他的那部分物品的权利。

正是通过卢梭和罗伯斯庇尔的鼓吹，罗马人的财产观念渗透到我们时代形形色色的自命为社会主义的思想流派中，对此，不用我再费口舌了吧。我们知道，布朗基《论革命》第一卷就是对那位日内瓦哲学家和那位国民公会领袖[①]狂热的颂歌。

据此，财产权是社会创造出来的，财产权是立法者的某种发明创造，是法律的产物，一句话，财产权是自然状态下的人所不知晓的。这种观念，通过法律学说、通过古典思想研究、通过18世纪的政治理论家、通过1793年的大革命、通过有计划的社会秩序的现代鼓吹者，从古罗马一路传承给我们。

现在，我们来思考一下我上面说的两种思想体系的不同后果。我们先看看财产权源于法律这种思想体系的后果。

第一个后果就是为乌托邦空想家开辟了最广阔的想象空间。

这一点是显而易见的。一旦我们从原则上承认，财产权的存在乃是源于法律，那么，梦想家的脑子里能想象出多少种法律，就有多少种组织管理劳动的方式；一旦我们从原则上承认，立法者的使命就是以他自己喜欢的方式管理、组合、构造人和财产，那么，他们就可以想象出无数管理、组合、构造人和财产的方式。这样，在巴黎，当然会有几百种如何安排劳动的设想，不用说关于如何安排信用也同样有几百种方案。这些方案之间无疑是彼此对立冲突

① 前者指卢梭，后者指罗伯斯庇尔。——中译者注

的，但它们背后却都有一个共同的思想基础：财产权利是由法律创造出来的，而立法者则是绝对的主宰，应支配劳动者及其全部劳动果实。

在这些形形色色的构想中，最吸引公众注意力的当属傅立叶、圣西门、欧文、卡贝、布朗基等人的方案。然而，假如你以为只有这五种社会组织模式，那就太荒唐了，因为这种组织模式是无穷无尽的。每天早上，都会有人脑子里蹦出新的奇思异想，都可能比前一天的方案更诱人。我把这些留给你的想象力，你不妨设想一下，如果某一个方案已经被强加到我们的头上，然而现在，又突然出现了某个更加诱人的方案，你说人们该怎么办。人们只有两种选择，要么每天都改变自己的生活模式，要么就沿着一条据说是错误的道路一直走下去。这条道路之所以被说成是错误的，仅仅因为它是人们已经踏上的道路。

第二个后果是唤醒所有这些梦想家对权力的渴望。假设我构想了一种组织管理劳动的制度。如果这种制度确实不错，如果我假定，主动权在每个普通人手里，那么，我所要做的就是阐明这种制度，然后等着人们觉悟之后采用它。然而，在我现在考察的这种思想体系中，主动权却是掌握在立法者手里的，诚如卢梭所说，“立法者应该强大到足以改造人性”。因此，我所要奋斗的目标就是成为一位立法者，这样才能把我发明创造出来的某种社会秩序强加于人间。

很显然，建立在财产权是社会创造出来的观念之上的各种思想体系，最终是导致高度的集权，还是导致彻底的共产主义，取决于其创始人的意图是善是恶。如果他的意图是邪恶的，他就会运用法律牺牲多数人而为少数人谋利。如果他的天性是仁慈的，他就会运用法律拉平人们的生活水平。而为了实现这一目标，他就要设计某种制度，以保证每个人对不管是谁生产的财富都拥有平均占有一份的权利。那么，我们就应该探讨一下，在这种情况下，是否还有可能生产出任何东西。

关于这一点，国民议会内[①]最近的活动为我们提供了一幅最怪诞的情景。如今已经是19世纪中叶了，就在二月革命（这场革命正是打着自由的旗号）[②]结束刚几天，我们却听到有个人——比内阁部长更高级的官员，事实上是临时政府成员，一位被授予革命之无限权力的政府官员很冷静地质问：让那些有力气、有才能、勤劳、能力出众的劳动者获得更高的工资，也就是说，获得他自己所生产的财富更好一些呢？还是不管本人是否努力，也不管其劳动的成果是多少，从此以后，给每个人统一发放工资，更好一些？这等于要求：一个懒汉向市场提供了一尺布，一位勤劳的工人向市场提供两尺布，现在却要求他们两人应当获得同样的收入。而这个人在经过一番论证之后宣称，他更倾向于统一发放工资，而不管各人生产的可供出售的产品的数量和质量如何。这无异于说，在他的脑子中，两个人生来就是两个人，然而，法律要让他们成为一个人。

于是，我们就明白了，为什么在有些人那里，法律要比自然的力量更强大。

---

① 原文为 the Luxembourg，指法国国民议会所在地。——英译者注

② 1848年2月22日爆发的巴黎民众推翻七月王朝、建立第二共和国的革命。——中译者注

那些听他讲话的人士显然都明白，这种恣意妄为是直接与人性背道而驰的，生产了一尺布的人永远不应该得到两尺布的报酬。如果真是这样，那么，真正的竞争就被消灭了，而代之以比其更恶劣千百倍的另一种形式的竞争：每个劳动者都会想尽办法少干活，争相成为付出最少的人。因为，反正有法律提供的保证，反正干多干少，得到的收入是一样的。

然而，公民们[①]，布朗基先生已经预料到了我们会这样反驳，为了防止人性中这种偷懒的天性——唉，如果不给钱，他们就不好好干活——于是，他在自己所构想的社会中就设置了一个布告牌，专门公布那些懒汉的名字。不过他却没有说清楚，在那里，是否也有侦察人员专门侦察谁在偷懒，是否要有法庭来审判他们，是否得有警察来执行其判决。而我们一直以为，乌托邦空想家从来都不会考虑搞什么庞大的政府机构，来使其法律机制运转起来。

不过，国民议会议员们看起来有点将信将疑，于是，公民布朗基的秘书维达尔[②]立刻跑上来，对他的导师的思想大声喝彩。公民维达尔紧跟卢梭，提出的建议无非就是改造人性，改变上帝的法则。[③]

① 这是法国大革命期间常用的一个称呼，当然，这里作者用这个呼吁是一种反讽，就像我们这个时代用“同志”一样。——英译者注

② Francois Vidal(1814—1872)，记者，政客，经济学者。编辑了多份报纸杂志，包括 La Presse，热情地鼓吹政府干预劳资关系。1848 年革命后，布朗基请他出任自己所在的劳动组织委员会秘书。后来积极投身于反对路易·波拿巴的政治斗争中。他最著名的著作是 De la rèpartition de richesses ou De la justice distributive en èconomie sociale(1846)，对当时各种经济学说进行了批评性考察。——英译者注

③ 参见巴斯夏全集(法文版)第一卷对维达尔先生著作《财富的分配》的评论及第二卷对维达尔先生在报纸 La Presse 上发表的五封信的回复。——法文版编者注

上帝赋予每个人特定的才能，因而必然会具有特定的后果，也赋予每个人特定的需要，并带来特定的后果，由此而产生了自私自利，或者换句话说，形成了自我维持生存的本能和自我发展的欲望。这是人类伟大的推动力。然而，维达尔先生却准备改变这一切。他详尽考察了上帝的工作成就，然后觉得，上帝干得不怎么样。于是，就从法律和立法者无所不能的原则出发，他准备通过政令抑制人的自私之心。他想代之以讲究荣誉的法令。于是，人们为了生存和发展，为了养活家人，就不再必须工作了，而是要保持他们的荣誉，要避免站在错误的立场上。在他看来，这种新的动机不算另一种类型的自私之心。

维达尔先生不断地唠叨着要忠于军队所奉行的那一套荣誉法令。然而，唉，我们还是要请他给我讲讲全部的事实真相，如果他的计划是把劳动者按军队进行编制，那么，请他说说，届时，规定了30种死罪的军法，是否将成为约束大家的法令？

我这里严厉批驳的这种有害原则的更可怕的后果则是不确定性，它就像达摩克利斯之剑一样，始终高悬在劳动、资本、商业、工业的头上，其后果非常严重。我想请读者非常认真地对待这一点。

在美国这样的国家，财产权被置于法律之上，在这里，公共警察的唯一职责就是保护这种自然权利，每个人都可以充满信心地把他的资本和劳动投入生产活动中去。他不用担心，他的计划和考虑会被朝令夕改的立法活动打乱。

然而，如果我们遵循的是与此相反的原则，即财产权的基础是法律而非劳动，如果我们允许乌托邦空想家通过法令、以某种普遍的方式，把他们的纲领强加给我们，那么，我们难道不明白，大自然深植于人的心灵中的远见和审慎，反而会阻碍经济的繁荣？

因为，在这样的地方，不管什么时候，哪个人还敢创办工厂或投资开办企业？昨天的法令还说，他只能在固定的时间内工作，今天的法令却说，某类工人的工资应该固定。谁知道明天、后天、大后天又会搞出什么新花样？一旦立法者处于这种无可匹敌、至高无上的地位，并且真心相信，他可以安排人们的时间、劳动、交易以及他们的一切财产，那么，数遍全国所有的人，有谁能知道明天法律将把强制安排在什么位置，派给他什么样的工作岗位？而在这种情况下，谁还能够或者愿意干事？

当然，我不想否认，这一错误原则所导致的数不胜数的思想体系中，有很多，甚至可以说大多数，都是出自仁慈的、善良的意愿。但是，这一原则本身却是错误的。乍一看，每个方案的目的，都是想实现财富的平均化。然而，这些方案中所体现的原则更可能导致的后果，则是使所有的人平等地贫穷。其后果是强制勤劳致富的家庭沦入穷人的行列，而穷人则在饥寒交迫中成批成批地死亡。

我承认，一想到这种危险的原则使我们国家的财政困境更加严重，我就对我们国家的前途担忧。

2 月 24 日，我们看到政府发表了预算，开支远远超过法国正常情况下所能获得的收入水平。除此之外，现任财政部长还说，还有 10 亿法郎的债务也马上就到偿付期了。

在这种令人担心的局势下，开支仍然在不断增长，而收入却在持续下降。

这还不是问题的全部。我们的国家正被政府的两个理想拖垮，每一个都是无底洞。根据头一个理想，国家用公共资金建立了大量慷慨的、但耗资巨大的机构；根据第二个理想，所有的税收又在减少。于是，一方面，托儿所、收容所、免费小学和中学、国立工厂、企业退休养老金等机构正在大量繁殖；国家准备向奴隶主支付赔偿金，也准备为奴隶支付损害赔偿；国家正在创建信贷机构，向工人出借生产资料，把陆军的规模翻了一番，重新组建海军，等等；而另一方面，国家却取消了盐税、通行费以及最不受欢迎的消费税。

当然，不管我们对法国的财源怎么看，最起码总得承认，为了同时满足这么巨大而又互相冲突的双重目标的需要，必须培育这些财源。

可以认为，完成这些异常艰巨的目标，乃是超出人的能力之外的。为此，必须把国家所有的力量都引导投入生产性活动中。然而，就在这时，却出现了一种喧嚣：财产权是法律创造出来的。据此，立法者就可以按照自己所认可的随便什么理论，任意颁布法令，而这必然会打乱企业的所有计划。劳动者不再由于他是某件东西或某种价值的创造者而成为该物品或价值的所有者，而仅仅是因为今天的法律授予了他，他才是该物品或价值的所有者。而明天的法律很可能取消这种授权，那么，所有权就不再是正当合法的了。

那么，这一切所必然导致的后果是什么？资本和劳动都会担惊受怕，它们再也不能为未来着想了。在这种学说冲击下，资本必然会隐藏、流失，被毁灭。而劳动者，那些你深深地、诚挚地热爱着，但却无知愚昧的工人们，会变成什么样呢？如果农业生产停止了，他们会吃上更好的食品吗？如果没有人愿意创办工厂，他们能穿上更好的衣服吗？如果资本都不存在了，他们还有更多的就业机会吗？

同样，你从哪儿征收赋税？你用什么办法充实国库？你拿什么供养军队？你怎么偿还国家的债务？你用什么钱来购置生产工具？你用什么财源来支撑你用法令那么容易地就创办起来的这些慷慨大度的机构？

我还是赶紧避开这些实在令人郁闷的思考吧。我将继续考察与今天流行的原则相反的那种经济学家的原则，这种原则正确地认为，财产权源于劳动，而不是源于法律。这种原则指出：财产权先于法律；法律的唯一职责就是维护财产权，不管它是如何存在的，不管它是如何形成的，也不管劳动者是如何生产出它的，是自己单独生产出来的还是跟别人联合生产出来的，只要他也尊重他人的权利即可。

最重要的是，法学家的原则——财产权是法律创造的——所隐含的是名副其实的奴隶制，而经济学家的原则——财产权先于法律——则意味着自由。财产权就是根据自己的理解享受自己的劳动果实的权利，工作、发展的权利，发挥自己才能的权利，而国家除了对此予以保护外，不得进行其他干涉：这，才是自由的含义。我一直没有弄明白，为什么那么多反对自由的党派，竟然还允许自由一词飘扬在共和国的旗帜上。他们中有一些确实已经抹掉了自由一词，代之以团结一致。相对而言，他们更诚实，也更讲究逻辑。不过，他们其实应该谈论共产主义，而不是奢谈什么团结一致，因为跟财产权一样，人的利益的结合，在法律的管辖范围之外也可以存在。

经济学家的财产权原则还意味着一致性。上面我们已经看到了，如果是立法者创造了财产权，那么，乌托邦空想家的头脑中有多少种胡思乱想，就会存在多少种财产权模式。也就是说，财产权模式是无数的。相反，如果财产权是上帝的恩赐，先于一切人类立法活动，而人间的立法活动不过是保护它而已，那么，就不可能再存在其他财产权制度。

经济学家的财产权原则也意味着更安全更有保障。种种证据已经表明，如果人们真心承认，每个人都有义务自行维持自己的生存，每个人都有权享受他自己的劳动果实，这种权利先于、高于法律，如果人间的法律的存在和介入，仅仅是为了保障人们付出劳动、并拥有其果实的自由，那么，法律就可以为所有勤奋努力的人提供一个有充分保障的未来。我们就没有理由再担心，立法机构颁布一道又一道法令会抑制人们的努力，打乱人们的计划，妨碍人们的远见。在这种保护伞下，资本会被迅速地创造出来。而劳动价值增加的唯一推动力量，就是资本的迅速积累。于是，劳动阶层的状况也会得到改善，他们自己也会通过合作创造出新资本来。更进一步，他们也可以从工薪阶层摇身一变而成为投资者，投资于企业，甚至自己创办企业，从而重获尊严。

最后，国家不应当是生产者，而应当为生产者提供安全保障，这一永恒的原则也必然有利于公共财政的节约和井然有序；惟有根据这一原则，才能实现繁荣，并公平地分担税负。

我们永远都不要忘记，事实上，国家本身是创造不出任何财富的。它一无所有，如果它不从劳动者那里拿走某些财富，它就什么也没有。因此，如果它插手每一件事情，它就是用自己机构的糟糕的、代价昂贵的活动，取代私人活动。如果像在美国那样，人们普遍地认识到，国家的职责就是为所有人提供充分的安全保障，那么，国家就可以只用几千万法郎完美地履行这一职责。通过这种节约措施，再加上工业的繁荣，最终就有可能实行某种单一税制，即只对各种各样的财产征税。

为此，我们就必须等待，等待人们从经验——也许是残酷的经验——中认识到，我们对国家的信任应该少一点，而对人自己应该多一点信任。

最后，我想就自由贸易协会[①]说几句话。协会因为采用这个名字而遭到了极大的批评。反对者欣喜若狂，支持者则灰心丧气，双方都觉得用这个词是个失误。

“为什么要传播惊慌?”自由贸易的支持者说，“为什么要把某个原则写在你的大名上？为什么不把自己仅仅局限于要求对进口税进行明智而稳妥的改革？这种进口税已经到了非改不可的地步了，而我们也已经有了有利的经验证明这种改革的必要性。”

为什么呢？至少在我自己看来是因为，自由贸易从来就不仅仅是进口税的问题，而是权利的问题，正义的问题，公共秩序的问题，财产权的问题。因为特权——不管它表现为什么样的形式——都意味着拒绝承认或是蔑视财产权；因为国家干预实现财富平均，以牺牲某些人为代价而增加另一些人的份额，就是共产主义，哪怕只是一滴水，跟整个大海一样，也都同样是水；因为我已经

① 1846年，巴斯夏协助创办了波尔多自由贸易协会，不久就被任命为巴黎自由贸易协会秘书。——英译者注

看到了，财产权只要受到一种形式的削弱，很快就会遭到成百上千种不同形式的攻击；因为我从来不会把自己局限于仅仅争取削减关税，这就意味着我也信奉那种法律先于财产权的错误观念了，相反，我必须奋力拯救在贸易保护主义思想体系威胁之下的另一套原则；因为我深信，在关税问题上，土地所有者和资本家在其思想深处早就相信目前令他们恐惧的共产主义信念了；因为他们要求通过法律手段增加他的利润，从而损害工人阶级的利益；我也清楚地看到，劳动阶级毫不迟疑地打着平等的旗号，要求法律要有利于实现财富的平等，而这正是共产主义。

如果我们的批评者读过我们协会在 1846 年 5 月 10 日召开的筹备会上发表的第一个声明，他们就会相信，这是我们主要的理念：

“跟财产权一样，交换是一种自然权利。每个生产或获得了某件产品的公民，都应当可以自行决定是自己将其立刻使用掉，还是将其给予这个地球上随便某个人，只要他同意作为交换，给予我某件我所需要的东西。而在他没有违反公共秩序和道德的时候剥夺他的这种能力，要求他满足他人的需求，就等于把掠夺行为合法化，这是违反正义的法律的。

“更进一步说，这也破坏了公共秩序赖以维系的环境；因为，如果一个社会中的每个行业都企图借助操纵法律，利用公共警察的力量、靠压制其他行业获得成功，那么，这个世界会形成什么样的秩序呢？”

我认为问题远不仅仅涉及关税，因此，我们又说：

“签署本声明的我们并不是反对国家对通过其边界的商品征

税的权利，假如这些税收是用于公共开支，假如税收完全是根据公共财政的需要而确定的。

“然而，如果税收不再具有财政的性质，它的目的乃是为了排挤外国产品，为了人为地抬高国内同一种产品的价格而不惜损害国库收入，强求整个社会为某个阶级的利益让步，据此而对其给予保护，甚至不惜掠夺他人，那么，这一原则就是本协会所竭力反对的，我们也发誓要将其从我们的法律中彻底清除掉。”

当然，如果我们仅仅是想争取立刻削减关税，如果我们就像有人形容的那样，是某种商业利益的代言人，那么，我们肯定会很小心，不把意味着某种原则的词写在我们的旗号上。难道我自己没有预见到，这份向不公正开战的宣言书会给我们前进的道路平添多少障碍？难道我自己一点都不知道，通过侧面迂回，通过掩饰目标，让我们的思想半遮半掩，我们可以更迅速地获得胜利或者是部分的胜利？然而，这种胜利——事实上总是短暂的——能够挽回、保护财产权的大原则吗？很难，因为如果那样，这些原则只是我们的背景，根本就不在讨论的范围。

重申一下，我们要求取消贸易保护主义制度，不是将其视为善良的政府采取的某种措施，而是视之为一种公正的行动，视为自由的实现，视为权利高于法律观念的成果。我们不应该把我们真实的期望掩藏在某种容易让人误解的言辞后面。[①]

我们不同意在我们协会的名字中塞进某种诱惑，某个陷阱，某

① 参见巴斯夏全集（法文版）第一卷，作者于1845年1月致 de Lamartine 的信：《论就业权》。——法文版编者注

种令人惊奇之事，某种模棱两可的话，而是直截了当地表述某种秩序和正义的永恒原则；总有一天，人们会认识到，我们的这种做法是正当的；从根本上说，这个世界上只存在一种力量：只有这些永恒原则才是照亮人的心智的光芒，能够照亮那些已经误入歧途的信念。

近来，一种普遍的恐慌就像砭人肌肤的寒风一样横扫整个法国。只要有谁提到共产主义这个词，每个人都会胆战心惊。眼看着最奇怪的制度公然地、几乎是冠冕堂皇地形成，看到破坏性法令一个接一个地出台，而由于担心随后还会出台更加糟糕的法令，每个人都在问，我们这是往哪个方向发展。资本惊慌失措，信贷纷纷抽逃，工厂停顿下来，也没有人拉锯挥斧辛勤劳作了，仿佛一股可怕的电流突然使所有人的精神和双手瘫痪了。那么，到底是怎么啦？原来，本已受到贸易保护主义制度严重威胁的财产权又遭受了一个又一个的打击；因为法律强行干预工业领域，企图稳定价值、拉平收入，而这种干预，最初是表现在贸易保护主义制度中的，现在则可能有无数种我们已经知道或者不知道的表现形态。是的，我想毫不隐瞒地说：土地所有者曾经被认为是最卓越的财产所有者，而今，他们却在破坏财产权，因为他们一直呼吁通过法律手段人为地抬高他们的土地和农产品的价格。资本家也提出了通过法律手段平分财富的观念。贸易保护主义是共产主义的先驱；我还要说：贸易保护主义是共产主义的初级表现形态。那些受苦受难的阶级现在要求的是什么？他们要求的不是别的，正是资本家和地主曾经要求并且已经获得的东西。他们要求通过法律干预来实现财富分配上的平衡、均衡和平等（balance，equilibrium，

equality)。最初，那些贸易保护主义者是通过关税来实现其目标的，现在，这些受苦受难的阶级则是利用其他手段，但其原则却是一脉相承：利用法律手段拿走某些人的东西，转身给另一些人；因此，地主和资本家们，如果那些比你们更不幸的人要求法律给予他们好处，你们就不要抱怨，因为你们自己过去一直承认这个恶劣的原则。他们至少还具有某种你们不具有的资格。①

但人们终究会睁开眼睛的，他们会看清楚我们正在一步步走近的深渊的性质，因为这种做法首先破坏了所有社会维持稳定的根本条件。富人今天被某种错误学说的侵害吓得胆战心惊，而正是他们自己，为这种学说奠定了邪恶的基础。他们曾相信这种学说可以悄悄地为他们带来好处：这难道不是一个可怕的教训，一个坚实的证据，证明了因果链的存在，证明了上天报应的正义终究是会显示出来的。是的，鼓吹贸易保护主义的人士，你们就是共产主义的推动者。不错，土地财产的所有者们，你们曾经破坏过我们思想中的正确的财产观念。政治经济学给予了我们这种正确的观念，而你们却一度禁止这种观念，因为它以财产权的名义反对你们不公正的特权②。如果信奉这些令你们惊恐的新派思想的人士掌了权，他们做的第一件事会是什么？就是压制政治经济学，因为政治经济学一直在抗议用法律手段均分财富。你们过去曾经这样做过，而今，别人正照着你们的样子做着同样的事。你们要求法律给



① 参见作者全集第二卷（法文版）关于补贴问题的文集，及本书第7章《贸易保护主义与共产主义》。——法文版编者注

② 参见本书第8章《侵吞劫掠与法律》和第10章《反对信奉政治经济学人士的宣言》。——法文版编者注

予你们的东西，是任何人不应当向法律提出的，也是法律所不应当给予任何人的。你们要求法律给予你们的，不是安全保障（这当然是你们正当的权利），而是某种额外的价值，不应当属于你们、多于你们所应得者，而为了满足你们的要求，不可能不侵害他人的权利。而今，你们的愚蠢变成了某种普遍的愚蠢。如果你们想躲开可能会毁灭你们的风暴，你们就只有一条路可走：承认你们的错误，放弃你们的特权，让法律回归到其正当的领域，把立法者约束在其正当的职责范围之内。你们抛弃过我们，攻击过我们，因为你们确实并不理解我们。现在，你们察觉到了，是你们自己亲手挖掘了自己将要掉进去的深渊，于是，你们急急忙忙要我们来捍卫财产权，要我们赋予这个词以最宽泛的含义，让我们揭示财产权同时包括人的能力及他的能力所生产的一切东西——不管是通过劳动还是通过交换。



我们所捍卫的理论，由于其非常简单朴素而招来了某些反对之声；我们的理论只是要求法律为所有人提供安全保障。人们很难相信，政府的职能可以减少到这种程度。而且，这种理论把法律限制在维护普遍的公正的范围之内，这种理论由于把博爱排除在外而备受指责。政治经济学认为这种责难没有道理。不过，这一点，已经是下面一篇文章的主题了。

# 第四章 正义与博爱[①]

经济学思想在很多方面都是与自称更先进的各种流派的社会主义针锋相对的。我倒是乐意承认，人家更活跃，也更流行。我们的论敌（我不想说他们是诋毁者）有共产主义者[②]、傅立叶的门徒、欧文的追随者，有卡贝、布朗基、普鲁东、勒鲁克斯[③]，等等。

特别有趣的是，各流派社会主义者之间的分歧，最起码也跟他们与我们之间的分歧一样严重。因此，我们必须确认某个我们不能接受、而他们却必然共同接受的某个原则；接下来，这一原则必须能够解释我们在他们中间看到的那种无穷无尽的多样性。

我相信，把我们跟他们截然分开的是这一点：

政治经济学坚定地要求，法律除了维护普遍的正义外没有别的目标。

而社会主义，尽管形态各异，表现多样，其数量是数不胜数，但都一致地要求法律实现博爱原则（principle of fraternity）。

① 本文最初发表在1848年6月15日的 the Journal de séconomistes 上。——法文版编者注

② 当然，在马克思之前，巴斯夏与其他人一样，用这个词主要是指那些鼓吹用集体主义手段增进社会平等的政治理论家。——英译者注

③ Pierre Leroux（1797—1871），法国哲学家，出版家，和百科全书编纂者，圣西门的信徒，Le Globe 的编辑。——英译者注

那么，这种差异的后果是什么呢？社会主义者步卢梭之后尘，预设了法律是整个社会秩序的基础。我们都知道，卢梭把社会建立在某种契约的基础上。而布朗基则在其论述大革命的著作的第一页上写道：

"博爱的原则就是，把人类大家庭的所有成员看成一体，每个人彼此守望相助，期待着有一天，作为人的杰作的社会，能够按人的身体的形式——这是上帝的杰作——来组织。"

从社会是人的产物、是法律的产物这一前提出发，社会主义者必然会得出结论：社会中，除了立法者事先规定和安排的东西之外，不存在任何东西。

于是，由于看到政治经济学把自己局限于要求法律为任何地方的所有人提供正义，也即提供普遍的正义，他们就觉得，政治经济学不承认社会关系中存在博爱。



他们的论证似乎完全合乎逻辑："由于社会秩序完全是建立在法律之上的"，他们说，"而由于你们仅仅要求法律维护正义，于是，你们把博爱排除在法律之外，因而也就是排除在社会之外"。

于是，僵化、冷酷、残忍、枯燥等责难，一股脑儿地落到经济科学及教授经济学或接受其学说的人们头上。

然而，他们的主要前提是否合理？社会秩序难道真的完全是建立在法律之上的？如果事情并非如此，那么，很显然，所有这些责难立刻就成为无根之谈。

我们说，制定法(positive law)总是由某个权威利用强制来运作的，总是有某种强制性暴力的支撑，刺刀和监狱加强了它的惩罚的力度，这样的法律是不可能规定爱情、友谊、挚爱、忘我、献身或牺牲的。由于同样的理由，这种法律也不能规定这种情感之总和——博爱。那么，我们这么说，是不是就等于消灭或者否认我们天性中这些高尚的品行？当然不是，我们只是说，社会中有些东西是法律管不了的，人们的大量活动，很多情感，都是在法律之外，超出法律管辖范围的。

就我自己而言，我以科学的名义，最强烈地抗议他们恶毒的说法。根据这种说法，由于我们认识到法律是有限度的，因此，他们就指责我们不承认这一界限之外的所有东西。相信我们，当我们听到博爱一词时，我们的内心也充满炽热的感情。这个词 18 个世纪以前从圣山上传布给我们，并将永远地写在我们共和国的旗帜上。我们也热切地希望个人、家庭、民族，在凡俗艰难的历程中彼此团结、互帮互助、共渡难关。我们在阅读那些伟人的高尚事迹时，心潮澎湃，热泪盈眶，不管他们是为人们平凡的生活增添了光彩，还是把不同的阶级团结为一个紧密的国家，还是推进了处于进步和文明先驱位置的民族滚滚向前。

难道我们只知道谈论自己吗？如果真是这样，你们可以仔细地审查我们的活动嘛。当然，我们倒是十分乐意看到，我们这个时代的很多政治理论家——他们希望彻底遏制人们内心中的自私自利之情，他们对他们所说的个人主义深恶痛绝，他们不断唠叨着“奉献”、“牺牲”、“博爱”等词汇——我们希望他们本人都是在他们要求别人遵守的这些高尚动机的指导下行动的，希望他们遵奉他们所鼓吹的那些信条，希望他们严格地使自己的行为符合他们的学说。我们也确实希望他们言行一致，也宁愿相信他们都是无私的、仁慈的。然而，归根到底，我们可以斗胆指出，在这方面，我们也不遑多让。

他们中每个希望成为未来的德西乌斯①的人士都有一套使人类幸福的计划，他们都用那种口气说：我们之所以反对他们，那是因为我们担心失去自己的财产或者是我们的社会地位。不。我们之所以反对他们，是因为我们认为，他们的想法是错误的；是因为我们相信，他们的建议是幼稚的，必将导致悲惨的结局。如果他们确实能够向我们证明，幸福可以通过人为的社会组织或者通过下令所有人必须博爱而降临人世间，那么，即使我们是经济学家，我们也情愿支持这种做法，哪怕是为此流尽最后一滴血也在所不辞。

然而，我们并没有看到任何迹象表明，强加于人可以获得博爱。事实上，不管它表现为何种形态，假如它能强烈地激发我们的感情，那恐怕就是因为它恰好发生在所有的法律规范之外。博爱要么是自发的，要么就根本不存在。颁布政令只能彻底消灭博爱。法律确实可以强迫人维持正义，但法律如果企图强迫他们具有自我牺牲精神，只能是徒劳的。

并不是我自己发明这种区分的。我已经说过，18个世纪以前，我们宗教神圣的奠基人就宣示了这些话：

“法律对你们说：己所不欲，勿施于人。”

“我要对你们说：己所欲，施于人。”

我相信，这些话为区分公正与博爱划定了界限。此外，我还相信，这些话在受制于法律的领域与人的自发性(spontaneity)的无

① Decius(201—251)，罗马帝国皇帝(249—251)，曾任元老院议员、执政官和多瑙河地区军事长官，后被部下拥立为皇帝。在位时迫害基督教徒，在抗击哥特人入侵时阵亡。——英译者注

限领域之间划定了一条分界线。我不想说这是绝对的、不可逾越的，而是从理论上说，这是合理的。

如果大量家庭，不管他们是孤立的，还是联合起来的，都感到必须为了生存、为了致富、为了改善自己的境遇而努力，把自己的力量汇合到一起，这时候，对于这种共同的力量，他们除了要求其保护所有人的人身，保护所有人的劳动果实，所有人的财产、权利和利益之外，还会有什么要求呢？难道除了普遍的正义之外，还能是别的什么吗？显然，每个人的权利都要受他人完全一样权利的制约。因而，法律除了承认这种界限，并保证人们尊重这种界限之外，不应该再有其他任何目的。如果法律竟然允许少数人逾越这种界限，那必然会伤害到他人，法律就是不公平的了；如果法律竟然不仅容忍这种侵犯行为，而且规定可以侵犯他人，那就更为不义了。

举个例子，假定我们讨论的是财产。这里的原则就是，每个通过自己劳动生产出来的东西都归自己所有，那些技能更出众一些、更有耐性、更成功的，因而也是更有效率的人，劳动果实会更多一些。如果两个劳动者想把他们的力量联合起来，按照事先双方协商达成的条款分享其共同成果，或者交换他们所生产的产品，或者一个人借钱、送钱给另一个人，这种种行为跟法律有何关系呢？没有任何关系。在我看来，如果说他们对法律有所求的话，也就是执行合同，防止或者惩罚歪曲、暴力和欺诈等行为。

这是否意味着禁止自我牺牲和慷慨的行为？我们有过这种想法吗？但是否可以由此更进一步命令他们这么做呢？这恰恰是把经济学家和社会主义者区分开来的要害所在。

如果社会主义者的意思是说，在某些特殊情况下，在紧急状态下，国家可以征用某些资源救助某些不幸的人，帮助他们适应不断变化的环境，那我们当然也赞成。国家现在就在这样做，我们希望可以做得更好一些。然而，在这条路上有一个点，是不能逾越的。这一个点就是，政府的考虑取代了个人的考虑，因而彻底取消了个人的考虑。由此观之，很显然，有组织的慈善博爱活动所造成的长远损害要远大于一时半会儿的好处。

不过，我们这里并不考虑特殊情况下国家可能采取的措施。我们要讨论的是：从某种普遍的、理论的观点考虑，法律的职责到底是为事先已经存在的人们的权利划定一个界限、并监督这些界限得到尊重，还是相反，为了让人们幸福而直接强制他们采取具有慈善、忘我、互助、牺牲精神的行动？

后一种制度中最引人注目的（因而也是在这些匆匆草就的文章中经常谈论的话题）是，它使所有人的活动及其结果都陷入不确定性中，使主体对它所生活于其间的社会处于无知状态，而这种无知状态足可以使所有人有劲无处使。

我们都知道正义是什么，它存在于何处。它有某种固定不变的含义。如果法律以正义为指针，那么，每个人都知道它在说什么，并知道相应地自己该干什么。

但如果换成是博爱，那么，有没有一个明确的含义？它的界限在哪儿？它的形态是什么样的？显然，这些都不明确。根据定义，博爱是指为了他人的利益而为他人作出牺牲。如果这种牺牲是自由的、自发的、自愿的，那么，我表示理解，我也会高声喝彩。如果这种牺牲是全心全意的，那我会更加敬重钦佩。但如果像有些人声称的那样，由法律强制人们博爱，或者更直截了当地说，通过立法活动分配劳动果实，而根本不考虑劳动者本身的权利，那么，谁敢打保票，这样的原则在多大程度上可行？反复无常的立法者会想出什么样的花样，而法令建立的制度是不是会一天一个样儿？我真的怀疑，不管是哪个社会，在这种状况下是否还能够存在下去。

注意，牺牲跟正义不一样，就其性质而言，是没有明确的范围的。可以从扔给乞丐一分钱到献出自己的生命，“即使是死，也要死在十字架上”[①]。教导人们博爱的《福音书》(*The Gospel*)最完美地解释了博爱的含义：“如果有人唾你的右脸，把左脸也转向他；如果有人拿走了你的外套，那么，连你的大衣都一起给他。”基督更以实际行动向我们解释了博爱的含义；各各地之颠[②]耶稣的殉难给了我们最完美、最感人、也最高尚的楷模。

那么，是否可以像有些人说的那样，无限制地运用立法活动和行政管理手段推动博爱原则的落实？或者在这条道路上还是有止步的时候？那么，哪个地方是个头？我们根据什么样的法则决定该止步了？结果只能是今天依靠这次投票，明天依靠另一次投票。

博爱原则的表现形态也同样充满了不确定性。既可能是强迫少数人为大家牺牲，也可能是强迫大家为少数人做出奉献。那么，谁能告诉我，法律该如何规定？谁也无法否认，实现博爱的公式方法有无数种。恐怕每天都不得不通过五六部法律，而且你等着瞧

---

① 原文为：usque ad mortem, mortem autem crucis。——中译者注

② Golgotha，耶稣被钉死在十字架上的地方。——中译者注

吧，每部法律的规定都会完全不同。一个国家如果接受了某种原则，据此，一天到晚、日复一日，立法者们将由着自己的性子，按自己当时所喜欢的博爱的形式来塑造整个国家。如果你竟然相信这样也能够实现心灵的宁静和物质的繁荣，岂不是太疯狂了？

我来比较一下经济学家和社会主义者分别提出的上述两种制度最重要的后果。

首先，我们设想，有一个国家，将普遍的正义作为其立法活动的基本原则。该国的公民就会对政府说："我们自己会对我们的生存承担全部责任的，我们愿意自己照管自己的劳动，自己的企业，自己的教育，自己的发展，自己的宗教；你的唯一的职责就是使我们所有人在自己采取行动的时候，保持在正当的权利范围内。"

我看到，在我国，或者在随便哪个国家，大家已经尝试了那么多事情，那么，至少让我们也尝试一下这种制度吧。当然，我不想否认，这种机制是简单到了极点。每个人按自己的意愿行使自己的权利，只要他不侵害他人的权利即可。对这种制度的检验结果更加有趣，因为，实际上，那些比较接近这种制度的国家，在安全、繁荣、平等、尊严等方方面面，都要比其他国家略胜一筹。是的，如果我还能再活十年，那么，我宁可放弃九年而只活一年来看看我国进行这种制度实验。在我看来，那时，我将会是下面这些结果的幸运的见证人：

首先，每个人都会对自己的未来比较有把握，最起码对可能受法律影响的那些问题有把握。我上面已经说过，严格的正义是有明确界定的东西，因而，只考虑维护正义的立法原则实际上就是固定不变的，唯一可能变化的是尽可能彻底地实现保障所有人的人身和权利这一目标的手段。因此,每个人都能够放心地投入各种各样诚实的事业中而不用担心,也避免了不确定性。所有职业对所有人开放;每个人都可以自由地发挥自己的才能,做什么完全取决于自己的兴趣、自己的天性、自己的才智和自由的条件;在这里,既没有特权,也没有垄断,更没有五花八门的限制。

而政府也可以最大限度地实现自己的目标,因为政府把自己全部的力量都用于防范和镇制捏造、欺诈、失职、犯罪及暴力行为,而不像现在这样撒胡椒面,管了很多与它的基本职责完全不搭界的事情。我们的论敌恐怕也不能否认,国家的基本职能是防范和镇制不正义。那么,防范与镇制不正义这一精致的艺术,何以使我们如此没有长进呢?那是因为我们赋予了国家成千上万乱七八糟的职责,结果反而牵制了国家发挥其最基本的职能。正是因此,安全保障这种状态就不属于法国社会——我们离这种状态远着呢。然而,在我上面分析的那种制度下,我们却是可以获得安全保障的。我们的未来将是有安全保障的,因为没有人可以盗用公共警察力量把某种乌托邦强加于我们;我们当下也会有安全保障,因为公共警察力量仅仅被用于打击和消灭不正义。

这里,对安全保障所带来的好处,我必须说上几句。在这种状态下,各种类型的财产——土地财产、个人财产、实业财产,智力财产、体力劳动财产——都是十分安全的。它们不会受到犯罪分子的侵害,更进一步说,也不会遭受法律的侵害。不管是劳动者提供给社会或彼此交换或与外国人交换的劳务的性质是什么,总之,这些劳务都可以保持其自然的价值。这种价值确实会受到环境不断变化的影响,但至少,绝不会受到法律的变幻无常的影响,不会受到苛捐杂税、受到议会的阴谋、要求和实力的冲击。因而,商品和服务的价值波动的幅度最小,而在这种情况下,工业不可能不迅速发展,财富不可能不急剧增加,资本不可能不高速积累。

那么,现在,如果资本不断增值,它们之间就会竞争加剧;资本的报酬就会递减,换句话说,利率就会降低。资本对产品价格形成的贡献越来越小。资本在其与劳动结合而形成的产品中所占的份额会持续下降。随之,生产资料会分散到越来越广泛的人口中。由于资本总量所占份额减少,消费品价格下跌,生活成本下降,而对于劳动阶级获得独立自主性而言,这是最基本的前提条件。①

与此同时,由于同样的原因(资本的快速积累),工资必然会上升。事实上,如果资本不投入到周转过程中,就不可能产生任何回报。如果工人数量是既定的,工资基金增加得越多,那么,就有更多的资金用于支付其报酬,工资也就涨得越高。



因此,这样维护严格的正义,也就是维护自由和安全的政治制度的必然结果是,从两个方面纾缓受苦受难的各阶级之痛苦:首先,降低他们的生活成本,其次,提高他们的工资水平。

而如果工人的精神世界没有相应的提高,变得比较文雅,那他们的生活状况就不可能自然而然地、成倍地改善。而现在,我们也正在逐渐地实现平等。我这里所说的,不仅仅是这种法律所必然规定的法律面前人人平等的那种平等——因为这种法律已经排除了一切不公正——还指比较实在的物质和精神上的平等。而导致

① 参见作者的小册子《资本与租金》及《和谐经济论》第 7 章《资本》。——法文版编者注

这种平等的，正是劳动报酬的增加，甚至资本所占份额的减少也有助于这种平等之实现。

我们再来观察这种国家与其他国家间的关系，我们会发现，所有这样的国家都热爱和平。这样的国家的唯一对外政策就是保障自己不受侵略。它既不威胁别人，也不会受到别人威胁。它不需要外交，更不要说那种基于力量平衡的外交。由于各国奉行的是普遍正义原则，所以，没有任何国家能够阻止公民们买卖外国产品。这些国家的商业关系是自由的，自由无所不在。没有人会否认，这种关系有助于维护世界和平。这些关系本身就构成了某种真正的、宝贵的国防体系，它将使兵工厂、军事堡垒、海军、常备军等几乎都丧失用武之地。于是，各国都把全部的精力用于生产性劳动，从而又导致资本的增长，由此又形成了上面说过的种种正面效应。

我们可以很容易地看到，在这样的国家中，政府规模必将缩减到非常有限的程度，而行政管理机构也将一切从简。政府必须要做的是什么？我们赋予公共警察力量的唯一职能是保证正义主宰公民的行为。目前法国每年的政府开支是2600万法郎，到那时，只需要一点点就够了。因此，我们可以断言，在这样的国家，不用纳那么多税。我们可以更肯定地说，文明和进步将逐渐使国家越来越简单、节省，因为，随着正义逐渐成为良好的社会习俗，慢慢地，没有政府的强制也可以维持正义。

如果一个国家靠税收支撑，那么，没有什么事情比平等地征税更难的了，甚至可以说，平等征税简直是不可能的。统计学家和财政专家甚至已经不再徒劳地做这种努力了。而更困难的是把税收负担加之于富人肩上。国家只有从每个人尤其是从普通民众那里征取税款，才有可能国库充裕。然而，在我所徒劳地呼唤的那种简单的政治制度下面，政府只需要有几百万法郎就够了，那么，公平地征税就不是一件难事了。为此，只需实行单一税即可，按每个人拥有财产的数量，根据同一税率对每个家庭征收，还可以节省目前各地方税务机构本身的开支。不会再有国库老是填不满的情形了，不会再有贪得无厌的官僚机构了，它们现在已经成了国家的蛀虫和寄生虫；不会再有那些苛捐杂税，不会再有巧取豪夺了；不会再有人对我们的每一笔生产性劳动都设下圈套，不会再有套在我们身上的种种枷锁。它们不仅剥夺了我们的财富，更剥夺了我们的自由，这种损害其实更严重。



秩序井然是这种政治制度的必然结果，这一点不用我再证明了吧？怎么可能会有秩序失调现象呢？不会再有贫穷来扰乱秩序了，因为至少在这种制度维持了一段时间的国家中，贫穷已经不存在了；即使某些人偶然地遇到了一些暂时性困难，也没有人会怪罪国家、政府和法律。而现在，一个公认的原则是，国家的职能就是向每个人分配财富，那么，国家就必须要履行它的这项承诺。为此，国家就必须不断地加税，结果，在救助一些穷人的同时，又制造了更多的穷人。于是，公众不断提出新的要求，国家不断增加新的税种，我们也就不得不从一场革命走向另一场革命。然而，如果我们清楚地认识到，国家取之于民的税收，仅限于最低限度所必需的保障民众免受一切欺诈和暴力之苦，那么，我不能想象，在这样的国家，又何来混乱？

有的人可能觉得，这种制度未免太简单、太容易实施了。在这种制度下，社会恐怕必然会一塌糊涂。那些国家大事会变成什么样子？政治家们干什么去呀？国民大会本身的职能是不是得缩减到仅仅是完善民法和刑法？公众是不是再也看不到议员们唾沫横飞、激情万丈地争论、斗争的场面了？

所有这些疑虑其实都出自一种观念，即政府和社会合二为一，就是一回事。这实在是一个完全错误而有害的观念。如果两者真是一回事，那么，简化政府当然就意味着缩小社会的作用。

然而，把公共警察力量局限于仅仅维护正义，这一点对公民的主动创造性能有什么负面影响吗？即使在今天，公民们的行动难道就仅仅局限于法律所规定的范围之内吗？只要他们并没有越出正义的界限，凭什么不允许他们按自己的意愿建立自然、宗教、慈善、工业、农业、思想方面的合作组织和社团，甚至是建立法朗吉和伊加利亚[①]式的组织？而资本的充裕有利于所有这些事业。对这一点，难道还有什么疑问吗？但是，每个人都应该是自愿地与他人联合，他自己必须承担风险和责任。某些人总是希望由国家出面来构建这些合作组织，这必然是让公众承担风险，让公众付出代价。

有些人会毫不迟疑地说：在这种政治制度下面，我们确实看得到正义、繁荣、自由、财富、和平、秩序和平等，但却没有博爱啊。

我们应该再问自己一声：人们的内心中难道只有立法者塞进去的东西吗？博爱难道是有了投票箱之后才出现在这个地球上的吗？如果法律要求你必须履行的义务仅仅是正当行事，那它怎么

① 即法伦斯泰尔，是法国空想社会主义者傅立叶所幻想建立的社会基层组织。伊加利亚是法国空想社会主义者卡贝幻想的一个理想国。——中译者注

会禁止你行善呢？自我牺牲精神和同情怜悯之心不是出自法律的命令。难道妇女们的内心因此就没有了自我牺牲精神和同情怜悯之心？那么，有哪条法律规定年轻女性要走出她母亲的怀抱，又有哪条法律强迫她在那些阴暗的住宅中伺候老年人？在那里她们所看到的惟有丑陋的躯体和受到创伤的精神。哪一条法律规定了牧师的天职？是哪一条成文法律、哪一项政府干预，创建了基督教、造就了信徒们的热诚，铸就了殉难者的勇气，塑造了费纳隆和弗兰西斯·德保罗[①]的仁爱以及我们当代很多人士的忘我牺牲精神？他们为了人民的事业获胜，无数次地把自己的生命置之度外。[②]

① Francis de Paul，疑即 St. Francis of Assisi，天主教圣芳济会创始人（1181？—1226）。——中译者注

② 在实际生活中，我们总是严格地区分商业交易和慈善活动。有时看到我认识的那些最慈善的人、最虔诚的心灵、最博爱的灵魂做这样那样的活动，我也感到非常快乐。我们村庄的牧师就具有罕见的自我牺牲精神。他热爱自己的邻居，尤其是爱穷人。这位朋友已经到了这种地步，为了能够帮助穷人，就需要从富人那里搞到钱，于是，这种诚实的好人有时为此竟然会不择手段。他曾经把一位因为大革命而流离失所的 70 岁的修女安置在自己家中，为了让他的房客能够开心，我这位从来没有摸过牌的朋友，也努力学习玩牌；你真应该看看他是如何假装自己热衷于打牌的样子了，而修女也一定觉得她对她的恩人也是有用的（可以陪他打牌！）。这种情形一直持续了 15 年之久。然而，有一件事足以使这种简单的恩赐心态变成一桩真正的英雄壮举：这位善良的修女身患一种癌症，浑身散发着臭气，而自己却浑然不觉。这位朋友特别注意在玩牌的时候不吸烟，因为他害怕这个可怜的病人会因此知道自己的身体状态。今年刚刚获得罗马军团十字勋章的人士，不管是哪位，恐怕连一天都不能忍受这种生活，而这位牧师却这样度过了 15 年，够英勇的吧。

我亲眼看到这位牧师的事迹，而我敢打赌，如果他做生意，也会斤斤计较，跟随便哪位巴黎诚实的商人一样。在分量、尺寸、质量、价格等方方面面，都会捍卫自己的利益，他决不会把慈善与博爱混进生意买卖中。

因此，我们应该把最近加在博爱这个词上面的各种错误、幼稚、雄辩的含义剔除掉。[这是作者未发表的手稿，写于 1847 年末。——法文版编者注]

每当我们认为某种做法是善的和美好的时候，我们就很自然地想要把它变成一种普遍的规范。而现在，如果我们看到社会中有某种力量，所有的人都要对其退避三舍，那么，我们的第一反应就是利用法律，规定人们的行为，并将其强加于所有人。然而，问题在于，把某种本质上是自发的、自愿的行为变成所有人的义务，难道不会因此而使这种力量和这种行为的性质都堕落变质？反正在我本人这里，我不能想象，作为一种暴力的法律能够有效地适用于镇制不公正、保护正当行为之外的其他目的。

我已经描述了我认为比较正当的国家的情形。现在让我们设想，这个国家的人民中间普遍流行的看法是，法律不应该仅仅局限于维持正义，法律应该更进一步努力地推进博爱。

由此会发生什么？对此我不想多费口舌，读者只需要把我上面的描述颠倒过来就可以了。



首先，一种严重的不确定性、一种致命的不安稳感将笼罩私人活动的领域；因为博爱可以以几十亿种说不清、道不明的形态表现出来，因而立法者会相应地搞出几十亿条事先根本无法预见的法规。每天都会有人提出无数议案，每个议案都会威胁已有的社会关系。有人可以以博爱的名义要求实现工资的平等，于是，劳动阶级将会回到印度种姓社会的状态。不管他们是有能力、勇气，还是勤奋而有才智，都不可能再让他们提高工资了，因为一部蹩脚的法律将压低他们的工资。对他们来说，这个世界将成为但丁所描述的那个地狱：你要想进入，就得抛弃所有的希望。另有一位将以博爱的名义要求把工作时间减少到 10 小时、8 小时、6 小时或者 4 小时；于是，生产活动将立刻会陷入停顿状态。于是，将没有面包来填满饥饿的肚子，没有衣服来遮蔽我们免受寒风的侵袭。第三个人则提议用法定纸币来取代面包和衣服。我们现在不是用钱买东西吗？他就说，钱多了就等于面包和衣服多了，多印纸币就等于钱多了。OK，证明完毕。第四位则要求通过法规取消竞争。第五位要求用法律消灭自私自利之心。这一位要求国家为大家提供工作岗位，另一位要求国家提供教育，再一位则要求为全体公民提供养老金。还有人想把地球上所有的国王废黜，所以想以博爱的名义发动世界战争。够了。很显然，如果我们沿着这条道路走下去，要搞的乌托邦简直是数不胜数。有的人会说，我们会抛弃这些乌托邦的。同意。但是，也有可能这些乌托邦不会被抛弃；而这，就足以造成不确定性，而这，正是劳动的最大的祸害。

在这种制度下，不可能形成资本。资本会非常稀缺，非常昂贵，集中在少数人手里。这就意味着工资将会降低，不平等将会演变为不断加深的社会阶级鸿沟。

不久前，我国的公共财政陷入完全混乱的状态。如果国家得承担起为所有人解决所有问题的责任，除此之外，还能有什么结局呢？人们会被沉重的捐税压垮，一笔一笔贷款烟消云散。在榨干了今天的财富之后，国家就会开始挥霍明天的财富。

最终，由于我们会从原则上承认，国家有责任代表其公民建立、巩固博爱，于是，我们就会看到，全体人民反倒成了乞求者。地产、农业、工业、商业、航运、实业公司，所有人都会忙着争取国家的优惠照顾。国库将成为名副其实的掠夺者。每个人都有充足的理由证明，法律意义上的博爱就等于下面的意思："让我得到好处，让别人付出代价。"所有人的精力都投入从立法活动中占好处、搞特权的活动中。受苦受难的阶层尽管呼声最强烈，却未必能取得最多的好处；与此同时，他们的人数又在不断扩大。由此得到的结果，就只能是一场接一场革命。

简而言之，我们看到，呈现在我们面前的这一副凄惨的景象，目前已在某些现代国家初露端倪，原因就在于他们采取了这种可悲的法律博爱观念。

不用说，这一整套观念的根源在于人们慷慨的感情，在于无私的动机。恰恰是因为这一点，所以这种观念才迅速为广大群众所接受。因此，如果这套观念最后证明是错误的，那么，我们就肯定已踏在深渊边缘了。

就我自己而言，假如能够证明这一整套观念不是错误的，那我也会很高兴。天哪！如果可以颁布法令使人人都具有博爱精神，如果可以用公共警察力量有效地执行这些法令；如果自私自利的动机如布朗基所希望的那样，能够很简单地通过举手表决的方式消灭；如果和平民主的纲领中的一条"不要自私！"可以通过立法而轻松实现；如果我们可以做到，国家能给任何人他所需要的东西，而不用从任何人那里拿走任何东西；那么，就让人家竭尽所能地去做好了。当然，我也会投票支持这样的法令，我也会为人类可以用这么简短省事的办法就获得尽善尽美和幸福快乐而喜悦。



然而，我们必须坦率地说，在我们看来，这样的观念纯属空想，毫无价值，可谓幼稚之极。这些观念激起了那些没有时间仔细思考的劳动阶层和受苦阶层的期望——这倒没什么奇怪的。但是，这样的观念何以竟也能够让那些才能出众的政治理论家如醉如痴？

这些人士相信，我们的大多数同胞所遭受的痛苦可以归咎于自由，也即正义。他们的看法是，自由的制度，即严守正义的制度已经接受了法律实践的检验，事实证明，它已经失败了。由此，他们得出结论，已经到了立法活动迈出一大步的时候了，法律最后应当完全贯彻博爱的原则。于是，就出现了圣西门主义者、傅立叶主义者、共产主义者、欧文主义者；于是，就出现了动员组织管理劳动的各种努力；于是，就出现了国家应当负责每个公民的生存、财富和教育的种种说法；他们声称，国家应当是慷慨的、仁慈的，应当管每件事情，应当关心每个人；国家的使命是哺育婴儿，教育年轻人，保证每个力所能及的人有工作可干，为残疾人提供生活保障。总而言之，国家应当进行直接干预，以解除所有人的痛苦，满足并预见所有人的需求，为所有活动提供经费，教化所有人的思想，医治所有人的创伤，补偿所有人的不幸，甚至到了这种地步，让法国人流热血抛头颅去帮助世界上所有被压迫者。



谁不愿看到，所有这些好处，可以通过法律、通过某个源源不断的源头而为全世界所有人分享？看到国家解除上帝——他的心思可真是令人难以理解——加之于人类的所有的艰难、所有的防备、所有的责任、所有的义务、所有费力而又沉重的任务，留给个人的都是那些最诱人、最省事的东西——满足感、享受、确定性、平静、休憩，还有一个万事无忧的现在，一个美好的未来，只有财富没有忧愁，一个不用承担责任的家庭，不用抵押的贷款，不用付出努力的生活：拥有这些，谁不高兴？

如果这一切真能实现的话，我们当然也喜欢享有。然而，它可能吗？这才是问题的关键所在。我们不能理解，人们所说的国家是什么意思。我们相信，国家的这个永恒的化身，是对国家的最怪异、也最不光彩的神秘化。这个国家靠什么担当起全部的美德、全部的责任和一切慷慨大度的活动？它从哪儿获取那些由它进行分配从而给个人带来好处的资源？这些资源难道不就是来自这些人吗？那么，在过了那些寄生于国家肌体而又贪婪的官员一道又一道手之后，这些资源会有所增加吗？恰恰相反，整个政府机构本身反倒要消耗很多有用的资源，从而会相应地减少劳动者的份额，这一点难道还不明显吗？劳动者在丧失他们的一部分财富的同时，还会因此而丧失一部分自由，这一点不也是显而易见的吗？

不管从哪个角度思考人间的法律，我都看不出，除了合理地要求法律维护正义之外，我们还能对它有何要求。



举个例子，有人可能会要求国家干涉宗教事务。当然，如果这个世界上只有一种信条、一种信仰、一种礼拜形式，只要它是正确的信念，那么，这当然挺不错的。然而，尽管这种一律是可欲的，但是，多样性，也即探索和讨论，更值得我们追求，除非到了某个时刻，所有人都看到了真理的光芒，都承认这种唯一正确的信仰。而在此之前，国家为了实现信仰一律而进行的任何干涉，即使是打着博爱的旗号，也只能被视为压迫行动，被视为不义；因为，谁能够保证，国家不是——哪怕是无意地——在扼杀真理而鼓励谬误？信仰一律只能是具有信仰自由的人们一致同意的结果，只能源于真理对于人的精神的那种天然的吸引力。因而，我们对法律的全部要求，就是信仰自由，哪怕由此而导致精神上的无政府状态。这种无政府状态有什么可怕的？信仰的一致不应该是精神进化的开端，而只能是其结果。它不是出发点，而是终点。把某种信仰强行塞进人间的法律，必将是不义的。如果说，正义并不必然意味着博爱，那么，我们至少得承认，博爱总不包括不义吧。

教育问题上也是如此。显然，如果人们都认为，不管就内容还是方法来说，存在着某种最佳的教育模式，那么，某种统一的公共教育体系就更可取，因为在这种情况下，可以通过法律手段把谬误排除在外。然而，假如我们还没有发现这样的统一标准，只要立法者和公共教育部长本人还没有成为永远不会出错的人，那么，正确的方法就是为发现和替代留下充裕的空间，在这里，有多样性，可以试错，可以进行试验，个人也可以努力争取对自己最有利的结果——一句话，在这里，人们享有自由。在通过法令建立的统一的教育体系中，人们却没有这样好的运气，因为在这样的体系中，错误是永久的、普遍的、无法挽回的。有些人打着博爱的旗号，要求法律确定应该教孩子们什么，并将其强加于所有人。他们应当认识到，自己可能要冒一种风险：法律规定并强迫人们教授给孩子的，可能恰恰是错误的东西；因为司法禁令可能使那些相信自己掌握了真理的人思想扭曲，从而颠倒事实真相。那么，我就要问一声，博爱，真正意义上的博爱，难道就是诉诸暴力，把错误强加于人类，或者至少有这种危险？多样化令人恐惧，人们将其污蔑为无政府状态。然而，这种状态恰恰是人们的态度和信念多样性的结果，而这种种多样性，只能随着讨论、学习和阅历增多而逐渐趋于消失。同时，我们要问，一种理论有何资格通过法律或暴力将自己凌驾于其他理论之上？在这里，我们再次看到了这种博爱是假装的，它利用法律或法律的强制力量所要追求的目标，是完全与正义对

立的。

在新闻出版领域，我们可以看到同样的现象。事实上，我很不明白，那些要求建设一套统一的国家教育体系的人士，为什么没有要求搞一套统一的国家新闻出版体系？因为新闻出版也是另一种形态的教育。新闻报刊认可讨论，因为它就是赖此为生的。在这里，也同样存在着多样性和无政府状态。那么，为什么不成立一个舆论部，全面地掌管法国所有的书籍和所有的报纸？要么国家永远不会出错，则让国家来全面控制人们的思想，就是再好不过的了；要么国家也可能出错，那么，在这种情况下，国家控制教育而不控制新闻，就一点道理都没有。

至于我们的对外关系，我觉得，没有任何规则比正义更审慎、更健全、更能为所有人接受的了——换言之，可以成为某种法则。让对外关系遵守法律规定的、强制的博爱原则，只能导致永久的、普遍的战争；因为这等于是为了那些令立法者同情激动的目标，而应随便什么人之请，牺牲我们的力量、我们公民的鲜血和财富。这实在是一种奇怪的博爱。塞万提斯早就刻画过这种做法的荒谬可笑和徒劳无益。

尤其重要的是涉及劳动的问题。在我看来，人们梦想着把博爱塞进我们的法律条文中，并制定出带有刑事条款的各种法律，此时，博爱的教条在这里是最危险的，是与构成这个神圣的单词之本质的观念相对立的。

博爱总是意味着奉献与牺牲；正因为如此，它才能博得我们衷心的钦佩。如果有人说——有些社会主义者就是这样说的——无私奉献的行为对行为者本人也有利，那么，他们就根本不必颁布法令：人们干对自己有利的事时，是不需要法令催促的。这种诉诸法律的立场，恰恰大大地贬低了博爱观念，使之失去了其本来的光彩。

因此，让我们尊重博爱的本质，这种本质就蕴涵在博爱一词中：由无私的情感所决定的自愿的牺牲。

如果你认为博爱是法律所规范的事情，博爱行为是事先规定好的，那么，这个定义还是完整的吗？除了牺牲之外，什么都没有了；只有非自愿的、强制的牺牲，由于害怕受到惩罚而作出的牺牲。说实在话，为了他人的利益而强迫一个人作出牺牲，这种牺牲是什么性质的呢？这还是博爱的典范吗？不，这是一种不义的表现；我们必须得说：这是一种法律上的掠夺，是最坏的掠夺，因为这种掠夺是系统的、永久性的、无可逃避的。

巴尔贝斯[①]在 5 月 15 日的议会会议中，以穷苦阶级的名义提出征收 10 亿法郎税收的法令时，他是在干什么？他就是在把你们的原则付诸实施。没错，索布里埃[②]的公告跟巴尔贝斯讲话的结论没有任何两样，开篇第一句话就是："我们认为，博爱不能仅仅是一句空话，必须付诸实施，国家必须下令：资本家应当按其财富多寡出钱"云云。

---

① Armand Barbès（1809—1870），巴贝夫的信徒，1838 年与布朗基和 Martin bemard 组织"四季社"（Society of the Seasons），试图组织 1839 年起义，最后失败。由于参与此事，他被判处死刑，最后减刑为终身监禁，不过 1848 年革命后被解禁，最终在自我流亡中去世。——英译者注

② Marie Joseph Sobrier（1825—1854），编辑，1848 年 5 月起与人共同编辑出版一份日报 La Commune de Paris, Journal du citoyen Sobrier, moniteur des clubs, des-corporations, d'ouvriers et de l'armée, 1849 年 9 月底停刊。——英译者注

你们对此表示抗议。然而，你们有什么正当理由谴责巴尔贝斯和索布里埃？你们自己不也曾经这么干过吗？人家只不过是照着你们的逻辑又进了一步，把你们的原则又推进了一点而已。

我想说的是，不管什么时候，只要这种原则被引入立法活动，即使在刚开始只是初露端倪，也会立刻使资本和劳动瘫痪，因为，没有什么东西能够阻止它无限度地扩展。已经有那么多论著雄辩地证明，如果人们不能确信自己享受自己的劳动果实，那么，他们就会完全放弃劳动或者少干活。众所周知，不安全感是资本市场最主要的杀手。它会赶走资本，会妨碍资本形成；那么，我们本来想救助的那些阶级会从中得到什么好处呢？我真诚地相信，仅这一原因就足以导致最富裕的国家在很短时间内下降到土耳其那样的水平。

借助征税法令，以一些人的名义强迫另一些人作出牺牲，显然本身就已经丧失了博爱的性质。那么，谁可以当得起博爱的美誉？是议员们吗？他所做的只是计算他的选票箱而已；是税务官吗？他之所以遵守法令，只不过是害怕被人撤职而已；是纳税人吗？他只是很不情愿地掏钱而已。那么，在这里，究竟谁可以称得上是自我牺牲？哪儿能找到这种博爱伦理？

所有人都对非法掠夺行径深恶痛绝，这种行为是与公共舆论的全部力量背道而驰的。这种力量会促使人们站在正义一方。而借助法律进行的掠夺却可以不用遭受良心的困扰，因而它不可能不削弱一个民族的道德基础。

只要自己谨慎从事，并且有足够勇气，人们就可以保护自己不受非法掠夺之害。但是，没有谁可以躲开合法的掠夺。如果你想躲避，社会会出现什么样可悲的情形？掠夺者用法律武装着，而受害者却在对抗法律。

如果法律条文以博爱为借口，强迫公民们互相牺牲，那么，人性就必被扭曲。每个人都会尽量为公共利益少付出而多占有。那么，在这场斗争中获益的，会不会是那些最不幸的人？当然不会，相反，只能是那些最有势力、也最会算计的人。

那么，最起码，团结、一致、和谐总可以看作是博爱的结果吧？当然，博爱是一种神圣的纽带，把个人、家庭、民族、种族最终联结起来。然而，博爱要发挥这种作用，就必须保持其本来面目，也就是说，博爱之心必须是完全自由、完全自发、完全自愿，最有价值、最虔诚的情感。而假冒伪劣的博爱是不可能实现这一奇迹的；合法的掠夺可以盗用博爱之名，也可以装出博爱的样子，可以假冒博爱的规则，可以盗用博爱的标记，但它终究是争吵、混乱的原则，是为不当要求张目的原则，是恐怖、不幸、懒惰、仇恨的原则。

有人对我们的说法很不以为然。他们说，不错，自由、法律下的平等确实属于正义，但是严格意义上的正义必须在富人和穷人、在强者与弱者、聪明人与无知者、在有产者与无产者、在本国同胞与外国人之间保持中立。而人们的利益决定了他们自然是相互对立的，那么，法律的干涉如果仅仅是为保护人们的自由，就等于是牺牲穷人、弱者、无知者、无产者以及赤手空拳进入角斗场的角斗士。

孔西代朗先生说：

> 人们寄予厚望的工业自由，著名的自由竞争原则——人们相信这种竞争具有最突出的民主性质——会带来什么后果？不可能有别的，只能是广大群众普遍遭受奴役。他们的资本、工业装备、生产资料以及最重要的东西——教育，都将被那些拥有企业、装备精良的阶级剥夺。人们告诉我们，“竞技场的大门是敞开的；所有人都可以自由地进入这里进行搏斗；环境对所有参赛者来说都是平等的。”很好，不过，你们忘记了一件事——在这个巨大的战场上，有些人受过全面的训练，武装到了牙齿。他们掌握着大量装备、军需和战争机器，他们也已经占据了最有利的战略位置；而其他人，那些穷困、无知、饥饿、遭受掠夺的人们，为了维持生存、为了养活老婆孩子，不得不乞求他们的对头随便赏给自己个工作干，哪怕工资再低也可以。

这是什么话！竟然把工业比作战争！竟然把这些被称为资本、由各种各样的商品构成、除了用于征服不驯服的自然之外没有别的用处的资本，跟那些人们在战争上互相厮杀、沾满鲜血的武器相提并论，这实在是无耻的诡辩！人们为了谴责工业而借用一整套关于战争的词汇，此时，贬低工业秩序就是一件最容易不过的事。

社会主义者和经济学家最深刻、也最无法调和的分歧在于：社会主义者相信，人们的利益从根本上是对立的；经济学家则相信，人们的利益天然是和谐的，或者说，必然会一步一步地实现和谐。这就是全部分歧所在。

从人的利益根本对立这一前提出发，逻辑上，社会主义者必然企图寻找某种组织，以消灭利益冲突，只要有可能，甚至要消灭人们心中的自私之情。这就是他们如今企图在议会干的事情。然而，假如他们狂热到去进行尝试的地步，他们却不一定有取胜的坚强决心；不说别的，就只讲一点：他们在他们的书中猛烈批判个人主义，然而，他们却照样对自己的书抽取版税。在日常生活中，他们的表现也跟别人没什么两样。

如果人们的利益确实是根本对立的，那么，我们就必须把正义、自由以及法律之下的平等踩到脚下。我们必须重新建造这个世界，或者如他们所说，要根据他们不停地炮制出来的无数方案重新构造社会。至于自私自利、所谓的无组织的原则，则必须代之以法律规定的、强制的、非自愿的、暴力胁迫的自我牺牲——一句话，代之以有组织的掠夺；而由于这一新原则只能招致人们的反感和抵制，所以，一开始，就必须盗用博爱的名义，使之为人接受，然后，动用法律的暴力来维护他们的社会制度。

然而，如果上天没有错，如果它按下面的方式安排了万物：在正义的法则之下，人们的利益总会自然地以最和谐的方式彼此调适；用拉马丁先生的话来说，如果在自由的制度下，人已经获得了在任何专制制度下都不可能获得的正义；如果权利的平等是我们实现真正的平等的最可靠、最直接的途径，那么，对法律，我们只能要求其维护正义、自由、平等，这就像只有清除每一滴水落下的障碍，最后才能形成我们眼前的大海。

而这，正是政治经济学家所得出的结论。政治经济学并不是在专门寻找的过程中得出这个结论的，而是于不经意间获得的。但它也为这一发现而喜悦，因为，当有些人堕落到企图借助专断的手段实现自由的时候，我们却从自由中看到了和谐，我们怎能不为这种发现而喜出望外呢？

社会主义者经常用来咒骂我们的话，实在是莫名其妙。假如我们真的不幸犯了大错，他们怎能不表示痛心？我们想的是什么呢？我们想说的是：经过深思熟虑，我们必须承认，该上帝做的事，他做得很出色。因此，进步的最大机遇就在于正义和自由。

社会主义者相信我们错了，这是他们的权利。但是，他们至少应该为此而悲伤；因为我们的错误——如果果真是错误——就意味着，必须赶紧用人为的替代自然的，用专制替代自由，用人的偶然发明取代永恒的神圣观念。

设想一下，有一位化学教授跑过来说："一场严重的灾难正威胁着整个世界；而上帝并没有替我们早作防备。我已经分析了从人的肺中呼出的空气。我的结论是，空气已经不适合我们呼吸了。因此，经过计算大气的总量，我可以大胆预测，总有一天，全部空气都会受到污染，人类将会死于肺病，除非他们采用我发明的人工呼吸机器。"



另一位教授则跑过来说："不，人类不会灭绝的。确实，支撑动物生命的空气正在遭受污染，然而，这种空气却恰恰适合植物生长的需要，而植物呼出的空气又有利于人的呼吸。有些人根据不完整的研究就轻易地得出结论说，上帝出错了，然而，更严密的研究则显示，上帝的作品是和谐的。人类仍可以继续自自然然地呼吸。"

如果第一位教授对第二位教授破口大骂说："你是个冷酷、顽固、心硬的化学家，你鼓吹可怕的自由放任理论，你一点都不爱人类，因为你竟然证明我的呼吸机器没有用处。”

这就是社会主义者与我们争吵时所说的话语的概括和本质所在。我们跟他们一样，都渴望和谐。他们想用自己发明出来的方案、通过法律强加于人来实现这一目标，我们则在人和万物的本性中看到了这种和谐。

本来，这里应该论证一下人们的利益趋于和谐的趋势，因为这是问题的关键所在，不过，这需要一门政治经济学课程才能说清楚，请读者原谅，我们在这么短的篇幅中无法完成这样一个任务[①]。在此，我只想指出：如果说政治经济学确定得出了人们的利益是和谐的这样的高见，它之所以能得到这一洞见，是因为，它没有像社会主义者那样仅仅停留在对现象的直接因果关系的理解水平上，而是更进一步探索这些现象的长远和终极效应。这正是全部奥秘所在。这两个思潮的区别，完全相当于我上面所讲的两位化学家的分歧：一位只看到了部分，另一位则看到了全部。举个例子，如果社会主义者肯耐心地探究一下竞争最终对消费者带来的好处，而不是仅仅停留在对生产者的影响上，他们就会发现，竞争是国内、国际平等与进步的最强大的推动者。正是因为政治经济学从这种终极效应中看到了和谐，它才说：在我的学科领域中，应该多学少做。之所以要多学，是因为一连串因果之间的关联，只有付出巨大的努力才能搞清楚；之所以要少做，是因为整个现象的和

① 当时《和谐经济论》中有几章中已经在 the Journal des économistes 杂志上发表。——法文版编者注

谐都来自于其最终效果。

我曾经跟一位在大革命中被推到前台的一位显赫绅士讨论过这个问题。我对他说，"对于靠暴力手段维持的法律，我们所能要求于它的，惟有正义。"

他觉得，人民除此之外还希望法律能给予人们博爱。去年8月，他写信给我："如果在危机时刻，我能处于掌舵的位置，那么，你的观念将成为我的信条的一半。"

我给他回信说："你的信条的另一半会扼杀这一半的，因为你如果因为博爱而立法，那么，你的立法就不可能不是不义的。"[①]

最后，我想对社会主义者说：如果你们以为，政治经济学拒绝合作、组织、博爱，那你们就错了。

合作！难道你们不知道，社会本身就是个联合体，不停地自我完善着？



组织！你们难道不知道，正是组织造成了不同人群之间和上帝的杰作之间的一切分歧？

博爱！你们难道不知道，如果对内心热烈的冲动从心智上予以冷静的算计，那么，博爱不就等于正义吗？

我们跟你们是一致的。我们为你们在人类中间撒播一种将来会结出果实的种子而拍手叫好。

但当你们要用法律和赋税，也即强制和掠夺进行干涉的时

① 1847年8月在马赛举行的一个支持自由贸易的公共集会上，巴斯夏巧遇拉马丁，与他就商业自由问题长谈一番，并谈到了一般的自由，以及政治经济学的基本原则。参见法文版巴斯夏全集第二卷，马赛讲话后面的附注。也请参见第一卷，拉马丁的两封信。——法文版编者注

候，我们就要反对你们；因为这种诉诸暴力的想法本身就显示了，你们更相信自己而不相信人类，除此之外，你们的作为也足以令我们看清，你们是想损害自然本身，伤害你们想努力实现的博爱本身。①

① 人们可能生活在三个层次的世界上：在较低水平时，是掠夺主宰的世界；在高级水平时，是仁慈主宰的世界；在中间水平时，则是正义主宰的世界。

政府只能在人们认可的范围内使用暴力。也即，法律可以强迫某人行为正当，但不可以强迫他对人仁慈。法律如果要用暴力去做伦理靠说服做的事，那么，它绝不会把人提升到慈善的世界，反而将把人抛入掠夺的世界。

法律和政府的正当范围就是维护正义。

[这些想法是作者亲笔写在一份手稿上的。1850 年，the Society of Men of Letters 将其送往伦敦世界博览会参展。法文版文后收入这些话，因为它能够概括作者在这篇文章中所阐述的理论。]——法文版编者注

# 第五章 国家[①]

我希望有人愿意提供一笔大奖，不是可怜的500法郎，而是100万法郎，还有十字勋章、花冠、绶带，等等，只要谁能对一个词——国家——给出一个准确、简单而又能够理解的定义，他就可以获得这笔大奖。

如果谁真有这等本领，他可是为社会作出了巨大的贡献！

国家！它是什么样的？它在哪儿？它在干什么？它应该干什么？

关于国家，我们所知道的仅仅是，它是个神秘的角色，当然是这个世界上人们再三恳求的，是备受折磨的，最繁忙的，被人考虑最多的，受的指责最多的，被利用得最多的，也是最能让人激动的角色。

我无缘结识阁下，不过，我敢以一赔十打赌，过去半年时间中，你肯定曾经有过某个乌托邦念头，我还敢一赔十赌你把实现你那乌托邦的责任交给了国家。

你，亲爱的夫人，我敢肯定，你从内心深处希望疗救人类所有

① 欲理解本文的形式，请注意，它最初是发表在 the Journaldes débats 杂志 1848 年 8 月 25 日一期上的。——法文版编者注

的缺陷，如果由国家能做到这一点，你是一点都不会内心不安的。

但是，唉！不幸的国家，就像费加罗一样，不知道该听谁的，也不知道该干什么。人们七嘴八舌，大喊大叫，每人都有自己的一套看法：

“组织管理劳动和劳动者。”

“根除自私。”

“抑制资本的傲慢和暴虐。”

“进行有关肥料和鸡蛋的试验。”

“把铁路开进乡村。”

“在平原上兴修水利。”

“在山区植树造林。”

“建立模范农场。”

“创办和谐的工厂。”



“在阿尔及利亚开拓殖民地。”

“养育婴儿。”

“教化年轻人。”

“赡养老人。”

“把城里人送到乡下。”

“实现各行业利润一致。”

“向索要贷款的人发放无息贷款。”

“解放意大利、波兰和匈牙利。”

“改进骑用马的品种。”

“鼓励艺术，培养音乐家和舞蹈家。”

“限制贸易，同时创建商船队。”

“发现真理并将其灌输进我们的头脑。”

“国家的职责是教化、发展、提升、增强民族的心灵并使之具有灵性。”①

“噢，先生们，稍安毋躁，”国家以哀求的口气说，“我会尽力满足你们，但是，我总得拥有某些资源吧。我已经准备开征五六种税了，给这个世界打上一个新的、很轻微的烙印。你们会看到，人们会很乐意掏钱的。”

然而，这下可招来了哭喊：“可耻！可耻！如果人们有这些东西，他自己也可以干成自己想干的事！因此，你根本就不配叫做国家。你不仅不能再给我们加新税，还应取消那些旧税，废除：

盐税，

酒税，

印花税，

货物入市税②，

许可证，

兵役(Prestations)”。

在这喧闹声中，在国家由于没有满足这些需求而发生了好几次革命之后，我却非要说，他们的要求是自相矛盾的。上帝！我在想什么？我就不能自己闷头想，而不说出这些不合时宜的话吗？

于是，我在这个国家就永远地声名狼藉了；现在大家都公认一

① 最后一句出自拉马丁，作者在本书第二章《法律》中也引用了这段话。——法文版编者注

② 法国对带入城镇和市区的特定货物(食品、饲料、酒、燃料、建筑材料等)征收的一种地区税。——英译者注

个事实：我是个没有心肝、冷酷无情的人，是个乏味的哲学家，是个个人主义分子，是个资产阶级——一句话，我不过是个英美式经济学家。

啊，高尚的作家们，请原谅我，什么都难不倒你们，即使自相矛盾也难不倒你们。无疑是我错了，我真心诚意地收回我的错话。你们可以相信，我别无所求，我只想求你们真能在我们所有人之外找到一个取之不尽、用之不竭、被叫做国家的东西，它供应所有人食物，给所有人提供就业，为所有企业提供资本，为所有工程提供贷款，治疗所有人的创伤，抚平所有人的痛苦，为所有困惑的人提供建议，给出所有难题的解决方案，为所有思想找到真理，为所有厌世的人找到消遣之所，为每个人供应牛奶，为每个老人供应美酒；它将提供我们一切必需品，预见到我们的所有欲望，满足我们各种稀奇古怪的需求，改正我们最荒唐的错误；自此以后，我们再也不需要什么远见、审慎、判断、睿智、经验、秩序、节俭、节制和勤奋了。

我干吗不想要这样的国家？愿上帝饶恕我！我越想越觉得，所有的问题都太轻松了，我也就越是渴望无穷无尽的财富和精神资源，渴望这个宇宙的医生，渴望取之不尽、用之不竭的国库、永远不会出错的大臣，也就是你们叫做国家的那个东西，赶紧降临。

因此，我希望，你们把这个国家给我展示一下，把它说个明白。正是因此，我提议，拿一笔赏金，奖给那个可能头一个发现这一稀有之物的人。因为毕竟，我们不得不承认，人们还没有作出这一宝贵的发现；因为到目前为止，人们立刻就推翻了出现在他们面前的那个叫做国家的东西，就是因为它没有满足人们彼此冲突的要求。

我们也许应该说，我们为什么如此容易地就被人类心智中最怪诞的幻想骗得团团转？

人人都不愿受苦受难。而人自打一生下来就命中注定了，如果他不为生计而勤奋工作，那就得遭受匮乏之苦。因此，他只能在这两种不幸中二者择一。怎么做才能同时避开两者？迄今为止，他已找到、并且只能找到唯一的办法，就是享用他人劳动的果实；也就是按某种方式安排社会，从而使痛苦和享受不是按每个人自然应得的份额进行分配，而是把人分成被剥削者和剥削者，所有的痛苦都归前者，而所有的享受都归后者。奴隶制就是建立在这一原则基础上的，这是形形色色的掠夺行径——战争、暴力行为、贸易限制、欺骗、欺诈——的基本原则。这些行径尽管十分恶劣，却与导致这些活动的观念严丝合缝。人们可能憎恨或反抗压迫者，但他不能说压迫者是荒谬的。

感谢上帝，奴隶制已经寿终正寝，我们捍卫自己财产的天性使明目张胆的掠夺难以得逞了。然而，有一件事却没有变。人类那种不幸的原始天性使所有人都把自己的生命分成两部分：把痛苦都推给别人，把享乐都留给自己。这种可悲的倾向依旧，只不过以新的形式表现出来。

压迫者不再用自己的暴力直接压迫被压迫者。是的，我们的良心已对此绝对不能容忍。然而，人类仍然有压迫者与受害者之分，只不过他们中间多了一个中介，即国家，也就是法律本身。怎么做才更好地打消我们的犹疑——或者最起码——压服所有的抵制行为？于是，我们所有人，不管有何要求，都以他人的名义，向国家诉苦了。我们对国家说："我觉得，我的享受与我的劳动之间的关系不怎么让人满意。我很想从另一个人那里拿点东西，好让自己心里平衡一点。但这太危险了。你是不是可以把这件事变得容易一点？你能不能给我在政府机关里找到一份好工作，或者给我的竞争对手的生意捣捣鬼，或者更大方一点，把你从别的正当的所有者那里拿到的资本无息贷给我，或者用公家的钱教育我的孩子，或者给我发点补贴，或者我过了50岁后让我能有好日子过？用这种办法，我可以达到自己的目标而问心无愧，因为法律本身是为我而设的，所以我可以随便掠夺，而不用承受任何风险，也不会招人厌恶。”

于是，一边是（可以肯定），我们所有人都会向国家提出这些要求，而另一边则是一个无可辩驳的事实：国家如果不增加别人的负担，就不可能满足你的需要；在等待别人对国家给出个定义的时候，我相信，我自己已经有了自己的定义。不知道能不能夺得那份大奖，我的定义就是：

国家是一个庞大的虚构的实体，每个人都竭力通过它，以牺牲他人为代价维持自己的生活。

今天，跟历史上任何时代一样，我们每个人，或多或少地都希望享用他人的劳动成果。没有谁会公然表露这种感情，人们总是将这一点掩藏得严严实实。然后，他会怎么干？他会设想搞一个中介；他会乞求国家，于是，每个阶级都会轮番找国家：“国家啊，你可以光明正大地拿东西，可以拿来公众的东西，然后跟我们分享。”唉，国家只好准备听从这些恶魔般的提议；因为国家就是由内阁部长、由官僚、由人组成的。这些人大都一样，心里都时刻惦记着自己的欲望，总是急切地抓住一切能使自己的财富和影响力增长的机会。于是,国家很快就明白了公众要求它扮演的角色的效应。它将成为所有人命运的仲裁者、主宰者。它会拿走很多东西,并给自己留下很多东西;它会扩大其权力涵盖的范围;最终它会占有绝大多数资源。

而最引人注目的是,公众对此令人吃惊的无知。当获胜的士兵将把征服者贬为奴隶时,他的确很野蛮,但他们一点都不荒唐。他们跟我们一样,目标是牺牲他人而维持自己的生活,跟我们不一样的是,他们能做到这一点。而我们这些人却显然没有意识到,互相掠夺也完全是掠夺。仅仅因为这是互相掠夺,人们就以为不是掠夺。他们也仅仅因为这是合乎法律程序的,是井然有序的,就没有意识到,这也是犯罪;这对公共福利没有任何益处;而我们称之为国家的这个挥霍的中介本身的开销,就要大大减少公众的福利。

我们已经在《宪法序言》中讲了一个大神话,准备教导全体人民;《宪法序言》是这么说:

"法兰西共和国之建立,乃是为了……将其全体公民之道德、教化、福利提高到一个较高水平。"

于是,虚构的法国国家,要把现实的法国人提高到一个较高的道德和福利水准。这不正是被诱惑我们享受别人的东西的那种怪诞幻想迷惑住了吗?这不就等于说,在法国人之外和之上,还存在着某个善良、文明、富裕的东西,它能够、也应该为法国人普洒甘露?这不等于假定——当然是最没有道理的了——在法国与法国人之间,也即在用于代表这些个体的概括的、抽象的概念,与无数个人之间,存在着某种父子、师生、监护人与被监护者的关系?我现在才完全明白下面的事实了。我们为什么有时打比方说什么

“祖国”(直译为“父亲之国”——译者注)或者说法国是“温柔的母亲”。然而,为了最充分地揭露被塞进我们宪法中的这些陈述的浅薄,我必须揭示,这一点是可以颠倒过来的,我不能光说人家的不好,也得说说什么是好的。宪法序言如果这样说,是不是会准确一些?

“法国人之所以建立共和国,是为了把法国的道德、教化和福利提升到一个较高的水平。”

而现在,如果把主语和宾语随便互换,那么,一个公理还有什么价值?每个人都能理解下面的陈述:“母亲将哺育婴儿”,但说,“婴儿将哺育母亲”就是荒唐的了。

关于公民与国家的关系,美国人则形成了另一种观念,其宪法的开头是下面这些很朴素的话:



“我们,合众国人民,为了组织一个更完善的联盟,实现正义,保障国内的安宁,建立共同的防御,增进全民福利,确保我们自己和我们的后代享有自由的福祉,特颁此法。”云云。

在这里,没有什么虚构的国家之类的东西,也没有公民向其求索无度的抽象的东西。他们依靠自己和自己的努力,而不指望别的什么东西。

如果我大胆地批评了我们宪法的第一句话,那么,这并不像有些人所想的,仅仅是为了某种形而上学的卖弄。相反,我认为,把国家拟人化,过去是、未来也仍将是灾难与革命的祸根所在。

在这里,一边是民众,一边是国家,被看成是两个完全不同的东西。后者决心要对前者遍洒甘露,前者则有资格对后者要这要那,要求后者赐给他以人间一切福气。那么,最终的结局会是什么?

铁的事实是:国家不是、也不可能只有一只手。它有两只手,一只管拿,一只管送——换句话说,它有一只粗暴之手,也有一只温柔之手。为了干第二件,必须先得干第一件。然而严格说来,国家只能拿而不能给。国家一般把它们拿到的东西给自己留下一部分,有时甚至是全部,这种事情,我们都看到过,并且用国家之手的渗漏、吸收的性质来解释。而国家给公众的比它从公众那儿拿的还要多,这种事情,我们还从来没有看到过,也永远不可能看到,甚至根本就难以想象。因此,当我们向国家索取的时候,我们就太愚蠢了,我们简直把自己当成了乞丐。国家在把某种东西送给社会某些成员的时候,不给整个社会造成更大的损失,这是根本不可能的。

于是,国家发现,由于我们不断提出要求,它被置于一种很明显的恶性循环之中:



如果它克制自己不去满足有些人对它提出的需索,它就被指责为虚弱,恶意,无能。如果它企图满足这些需索,它就不得不向人们加税,带来的坏处大于好处,也就是说,招致普遍的不满。

于是,我们发现,在公众方面,有两个期望,在政府方面,有两个承诺:享受好处,而不用纳税。这种期望和承诺是互相冲突、难以两全的。

这难道不是我们历次革命的根源吗?因为在过分大方地许下无法兑现的承诺的国家,与抱有不切实际的期望的公众之间,介入了两类人:野心家和乌托邦分子。他们完全是时势造出来的人物。我们的宪法就足以令这些煽动家对人民声嘶力竭地喊:“这些台上的家伙欺骗了你们;如果我们上台,我们将会给你们带来更多利益，而且免除你们的税负。”

人民相信了，人民燃起了希望，人民发动了革命。

那些煽动家们一旦掌权，公众就要求兑现他们那些美好的承诺。人民说，“给我一个工作，还有面包，救济，贷款，教育，殖民地，同时，要兑现你的承诺，减免我的税负。”

新建的国家一点都不比旧国家的麻烦更少，因为那些是不可能办到的。人们当然可以随便许诺，却没有办法兑现。它要竭力延长自己掌权的时间，所以就要搞大量的项目。它会从做一些小事开始：一方面，它可能稍微扩大一下基础教育，另一方面，也可能略微减免那么点酒税（1830 年）。然而，它始终面临着同样的矛盾：如果它要广施博爱，就必须不断加税；如果它减免税收，它也必然会放弃博爱。

这两个承诺总是、并且必然是彼此冲突的。调和两个承诺冲突的一个办法是借钱，也就是提前支取明天；这可以给今天带来一点好处，而付出的代价则是，明天蒙受更大损害。这样的做法带来的是破产，损害的是信用。那么，应该怎么办呢？于是，新建立的国家就对其批评者采取了一种强硬的立场：它对它的力量重新组合，以维护自己的权力；它压制各种意见，它诉诸专断的法令；它攻击它以前鼓吹的公理，它宣布，统治嘛，总是不那么受人欢迎的；简而言之，它宣称自己就是政府。

而这，正是其他政治煽动家求之不得的。他们利用人们同样的幻想，采取同样的办法，最后也能同样获得成功。结局也一样，被同一个深渊所吞没。

我们正是沿着这条道路走向二月革命的。当时，本文所探讨的这个幻想以及社会主义理论，在民众思想中空前地流行。人们比任何时候都更殷切地期望，这个采取共和政体的国家敞开其慷慨施舍的大门，而关闭税收的闸门。人民说，我们以前老是受人骗，这次，我自己要好好监督国家，确保自己不受人骗。

而临时政府能怎么办呢？唉，它所做的也仍然是在这种情况下一切政府所能做的：许愿，然后拖延时间。它不能不这么干，一本正经地许下一堆愿，并且将其变成权威的法令："国民公会一开幕，就将立刻宣布……提高工资，缩短工作时间，发放救济、贷款，实行义务教育，鼓励农业垦殖，清理土地，同时也会降低盐税、酒税、印花税、肉税。"

国民公会开幕了。然而，由于这两个承诺是彼此冲突，所以，它的任务、它那些可怕的任务根本无法完成。于是，临时政府的所有法令，一个接一个地被撤销了，尽可能不引人注目地。



当然，为了使人们的失望不至于过分强烈，临时政府也作出了一些妥协。某些承诺还是兑现了，有些承诺则是象征性地兑现了。而现在，政府则正在争取加税。

现在，展望未来的几个月，我自己都不敢想，当新任命的国家公务员跑到全国各地，对遗产、收入和农业收益征税的时候，到底会发生什么事。也许上帝会证明我的预感是错误的，但现在，我再次看清了政治煽动家所扮演的角色。

读一下最新的《山岳派宣言》[①]，这个宣言是总统大选期间发

① Manifesto of the Montagnards，指1848年社会民主党人发表的宣言。其名字则可以追溯到法国大革命时期丹东和罗伯斯庇尔所组织的好战的"山岳"派。——英译者注

表的。这个宣言很长，却可以简单地概括为下面几句话：国家对公民应当多给少取。这些人总是采取同样的策略，或者你如果乐意，也可以说是犯同样的错误。

“国家应当为所有公民提供免费的教育和培训”。

国家应当“根据每个公民的需求、职业和能力尽可能地为其提供恰当的普通教育和职业教育。”

国家应当“教导每个公民了解他对上帝、对他人、对本人的义务；开发他的情感、智力和能力；一句话，让他掌握自己的工作技能，理解自己的最佳兴趣，了解自己的权利。”

国家应当“使每个人都能够接触到所有文学艺术、人类思想的遗产、精神财富和所有能提高和加强其心灵的精神享受。”

国家应当“使公民们不再受一切疾病、火灾、流血，等等（这个‘等等’的含义可也太广泛了）之困扰。”



国家应当“干预资本与劳动的关系，成为信贷的管理者。”

国家有义务“切实鼓励和有效保护农业。”

国家应当“收购全部铁路、运河和矿山。”

无疑，国家也得利用其具备的专业技能管理这些企业。

国家应当“促进值得赞许的企业，鼓励和帮助他们，用一切资源使它们取得成功。作为贷款管理者，国家将从根本上扶持工业和农业合作社，以确保其经营成功。”

国家在做这些事情的时候，不得损害它今天所提供的那些服务；比如，它必须始终采取一种威胁外国的政策，原因则如这个纲领的设计者所说：

“有我们神圣的团结，有法兰西共和国的先例，我们有理由代表那些在暴君压迫枷锁下的人们，把我们的事业和希望扩展到专制统治在各民族之间所划定的边界之外。如果可能，我们希望我们光荣的军队能再次成为自由的军队。”

你看到了国家的温柔之手，你想象，在山岳派统治下，政府的善良之手和给予之手将会非常繁忙。或许你不相信政府的暴虐之手、伸进你腰包的手、掏空你口袋的手也会同样繁忙？

不要再自欺欺人了。政治煽动家如果没有掌握在炫耀温柔之手的同时掩藏暴虐之手的技巧，他们就还没有精通自己的行当。

他们的统治确实意味着纳税人的狂欢。

他们说，“我们只对奢侈品征税，而不对必需品征税。”

为了造福于我们，国库仅仅拿走我们过剩的资金，这难道不算幸福？

还有呢。山岳派还说，“税收将失去其压迫性质，从今以后，税收也是一种博爱的行动。”

真是天堂般的日子！我总算明白了，现在的时髦是无处不可搞博爱。不过，我不能不怀疑，税务官开的收据是不是也可以叫做博爱。

为排疑解惑，宣言的起草者们说：

“我们要求立刻取消对盐、酒等基本必需品的税收。”

“改革房产税、货物入市税和牌照费。”

“免费司法审判，也就是说，简化表格，降低费用。无疑这也与官方邮费有关。”

于是，房产税、货物入市税、牌照费、印花税、盐税、酒税、邮费——所有这些都将予以取消。这些绅士们似乎已经发现了尽情使用国家那只温柔之手而不用暴虐之手的奥秘。

真的吗？我想问那些不偏不倚的读者，这难道不是十足的天真，更进一步说，这难道不是危险的天真吗？在“国家不取而多给”的矛盾变成现实之后，人民为什么还要发动一场又一场革命、还在不停地欺骗自己？

难道人们真的相信，让山岳派掌权，自己就不会变成他们用来占取别人东西的那个工具的牺牲品？

公民们，在整个人类历史上，这两种政治制度一直在互相冲突，而两者都有很充分的理由。一种制度说，国家应该多做点事，但同时就得多拿。在另一种制度下，这两种行动都不怎么明显。我们必须得在这两种制度之间作出抉择。然而，又出来了第三种制度，是前两种制度的混合，它对国家提出了这样那样的要求，却什么也不给国家，这种制度是空想的，荒唐的，幼稚的，自相矛盾的，也是危险的。那些提倡这种制度的人，为了自个儿享受痛骂政府无能、并唆使你们跟着乱骂的快感，而讨好你们，欺骗你们，至少是欺骗自己。

至于我们，我们认为，国家不是、也不应当是别的什么东西，它仅仅是一种公共警察力量，它不是压迫和互相掠夺的工具，相反，它只是为每个人提供一种保障，并使正义和安全主宰所有人。①

① 参见《和谐经济论》第 17 章，及法文版巴斯夏全集第一卷，作者写于 1830 年的小册子 To the Electors of the Department of Landes。——法文版编者注

# 第六章　财产权与掠夺[①]

## 第一封信[②]

1848 年 7 月

摆在国民公会面前的是一个很大的难题，如何解决这一难题，将在很大程度上影响法国的繁荣与安定。人们吵着要把一种新的权利塞进宪法中：就业权。这些人不仅仅要求把这种权利纳入宪法，还更进一步要求，用这种权利全部或部分地取代财产权。

布朗基先生已经提出了关于这种权利的暂行法案，而我们知道，它是能够通过的。

普鲁东先生要求保障就业权，以彻底消灭财产权。

孔西代朗先生则为了使财产权更有保障，而要求制定保证就业权的法律。

根据这些政治理论家的看法，财产权是不公正的、错误的，是

---

① 法文为 laspoliation，英文的同源词 spoliation 与之意思相同，即“通过暴力或欺骗盗取”，但译文中基本没有使用这一词，而使用 plunder，以求更接近于 laspoliation 中所包含的那种情感色彩。——英译者注

② 参见 Considérant 发表的题为《论财产权与就业权》（*Théorie du droit de propriété et du droit au travail*）的小册子。——法文版编者注

一种致命的微生物。我则要竭力论证财产权本身是正确的，是正当的，其中蕴涵着进步和生命的原则。

他们似乎觉得，在将要爆发的斗争中，穷人志在夺取就业权的胜利，而富人将会起而捍卫财产权。我相信，我可以证明，财产权从本质上是民主的，而企图否定或侵犯财产权的所有人，从本质上说都具有贵族化和无政府主义色彩。

我一直在犹豫，是不是在某份报纸上找一块地方讲讲政治经济学，现在是了却这个心愿的好机会。

首先，这个论题是严肃的，也是紧迫的。

其次，布朗基、孔西代朗、普鲁东等诸位先生不仅是政治理论家，也是各个思想流派的领袖人物。在他们背后有无数热情的追随者，有证据显示，他们在国民公会中颇为活跃。他们的理论目前在企业界具有相当大的影响——在我看来，是有害的影响。正统的经济学大师也对其眉目传情，因而，这确实是一个需要严重关切的问题。



最后一点——干吗不承认呢——我的良知告诉我，透过这些热烈的争论，我也许能够出人意料地看清一个领域中难题的实质，在这一领域中，或许可以实现不同学派的调和。

我希望，这些信件能为读者们所接受。

我应当先罗列出那些针对财产权的批评。

孔西代朗先生很简明扼要地表述了这一点。我对他的陈述做了提炼，我想不致篡改他的原意吧。

“每个人都合法地拥有他的劳动所生产的果实。他可以消费它，可以送人，可以交换，或者留给后人，任何人，甚至作为一个整体的社会，对此，都不应说三道四。

“因此，地主不仅可以合法地拥有他的土地所生产的产物，而且除此之外，还拥有他通过耕作而赋予土地本身的那些附加价值。

“然而，有一样东西却不是他创造的，不是任何劳动的果实：未开垦的土地，初始资本，自然资源的生产力。现在，地主却占有了这种资本。这是侵占，是强占，这是不公正的，永远是不道德的行为。

“人类之所以被安置在地球上，是为了在此生养繁衍。因此，作为一个整体的人类拥有地球表面的使用收益权。然而，现在，地球表面却被少数人占有了，多数人却被排除在外。

“这种占有确实是不可避免的；因为如果每个人都可以随便地、任意地行使其自然权利也即野蛮人的权利，那么，土地如何才能开垦呢？



“因此，财产权不应被摧毁，而必须予以合法化。如何合法化？通过承认就业权。

“实际上，原始人只有参与劳动才能行使其四大权利（狩猎、捕鱼、采集食物、放牧），因而，社会有义务保证无产者对其被剥夺的东西拥有同样的收益权。

“简而言之，社会对于所有参与劳动的成员都有义务提供工资，使他们获得一个比原始人更有利的立足点。

“由此，财产权就将获得完全的正当性，而富人和穷人之间也可实现和解。”

这就是孔西代朗先生的理论[①]。他声称，财产权问题是最简单的一个问题，只要稍具常识就可以解决。然而，尽管如此，在他之前，却没有一个人完全理解这一点。

这种恭维恐怕很难讨得人们的喜欢；不过，另一方面，我只能对作者的结论之极端谦逊表示惊奇。

他对社会的要求是什么呢？

他要求社会认识到，就业权就相当于处女地的使用收益权，是整个人类应得的收益。

他估计这些权益的价值是多少呢？

多少未垦殖的土地可以维持野蛮人的生存？

由于5平方英里才足以供养一个居民，因而，法国的地主当然可以很轻松地将其非法占有正当化。他们只要承诺把三四万没有土地的工人的生活水平提高到爱斯基摩人的水平就行了。



对此我能说什么呢？为什么要谈论什么法兰西？在这种理论体系中，根本就不应该再有什么法兰西，也已经不再存在任何国民财产了，因为按照自然权利，土地的使用收益权属于整个人种，属

① 并不仅仅是孔西代朗先生持这种看法，在 Eugène Sue 的 *The Wandering Jew* 中可以看到下面的段落：

"禁欲也许最集中地反映了维持生存的东西完全匮乏的状态，而公正地组织起来的社会对每个活着的诚实的劳动者都负有义务、强制性的义务，因为文明剥夺了他对土地的一切权利，于是，他生下来唯一的遗产，就是自己的一双手。

"野蛮人并不享有文明的种种好处，但至少他拥有森林里的动物，空中的飞鸟，原野上的野果可以填饱他的肚子，大森林中的树木可以让他有个暖和的家。

"因而，在上帝的赐予被剥夺之后，那些认为财产是神圣、庄严的文明人，在每日辛勤劳动、使国家富强之余，也有权利要求足以维持生存的收入——不多也不少。"[作者原注]

于人类。

不过，我并不想仔细地探讨孔西代朗先生的理论。那会让我离题万里。我只想研究一下这一理论中很重要的理论基础，也即地租问题。孔西代朗先生的理论体系可以概括如下：一种农产品之所以形成，要通过两种活动的结合：一种是人的活动，即劳动，它是财产权形成的前提；另一种是自然的活动，它是免费的，而地主却不公正地占有其收益，正是这一点，构成了对人类权利的侵犯。

因此，如果我能够成功地证明，在农产品的交易中，人们仅仅是为彼此的劳动付款，在农产品交换的价格中并不包含自然活动因素，那么，孔西代朗先生就应当心满意足了吧。

普鲁东先生对财产权的抱怨与孔西代朗先生一样。他说，“在劳务是互惠的时候，财产就将成为不正当的。”那么，如果我证明了，人们彼此交换的仅仅是其劳务，而并没有为利用上帝免费给予所有人的自然的力量付费，那么，普鲁东先生就会同意，他的乌托邦应该算是已经实现了吧。



那时，这两位政治理论家不应该再有理由要求什么就业权了吧。他们是从针锋相对的两个立场上——在孔西代朗先生看来，这种权利将使财产权正当化，而在普鲁东先生看来，这种权利将彻底消灭财产——发现著名的就业权的，这一点无关紧要。事实依然是：假如我们可以清楚地证明，在私人所有权制度下，人们是用劳动交换劳动，用努力交换努力，用工作交换工作，用劳务交换劳务。在成交的商品中，自然因素的贡献永远都是不用付费的东西，因而在人类所有的交易中，大自然的力量都是可以忽略不计的：如果我们证明了这一点，那么，它就不再是一个问题。

很显然，在这里，问题的关键是地租的正当性，因为他们都假定，消费者支付给地主的报酬中，全部或者部分而言不公正的，并不是支付给其本人劳务的那一部分，而是支付给自然之免费赐予的那一块。

我已经说过，我们这个时代的改革家们可以从最重要的经济学家们所提出的理论中找到某些根据。[①]

事实上，亚当·斯密就说过，地租通常是花费在土壤改良上的资本的合理的利息，但这种利息也仅仅是地租的一部分而已。

麦库洛奇[②]对此做了一番发挥："地租的正确含义是为使用自然的、内在固有的地力所支付的报酬。它完全不同于为使用建筑物、围场、道路或其他人为设施而支付的报酬。因而，地租一般都是一种垄断。"



布坎南[③]更进一步说："地租是落入到地主口袋中的一部分消费者收入。"

李嘉图[④]："地租中的一部分是用于改良土壤、建筑房屋等的资本的利息；其余部分则是为利用原始的、不可毁坏的地力而支付的报酬。"

---

① 在《和谐经济论》第5章和第9章更全面地发挥了这一点。——法文版编者注

② John Ramsay McCulloch(1789—1864)，英国经济学家与统计学家，著有《政治经济学原理》(*Principles of Political Economy*, 1825)。——英译者注

③ 比较年轻的 David Buchanan(1779—1848)，记者，著有若干经济学著作，1814年亚当·斯密著作的编辑者。——英译者注

④ David Ricardo(1772—1823)，英国古典经济学家。——英译者注

斯克洛佩[①]:“土地的价值及其产生地租的能力可归结为两个因素:首先,自然能力的利用;其次,用于改进土地的劳动。在第一种关系中,地租是一种独占的权利。它限制了上帝赐予人类用于满足其需求的东西的使用收益权。这种限制只有在其系公共利益之所需时,才是正当的。”

塞涅尔[②]:“生产的手段包括劳动和自然因素。自然因素被人占用之后,使用者就以租金的形式为利用它支付报酬,这种报酬并不是对任何消耗的补偿,享受这种报酬的人既没有付出劳动,也没有储蓄,而仅仅是伸出他们的双手,接受社会的献礼而已。”

在指出地租的一部分是资本的利息之后,塞涅尔又说:“剩余之所以被自然因素的所有者占有,成了他的报酬,并不是因为他付出了劳动或者省吃俭用,而仅仅是由于他在能够克制的时候没有克制,因为社会允许人们接受自然的赐予。”

当然,在准备与这些人士展开论战的时候,我们不能对局势的严重性视而不见,或者简单地把我们的论敌贬为空想家、乌托邦分子、疯子,甚至革命家,尽管这些人士所宣称的理论本身是似是而非的,特别容易在苦难阶层中激起希望和同情性回应,其理论也有这么多权威来支撑。我们必须深入透彻地研究并试图解决这个问题,而这则必然是一桩沉闷的事情。

我相信,如果我能够证明,地主不仅把自然资源的免费使用收

① George Poulett scrope(1797—1876),英国经济学家和地质学家,著有大量小册子,尤其是批判马尔萨斯理论的文章。——英译者注

② Nassau William Senior(1790—1864),英国经济学家,牛津大学第一位政治经济学教授。——英译者注

益权留给了所谓的无产者，他们也把这种收益权成十倍、上百倍地提高了，那么，这个问题就会以皆大欢喜的方式解决。我斗胆希望，从这种论证中，可以形成一种清楚的看法，能够调和各个学派对问题的理解，能够满足各个学派的要求：政治经济学家，社会主义者，甚至共产主义者①。

## 第二封信
## 逻辑的力量真是不可抗拒！

残忍的征服者把一座岛屿一分为二，他们靠租金过着悠闲自在的生活，而被征服者则不得不辛勤劳动，艰苦度日。于是，经济学就说，在劳动之外，还存在着另一个价值的源泉。



于是，它就开始分析地租，然后，对整个世界宣扬这种理论：

"地租有一部分是投入的资本的利息。其余部分则是被侵占和利用的自然资源的垄断权。"

英国这一派政治经济学刚越过海峡传进法国。社会主义的逻辑立刻抓住了它，并对工人说："注意！你吃的面包涉及三大要素。一个是农民的耕作，这是你必须支付报酬的；一个是地主的劳动，这也是你必须支付报酬的；还有一个是自然的运作，对这个，你不欠任何人的。斯克洛佩说了，据此拿走你的钱，是一种垄断权；塞涅尔说了，这是对上帝赐予你的东西抽税。"

① 参见本文结尾处这第一封信所招来的孔西代朗先生的抗议以及巴斯夏的回应。——法文版编者注

经济学看到了这种区分所带来的危险，但它并没有收回这种理论，而是辩解说："地主在社会有机体中的作用确实是值得称赞的，但是，这种作用并不是不可或缺的。人们为他而劳动，而他回报给他们的是只是阳光的温暖和露珠的清新而已。不过，事情只能如此，因为，否则的话，土地到现在也不会被开垦出来。"

逻辑则说了："不用担心，要消灭不公正现象，我可以拿出成千种组织社会的方案。我们并不是非得容忍这种局面。"

于是，由于英国学派的一个错误的原则，逻辑就开始攻击土地财产权。这种攻击会在何种程度上歇手？直到你不再相信什么财产权为止。否则的话，就不叫逻辑了。

它也已经对农民说了："植物发育的规律不可能是私人财产，不应该为你带来利润"；它也对布匹制造商说了："万有引力定律不可能是私人财产，不应当为你带来利润"；它对亚麻布制造商说："蒸汽膨胀的规律不可能是私有财产，不应该给你带来利润"；它对铁匠说："燃烧定律不可能是私有财产，你不应当享有那些利润"；它对船主说："流体力学定律不可能是私人财产，你不能独吞利润"；它对木匠、细木工、木雕师说："你们得用锯子、斧子、锤子；你们做工时都得依靠这些东西的硬度和材料的阻力。而这些定律属于每个人，不应该给你们带来利润。"



是的，这种逻辑如果继续延伸，最后很有可能颠覆整个社会。如果拒绝土地的财产权，那么，必然会基于地主和资本家是因为使用自然力获得报酬的想法，拒绝承认资本的生产力。因此，重要的是证明，这种逻辑乃是源于一个错误的前提，不管是哪种技术、哪门专业、哪个行业，以为人们为自然支付了报酬，都是不正确的。

在这一点上，农业也不例外。

有一些东西对我们是有用的，却不需要劳动的介入：土地，空气，水，太阳的光照和热量——这些是原材料，是大自然赐予我们的力量。

有一些东西则只有在把劳动施加于原材料，并利用这些力量，才能变得对我们有用。

因此，效用(utility)，有时只归功于大自然，有时只源于劳动，但绝大多数情况下来自劳动与自然的联合活动。

让别人沉溺于自己的定义中去吧。就我而言，我对效用的理解就是每个人对这个单词的理解，它的语源学就非常精确地显示了其含义。所有那些可以使用的东西，不管它们是来自自然的赐予，还是劳动的成果，都是有用的。

我只能评估劳动给予或者加到某些东西上的那部分效用，因此，对它们做了劳动的那些人彼此自由地交换它们的时候，这两样东西才有价值。下面是我的理由：

什么东西会使一个人拒绝某个交换？他所获得的生产这件东西的知识，可能使他付出的劳动比他本来需要付出的劳动要少一些。下面这样的话对他是没有价值的："我干得比你少，但是万有引力帮了我的忙，我已经把这一点包括在我的估价里了。"他会回答说："我在劳动中也可以利用跟你同样多的万有引力。"

如果两个人彼此隔绝，那么，他们工作就纯粹是为了满足自己的需要；如果有了交换活动，那么，每个人都为他人提供劳务，并接受他人提供的等价的劳务。如果其中一个人利用了另一个人也可以支配的某种自然资源，那么，自然资源就不应该计算在价格之内。拒绝对这些不应该计算在内的东西给予补偿是正当的。

鲁宾逊·克鲁索打猎，星期五捕鱼。显然，在这里，用于交换的鱼的数量将由所投入的劳动所决定。如果鲁宾逊对星期五说："大自然使打鸟比捕鱼更难，因此，你应该给我更多的劳动才能换取我较少的劳动，因为大自然让我付出得更多，你得补偿这一点。"星期五恐怕不得不这样回答："不要跟我在这儿扯什么大自然的功效，我也会这样说。应该比较的是你的劳动和我的劳动，如果你想把我们的关系建立在我要比你更多劳动的基础上，那么，我也要去打猎，如果你愿意，你来捕鱼吧。"

我们看到，在这种假设场景中，大自然的赐予不可能成为运用暴力维护的垄断权。我们可以进一步看到，即使它在效用中占很大比重，在价值中也什么都不算。



我曾在别的地方说过，暗喻这种修辞手法是政治经济学的大敌，现在我还想说，转喻这种修辞手法同样是政治经济学的大敌。[①]

当我们说"水价值两个苏[②]"时，我们用的是不是非常精确的语言？

据说，有一位著名的天文学家，永远不会从他嘴里听到这样的话："啊，多么美丽的日落景色！"即使是有女士们在场，他也会以奇怪的语言感叹："啊，太阳光线以一个切线照射到地球球面上所形

① 参见《经济学的诡辩》第一卷结语部分。——法文版编者注

② sue，法国货币单位。——中译者注

成的景色，是多么的美丽！”

这位天文学家是很精确，但也未免有点可笑。经济学家也同样会这样说话：“从山泉把水取来所花费的劳动价值两个苏。”

然而，这种曲里拐弯的叙述并没有减损其精确性。

实际上，水一分钱也不值。它没有任何价值，尽管它有效用。如果我们每个人脚下正好有个泉眼，那么显然，水就没有任何价值，因为我们根本不需要交换它。但是，如果泉眼在半英里以外，我们必须走过去取水。这就有了劳动，这正是它的价值的源泉。如果泉眼在一英里以外，要付出加倍的劳动，其价值也加倍，尽管其效用是一样的。对我而言，水是大自然免费的赐予，但条件是我得去取。如果我本人这样去取水，我就要付出一些辛劳来补偿这种劳务。如果我托付别人去取水，我给他增添了一些麻烦，我就欠了人一些劳务。于是，这里就有两种辛劳、两种劳务需要进行比较和讨论。大自然的赐予向来是不用花钱的。事实上，在我看来，价值取决于劳动，而不在于水，而我们说“水值两个苏”时，就跟我们说“我喝了两瓶(酒)”一样，是个转喻。

空气是大自然的赐予，它没有价值。经济学家说，“它没有交换价值，但它有使用价值。”这是什么话！喂，先生们，你们是不是成心要使经济学令人厌烦啊？为什么不直截了当地说，“它没有价值，但有效用”？它有效用，因为它有用处。它没有价值，因为大自然不会做任何事情，不会劳动。如果这里不涉及劳动，那么就没有人会为此补偿、接受或者回报任何劳务。没有人为此费神，或进行交换；没有东西可以进行比较，那儿不存在价值。

但是，如果你进了一只潜水钟，让一个人用一台泵给你送两小时空气，他就要费一些事，他应该获得你的一些劳务作为补偿，你必须得报答人家。你是在为空气掏钱吗？不，你是为劳动付钱。那么，空气是否具有人们赋予的价值？如果你图省事，可以这么说。但不要忘记，这种说法仅仅是一种转喻，空气本身依然是免费的；没有任何价值可以赋予它；而假如说它有某种价值，这种价值只能用人所花费的努力来衡量，只能拿与它进行交换的东西进行比较。

一位洗衣工用很庞大的取暖设施来烘干衣服，另一位则在太阳底下晾干。后者付出的努力较少，他不能、也不会要求得到跟前者一样多的报酬。因此，他不会要我为太阳的光线掏钱，尽管我作为消费者获得了太阳光的好处。

因此，经济学的主要法则是：

劳务需用劳务来交换。



Doutdes；doutfacias；facioutdes；facioutfacias. 你为我做这个，我将为你做那个。这一原则是再微不足道、再普通不过了，然而，它也自始至终贯穿于整个经济学中。[①]

我们可以从这个例子中得出一个普遍的结论：消费者所支付

① "仅仅说明价值不在于事物本身或者不在于大自然的力量，是不够的。仅仅说明价值在于劳务是不够的，也有必要说明，劳务本身不应当具有夸大的价值。因为，一个为小麦支付了很高价钱的可怜的劳动者最关心的是什么？他既不关心地主应该从土地的生产力中得到多少报酬，也不会关心地主的辛苦应该得到多少报酬。

"竞争的功能就是在公正的基础实现劳务的均衡。它一刻不停地发挥着这种作用。"(作者未出版的笔记)

(为理解价值和竞争观念的发展，请参看《和谐经济论》第 5 章、第 10 章。《经济学的诡辩》第一卷第 4 章还举了更多例子。)——法文版编者注的是他获得的劳务，是他给别人带来的麻烦，是他所占用的别人的劳动；他尽管享受了生产者投入使用的大自然的力量及自然免费的赐予，却是不用为此掏钱的。

这三个人尽管利用了我也有份的空气、水和光热，除了他们的辛劳之外，我是不用为别的东西掏一分钱的。

那么，我们能说，那些同样利用了空气、水和光热的农民可以要我为这些自然资源的所谓内在固有的价值掏钱吗？他能要我为他自己创造出来的效用和不是他自己创造出来的效用一起买单吗？比如，售价为 18 法郎的小麦是否可以分为下列三部分：

12 个法郎支付当前的劳动；

3 法郎支付以前的劳动——上述两者是合法财产；

3 法郎支付空气、雨水、阳光和植物生长——这一项是不合法的财产。



为什么英国学派的所有经济学家都会以为，后一个要素已经偷偷摸摸地混进了小麦的价值中？

## 第三封信

劳务要用劳务交换。我不得不克制自己抵制这种诱惑：这个公理是多么的简单、正确而富有成效！

一旦我们明白理解了这一公理，诸如使用价值与交换价值、物质产品与非物质产品、生产性部类与非生产性部类之类的区分还有什么价值？制造商、律师、医生、公务员、银行家、商人、水手、士兵、艺术家、工人，除了剥削者之外，我们所有的人，都在付出、接受劳务。因此，只有这些互惠的劳务是可以互相比较的，价值仅在于这些劳务，而不取决于那些无偿的原材料和他们投入使用的那些免费的自然资源。所以，我们不要再像现在时髦的说法那样把商人说成是寄生的中介。他是不是付出了努力？他是不是为我们投入了劳动？他是不是提供了劳务？如果他提供了劳务，他就跟制造商一样，创造了价值。[①]

制造商使用的是蒸汽机，他利用空气的重量和蒸汽的膨胀性转动纱锭。与此相同，商人利用风力和水流运输他的货物。但他们中不管是谁，都不会让我们为他们利用的这些自然力量掏钱。因为他们越广泛地利用这些力量，就越得降低产品的价格。因此，这些力量仍旧是上帝赐予整个人类的，是无偿的东西，只要劳动，就可以利用它们。

在农业领域，有什么不同吗？下面我将考察这一点。

假设一个大岛上住着很少一些野蛮人。其中有个人突然有个念头，想开垦土地。为此他准备了很长时间，因为他知道，这个事业在产出一点点回报之前，需要很多天的劳动。他积累了各种生活必需品；他制造了一些粗糙的工具。最后，他圈了一块地，并将其平整出来。

这引出了两个问题：

这个野蛮人是否侵害了整个社区的权利？它是否损害了社会

① 关于中间人的问题，参看本书第一章《看得见的与看不见的》第 2 节，及《和谐经济论》第 6 章开头。——法文版编者注

的利益?

由于这座岛上还有数百倍的土地可供开垦,因而他对整个社区权利的损害可谓微乎其微,不会比我从塞纳河中取一杯水喝,或者从大气中呼吸一立方英尺空气对全国人造成的损害更严重。

他也没有损害社区的利益。恰恰相反,由于他不再打猎,或者减少打猎次数,别人可以有更大的狩猎空间;此外,假如他生产的食物超出自己的消费需求,就还有剩余来进行交换。

在这种交换中,他对他的同胞们是否构成了强制?不,因为他们可以自由地决定接受还是拒绝交换。

他是否会要别人为土地、阳光和雨水掏钱?不会,因为每个人都跟他一样,可以利用这些免费的生产资源。



如果他想出售他的这块土地,他从中获得的是什么?是他的劳动的等价物,仅此而已。如果他说:“首先,得把我已经投入到土地中的劳动等价的东西给我;其次,再把土地未开垦时的价值的等价物给我。”别人会这样回答:“你的地旁就有未开垦的土地(你尽可以从那儿随便拿)。我只会补偿你投入的那些劳动;因为,假如我投入同样的劳动用于开垦土地,那么,我现在也可以处在你现在的位置。”如果送水工人要求我们为他的劳务费付两个苏,再为那些水付两个苏,我们的答复也完全相同。显然,土地和水在这一点上是共通的,两者都具备效用,但两者也都没有价值。

如果我们所说的这位野蛮人想出租他的田地,他所获得的租金不是别的,只是他的劳动的另一种形式的报偿。如果他还要得到别的报酬，必然会有人这样毫不客气地回敬他："在这个岛上还有土地呢"，就像无忧无虑的磨坊主所说的"在柏林还有法官呢"那样，而结局会更完美。①

因此，至少是在最初，地主，不管他出售他的土地出产的产品，还是出售土地本身，或者是把土地出租，都不过是放弃并且获得等量的劳务而已。正是这些劳务是可以比较因而是具有价值的，而我们说土地本身具有价值，则不过是是一种省略的说法，或者是一

① 这里说的是一位 18 世纪的智者、诗人、剧作家 Andrieux 讲述的"无忧无虑的磨坊主"(Le Meunier de Sans-Souci)的逸闻。腓特烈大帝正在建造自己的行宫，他发现，规划中的一条林荫道的视线被一个磨坊挡住了。他召来磨坊主，开出很高的价钱，购买这个讨厌的磨坊。磨坊主很顽固，出什么价都不卖。腓特烈大怒，说，"你难道不知道，只要我乐意，我就可以用暴力拆掉你的磨坊，不给你一个子儿？"

这位磨坊主回答说，"哈哈，当然，假如柏林没有法官的话，你可以这么做"。

据 Andrieux 说，腓特烈被这个天真的家伙给逗乐了，就允许这位磨坊主保留了自己的磨坊。显然，巴斯夏觉得这个故事是个很适当的例子，所以在别的地方也提到了这个故事。——英译者注

我们最近听到有人说，地租是一种不正当的收入。先不说这个。事实上，很多人都觉得很难理解，为什么资本应当以利息的形式带来永久的收入？他们说，"资本一旦形成后，怎么能够一直产生利息呢？"我们可以用一个例子来说明利息为什么是永久的，并解释其正当性：

我有一百口袋小麦，为此我投入了自己有用的劳动，我本来是可以用它们维持自己的生存的。但我没有这么自己消费，而是将其贷出一年。那么，借这些小麦的人欠我什么呢？他欠我的就是这一百口袋小麦的全部利润。他欠我的就是这些吗？在这个情况下，我提供了某种劳务，却没有得到任何回报。因此，他欠我的，除了我借给他的东西的利润之外，还有某种劳务、某种报酬，其数量取决于供需法则，这就是利息。显然，到了年底，我仍然拥有这一百口袋小麦可以借给别人，并且可以年复一年地借下去。这种利息只在我借给别人的东西所蕴涵的劳动中占很小的比例，如果我有足够多的小麦可以借给人，那么，我就可以靠利息维持生存。于是，在不损害任何人的情况下，我能够成为一个有闲阶级。这个例子可以很容易地揭示出，获得空闲本身就是社会进步的一个动力。——作者自注

种转喻的说法。

我们来看看这个岛人口大量繁衍、土地大规模开垦之后的情形。

很显然，这个岛上每个人更容易获得原材料、供应和劳动了，每个人都不具有特权了，现在的美国就是这样。地主把他们自己置于比工人更有利的位置上，是完全不可能了，因为，随着土地供应更加充沛，如果农业比别的行业更加有利可图，那么，每个人就都可以选择进入这个行业。这种自由就能够维持劳务的等价交换。它也足以确保农业等很多行业所利用的大自然的力量，不是为生产者带来利润，而是造福于广大消费者。

两兄弟各奔东西，一个去捕鲸，另一个去遥远的西部开荒。然后他们用鲸油交换小麦。这难道意味着，土地对这一交易中的某一方当事人的价值，要高于鲸鱼对于另一方当事人的价值？能够进行比较的，只能是接受和出让的劳务。因而，只有这些劳务是有价值的。



这一点是非常正确的，因此，如果大自然对土地格外慷慨，也就是说，如果粮食丰产了，小麦的价格就会下跌，而渔民则会从中受益。如果大自然对海洋更慷慨，换句话说，如果捕捞产量增加，那么，鲸油价格就会便宜，从而有利于农民。再也没有什么比这更好地证明了，尽管生产者利用了大自然无偿提供的东西，但消费者却是不用为此掏一分钱的。消费者所要掏的钱仅仅是支付生产者投入的劳动，也即他的劳务。

因此，只要农村存在着充足的未开垦土地，那么，互惠的劳务之间就可以保持平衡，地主就不可能享有任何特殊的优势。

但是，如果地主成功地禁止开垦新的农田，情况就会不同了。在这种情况下，很显然，他们完全可以将自己的条件强加给社会其他成员。随着人口增长和社会对食品的需求越来越强烈，显然，地主就可以要求他人为他们的劳务掏更多的钱。对这一事实，通常人们就说——这是一种转喻的修辞手法——土地更值钱了。然而，法国和巴黎的例子就证明了，这种不公正的特权来自于人为地赋予地主的劳务以特殊的价值，而跟原材料无关。法律用我们上面说过的那种办法，限制经纪人、政府债券经销商、律师、屠夫的数量，结果是什么呢？结果是让这些人处于一种可以为自己的劳务确定更高价格的地位，法律创造了一种有利于他们的资本，而在不管哪种物质形态中，都不可能包含这种特权资本。我们为了简便，就说，“这个职业、这个事务所、这种牌照可真值钱”，这显然是转喻的说法。土地亦复如是。

最后，我们来分析一下最后的假设，就是说，整个岛上的土地都由一个人拥有，并由一个人耕种。

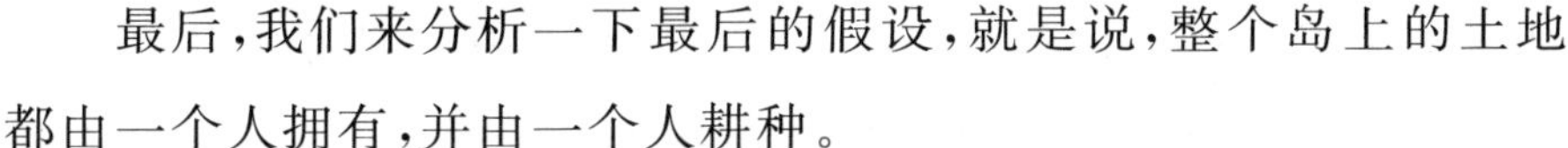

看起来，在这种情况下，两个阶层的相对关系将发生变化。

事实上，人口会继续增加；这些人会逐步占满所有的土地，那些已经有人先占的除外。于是，地主就能够自己单方面设定交换条件了。约束某种劳务的价值的，并不是出让它的人的意愿。当地主的出价高到对方认为不如放弃交易，或者不如他自己去做，或者不如与别人去做生意时，才能对地主劳务的价值构成约束。而现在，无产者将没有任何选择的余地了。以前，他可以对地主说：“如果你要我为你的劳动支付更多的报酬，那我就去自己开垦土地，”地主就不得不作出让步。而现在，地主就可以回敬他说：“这个地方已经没有无主的土地了。”于是，不管土地的价值是由土地本身赋予的，还是由劳务赋予的，反正土地的开垦者会从缺乏竞争中获得好处；而由于地主又可以将自己的条款强加给租户和农民，他们实际上是把这些条款强加于所有人。

显然，出现这种新局面唯一的一个原因是，无地者不再能够约束地主的要价了，他无法再说，“我自己可以去搞到没有开垦的土地。”

那么，如何才能让该劳务的价值继续维持稳定，使目前这种局面回复到从前呢？只有一件事可以做到这一点：在本岛之外又出现了第二个岛屿，或者又发现了一个从未开发的新大陆，就更好了。

在这种情况下，劳动会继续得到发展，以恰当的比例在农业和其他行业中间分配，不管从哪个方面看，都不可能形成压迫；因为，如果地主对工匠说，“我想以高于劳动正常报酬的价格出售小麦”，后者就马上可以回答他，“我要去找新大陆的地主，他不可能会提出这种无理要求。”



到了这个时候，广大民众真正的安全保障就在于自由交换，在于严格意义上的就业权利。[①]

就业权利的本质是自由，是自我所有权（the right to own property）。公匠是他本人劳动、劳务之产品的所有者，也是他出售这些产品的价格的制定者。在这一点上，他的权利跟地主是一

① 作者在其致 M. Thiers 的信中重新考察了这一假说。参见本书第 7 章《贸易保护主义与共产主义》最后 12 段。——法文版编者注

模一样的。只要在具有这种权利的前提下，他可以用自己的产品在全世界范围内交换农产品，他就肯定能把地主约束在我以前曾描述过的那种状态中，即用劳务交换劳务。比起占有蒸汽机或者哪怕是最简单的工具来说，不考虑劳动因素，仅仅占有土地本身，并不具有更大的优势。

然而，如果地主借用立法权阻止无产者在海外购买农产品，那么，劳务间的平衡就会被打破。由于尊重科学的精确性，因此，我不会说，他们因而人为地抬高了土壤或自然地力的价值；我是想说，他们人为地抬高了他们的劳务的价值。他们付出了较少的劳动，而要别人付出更多的劳动。他们压迫了其他人。他们的所作所为就是特许垄断者那一套，就是我们上面所说的禁止新开垦土地的地主干过的事：这正是社会不平等和贫穷的原因；他们践踏了正义和财产权的理念；他们在自掘坟墓。[①]

然而，无地者可以在那些空想家的就业权宣言中发现什么妙计呢？这种新的权利是否能够增加广大群众可以获得的食物和就业岗位的数量？所有的资本不是已经都归政府使用了吗？从国库过那么一道手后能否增加资本总量？通过税收把这些资本拿走，国家消灭的就业机会跟它创造的就业机会至少应该是一样多吧？

那么，你们创立这种权利会使谁受益？根据你们的理论，这将有利于那些失去了自己那一份土地占有使用权益的人们。然而，

① 关于土地财产权，参见《和谐经济论》第9、13章。也请参见作者全集（法文版）第二卷，1846年9月29日在Montesquieu Hall发表的讲话中的第二个寓言。——法文版编者注

银行家、商人、制造商、律师、医生、政府官员、艺术家、工匠都不是地主。你难道是说地主要负责保证所有这些人的就业？然而，所有这些人是彼此互相创造就业机会的。那么，你的意思是说，不管是不是地主，都应当帮助穷人？那么，你正在谈论的就是慈善施舍，而不是由于土地所有权而导致的某种权利。

我们必须要求的权利——因为这种权利是无可争辩的、不容侵犯的和神圣的——是真正意义上的就业权利，也即自由，自由支配自己的劳动、智力、能力、人身的权利，而不仅仅是占有土地的权利。如果要禁止一个阶层侵犯另一个阶层的这种权利，那就必然要求其劳务的自由交换，不仅在国内，也要在整个世界范围内自由交换。只要人们拥有这种自由，土地财产权就不会成为一种特权；它就会跟其他自由一样，仅仅是人们对其劳动果实的权利而已。

从这一学说中，我还会得出几个结论。

## 第四封信

重农主义者[1]经常说：只有土地是生产性的。

---

① 重农学派是18世纪法国自由主义古典政治经济学流派，主要代表人物是魁奈(Franocis Quesnay，1694—1774)和杜尔哥。其理论的出发点是“自然秩序”，认为人类社会存在着与“人为秩序”对立的“自然秩序”，因此他们反对任何人为的干预，尤其反对对农业和工业的干预。可以用“自由放任”概括他们的学说。因此，他们坚决反对重商主义，要求保证绝对的贸易自由。他们也认为一切财富源于土地，农业是提供纯产品、增殖财富的唯一经济部门。他们的理论对亚当·斯密曾产生过重大影响。——中译者注

有些政治经济学家也说：只有劳动是生产性的。

当我们看着农夫弯腰扶犁耕作土地，用自己额上的汗水浇灌土地的时候，我们很难否认他对生产活动的贡献。然而，大自然也是不知疲倦的。阳光穿破云层，风力驱动着云层，云层又带来雨水，雨水遍洒大地，使土地湿润肥沃。幼小植物的生长也展现了生命的神秘力量——所有这些已知或未知的大自然力量——就在农夫回家休息的时候，自然也在为人类的收获忙碌着。

因而，人们不能不承认，是大自然和人类劳动的携手，才形成了生产现象。人类赖以生存的效用正是这种合作的产物。事实上，不光是农业，其他行业中也都同样如此。

然而，在人类彼此进行的交换中，唯一用来比较、并且能够用来进行比较的只有一样东西，那就是人的劳动，即我所说的人们出让和接受的劳务。只有这些劳务是可以彼此进行衡量比较的，只有它们应该得到报酬；价值只存在于它们之中；人本质上只是他自己劳动的所有者，这种说法是完全正确的。



至于可以归功大自然的贡献的那部分效用，尽管可能确实比人所贡献的那部分还要更大、更重要，但仍然是无偿的赐予。它免费地从一个人手里转到另一个人手里，严格来说，它是不具备价值的。谁能估计、衡量或确定自世界初开以来，人的劳动所利用的自然法则的价值之大小？它们如何进行比较？我们如何估计其价值？如果它们具有某种价值，它们就应该算进我们的账目和我们的财产清单中；我们应当为使用它们而付费。我们如何能赋予其价值呢？因为它们属于我们所有人。也就是说，在同样的条件下，所有人都可以利用它们。①

因此，在所有对人有用的产品中，属于大自然运作的那部分，是人无偿享用的，而出于劳动的，则可以得到酬劳。

然而，对具有特定效用的一个产品来说，这两种要素，即人的劳动和自然的力量之间的比例，并不是固定不变的。绝不会如此！社会的进步就包括自然的贡献持续的增加，相应地，人的劳动贡献减少。换句话说，对于给定数量的效用来说，大自然的无偿合作将越来越趋于替代劳动的有偿合作。共有的份额不断提高，而需要支付报酬的、被人占有的份额则会下降。

假如你想把一担东西从巴黎运送到里尔，如果不借助任何自然力量，也就是说，如果是自己背过去，那么，你可能得辛苦一个月。如果你自己不想干这份重活，让别人替你干，那么，你就得支付人家同样的劳务。否则，人家就不会干。而随着雪橇、推车、铁路的出现，随着每一次技术进步，就有一部分工作由大自然承担起来了，于是，你就可以少干一些活，或者说，需要付酬的劳务就减少了。于是，每减少一些费用，显然就表示一次胜利。这种胜利不属于那些出让这些劳务的人，而属于接受了这种劳务的人，即整个人类。

在印刷术发明之前，抄写员不可能在一年之内抄完一本《圣经》，你要想拥有这本《圣经》，就得支付人家一年多的报酬。今天，人们只花 5 法郎就可以买到一本《圣经》，花不了一天的劳动。于

① 对基于自然资源的所谓垄断理论的反驳，参见作者全集（法文版）第五卷，论《无息贷款》中的第 24 封信，及《经济学的诡辩》第一卷第 14 章最后两页。——法文版编者注

是，大自然的慷慨力量替代了 300 天需要支付报酬的劳动中的 299 天。在这 300 天中，1 天代表人的劳务，仍然是私有财产，而 299 天则代表大自然的奉献，是不用再掏钱的，因而也就属于免费享用、所有人共同拥有的范围。

每一件工具、器具、机器，无一不导致人的劳动对一件产品的价值或构成财产的基础的东西的贡献之减少。

我知道，这里对此看法的阐述还十分不完善。在我看来，这些看法应当成为目前不幸地支配着公共舆论的各种思想流派关于财产权和自由问题的共识。

这些思想流派可以分别概括为下面的公理：

经济学家的公理：自由放任(Laissez faire, laissez passer)。

平等主义的公理：劳务的互惠。

圣西门主义的公理：按能分配，以产定能。

社会主义的公理：在资本、天赋、劳动之间公平分配。

共产主义公理：财货的公有(Community of goods)。

下面我将简要地说明(因为在这里我无法展开论述)我在前面阐述的理论，可以满足所有这些思想流派的要求。

## 经济学家

无须多说，经济学家肯定能够接受这种从斯密和萨伊[①]的学

① Jean-Baptiste Say(1767—1832)，法国经济学家，法兰西学院第一位政治经济学院士，自由贸易坚定的捍卫者，他对巴斯夏有很大影响。——英译者注

说发展而来的理论，它所体现的，正是他们所发现的普遍规律的逻辑延伸而已。自由放任——这就是自由一词的本质含义所在，我怀疑，如果没有自由，如何能够设想什么财产权概念？如果我不能自由地出让我的生产能力、我的劳动、我的劳动的产品以换取我需要的东西，那我还算是这些东西的所有者吗？难道我不能自由地为自己的生存而努力？——这必然会涉及交换，或者把我的力量转移给我的同伴，这可以说是一种合作，或者说是另一种形态的交换。

而如果自由受到限制，财产权怎么会不受损害？同时，如果我们彼此互惠的劳务不是自由交换的，如果法律禁止人以劳动去追求报酬最高的劳务，那么，互惠的劳务又如何能各自获得其应有的相对价值？财产权、公正、平等和劳务的平衡显然必须以自由为基础。而且，正是自由使大自然力量的贡献成为免费的，并为所有人共有；只要法律规定的特权赋予我占用大自然力量的垄断权利，那么，我就不仅会要求人们为我的劳动掏钱，也会要求人们为这种自然力量掏钱。我知道，今天的时髦是嘲笑自由。我们伟大的歌曲作家的反讽歌词在这个时代似乎要变成真的了①：

“我的心中满是痛恨，痛恨一切自由，呸呸自由！打倒自由！”

至于我本人，由于我总是打心眼里热爱自由，所以，我简直没法理性地给自由下个定义。

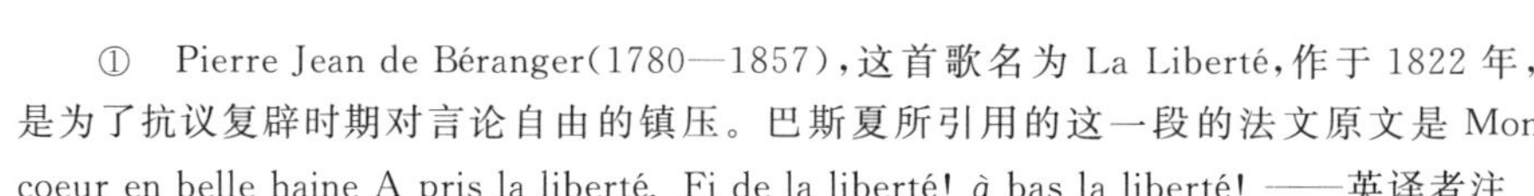

① Pierre Jean de Béranger(1780—1857)，这首歌名为 La Liberté，作于 1822 年，是为了抗议复辟时期对言论自由的镇压。巴斯夏所引用的这一段的法文原文是 Mon coeur en belle haine A pris la liberté. Fi de la liberté! à bas la liberté! ——英译者注

# 平等主义者

他们所渴望的劳务互换恰恰是私人所有权制度的结果。

显然，人是他所拥有的所有东西及其所包含的一切效用的所有者。实际上，他仅仅是他的劳动的价值，即他的劳动所提供的那部分效用的所有者，因为，在出售它的时候，只有他所付出的劳务能够获得报酬。平等主义的头面人物最近抨击财产权，不过仅限于抨击他所说的高利贷、土地、房屋、信贷等。然而，这种高利贷必然是、也不可能不是源于劳动。获得某种劳务，就意味着必须出让等量的劳务。这就是劳务互换的本质所在。我把我挥汗如雨生产出来的、本来可以记入自己账目的一件东西借给别人，就是把某个劳务出让给借方，那么，他就相应地也有义务给我同样的劳务。如果到了年底他把这件东西归还给我，他就不用补偿我了。而在这一年时间中，他就应当用从我的劳动中所获得的好处来弥补我的损失。如果我是因为超出我的劳动之外的东西而获得报酬，那么，平等主义的反对理由还是讲得过去的。然而，事情根本就不是这样。假如他们真的确定他们连篇累牍地阐述的理论是真理，如果他们注意逻辑的连贯性，那他们就应该加入我们的行列，竭力捍卫财产权，要求实现财产权所必需的东西，或者说，就是构成它的基础，即自由。

# 圣西门

按能分配，以产定能。

这一理想也只能在私人所有制下实现。

我们互相出让劳务以实现互惠，然而，这些劳务并不与我们劳动持续的时间和强度成比例。这些劳务无法用测力计或计时器来测量。我到底是干了一个小时还是一天，获得我的劳务的人根本就不在乎。他所关心的并不是我所花费的努力，而是我让他可以节省的努力。[①] 为了节省劳动和时间，我会努力利用大自然的力量。假如除我之外，谁都不知道如何利用这种力量，在同样的时间中，我出让给其他人的劳务，就会多于他们自己能够获得的劳务。那么，我就会获得更高的报酬，在不损害任何人的情况下，我自己富裕起来了。在这种情况下，自然的力量只让我一个人获得好处；我的能力获得了报偿：这就是按能分配。然而。很快，我的秘密就泄露了。我的技术被人模仿，竞争迫使我降低我的要价。产品的价格会下跌，一直到我所接受的劳务不再大于所有同类劳动的正常报酬为止。但是，大自然的力量并没有到这里就消失了，我失去了它，整个人类却得到了它。从此以后，只需要付出较少的劳动，人们就可以获得同样的满足。不管是谁，为自己消费而利用这种力量，都只用付出比以前少得多的辛苦，而利用它为别人提供劳务

① 节俭是价值的最重要的构成要素，关于这一点，可参见《和谐经济论》第 5 章。——法文版编者注

的人，也只能得到较少的报酬，这是很正常的。如果他想增加自己的财富，那么，除了增加劳动之外，没有别的办法。只能根据每个人的产量来确定各个人的能力。从本质上说，这是一个干得更好或者干得更多的问题，而这，正是圣西门主义公理的含义所在。

## 社会主义者

在才能、资本、劳动之间实现公平分配。

分配的公平源于下面的法则：用劳务交换劳务，前提是，交换是自由的，也就是说，承认和尊重财产权。

很显然，关于才能，那些具有更出色才能的人花费同样的努力可以出让更多劳务，据此，他自然可以获得更多报酬。

至于资本和劳动，请原谅在此我不能不多说几句，因为在公众心目中，再也没有比对资本和劳动的看法更错误、更危险的了。



资本经常被看成是某种贪婪的怪物，是劳工的敌人。于是，两种势力陷入了完全失去理性的对抗状态。而实际上，两者具有一样的起源和一样的性质，是携手合作、相互帮助的，谁离了谁都不能存在。因此，当我看到劳工对资本大发脾气的时候，我看到的仿佛就是饿汉在拒绝食物。

我是这样定义资本的：在使用原材料、机器工具和生活必需品时，我们不要忘记，凡是制造它们的时候所利用的大自然的那一部分，都是免费的，人们要掏钱的只是其中属于劳动的产物的那一部分。

为了制造某种有用的东西，需用原材料；然而，即使是制造很简单的东西，也需要工具机器；即使花费很短的时间，也需要食物等必需品。举个例子：要修筑一条铁路，社会就必须留出足够几千人几年中所需的各种必需品。

原材料、器具和生活必需品本身是以前劳动的产物，迄今仍然没有获得报酬。于是，当以前的劳动与当下的劳动合起来于一个活动、追求一个目的时，它们就分别获得了各自的报酬；双方根据一致同意的条款进行劳动的交换，劳务的交换。哪一方当事人将获得更有利的条件？是对他人要求较少的一方。我们在这里面对的是无情的供需法则；抱怨它是幼稚的，也是自相矛盾的。有人说，在劳工供应充分而资本短缺的时候，应当给予劳动以更高的报酬，这就等于说，生活必需品越短缺时，每个人吃得反而应越好。

劳工要比较抢手，要获得好报酬，国内的原材料、器具和生活必需品——换句话说，资本——就必须比较充裕。



由此可以得出结论，工人的基本利益恰恰在于资本迅速地形成；随着资本迅速积累，原材料、器具、生活必需品将陷入彼此激烈的竞争中；只有这样，才能提高大多数工人的报酬。而资本形成的根本条件是什么？就是确保每个人都是其劳动及其储蓄的真正的所有者，不折不扣的所有者。财产、安全保障、自由、秩序、和平、繁荣，所有这些，对每个人都有利，但却尤其、并最有利于无产者。

## 共产主义者

在每个时代，都能看到具有诚实、仁慈品性的人物，像托马斯·莫尔[1]、哈灵顿[2]和费纳隆，他们深为人类所遭受的痛苦和财富的不平等所震撼，试图在乌托邦的共产主义中为人类寻找避难所。

然而，也许有点闻所未闻吧。我想指出，在我们看来，私人所有制恰恰会使这样的乌托邦逐渐成为现实。至于其理由，就是我在文章一开头就说过的，财产权从本质上是民主的。

什么东西使人类得以生存和发展？是所有那些为人类所用的东西，是一切有用的东西。在这些有用的东西中，有一些是不需要人的劳动投入的，比如空气、水、阳光；这些完全是免费的，归大家所有。而有一些东西，则只有把劳动和大自然的力量结合才能成为有用的。因而，它们的效用可以分解为两部分：一部分可以归因于劳动，只有这一部分可以获得报酬，具有价值，构成为财产权。另一部分则来自自然资源，这一部分仍然是免费的，归所有人共有。

那么，在用于制造效用的这两种力量中，第二种，即免费的、所有人共有的那一部分，会不断地替代第一种，也即耗费人的劳动、因而需要支付报酬的那部分。这就是进步的法则。这个地球上没

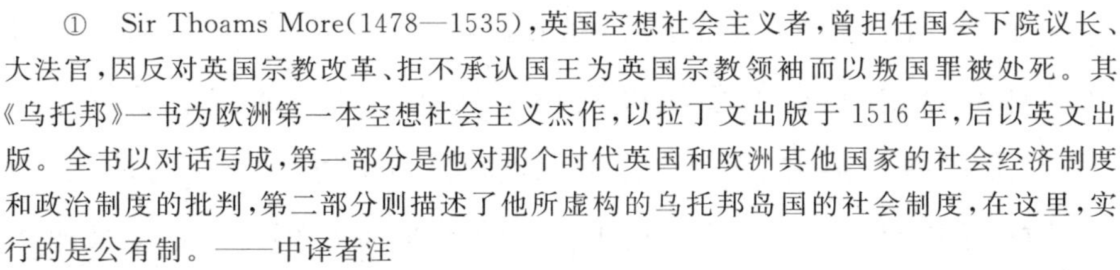

① Sir Thoams More(1478—1535)，英国空想社会主义者，曾担任国会下院议长、大法官，因反对英国宗教改革、拒不承认国王为英国宗教领袖而以叛国罪被处死。其《乌托邦》一书为欧洲第一本空想社会主义杰作，以拉丁文出版于 1516 年，后以英文出版。全书以对话写成，第一部分是他对那个时代英国和欧洲其他国家的社会经济制度和政治制度的批判，第二部分则描述了他所虚构的乌托邦岛国的社会制度，在这里，实行的是公有制。——中译者注

② James Harrington(1611—1677)，英国政治哲学家，其论述理想国家的著作题为《大洋国》(*Commonwealth of Oceana*)，强调成文宪法，总统间接选举，秘密投票，官员轮流。他的这些设想对美国等民主国家产生了影响。——英译者注

有一个人不在努力寻求自然力量的帮助;他一旦找到自然力量的奥秘,就可以通过相应地降低产品价格,从而立刻能使整个人类都分享其力量。

因此,在每种产品中,效用中免费的那一部分在逐渐地取代需要耗费人力的那部分。因而,人类共有、所有人都可以使用的那部分,在比例上会逐渐地超出被私人占有的那部分。人们可以说,对于整个人类而言,人类共有、所有人都可以使用的范围在不断地扩大。

进一步说,很显然,只有在实现自由的地方,效用中依然需要支付报酬、或者说被私人占有的那部分,即使不是完全平等地进行分配,至少也是按照出让劳务的比例进行分配的,因为这些劳务本身正是报酬的衡量标准。

因此,我们看到,私人财产权,那无法阻挡的力量会逐渐在人类中间实现平等。它会建立某种共有基金,每个人可从中得到的回报会不断提高,由此,社会将逐渐趋于平等;由于那些被抹去了的价值(大自然的力量)对每个人来说都是平等的,因此,需要支付报酬的效用会不断减少。书籍价格中被印刷术抹去的那一部分,所有人都可以平等地分享。

至于人的劳动所创造的那部分效用,即需要付出努力、需要技巧的那部分效用,竞争会使报酬趋于均衡。唯一保留下来的不平等,是那些由于努力、劳苦、劳动、技能的不平等——一句话,由于出让的劳务的不平等而造成的正当的不平等;这种不平等是永远正当的,因为,谁不明白,假如没有这种不平等,人类的所有努力就都会立刻停止。

我可以想象，有些人会反对我上面的说法。他们会说，“这些政治经济学家也太乐观了！他们完全沉溺在理论之中，而从来不去直面现实。现实中人们为什么会对平等主义趋之若鹜？还不是因为整个世界都呈现出一副光怪陆离的景象：富裕与贫穷的对立，奢华的人嘲弄贫困的人，游手好闲的人剥削辛勤劳动的人，有的人大腹便便而有的人食不果腹？”

我不想否认这种种不平等、这种种不幸、这种种痛苦。谁能否认这些呢？但我想说的是：这些绝不是私人财产权所带来的，恰恰相反，这是由掠夺的原则造成的。

这就是下面我要论证的问题。

## 第五封信



不，政治经济学家并不像有些人经常指责的那样，主张我们已经生活在一个好得不能再好的世界。他们对社会的种种罪恶并没有视而不见，对那些受苦受难者的呻吟并不是充耳不闻。但是，他们要追溯这些罪恶的根源，而他们相信，他们已经发现了：在社会必须面对的问题中，没有一个比不正义的危害更严重、也更广泛的了。因此，他们最强烈地要求实现普遍的正义，将此摆在最优先的位置。

人们都想改善自己的命运，这是他的天性的第一法则。而为了能有所改善，他首先必须投入一些劳动，或者经历一些劳苦。驱使人们改善自己福利的考虑，也同时驱使他竭力逃避为实现这一目标而必须付出的辛劳。因此，在自己动手劳动之前，他总是经常想去占有他人的劳动。

因而,我们可以借用古希腊寓言家伊索形容闲言碎语的话来形容自私自利:这个世界上,没有比它更好的东西了,也没有比它更坏的东西了。自私自利之心创造出了人类赖以生存和发展的一切东西:它刺激了劳动,形成了财产权。然而与此同时,它也给这个世界带来了形形色色的不公正。这些不公正的形态各异,但都可以用一个词来概括:掠夺。

财产权和掠夺,一个是社会的救赎之道,一个是社会苦难的根源;一个是善良的天才,一个是罪恶的天才。其实,它们是一个父亲所生的孪生姐妹,自从人类控制整个世界的命运开始,这两种力量就在争斗。

财产权和掠夺出于同一个源头,这一事实可以使我们很容易理解,卢梭及其现代门徒为什么心安理得地攻击和扰乱社会秩序:他们只看到了自私自利的一个方面。

我们已经看到,人自然而然地就是其劳动产品的所有者,我们也已经看到,在他们交换这些财产的时候,他们彼此都会出让自己的劳务。

因此,掠夺的一般特征,就是利用暴力或者欺骗不让我们获得等价的劳务回报。

用于进行掠夺的方案,与人类的创造力资源一样,丰富多彩,数不胜数。劳务的交换要想被人认为是合法的,必须具备两个条件。首先,交易的一方当事人不被另一方歪曲事实所误导。其次,交易是自由的、自愿的。如果一个人成功地欺骗另一个人,让他相信他给他的回报是一种真实的劳务,实际上却完全不是那回事,这就属于掠夺。如果像迄今为止的那样，掠夺者诉诸暴力，那就更不用说了。

我们一般都倾向于认为，唯一一种掠夺形式就是刑法所规定并予以惩罚的盗窃行为。如果果真如此，那我对社会舆论予以谴责、法律坚决禁止的这些异常情况之社会意义，未免也太看重了。然而，唉！确实还存在着另一种掠夺，是在法律允许下进行的，是通过一整套法律体系进行的，并且得到了社会的默许甚至是赞成的掠夺。而只有这种大面积的掠夺，才足以改变财富在社会中的分配状况，在很长时间中阻止自由所推进的社会趋于平等的趋势，导致永久性社会和经济不平等，使有些人陷入贫穷的深渊，使整个世界罪恶泛滥，而有些浅薄的人却将此归罪于财产权。我上面说过，从人类控制世界之初就有人主张的、是社会苦难的根源的那种原则，说的就是这种掠夺。我们下面简单地提一下这种掠夺的表现形式。

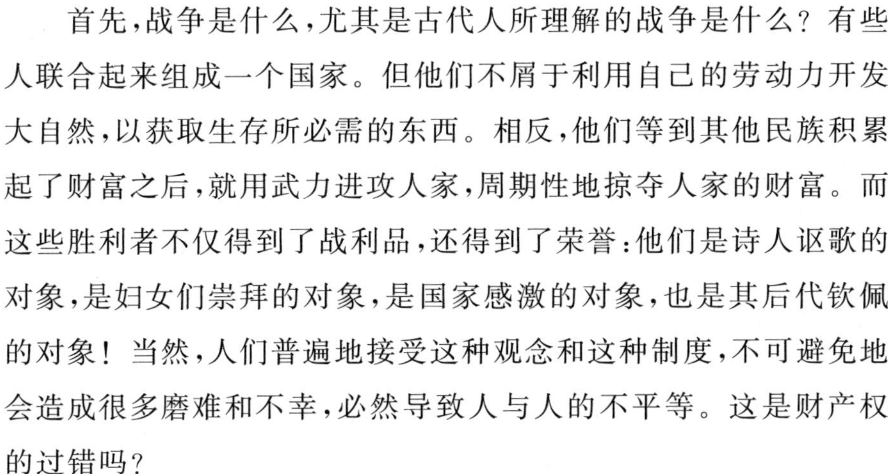

首先，战争是什么，尤其是古代人所理解的战争是什么？有些人联合起来组成一个国家。但他们不屑于利用自己的劳动力开发大自然，以获取生存所必需的东西。相反，他们等到其他民族积累起了财富之后，就用武力进攻人家，周期性地掠夺人家的财富。而这些胜利者不仅得到了战利品，还得到了荣誉：他们是诗人讴歌的对象，是妇女们崇拜的对象，是国家感激的对象，也是其后代钦佩的对象！当然，人们普遍地接受这种观念和这种制度，不可避免地会造成很多磨难和不幸，必然导致人与人的不平等。这是财产权的过错吗？

后来，掠夺者改进了他们的方法。他们逐渐明白了，把被征服者从肉体上消灭，等于损坏了一笔财富。只夺取一个人的财产，得到的只是短时间的享受，而控制这个人连同他所拥有的一切，可以一直把他掠夺下去。于是出现了奴隶制。它把掠夺推到了其逻辑的极端，因为它掠夺了被征服者一切现有的和一切未来的财产、劳动及其产品、智力、生产能力、情感和他的整个人身。概括地说就是：我所需要的一切，都可以从他那儿获得，而我什么都不用给他。那很久以前才被我们抛弃的社会状态就是这样的。雅典、斯巴达、罗马等地尤其明显。想想真是可悲，我们的老师要我们景仰的、在我们年轻时候灌输给我们的，竟然正是这些国家的风俗习惯和观念。我们就好像被栽培者注入了颜料的植物，最后就只能长成某种无法去除的人工颜色。一代一代接受这种教育的人没有能建立其良好的国家，又有什么可惊奇的！不管怎样，我们都必须承认，这是不平等的一个原因，而这是不能归罪于我们上一节所说的私有财产权制度的。

我将略而不谈农奴制、封建制及 1789 年前实行的制度，不过，我还是忍不住要提一下长期以来滥用宗教权威而进行的掠夺行径。你接受了人家有用的劳务，而回报给人家的却是虚构的、欺骗性的、不牢靠的、可笑的劳务，这就是在掠夺人家。即使得到了人家的同意，也只不过使你的罪行更加恶劣而已，因为这意味着掠夺者已经扭曲了一切进步的源泉，即人的判断力。对此，恐怕不用多说什么。人人都知道，由于真正的或假冒的宗教的种种弊端，宗教已经失去公信力，在印度、埃及、意大利、西班牙等地，教士与俗众之间已经出现了一道鸿沟。难道这也是财产权的过错？

现在已经是 19 世纪了，那些严重的社会不公正已经在我们的国家留下了很深的烙印，但谁能否认，即使我们使财产权——这是唯一的自由，是普遍的正义的唯一表现形式——在我们的所有法律和各种社会关系中占据主导地位，要完全清除这些烙印，也仍然需要假以时日？我们可以想一下，在我们这个时代，欧洲仍有一半地方处于农奴制下；在法国，封建制被彻底推翻，也只是半个世纪前的事；在英国，封建制仍然基本上完好无损；而所有国家都在投入空前的热情维持常备军。这意味着，要么是这些军队彼此互相威胁对方的领土，要么是这些军队本身就成为进行大规模掠夺的榜样。我们也可以想一想，所有的国家都背负上了沉重的债务负担，而这些债务肯定是我们以前的愚蠢造成的；我们也不要忘记，我们自己每年就要付出数百万法郎人为地延续遭受奴役的殖民地的存在；我们每年还要另拿出数百万法郎，用以阻止非洲海岸的奴隶贸易（这把我们拖入到最大的外交麻烦中）；我们每年还要把一亿法郎给殖民地，以表彰上述种种掠夺行径给我们所带来的牺牲。

因此，过去的阴影仍然控制着我们，不管我们对此怎么说。我们只能逐渐地摆脱它的控制。如果平等主义原则、即财产权迄今仍未受到足够的尊重，那么，人们中间存在不平等，又有什么值得惊奇的呢？到底是什么可以确保我们实现当代人热衷鼓吹的各个阶级的平等？其最宝贵的特征又是什么呢？只能来自于朴素的正义、来自于实行下面这条法则：用劳务交换劳务。两种劳务，必须按照其真实价值进行交换，要完成这件交易需要当事人具备两样东西：明晰的判断力和交换的自由。如果他们的判断力不清晰，不能判断什么是真正的劳务，那么，就会接受假冒的劳务，甚至是自愿地。这种结局可能比暴力干预交易更糟糕。

我们当然承认，人类存在着的不平等是有历史根源的，因而只能随着历史的发展而逐渐消失。那么，我们不妨看一下，至少是在本世纪——正在确立正义在所有地方的主宰地位——我们是否能够最终从人类社会中消灭暴力和欺骗，从而使劳务的等价交换原则顺利地确立起来，并使保护财产权这一民主和平等主义的目标最终获胜。

唉，我在新秩序的地平线上，看到了那么多新出现的弊端，看到了那么多的例外，看到了那么多直接、间接背离这一原则的事情，我不知道这些东西是何时出现的。

首先，我们弄出了形形色色的执照。不管是谁，假如想当出庭律师，内科医生，经纪人，政府债券承销商，法律顾问，代理律师，药剂师，印刷工，屠夫，甚至面包师，都会遇到法律上的种种限制。所有这些，都是劳务的一种具体形态，然而，法律却禁止随便进入。于是，那些已经获得执照的人就可以肆意抬高他们的价格。最后就变成了，仅仅拥有这种执照本身，也具有很大价值，哪怕什么劳务也不提供。提供这些劳务必须具备相应的证书，对此，我无话可说。但是，说实话，最灵验的证书就是有人接受他们的劳务，并向他们付款。然而，这些证书本来是不应当把他们排除在外的。好吧，你可以要求我掌握当法律顾问或内科医师必须掌握的知识，但不能要求我必须在这个、那个城市学习若干年，等等。

我们还想通过征收关税，对小麦、肉类、布匹、铁、工具等日常生活最必需的东西人为地制定价格，以获得超额的价值。显然，这是企图破坏劳务的等价交换，是粗暴地践踏人们对其劳动和生产能力之果实的最神圣的财产权利。我前面已经论证过了，如果一个国家所有土地都已被私人全部占有，而劳工人口继续增加，那么，国家就有权对地主的要求加以限制，鼓励工人为出口而工作，并从国外进口粮食。工人只能用自己的劳动交换生活必需品；显然，如果方程式的一侧——劳动不断增加，而另一侧却保持不变，那么，用较多的劳动只能交换到较少的生活必需品。这种效应具体将表现为工资下降，如果这是由自然因素引起的，就必然爆发大饥荒，而如果是由于法律的实施所导致的，那就必然会引发犯罪浪潮。

下面谈谈税收。税收已经变成了某种很吃香的谋生之道。我们知道，政府工作岗位的数量一直在稳定地增长，我们也知道，想进入政府工作的申请者的增长速度比工作岗位数增长得还要快。那么，这些申请者中是否有谁问过自己，他所提供的公共劳务，能否等于他期望得到的报酬？这种灾难的根源是否快走到尽头了？如果我们看到，公共舆论本身就想让所有的事情都由这个虚构的东西——即由无数领薪的官僚组成的国家——来做，那么，我们可不敢相信它正在走向尽头。我们曾经认定，所有人无一例外都有能力治理国家；现在我们又等于宣布，他们自己没有能力自我治理。很快，每个法国人就会摊到两三位官僚，其中一位专门防止他过于辛勤地工作，一位负责向他提供教育，另一位则向他提供信贷，第四位插手他的生意，等等。有一种幻想使我们相信，国家是一个不用占用我们的财富、相反倒拥有无穷无尽的财富的东西，这种幻想将把我们引往何处？

人们已经开始认识到，政府机构是要花钱的。然而，他们还不明白的是，这种负担不可避免地要落在自己头上。他们相信，如果说迄今为止，自己的负担还比较沉重的话，那么，共和国则是一种对他们有利的手段，可以在普遍增加负担的同时，至少把自己应该负担的份额转移到富人肩上。真是致命的幻想！毫无疑问，税务官是有可能去纠缠某一个人而放过其他人的，他确实可能从富人那儿拿到实实在在的现金。然而，税款交过之后，事情却并没有就此结束。它对社会将产生进一步的影响。它会影响各种劳务的相对价值，这些负担最终必然得由所有人、包括穷人承担。因而，这些负担并不会只打击一个阶层，相反，由于利益共同体把所有人都联系为一体，所以必然会影响所有人的利益。

那么，现在是否有什么迹象表明，我们已经看到了税负降低的曙光？

让我直截了当地说吧：我相信，我们正在走向一条死胡同。在这里，最温柔、最狡猾、最有独创性的掠夺，打着团结和博爱之类的美丽旗号，正大摇大摆地逼近我们，其严重程度出乎我们的想象。我们将看到掠夺是如何进行的：在国家的名义下，公民作为一个集体，被看成是某种真实存在的东西，具有自己的生命，拥有自己的财富，似乎跟一个一个公民的生命和财富毫不相干似的；于是，每个人都对这个虚构的东西需索无度。有的人要它提供免费教育，有的人要求它安排就业，有的要求获得信贷，有的人要求得到食品，等等。而如果国家不先从公民那里拿来东西，它就什么也给不了他们。经国家这一道手续，唯一的效应是财力的极大消耗，然后是劳务的等价交换受到彻底破坏；因为每个人都想给予国库尽可能地少，而从国库拿走尽可能地多。换句话说，国库将遭受掠夺。

难道我们没有看见这样的事情目前正在发生着？有哪个阶层没要求国家给予优惠照顾？似乎生活的根本就在于国家。除了国家自己数也数不清的机构之外，农业、制造业、商业、手工业、剧院、殖民地、造船业等等都希望从国家那儿得到一切。他们要国家平整和灌溉土地，希望国家开拓殖民地，希望国家教育自己的子女，甚至希望国家管自己的娱乐消遣。人人都想得到奖金、补贴、刺激，尤其希望得到无偿的某种劳务，比如教育和信贷。人们为什么不要求国家无偿提供所有劳务？为什么不要求国家为所有公民提供免费的食品、酒、衣服和住房？

还有一个阶层尚没有提出过这种愚蠢的要求：

“至少这里还有最后一位可怜的仆人，他还没有受到坏风气的感染。”①

这个阶层正是所谓的劳动阶层。然而，现在，他们也要求“分一杯羹”了。他们对国库作出了那么大贡献，那么，如果要讲公平，根据平等的原则，他们也同样有权加入到其他阶层已经开了个好头的这种普遍的侵吞掠夺行列中。这可实在是太令人遗憾了，当他们能够发出自己的声音的时候，他们所要求的却是自己在掠夺中也有份儿，而不是要求彻底消灭掠夺行径。然而，这个阶层又如何能比其他阶层更文明开化呢？他们难道不也是受了那个曾经误导了我们所有人的幻想的蒙骗？

但是，正是由于乞求者的数量已经等于公民的总人数，所以，我这里所指出的错误是不可能长期维持下去的；我希望我们能够进入一个新时期，那时，人们要求国家提供的唯一的劳务，将是诸

① 莫里哀的戏剧 Femmessavantes 中，敏感的丈夫 Chrysale 如此形容他的房东。他的仆人，除一人之外，都学他的妻子的样子，只顾享乐，而不管家务。——英译者注

如正义、国防、公共工程之类的东西。

我们还一直面临着不平等的另一个根源，比其他因素更活跃的一个根源：攻击资本。无产者获得解放的唯一途径是资本不断增长。如果资本增长的速度高于人口增长速度，那必然会出现两个对多数工人改善生活都有决定性作用的效应：产品价格降低，工资提高。但是，资本要实现增长，首先就需要安全保障。如果资本担惊受怕，就会藏起来，就会抽逃，就会被挥霍浪费，就会被摧毁。那时，劳工就要失业，或者只能挣较低的工资。因此，对劳动阶级来说，最大的灾难就是被那些讨好他们的人拖入反对资本的战争中，这不仅是荒唐的，也是可悲的。这是一种持续的掠夺威胁，比掠夺本身更可怕。最后我想说的是，如果自由——我所指的就是个人按自己的意愿支配自己的财产的权利，因而也就是对财产权的最大保证——如我上面已经论证的，必然会导向公平的等价交换，使社会越来越趋于平等，同时提高所有人的生活水平，那么，我们就不应该把我们看到的这个世界上的令人痛心的不平等归罪于财产权，而恰恰应该归罪于与之相反的原则，即掠夺。是它在我们的星球上释放出了战争，奴隶制，农奴制，封建制，利用公众的无知和轻信，特权，垄断，贸易限制，国家贷款，商业欺诈，过高税负，最后，还有对资本的战争，以及所有人都荒唐地要求牺牲所有人以图自己生存和发展。

# 孔西代朗先生的抗议与巴斯夏先生的回应[①]

亲爱的先生：

在关于社会问题的严肃探讨中，我决不允许把不属于我们的看法强加在我的头上，也不允许别人歪曲我的真实想法或者不作如实描述。

按照巴斯夏先生的说法，似乎在过去20年时间中，我从来就没有反对圣西门主义者——他们反对遗产继承权——巴贝夫主义者、欧文主义者等形形色色的共产主义者，以捍卫财产权，从而让巴斯夏先生把我也放进了反对财产权的行列中。但我相信，我已经为这种权利确立了合乎逻辑的正当性，这一根基是别人很难摧毁的。

似乎我从来没有在国民公会中批判过布朗基的理论，似乎我也没有被普鲁东先生多次攻击为财产权最坚定的捍卫者。我可从来没想过让巴斯夏先生在自己的头脑中，把我和那两位社会主义者合起来，虚构出一个反对财产权的三驾马车。

我不想强迫您——这有失公正——在你的专栏中刊登我的文章的那些段落，不过您可能会同意我的一个请求，我请求您在巴斯夏先生犯下更严重的错误之前转述他，有些评论最好少来点，免得逼得我又要对他作出回应，甚至可能占用整个

① 发表于 the Journal des débats，1848年7月28日。——法文版编者注

专栏。

1. 我不想巴斯夏先生——即使他相信他是在如实地分析我的思想——在分析的时候加引号，好像那些话是引自我论述财产权和就业权的文章，或者是我别的作品。事实上，那些话是他说的，尽管在某个地方他把这些话算在我头上，然而，这些话恰恰跟我的意思相反。这种手法可实在让人不敢恭维，这种做法可能使原作者本人都认不出自己说过的话来。你自己愿意怎么提炼、愿意怎么分析，那是你的事，但是，不要让你的分析性概括看起来像是引用原文。

2. 巴斯夏先生说："他们（包括我在内的三位社会主义者）似乎觉得，在将要爆发的斗争中，穷人志在夺取就业权的胜利，而富人将会起而捍卫财产权。"在我本人看来，我不相信这种事，我甚至不相信我能够相信这种事。相反，我相信，今天，富人比穷人有更充分的理由接受就业权。这一思想贯穿在我的所有著作中，而这些著作首次发表的时间，不是今天，而在10年以前，它们旨在对政府和财产所有者发出一个有益的警讯。与此同时，也想捍卫财产权，反驳那些反对财产权的人士的可怕的逻辑。进而我相信，财产权有益于富人，但也同时更有益于穷人；我认为，否定这种权利就是否定个性原则；而如果压制这种权利，那么，不管社会处于何种状态，在我看来，这都是该社会回归野蛮状态的征兆，而就我所知，我可从来没有说过要回到这种状态。



3. 最后，巴斯夏先生说了："不过，我并不想仔细地探讨孔西代朗先生的理论……我只想研究一下这一理论中很重要、很严肃的理论基础，也即地租。孔西代朗先生的理论体系可以概括如下：一种农产品的形成，要通过两种活动的结合：一种是人的活动，即劳动，它是财产权产生的前提；另一种是自然的活动，它是免费的，而地主却不公正地占有其收益，正是这一点，构成了对人类权利的侵犯。"

我实在要请巴斯夏先生原谅，上面这段话中，没有一个字出自我的文章，而巴斯夏先生却十分无理地把这些东西归到我的头上。一般来说，我很少掩饰自己的想法，如果我指的是"中午"，那么，我就不会说"下午两点"。如果承蒙巴斯夏先生不弃，如果先生真想批判我的文章，那就直接批判我本人说过的东西好了，而不要批判他自己概括的什么东西。我在那篇文章中没有写过一句反对地租的话；我知道，我想所有的人也都明白，那儿根本就没有涉及地租的问题，不管是从内容还是形式，都没有涉及；而当巴斯夏先生笔下的我说"自然的活动……应当是免费的"，地主"不公正地占有其收益"，而在我看来，"构成了对人类权利的侵犯"，这里的思想，跟我自己所持的想法，相差十万八千里；他把我本人认为荒唐的想法归到我头上，而这种想法与我的整个理论是完全背道而驰的。事实上，我根本没有抱怨说，地主从大自然的活动获得了收益；我是为那些没有从中收益的人要求一种就业权，从而使他们能够跟地主一道创造产品，并在他们没有财产（农业或工业财产）作为工具的时候，靠自己的劳动养家糊口。

至于其他问题，先生，我不想为了反驳巴斯夏先生，而鲁莽地要求在您的专栏中阐明我的观点。我没有这种资格是我

的福气和荣幸。就让巴斯夏先生随心所欲地编造我的理论体系吧。我相信，我有权要求您善意地允许我在十分必要的时候予以反驳，我只是想订正他对我的曲解，他把我根本不应该承担责任的话塞到我的理论中。我清楚地知道，让自己的论敌说自己想让他说的话，而不管人家本人实际说了什么话，这是在论战中获胜的好办法；我也知道，如果某人要打败社会主义者，那么，把他们作为一个整体进行批判，比分别批评他们各自的看法，要更省事一些。不过，我只对我自己说过的话承担全部责任，不管是对是错，除此之外，我概不负责。

编辑先生，巴斯夏先生在您的专栏中展开的讨论涉及如此微妙、严肃的主题，那么，你至少应该就此听听我的看法。因此，我确信，您会支持我的正当反应的，您也一定会出于公正，在您的专栏的醒目而显著的位置上刊登我的抗议。



V. 孔西代朗

人民代表

巴黎

1848 年 7 月 24 日

孔西代朗先生责怪我没有如实表述或者说歪曲了他对财产权问题的看法。如果我确实犯了这种错误，那也不是故意的，而要纠正这种错误，最好的办法莫过于引用原文。

孔西代朗先生先论证了存在着两类权利，一种是自然权利，体现的是事情本身之间的关系，另一种是习惯上的或法律上的权利，只有在人为的关系有效的情况下这种权利才能存在。在这之后，他接着说：

“我们直截了当地说吧，迄今为止所有工业国家普遍确立的财产权，其实在一定程度是不合法的，是罪恶的。我们必须承认这一点。人类为了生存和发展而被安排在星球上，因此，整个人类拥有地球表面的使用收益权……

“在所有文明国家现有的财产权制度下，人类完整地行使其使用收益权的共同基础已经遭到侵害；它已被少数人侵占，而多数人被排除在外。事实上，哪怕只有一个人的权利遭到剥夺，那么，这种剥夺本身就构成对人类权利的某种侵害，而由此获得正当性的私有财产权制度也将是不公正的、不合法的。

“文明社会中每个降临到这个世界的人如果一无所有，看到周围的土地都被人占据，他难道就不能对那些要求他尊重现有的私有财产制度的人士这样说：‘我的朋友们，让我们互相理解，做一些区分好吗：只有在别人尊重我的财产权的时候，我才会坚定地支持财产权，并尊重别人的财产权。那么，我也是人类的一分子，我也对土地的占有使用拥有权利，因为它属于整个人类，据我所知，大自然并没有说把它给某个人而不给其他人。我发现我降生的这个地方，由于私有财产制度，公共土地已经被瓜分了，并且都保护得严严实实。因此，你们的私有财产权制度乃是建立在窃取我的使用收益权的基础上的。不要把财产权与我所看到的根据你们的人为权利而建立的某种财产权制度混为一谈。”

“因而，目前的财产权制度是不正当的，基本上是建立在掠夺基础上的。”

孔西代朗先生最后试图以下面的一句话概括财产权的基本原则：

“每个人正当地拥有他的劳动、他的才智或者更概括地说他的勤劳所生产的东西。”

为了论证这一原则的内涵，他想象出在孤岛上开垦土地的第一代人，这代人劳动的成果可以分为两类：

“第一类包括第一代人通过他的劳动和勤奋而在土地之上繁殖、种植、开发出来的产品，这些未加工或加工过的产品可能是消费品，也可能是生产工具。显然，这些产品是完全合法的财产，属于那些通过自己的勤劳生产出这些产品的人……

“这代人生产出来的不仅包括上述产品……还包括通过耕种、建筑等他在土地上投入的一切劳动和在其上修建的一切设施，从而在土地的原始价值之外额外增加的那部分价值。

“这种额外增加的价值本身，显然也是一种可以归功于第一代人辛勤劳动的产品，一种价值。”



孔西代朗先生承认，这第二种价值也是合法的财产。然后他又说：

“因此，我们可以清楚地认识到，当第二代人降生的时候，他会看到两类土地资本：

“A. 原始的或自然资本，不是第一代人自己所创造出来的，即土地未开垦时的价值；

“B. 由第一代人创造的资本，首先，包括未被第一代人消费和使用的产品、日用品和工具；其次，包括第一代人的劳动附加在未开垦土地上的那部分额外价值。

“很显然，根据刚刚论证过的财产权的基本原则，我们无疑、也必然会得出下面的结论：第二代的每个人都对原始的或自然的资本拥有平等的权利，但他对其他资本、对第一代人所创造的资本，则没有任何权利。第一代人则可以把他所创造的那部分资本按自己的心愿随便给予第二代的任何人——孩子、朋友等等。”

于是，在第二代人中就出现了两种人：一种人继承了前代人创造的资本，另一种人则没有。也有了两种资本：原始或自然的资本与创造出来的资本。后者合法地属于遗产继承人，但前者则正当地属于每个人。第二代的每个人对原始资本都拥有平等权利。然而，人们却发现，被创造出来的资本的继承人也占有了不是他的前辈创造出来的资本，一直在暗中蚕食这些资本，侵占这些资本，私吞这些资本。正是因此，现行财产权制度就是不正当的，是违反正义的，主要是建立在掠夺基础上的。

我当然有可能搞错，但在我看来，我似乎相当准确地转述了这种理论，尽管用的是其他人的话，是布坎南、麦库洛奇、塞涅尔关于地租的话。他们也都承认劳动所创造的财产的合法性，但他们也认为侵占孔西代朗先生所说的未开垦土地的价值——他们称之为土地的生产力——是非法的。



现在让我们看看如何矫治这种不公正：

“生活在丛林和草原上的野蛮人享有四种自然权利：狩猎、捕鱼、采集食物和放牧。这些是人类的初始权利。

“在所有文明社会中，那些没有继承任何东西、不拥有任何东西的无产者的这种权利被完全彻底地剥夺了。因而，我们不能说初始权利在这里改变了形态，因为它已经不复存在了，它已经随着他失去土地而消失了。

“那么，在工业社会中，可以通过什么形式找回这种权利呢？

答案很容易找到。在原始状态中，为了行使自己的权利，人们必须有所行动。捕鱼、打猎、采集食物和放牧等劳动，就是他行使自己权利的条件。因此，初始权利就是从事这些劳动的权利。

“因此，已经占用了土地，完全剥夺了人们赖以在地球表面随意而自由地行使自己四种自然权利之能力的工业社会，就必须承认每个人的就业权，以补偿他被社会剥夺了的这些自然权利。享有这种就业权后，从原则上说，个人不应再有怨言，当然他可以就具体的形式进行讨价还价。事实上，他的初始权利就是在简陋的作坊中，或者在大自然的原野中劳动的权利；现在，他在条件更好、装备更先进的工厂中劳动，所行使的正是这种权利，而个人的辛劳会生产更多的东西。

“因此，财产权获得正当性的必不可少的条件就是，社会要赋予无产者以就业权，社会要保证无产者至少能挣到他在原始状态下维持生存需要付出的劳动在今日所应获得之报酬。”

现在，我想让读者自己来判断，我是否曲解或者歪曲了孔西代朗先生的观点。

孔西代朗先生相信自己是财产权坚定的捍卫者。无疑，他捍卫了他心目中的财产权，然而，他是按自己的方式理解财产权的，那么，问题就是：这是不是一种正确的理解方式？至少，它不是大家公认的含义。

他自己说，尽管解决财产权问题只需具备一些常识就够了，不幸，却始终没有人认识到这一点。我不同意对人类理智的这种指责。

孔西代朗先生所指责的不仅仅是理论。关于这一点，我与他有同感，我同意他的看法，也同意他对很多别的问题的看法。

但是，他也谴责普遍的规则，他直截了当地说：

“迄今为止所有工业国家普遍确立的财产权，由于严重地践踏了人的权利，而在一定程度上是不正当的，是罪恶的。”

那么，即使孔西代朗先生是财产权的坚定捍卫者，可至少，他心目中的财产权概念确实不同于这个世界自诞生以来人们所公认并坚持的财产权概念。

我坚信，布朗基先生和普鲁东先生也自称为自己所理解的财产权的捍卫者。

至于我自己，我只是对我自己相信是正确的财产权概念给予解释而已，舍此别无他求，当然，我的理解有可能也是错误的。

我相信，看似自然形成的土地财产，其实总是劳动的成果；因此，它恰恰是建立在孔西代朗先生提出的原则之上的；这种权利并没有剥夺无产者对原始土地的使用收益权，恰恰相反，这种权利使他们的使用收益权增加了成十上百倍；因此，这种权利并没有不正当的色彩；而我们破坏这种权利的一切行动和信念，对拥有土地的人和不拥有土地的人所造成的损害是同样的严重。



正是因此，我才乐于在报纸的专栏中竭尽所能地论证这一点。

巴斯夏

# 第七章　贸易保护主义与共产主义

致梯也尔先生

亲爱的先生：

不要对二月革命不领情。它让您感到惊讶，甚至让您感到震惊，但它也使您作为作者、雄辩家和有利害关系的顾问而获得了意外的成功。[①] 在这些成功中，有一样是最为非凡的。最近我们在《新闻报》(*La Presse*)上看到：



"国内工业保护协会(即从前的米默勒尔委员会)刚刚向本报记者发布一篇新闻稿，宣布将捐献一笔资金，用以购买梯也尔先生论述财产权问题的书籍，以在工厂中广为散发。协会自己还订购了五千本。"

我真想在您看到这振奋人心的消息时就在您身旁。这消息一定会给您带来一些快乐。

我们有充分的理由说，上帝的做法是不可预测的，也是不会出错的。如果您能给我片刻工夫，那么我很快就可以向您证明，贸易

---

① 本文发表的时候，即 1849 年 1 月，梯也尔在伊利宫(路易·拿破仑担任共和国总统时的官邸)很走红。——法文版编者注

保护主义已经变得如此普遍，如果上帝还让其继续存在，就会演变成共产主义，就像小毛病会变成大灾难一样。我将向您揭示，贸易保护主义的捍卫者却摆出一副共产主义毁灭者的样子，是多么的不可思议；而更异乎寻常、更让人鼓舞的是，一个为传播共产主义理论和实践而建立的强大组织（它一直为它的成员带来好处），今天却拿出其半数资金摧毁它用另一半资金所支持的那种邪恶。

重复一遍，这可真是令人鼓舞的景象。它使我们打消了对真理必将获胜的疑虑，因为它向我们显示了，颠覆性理论的第一位真正的传播者，由于害怕这些理论获胜可能带来的后果，现在正在同一个实验室中调和毒药和解毒剂呢。

这表明，共产主义和贸易保护主义的原则是一脉相通的。当然你或许不承认这种同一性，不过说实话，我自己反正是不可能在写了一本 400 多页论述财产权的著作之后，却一点都不受其影响。也许您觉得，我投身自由贸易事业微不足道的努力，我在最后不了了之的讨论中的急切心态，我的战斗热情和斗争的尖锐性，使我总是透过放大镜观察我的论敌，就像我们的雄辩家常做的那样。我觉得，您的观点对《工业观察报》的理论的打击与对《人民报》（the Populaire）的理论的打击一样沉重；毫无疑问，您会觉得这纯属我的想象，您是为了声援贸易保护主义者才写这本书的啊。大制造商、有名望的地产主、富裕的银行家、能干的政治家怎么可能使自己成为共产主义在法国的创始人和传播者呢？他们对共产主义可是一无所知，并且决不想这样啊。而我倒想问您，为什么不会呢？那么多劳动者都真诚地相信就业权，因而也在不知不觉中成为共产主义者，而他们自己本来也绝不会听任自己变成这样的人啊。

其间的原因在于，在社会的各个阶层中，自私自利之心影响着其意志，而意志，如帕斯卡所说，则是信念的主要因素。很多实业家，尽管在别的方面都令人尊敬，但却在积极推进共产主义事业（在别的名义下的共产主义），因为只要有机会瓜分或者分享别人的东西，人们总是会毫不犹豫地那样做。然而，一旦依照这一原则轮到别人分享自己财产的时候，他们就对共产主义深恶痛绝了。从前，他们推销《工业观察报》，而今，他们则在赠阅论述财产权的书籍。如果对此觉得惊讶，那说明这个人对人的心理、对其内在的灵活性、对其总爱耍小聪明有些无知。

不，尊敬的先生，并不是激烈的斗争使我这样看待贸易保护主义理论的；恰恰相反，是因为我在斗争之前先看到了该理论的致命之处，所以才投入到这场斗争中去的。[①] 请相信我，驱使我这样做的动机从来都不是希望促进我们的对外贸易，尽管在这方面确实间接地产生了不菲的效果。我以前相信，现在仍然相信，这是事关财产权利的问题。我过去相信、现在仍相信，我们的保护性关税借助其赖以存在的精神状态及为其辩护的观念，为践踏财产权敞开了大门，据此，所有破坏财产权的立法都有可能获得通过。在目前的公共舆论下，在我看来，某种形态的共产主义（我必须承认，我们尚未意识到它的存在及其程度）正在向我们迎面走来。在我看来，这种形态的共产主义（因为共产主义有多种形态）帮忙论证了贸易保护主义的正当性，而这只是其逻辑的必然结论而已。因此，正是

① 参见巴斯夏全集法文版第一卷，1845 年 1 月和 1846 年 10 月致 de Lamartine 先生的信，及第二卷的一篇注明是 1847 年 6 月 27 日的文章 Communism——法文版编者注

在这一基础上，我认为反对共产主义是有用的；因为，自从贸易保护主义用米默勒尔委员会所传播的诡辩武装起来之后，除非从公众思想中彻底驳倒这些诡辩，否则，是不可能战胜贸易保护主义的。

这就是我们在波尔多、在巴黎、在马赛、在里昂建立自由贸易协会的立场。从本质上说，商业自由毫无疑问对世界各国都是非常重要的东西。然而，毕竟，如果我们所考虑的仅仅是这一点，那么，我们就应当把我们的组织叫做商业自由协会，或者更世故一点，干脆就叫做关税改良协会得了。然而，自由贸易一词所指的是一个人支配自己劳动果实，换句话说即他的财产的自由，而这正是我们选择它的理由所在[①]。当然，我们知道，这个词会给我们带来很多麻烦。它坚持了一条原则，因而，必然使所有反对这一原则的人都变成我们的对手。而且，那些本来应该最坚定地支持我们的人士，也即商人，也与我们大相径庭，如今，他们最关心的是降低关税而不是打败共产主义。阿夫勒市（LeHavre）尽管完全支持我们的观点，却拒绝加入我们的阵营。方方面面的人都对我说："如果我们不提出那些太绝对的要求，那么，我们就已经能够有很好的机会实现降低关税的目标了。"

我的回答是："如果这就是你们要追求的全部目标，那你完全可以通过你们的商会去行动。"

他们又对我说："自由贸易这个词太扎眼了，会阻碍你们成

① 参见巴斯夏全集（法文版）第二卷收录的注明为1846年11月20日的文章《自由交换》（*Free Exchange*）。——法文版编者注

功的。”

完全正确。但是，恰恰是这个词所引起的惊骇使我有最充分的理由采用这个词。我要说的是：“它越吓人，就越能证明，财产权观念已经在人们思想中荡然无存了。贸易保护主义理论已经导致人们接受了错误的观念，而错误的观念又导致更多贸易保护措施。通过要手腕或者是商业部长发善心，我们是可以降低一点点关税的，但这只能减轻贸易保护主义观念的影响，而不可能完全消灭其根源。”

因此，尽管它给我们带来了障碍，我们还是保留了“自由贸易”这个词，因为我们就是想制造这种障碍；这种障碍显示了我们思想中的病灶所在，恰恰向我们揭示了正在受到威胁的社会秩序的基础所在。

用一个口号来显示我们的目标是不够的；我们还要对它予以界定。这一点我们已经做过，这儿摘录一下本协会已经发表的宣言，这是本协会所采取的第一个行动：

“在团结起来捍卫一种伟大的理想之时，我们全体签名者认为，有必要阐明他们的信念；宣布他们协会的目标、范围、手段和性质。

“交换，与财产权一样，乃是一种自然的权利。每个生产或获得某一产品的人都应该可以选择或者立刻将其用于自己的目的，或者将其转让给地球上任何人，只要该人同意以某种他所希望得到的东西与他交换。如果他并未有任何违反公共秩序和良好道德的行为，而仅为满足另一个人的便利，那么，剥夺他的这种选择权，乃是把掠夺行径正当化，是对正义的法律的践踏。

“进而言之，这种行径是对公共秩序赖以形成的环境的破坏；因为，如果每种产业在法律和公共警察力量的支持和煽动下，企图以压制其他行业为代价而确保自己的利润，则这样的社会将形成什么样的秩序？

“它也是对主宰人的命运的上帝之旨意的漠视，因为上帝赋予人们的气候、季节、自然能力和爱好各不相同，上帝并不是在人们中间同等配置一切，为的就是让他们通过贸易、以普遍的兄弟情谊为纽带团结起来。

“它也阻碍着公众的财富的增长，因为不能自由地交换的人，就不能自由地选择他的工作岗位，他会发现他把自己的努力、能力、资本和自然赋予他的种种力量用在了错误的地方。

“最后，它也会威胁国际和平，因为它割裂了各国之间的商业联系，而本来商业联系会让各国轻易不会发动战争。

“因而，本协会以自由贸易作为其目标。

“我们并不想反对国家为维持公共开支而对穿越其边境的货物征税的权利，但条件是税率仅仅是根据国库之需要而确定。

“然而，一旦税收不再具有财政性质，其目的是为了排挤外国产品，为了人为地抬高国内同类产品的价格，因而也是为了某个阶层的利益而要求整个社会作出牺牲，甚至不惜为此损害国库收益，那么，从这一刻起，它就变成了贸易保护，或者毋宁说是掠夺；而这，正是本协会将致力于批驳的原则。本协会将致力于从我们的法律中彻底清除这种原则，不管别国是否也奉行这种原则，排挤我国产品。

“本协会致力于彻底摧毁贸易保护主义体系，但这并不意味着，我们要求这样的改革在一天之内，通过一次选举就完成。即使

是从坏制度变成好制度，从人为状态回归自然状态，我们也必须始终谨慎行事。结束贸易保护主义的具体措施需要政府来设计执行，本协会的职责是传播和普及自由贸易的基本原则。

“至于本协会为实现这一目标而采用的手段，则永远不会利用宪政和法律以外的任何方式。

“最后，本协会完全是无党无派的。它不为任何一个行业、阶级或地区谋求利益。它信奉永恒的正义、和平、团结、自由来往、普遍的兄弟情谊之理想，追求公共福利，不管在何地，不管在哪个方面，都是与消费者的利益完全一致的。”

在这个纲领中，每一个字无不表达了巩固或者是重新在人们头脑中确立财产权观念的热切期望，这种观念已经被贸易保护主义理论给扭曲了。很明显，在这个纲领中，商业利益是第二位的，社会利益才是第一位的。从行政管理或者是从财政角度看，关税本身是好还是坏，我们并不关心。然而，只要关税被有意用来进行贸易保护活动，也就是说，只要开征某种关税的目标是进行掠夺，也即从根本上否定财产权，我们就起而反对它。我们反对的不是这种关税，而是这种贸易保护制度。我们说了，“这就是我们致力于批驳的观念，要努力将其从我们的法律中清除出去。”



人们肯定会问，我们为什么心里想的是一个非常重要的普遍性问题（财产权），却将自己斗争的目标局限在这么具体的问题上（贸易保护主义）。

原因很简单。我们必须成立自己的组织以反对论敌的组织，我们必须壮大自己的队伍。我们清楚地知道，如果不能提出并且最终解决所有问题，与财产权有关的道德、政治、哲学和经济等方方面面的问题，贸易保护主义者与自由贸易论者之间的论辩就不可能坚持下去，而由于米默勒尔委员会主要关注的是具体问题，却危害到了财产权，所以我们也希望通过直接致力于与之相反的目标（自由贸易），以重申财产权之原则。

不过，我曾经说过什么或想过什么，有什么关系呢？对贸易保护主义与共产主义之间的关联，我是否已经察觉或者我是否相信自己已经察觉到了，这也并不重要。重要的是证明，确实存在这种关联，这就是我下文的任务。

你们肯定还记得，你们一直如饥似渴地求索着什么，终于有一天，你们从普鲁东先生著述中看到下面这句话——这句话现在已经很有名了——“把我的就业权给我，我就让你拥有你的财产权。”普鲁东先生没有掩饰下面的事实：在他看来，这两种权利是不相容的。

如果财产权与就业权不相容，如果就业权的依据与贸易保护主义是同一个原则，那么，由此得出的结论只能是：贸易保护主义本身是与财产权不相容的。在几何学中这是一个不容争辩的真理：如果两个东西都等于第三者，那它们就必然相等。



现在，来了一位杰出的雄辩家比洛特先生[①]，他觉得自己应该发表一个支持就业权的讲话。不过，比洛特先生大概不大容易清楚地认识到，他顺嘴引用的普鲁东先生的话——让国家干预以实现财富平均、使每个人的生活水平保持在同一个水平——就已经使自己走上了通往共产主义之路。那么，为了说服国民公会践踏

① Auguste Adolphe Marie Billault（1805—1863），法国律师、政客。他没有什么坚定的政治信念，但具有辩才和野心，在1848年的二月革命时期是个很有影响的人物，在第二帝国时期，曾担任内政部长、参议员和不管部部长。——英译者注

财产权，他都说了些什么呢？他非常纯真地告诉你们，他要你们做的，就是你们通过关税已经在做的那些事情。他的要求无非就是把你们已经接受和运用的理论，应用到更广泛的领域。

下面是他的话：

“让我们看看我们的进口关税。依靠保护性关税、歧视性关税、补贴等等方法，社会扶持、限制或者鼓励我们的全国工业计划。(很好！)这样不仅能维持它所保护的本国劳工与外国劳工之间的平衡，也越来越深入广泛地干预国内各个产业。我们不断听到一个产业抗议另一个产业的呼声。举个例子，我们都看到了，那些使用铁的行业抱怨国家保护国产铁，限制外国铁的进口；而那些使用亚麻布和棉线的人则抱怨政府保护国产棉线而排挤外国棉线；其他行业也有这种现象。于是，社会(他其实应该说政府)发现，它必然要卷入经济的各种斗争和所有麻烦中。它每天都在积极地干预，或者是直接的，或者是间接的；只要涉及关税问题，你就会看到，不管你愿不愿意，你都不得不有所偏袒，不得不自己对这些要求作出评价。

“这并不足以构成反对‘社会对贫困的劳动者应承担起义务’之理念的理由，这种观念就需要政府干预工业事务。”

请注意，比洛特先生这样一番论证，完全不是说反话。他很乐于暴露贸易保护主义的自相矛盾之处，但他绝不是冒充自由贸易论者。不，比洛特先生本人是不折不扣的贸易保护主义者，他追求的是通过法律手段实现财富平等。他认为关税法案对实现这一目标是有用的，但他发现，财产权是实现这一目标的障碍。他就像你一样，略过不理财产权；接下来他提出的是就业权，这是这条路上的第二站。他又发现财产权是个障碍，他又一次跳过不理。然而，他回头一看，很惊奇地发现，您并没有跟着他走。他问你为什么。如果您对他说，"我原则上承认，法律可以侵犯财产权，但是，我觉得以就业权的名义侵犯财产权，有点不大合适"，比洛特先生应该能够理解您的意思，并想跟您讨论什么样的做法是恰当的这样一个次要问题。然而您却提出财产权本身，也不想讨论这个问题。这令他大为惊讶，他觉得他有资格对您说，"已经到了这种时候，就不要跟我讲什么大道理了，即使你不承认就业权，那最起码你也不能把这种想法建立在财产权基础上啊，因为你在自己觉得合适的时候就曾经利用保护性关税侵犯过财产权啊。"他还会加上这样的理由："利用保护性关税，你一般侵犯的都是穷人的财产权，而偏袒富人的财产权。而实现就业权，你则是侵犯富人的财产权而造福于穷人。那么，为什么到了现在，你才良心不安呢？"[①]

因此，您和比洛特先生之间只有一个区别。你们两个都已经走上了通往共产主义之路。不过您只迈出了一步，而比洛特先生已经迈出了两步。就这一点而言，最起码在我看来，您处在有利地位。然而，沿着其逻辑走下去，您就会丧失这种有利地位。因为，您走的路正是他已走过的，尽管您走得更慢，但最后必然也会走向反对财产权。因此，您摆出一副财产权捍卫者的样子，就当然很可笑了。比洛特先生本来是能够避免这种自相矛盾的，然而，唉，这

① 作者认为比洛特先生为了加强自己的论点而可能提出的这种看法，很快就被另一位贸易保护主义者说出来了。1850 年 4 月 27 日，米默勒尔先生在议会制造业、农业、商业委员会上发表的一次讲话中正是这样说的。参见第 8 章《掠夺与财产权》所引本次讲话的段落。——法文版编者注

种逻辑最后只能沦为拙劣的诡辩！比洛特先生那么聪明的人，竟然没有意识到，哪怕是模模糊糊地意识到，顺着他的这条路，每走一步，都必然离共产主义更近一步。在他侵犯财产权的时候，却做出一副捍卫财产权的样子，他一点都没有觉得有什么荒谬之处。然而，他是用什么魔法使自己以为已经证明了自己的观点的正当性？他用的是那些企图调和根本无法调和的两种东西的所有人最爱用的公理：没有什么绝对的原则。私有财产权与共产主义两者，根据具体的环境，可以一样来上那么一点。

“在我看来，文明的钟摆总是根据时代的需要，从一个原则摆向另一个原则，而在强调个人主义的绝对自由原则之后，回归到强调政府行动的必要性，总是意味着更大的进步。”

于是，在这个世界上，没有什么正确的东西，也没有什么绝对的原则，因为，钟摆总是根据时代的需要，从一个原则摆向另一个原则。啊，比喻，如果我们只用比喻，你要把我们带到什么地方！



诚如您在讲台上曾经说过的，一个人不可能同时说清各种事情，更不要说写出来了。想必您很清楚，我在此并不想全面地考察贸易保护制度的经济影响，也不想探讨，从国民财富的角度看，这种制度是利大于弊还是弊大于利。我只是想证明，贸易保护无非是共产主义的一种表现形态而已。比洛特先生和普鲁东先生就是样板。下面我将进一步论述这一点。

首先，我们该如何理解共产主义的含义呢？有若干种办法可以实现，或者至少可以用来尝试实现财产的共有。拉马丁先生说有四种办法。你觉得有上千种办法可以实现共有制。我同意你的说法。不过，我觉得，所有这些方法可以归为三大类，而在我看来，只有一类是真正危险的。

第一种，两个或两个以上的人可以设计共同劳动和生活。只要他们并不准备直接、间接地扰乱治安或限制他人的自由或侵占他人的财产，那么，即使他们造成了什么伤害，也只是自己害自己而已。这些人最好是到遥远的荒无人烟的地方去实现自己的梦想。我们只要稍加思索就知道，这些可怜的家伙必将困苦而死，必将成为他们的幻想的牺牲品。在我们这个时代，这种类型的共产主义者给他们空想的极乐世界安了个名义：伊加利亚。看样子，他们对自己正在追求的可怕的灾难已经有了不祥的预感。我们应当为他们的愚昧而悲伤，也应当警告他们，假如他们准备听我们的劝告的话；但是，我们不用担心他们的幻想会对社会造成危害。

另一种共产主义，当然也是最残酷的共产主义，则是把所有现存的财产都予以没收，并予以平均分配。这是把掠夺变成一种普遍的法律规则。它不仅摧毁了财产权，也摧毁了劳动和激励人们辛勤工作的驱动力本身。这种类型的共产主义太暴虐、太荒唐、太凶暴，因而我倒不认为它有多大实现的危险。这番话是我在其尚未吸引相当多选民——其中大多数都属于受苦阶层——前说的。对我这番话，人们议论纷纷。



我想简单说说我对这些议论的看法。他们说："什么，巴斯夏先生竟敢说这种共产主义不危险？那他就是个共产主义者！哈，我们早就看出来了，共产主义者、社会主义者和经济学家都是一丘之貉。"我还真有点百口难辩。但是，那种共产主义本身突然夭折，证明了我的说法是正确的。是的，如果共产主义以其最天真的形式出现，如果只有完完全全赤裸裸的掠夺，那它就不危险。我之所以说它不危险，是因为它令人害怕，因而人们将敬而远之。

我得赶紧加上一句，如果说贸易保护主义与共产主义可以、并且应当相提并论的话，那么，我所指的并不是这种形态的共产主义。

然而，共产主义还有第三种形态。

让国家进行干预，赋予它以稳定利润、平均财富的使命，让它未经某些人同意就拿走他们的财富并将其无偿地分配给另外一些人，让国家出面借助掠夺手段实现平等，这，确实也算共产主义。国家到底用什么样的办法实现这些目标并不重要，用什么名义装点它们的观念也不重要。国家不管是用直接手段还是间接手段，是通过限制措施还是通过税收，是借助关税还是借助就业权，是以平等、团结的名义进行掠夺，还是以博爱的名义进行抢劫，其本质并没有什么不同。对财产的掠夺，不可能因为是通过法律以一种定期的、有序的、系统的方式进行的，就不是掠夺。

补充一句，在我们时代，这是真正危险的共产主义形态。为什么？因为在这种形态中，我们看到，它得寸进尺，意在蚕食一切财产权。好好地看看吧。有的人要求国家免费为匠人和农民提供生产工具。这等于要求国家从其他匠人和农民那里偷盗这些生产工具。另一位要国家发放无息贷款，而如果不侵犯他人的财产权，当然无法做到这一点。第三位呼吁国家提供各级义务教育！义务！意思就是说，纳税人掏钱吧。第四位要求国家补贴工会、剧院、艺术家，等等。然而，这些补贴资金的每一分钱，都得来自那些正当地挣到这些钱的人。第五位则乞求国家人为地抬高某种产品的价格，以照顾出售这种产品的人。而这必将令那些购买这种产品的人蒙受损失。是的，很少有人不是这种意义上的共产主义者。您是，比洛特先生也是，我怀疑，我们法国所有人多多少少都是这种共产主义者。国家的干预似乎可以使我们能把掠夺的责任分摊到每个人头上。换句话说，任何人都不用承担自己的责任，这种安排使我们在享受他人财产的时候可以心安理得。我们这个时代最正直的人、令人尊敬的图勒先生[①]在担任部长的时候，不就用下面的话为他提出的促进农业发展的法案辩护吗："为了促进农业发展，光给予农民指导是不够的，我们还必须向他们提供生产工具。"在说了这番话之后，他向国民公会提交了一份法律草案，其第一条是这样写的：

"第一条，在 1849 年度预算中，必须拨出一千万法郎给农商部部长，以分配给农地所有者及所有者协会。"

我们得承认，立法语言掩饰了其真正的含义，这一条说的其实是下面的意思：



"在 1849 年度，应该授权农商部长从一些农民口袋里掏出一千万法郎——他们也急需这些钱，这些钱本来属于他们——然后把这些钱放进另一些农民的口袋，他们也需要这些钱，但这些钱却并不属于他们。"

这难道不是共产主义法案？如果这种法案普遍化，难道不是赋予共产主义以合法地位？

同样，那些宁死也不会偷别人一分钱的制造商，却毫不犹豫地

① Charles Gilbert Tourret(1795—1857)，工程师、政客，1837 年当选议员，曾任农业与商业部长。——英译者注

向立法机关提出下面的要求："制定一部法律，提高我生产的布料、铁和煤炭的价格，好让我能够从容地榨取顾客的钱财。"他提出这种要求的基础是，他对通过自由交换或者自由贸易（不管别人怎么说，反正我认为这两者是一回事）获得的利润不满足；而另一方面，我们所有人都对我们的利润不满足，也都想求助于立法机关；那么，至少在我看来，显然，如果立法机构不这样回答："我们不会考虑你的这种要求；我们并没有权力侵犯财产权，相反，我们承担着保障财产权的责任，"如果他们不这样回答，我们就快陷入完全的共产主义了。国家行政机关为满足人们的这种要求所采取的手段可能不同，但其结局是一样的，依据的也是同一个原则。

假定我跑到国民公会上说："我开办了一家企业，我觉得我的利润太少了。因此，我请求你们发布一道法令，授权税务官从法国每个家庭征收一分钱给我。"如果立法机构同意了我的请求，人们在这里看到的——假如他愿意看的话——就只能是一次法律授权的掠夺行径而已，这恐怕还算不上共产主义。但是，如果所有法国人，一个接一个，都跑到国民公会提出同样的要求，而立法机构根据财富平均原则审查这些请求，那么，我相信——你们恐怕也不得不相信——其结果就是共产主义。



立法机构为了实现这一目标，是利用关税官员还是征税员，是直接征税还是间接加税，是借助限制措施还是搞补贴，都是无关紧要的事。它难道以为，自己有权无偿地剥夺、给予？它难道以为自己的职责是平均利润？它能按照这样的信念行事吗？绝大多数公众同意和支持这种行动吗？如果真是这样，那么，我就要说，我们正在走向共产主义，不管我们是否意识到。

假如有人对我说："照你看来，国家不应该代表所有人这么做，而只能代表少数阶层这么做？"我的回答是："如果是后者，那只是通往更恶劣的共产主义之路而已。"

先生，我清楚，人们很容易被这个问题搞糊涂而对我的论证表示怀疑。人们会举出完全正当的行政管理行为。在这些案例中，国家的干预既是公平的，也是有益的。于是，他们就得出结论，说这些案例与我所竭力反对的案例中间，看起来没有什么不同，因此，是我弄错了。他们对我说："要么你不应当从保护性关税中看出共产主义的影子，要么你就应当从所有政府行动都看出共产主义。"

我可不想掉进这个陷阱中。因此，我觉得有必要明确，到底在何种情况下，国家干预会具有共产主义性质。

国家的职能是什么？公民应当把什么样的权利委托给政府的有组织的暴力？应当把什么东西留给私人活动？要回答这些问题，毋宁要上一堂政治哲学课。幸运的是，为了解决现在讨论的问题，我并不需要这么做。

如果公民们不愿意自己向自己提供某种服务，而求助于公共服务，也就是说，当他们觉得，联合起来完成某项工作或者共同获得某种满足是合适的，那么，我不会说这是共产主义。因为在这里，我看不出共产主义的特点：通过掠夺实现平等。国家确实在通过征税拿走民众的财产，但又通过提供服务偿还了这些财产。这是一种特殊但也正当的交换形态，是所有社会正常运行的基础。我还想进一步说明这一问题。公民在授权国家提供某种特殊服务的时候，可以处理得好，也可以处理得不好。如果他们处理得好；

如果国家很好地提供了这种服务并且比较经济，就说明他们处理得比较好；反之就是处理得不好。但在这两种情况下，都不会出现共产主义的原则。如果处理得好，公民们就成功了，如果处理得不好，他们就犯错误了；仅此而已。即使说共产主义是一种错误，却并不能由此就说，所有的错误都是共产主义。

政治经济学家对政府干预通常持深刻的怀疑态度。他们从干预中看出了种种麻烦——减少了个人的自由、活力、审慎和经验，而这些，却恰恰构成了一个社会最宝贵的资源。因而一般情况下，他们都反对这种干预。但他们反对贸易保护主义，却根本不是从这一立场出发，也不是由于这个理由。我们对自由的偏爱——或许是过于明显了——不应该被拿来作为批驳我们的论据。我们不希望听人这样说："由于这些绅士们反对各种形态的国家干预，所以，他们反对贸易保护主义就一点都不奇怪。"

首先，说我们反对一切国家干预是不正确的。我们承认，国家的职能就是维护秩序和稳定，保护人身和财产，镇制欺诈和暴力行为。什么样的干预是积极的呢？我们只能遵循下面的规则：只有在确信国家的干预可以实现资源总量上的节约时，才能进行干预。然而，看在上帝的份儿上，在进行这种估计的时候，我们最好还是考虑考虑国家垄断所带来的种种不便之处。

接下来，我不得不重复一遍，在权衡各方面的利弊之后，如果发现授予国家某种新的权力会带来不便并导致国民的损失，然后，投票反对授予国家这种权力，这是一回事；而由于授予国家的某种权力是不正当的、是掠夺性的，等于是授权政府去干它理当防范和惩罚的事情，因而投票反对授予这种权力，这是另一回事。现在，人们说，我们是同时根据这两种论据反对贸易保护主义制度的。然而，事实上，在我们猛烈攻击贸易保护主义制度的斗争中，我们更多地是出于后一个理由——当然，是用合法的手段。

因此，举个例子来说，如果问题是某个市政委员会想弄清，是让每个家庭自己跑上半里地去打水合适，还是由市政当局征收一笔税金然后雇人把水送到村里更划算，对这个问题，原则上，我不反对进行一番调查研究。在这里，权衡所有的利弊是决策需要考虑的唯一因素。人们的考虑可能出错，但一次错误只能导致一笔财产的损失，而不可能导致人们的财产权受到系统的侵害。

然而，如果市长提出，为了一个行业的利益而压制另一个行业，为了鞋匠的利益而禁止别人穿木屐等等诸如此类的事情，那么，我就要对他说，这已经不是权衡利弊得失的问题了。在这里，我们所看到的已经是权力的滥用，是对公共警察力量的不正当使用。我要对他说："你是公共权力的受托人，你的职责本来是执行法律，惩罚掠夺行为，你自己怎么胆敢利用这种权力和暴力保护和组织掠夺行径？"

如果这位市长的想法获胜了，如果我看到，这个村庄里的各个行业都争相要求市政当局牺牲别人的利益照顾自己——这种情况是有先例的——如果在肆无忌惮的野心的喧闹之中，我看到的正是破坏财产权的想法，那我就完全有理由认为，为了使这个村庄免于继续沉沦，需要做的第一件事就是对他们大声发出警告，告诉他们，那项措施作为这可悲的链条的第一个环节，是如何的不正义。

先生，从您的著作中我们不难找到一些段落，讨论的正是这个话题，并完全坐实了我的看法。事实上，随便翻开本书就可以发现这些东西。是的，如果我们再玩一次小孩子的游戏，想在这本书上扎一只大头针，那我就应当在随便翻开的一页上，找找有没有谴责贸易保护主义制度（事实已经证明这种制度跟共产主义是一回事）——的字句，不管是明确的还隐晦的。我干嘛不做一下这种试验？好吧，现在我就验证一下。在283页上就有一只大头针在闪光：在这里，我读到下面的话：

"因此，一味怪罪竞争，而没有看到，如果国家是一个生产者，那么它同时也是一个消费者。如果它搞到的东西少（对此我不承认，你本人在下面几行也否认了），那么，它付出的也就会少。因此，在抑制人的勤奋的制度与给予人的勤奋无限活动范围、告诉它不要停止的制度之间，就仍然有区别。——这些都是严重的错误。"

我不同意您说的。在我看来，发生在比达索阿河[①]两岸的竞争，跟发生在卢瓦尔河[②]两岸的竞争，不会有什么区别。让我们再来扎个大头针，这次是在325页：

"权利要么存在，要么不存在。如果它们存在，就会产生绝对的结果……而且，如果某种权利存在，那它就会每时每刻都存在，它在今天、昨天、明天、后天，不管春夏秋冬，都绝对会存在，不仅在它请你有效地宣布它的时候存在，在它请工人利用它的时候也存在。"

您是否在主张，某位冶铁商拥有某种不受限制的、永久性的权

---

① Bidassoa，法国和西班牙之间的一条界河。——英译者注

② Loire，法国最长的河流。——中译者注

利，可以阻止我在我工作的地方——即葡萄园——偷偷地生产两英担铁，为的是保护他在自己的工厂——铁厂——只生产一英担的优势？这种权利也是要么存在，要么不存在。如果存在这种权利，那它不管是在今天、昨天、明天、还是后天，不管是春夏秋冬都会存在，不仅在它请你有效地宣布它的时候存在，在它请冶铁商利用它的时候也存在。

我们再来碰碰运气。我们在 63 页上又找到了。在这里我读到下面的警句：

“如果我在消费它的时候却不给予，财产权就不存在。”

就我们而言，我们想说的是：“如果我不能在消费它之外交换它，财产权就不复存在。”请允许我加上一句，交换的权利最起码跟赠送的权利一样宝贵，一样具有社会重要意义，一样是财产权的属性。我们觉得很遗憾，在一本全面论述财产权问题的著作中，你觉得应当用两章来论述赠送，却没有舍得用哪怕是一行来论述交换，而这种权利在法律中却恰恰遭到了粗暴的践踏。

又扎了一针。哈，这是在 47 页：

“对自己的人身和劳动的权利是人的第一位的权利。对他的劳动产品——未必是他存在的一部分，而不是那么神圣——的权利则是次一级的权利，这些产品的总和构成了所谓的世俗的财货，而保障他拥有这些东西对社会有极大的好处。因为，如果没有这种保障，就没有人愿意干活，而如果没有努力干活，就不会有文明，甚至不会有那些生活必需品，而只有贫穷、抢劫和野蛮。”

好吧，先生，如果您乐意，我们就详细地说说这一点。

与你一样，我认为，财产权首先是支配自己人身的自由，然后是支配自己劳动的自由，最后是支配自己劳动成果的自由——顺便说一句，这证明了，从某种角度看，自由和财产权是彼此不可分割的。

我实在不敢像您那样断言，一个人对自己的劳动产品的权利，不像生产技能本身那样，也是我们的存在的有机组成部分。从物理学上看，这一点当然无可置疑，然而，一个人不管是被禁止使用自己的劳动，还是被剥夺了劳动产品，其结果其实都是一样的。这种结局就叫做奴隶制——这是自由从根本上等于财产权的又一证明。如果我使用暴力迫使一个人为我而劳动，这个人就是我的奴隶。当然，我也可以允许他自己按自己的心愿干活，但我仍然通过某种办法，或者是用暴力，或者是用欺骗手段，攫取他的劳动果实。第一种压迫更可憎一些；第二种更狡猾一些。当主人发现，让被征服者自愿劳动，他会更聪明、生产效率更高，他就会说："我们就不要直接占有我们的奴隶的劳动了，我们应该让他们自己劳动，然后我们就可以从他那里攫取更多财富。咱们给这种新型的奴隶制度起个好名字，就叫做保护吧。"

您还说，社会应该致力于保护财产权；我完全同意。只是我要您更进一步，如果你所说的社会是指政府，那么，我就要说，对于财产权问题，政府唯一可以做的事就是保护它；如果政府企图平均财产，那么，这种作法本身，就是侵犯财产权而非保护财产权。这一点，有必要进一步予以阐明。

有一群人，他们如果不劳动，如果不拥有财产就无法生存，假如他们联合起来掏钱建立一支公共警察力量，那么，很显然，他们的目的是想在十分安全的状态下创造和享有自己的劳动果实，而决不会让他们的劳动和财产受这种力量的支配。我相信，即使是在所有形态的正规政府制度建立之前，个人自卫的权利、个人捍卫自己的人身、自己的劳动自由和自己的财产的权利，也是无可置疑的。

不要假模假样地在这里把政府的起源和权利的范围问题哲学化，对我这不大好使的脑子来说，这样的论题未免太大了，简直让我害怕，所以，我只局限于讨论您的一个观念。在我看来，国家的权利没有别的，就是使已经存在的个人权利规范化、系统化。就我而言，我无法想象竟然会有某种集体性权利，其基础竟然不是个人权利，或者竟然不以个人权利为先决条件。因此，要想知道国家拥有的某种权利是否正当，我们必须问，个人就其本性而言，在不存在任何政府管治的情况下，是否享有这种权利。正是据此理由，我在若干天前，公开反对就业权。当时我说：由于彼得并没有权利要求保罗直接给他就业机会，因而他也不应该通过政府的中介而行使这种虚构的权利；因为，国家只不过是彼得和保罗掏钱为了明确的目的而创造的公共警察力量，它并不能赋予那些不正当的东西以正当性。正是根据这一试金石，我也对国家的贸易保护和平均财富政策作出了评价。为什么国家有权保护所有人的财产权，有时甚至使用暴力？因为这种权利是在国家出现以前个人就拥有的。个人为了打退对他们的人身、劳动自由或财产的侵略，拥有正当自卫的权利，如果需要的话，可以使用暴力。我们不可能否认这种权利。因此，我们可以理解，由于这种个人权利属于每个公民，所以，它也可以呈现为一种集体的形态，从而赋予公共警察力量以正当性。那么，国家为什么没有权利平均财富？这是因为，如果要

这么做,我们必须要拿走一些人的财产交给另一些人。而由于三千万法国人没有任何一个有权以平均财富的名义用暴力拿走别人的财产,我们就不明白,他们怎么可以利用公共警察力量行使这种权利?

请注意,平均财富的权利是对国家应该保护的权利的破坏。我们来看看野蛮人尚未建立政府时的情景。每个野蛮人都有正当自卫的权利,我们不难看到,正是这种权利,将成为合法的公共警察力量的基础。如果有一位野蛮人投入自己的时间、精力和聪明才智造出了一张弓箭,而另一位却跑过来想抢走它,整个部落肯定都会同情这位受害者;如果让部落里的长老来断这个案子,那个掠夺者肯定会受到谴责。某种公共警察力量,只不过是长老的这种作用的延伸而已。这种力量的功能,至少是其正当的功能,到底是让人们根据自己本来就有的权利捍卫自己的财产,还是践踏这种权利,让有的人侵占他人的财产?如果集体性暴力赖以建立的基础不是个人的权利,而是对这种权利持久的、系统的侵犯,这可真是前所未闻的。是的,我眼前这本书的作者是不可能支持这种论旨的。然而,他不支持这种论旨则罢了,他还反对这种论旨。仅仅批判有些宗派分子在某些声名狼藉的小册子中所提出的那种粗糙的、荒唐的共产主义形态是不够的。我们更需要揭露和批判那些更大胆、更狡猾的共产主义形态,而这种形态的共产主义通过曲解国家权利的正当观念,已经悄悄地渗透到我们立法机构的某些分支,并有可能侵入整个立法机构。

因为,下面的事实是无可争辩的:由于征收关税,由于实行所谓的贸易保护主义制度,政府已经造成了我描述过的那种悲惨局

面。由于把某种虚构的、通过掠夺平均财产的权利——这种权利在政府出现之前从来就不存在，由于同样的原因，这种权利也不可能在社会中维持下去——强加于政府头上，政府不再支持每个公民在国家存在之前就拥有的正当自卫权利，而这种权利才是政府赖以存在的基础所在，维护这种权利也是政府必须履行的根本职责所在。

但是，在这里坚持这些一般性观念有什么益处？在这里论证共产主义的荒谬有什么用处？对这些东西的论述，你可能做得比我还精彩（只有一点除外，你没有指出共产主义的一种表现形态——在我看来，也是在实际中最危险的表现形态——的荒谬）。

也许您会告诉我，从原则上说，贸易保护主义制度与财产权并不是对立的。那么，让我们来透视一下这种制度的具体作法。

作法主要有两类：鼓励出口，限制进口。

关于补贴，其影响是显而易见的。我绝不相信有的人所说的，鼓励出口制度即使是在最极端的情况下，也不可能导致完全的共产主义。诚如你说的，公民们在公共警察力量的保护下工作，每个人要对维持自己的生活承担全部责任，所谓各得其所。然而现在，国家，具有世界上最仁慈的意图的国家，却承担起一种责任，一种非常新奇、与其最基本的责任截然不同的责任。在我看来，这种责任不仅与其基本责任不相容，而且简直是对基本责任的破坏。国家当然巴不得成为利益的仲裁者，由它来决定哪类劳动不应当获得充分的报酬，而哪一类劳动应该获得超额报酬；它也乐于扮演稳定器的角色，用比洛特先生的话说，就是让文明的钟摆摆向偏离个人主义的自由的一侧。于是，国家为了照顾某种产品的出口商的利益，而以补贴的名义对整个社会征税。它声称自己在促进产业发展，其实应该说是以牺牲所有产业为代价，促进某一产业发展。我不得不指出，国家是以牺牲最有效率的部门为代价，扶持效率低下的部门；然而，一旦走上这条路，政府怎么能拒绝赋予所有劳动者以要求获得补贴的权利？如果他能证明自己的收入不如他的邻居多；国家的职能难道就是听取并评估所有这些要求、然后予以公平处理？我当然不这样认为。但是，那些这样认为的人士也应该有勇气正确地表达他们的思想，大声疾呼："政府的职能并不是保护财产权，而是平均财产。换句话说，不存在财产权了。"

我在这里所关心的仅仅是一个原则问题。如果我想全面地考察出口补贴的经济影响，那大家看到的肯定是一副荒唐的情景，因为，出口补贴不是别的，纯粹就是法国人无偿送给外国人的礼物。获得这笔补贴的，其实并不是出口商，而是外国的购买者，就像你本人在论述税收问题时所提出的那种法则：归根到底，是消费者承担了所有的生产负担，那么现在，就是外国消费者获得了补贴的全部好处。因此，这些出口补贴，是我们所能遇到的最丢脸、也让人迷惑不解的事情。有些国外政府会这样想："法国纳税人掏多少补贴，我就把我们的进口关税提高多少。很显然，我们的消费者仍然感受不到什么变化，因为东西到他们手里，价格还一样。一件商品的价格，在法国那边降低了 5 法郎，那么，到了德国这边就多交给我们 5 法郎的关税。这可真是一条让法国国库承担我们的公共开支负担的好办法。"而我相信，有的国家的政府则更精明，它们会这样想："法国提供的出口补贴实际上是法国送给我们的礼物；而我们如果提高关税，那么，这种商品进入我们国家的数量就不会比以前更多，我们就等于自己拒绝这些好心的法国人的慷慨大度。因此，我们要倒过来做，就是临时取消这些关税；鼓励他们的布料更大量地出口我国，因为每一尺布都能给我们带来一笔无偿的礼物。”在头一种情况下，我们的补贴进了外国国库；在第二种情况下，他们给外国民众带来了好处，且其数量更大。

我们再来看看进口限制。

举个例子，我是个匠人，是个木匠。我有一间小木工厂，有工具，还有一些原料。这些东西无可争辩地都属于我，因为是我做的这些东西，或者说用另一种方式得到了这些东西。我购买了这些东西，为这些东西付了钱。而且，我还有一把力气，有一定的智力，还有不小的决心。就是靠着这些，我可以维持我自己和家人的生活所需。请注意，我不可能生产出我需要的一切东西，我生产不出铁，也生产不出木头，还有面包、酒、肉、布料等等，我都自己生产不出来。但是，我可以生产出买这些东西的财富来。归根到底，可以说，这些东西一定能从我的锯子、刨子下面生产出来。我最关心的就是，让自己的每一份劳动都尽可能地换取最大数量的我自己不能生产的生活生产必需品，当然是公正地。我之所以说到公正地，是因为我不想侵犯任何人的财产权或自由。当然，我也绝不希望任何人侵犯我的财产权和自由。我和其他劳动者都一致同意，我们自己作出一些牺牲，把我们的一部分劳动转交给那些叫做政府官员的人，我们授权他们成立专门机构，保护我的劳动及劳动果实不受任何侵犯，不管是来自外部还是来自内部。

事情这么安顿好之后，我就准备用我的才智、我的力气、我的锯子、我的刨子投入工作。自然，我会全身心地争取获得那些维持

我的生存所必需的东西。我只能靠创造出购买这些东西所需要资金的方式间接地获得它们。因而，我的问题就是，发挥自己的最大优势创造财富。因此，我会全面地考察各地的各种产品的价值，这种价值体现为各种商品的现价。根据有关这些现价的信息，我注意到，举个例子，以尽可能小的劳动获取尽可能多的燃料的途径，在我看来，是做好家具卖给一位比利时人。作为回报，他会给我煤炭。

然而，在法国，也有个工人在地下挖煤。现在，政府官员——他本来是由这位矿工和我掏钱养活的，他们应当保护我们每个人的工作自由和支配自己产品(也即我的财产)的自由——却突然有了另外一个全然不同的念头，想要发挥完全不同的职能。这种念头就是，他们认为，他们必须平均我的劳动和矿工的劳动。于是，禁止我用比利时煤炭取暖，我带着自己的家具到边界线上取比利时人给我的煤炭时，我发现，这位政府官员禁止比利时煤炭入境，这跟禁止我带着我的家具离开我家的结果是一样的。于是我就想：我们可从来没有想过，养活这些政府官员是为了让他们给我们捍卫自己的财产添乱。如果换成那位矿工，他有权跑到边界线上，借口我不出口这件家具对他更有利，从而禁止我进行对我更有利的交换吗？他当然没有这种权利。如果他提出这种不正当的要求，我们就可能当场打起来。他受自己的不正当要求的驱使，而我则要坚定地行使自己的正当自卫权。我们之所以指派一位政府官员，正是为了避免这种冲突。现在，我却发现，矿工和官员一致同意要限制我的自由和我的事业，要缩小我的生产能力可以发挥的范围。这是怎么啦？如果政府官员站在我一边，我明白，这是他份

内之事；他的权利来自于我自己的权利，因为正当自卫权是一种实实在在的权利。然而，在矿工不义的时候，他却帮矿工。谁给了他这种权利？于是，我明白了，政府官员已经改变了他的职能。他不再是个凡人，由其他人，也即拥有这种权利的人授权他们行使某种权利。是的，他现在已经成了优越于整个人类的超人，他的权利来自他自己；他谎称在这些权利中，他拥有拉平每个人收益的权利，把所有人和各个社会阶层都拉平到一个同等的水平。"很好"，我想说的是，"如果真是这样，那么，只要我看到这个世界上随便什么地方某个人比我富裕，我就会反复不断地要求跟他平等。"

回答却是，"他不会听你的，因为如果他听你的，他就是一个共产主义者；他绝不应该忘记他的职责是保护财产权，而不是平均分配财产。"

多么混乱而自相矛盾的政策！从这种混乱而自相矛盾的观念中，你能得到什么结果？在与共产主义的斗争中，你会一无所获。如果你仍然偏向它、纵容它、珍爱它已经浸透其中的法律，你的努力就是徒劳的。它是一条大毒蛇，由于你的支持，由于您的热心，它的头已经潜入我们的法律和习俗中。现在，它的尾巴偶尔露出来时，您却大感愤慨！



先生，你有可能对我作出让步。您也许会对我说："贸易保护主义制度是建立在共产主义原则之上的。它是与正义、与财产权、与自由势不两立的。它使政府偏离了正轨，赋予了政府没有理性基础的专断的特权。所有这些都十分正确。但贸易保护主义制度是有用的，没有了它，国家就会面临外国的激烈竞争，就会被打败。"

这就需要我们从经济学角度仔细地考察进口限制。抛开有关正义、道德、平等、财产权、自由等一切的考虑，我们将把进口限定为一个纯粹实用的问题，一个生意问题来讨论，不过，如你所知，这并不是本文的目的。另外也请您小心，您根据实用而把您对道德的蔑视正当化，您就等于在说："被正义所唾弃的共产主义，或者掠夺，却可以被作为一种权宜之计接受"。您应该承认，这种说法是非常危险的。

尽管我并不想在此讨论经济学问题，不过我还是想提出我的看法。我坚信，我已经撇开各种更高层面的考虑而仅仅从经济学的角度对贸易保护主义的利弊得失做过准确的估算。我还相信，我已经得出了结论，各种限制进口的措施都会在带来一种好处的同时，带来两种坏处，或者换句话说，在一个人获利的同时，有两个人蒙受损失。而每个人的损失都等于获利者的收益；由此得到的只能是一个完全的净损失，这一点可以让我们完全肯定地断言，在这里，跟别的方面一样，效用与正义是和谐的，我敢说，在所有领域都是如此。

这确实仅仅是一个论断，但数学的证据可以证明这一论断。

在这一问题上，公共舆论之所以得出错误的看法，是因为贸易保护主义措施的一个收益是肉眼可以看得见的，而它所带来的两个损失，一个被广泛分摊给所有的民众，另一个则只有经过心智的探索才能看见。

我不想让人以为，我是假装高明已经论证了这一点，下面我将简单说明这一论断的基础。

两件产品 A 和 B，在法国的正常价值分别是 50 法郎和 40 法郎。我们假定，A在比利时只值40法郎。在这种假设条件下，如果法国采取贸易保护主义制度，得通过投入相当于90法郎的劳动才能获得A和B，因为它不得不直接生产A。在自由贸易制度下，相当于90法郎的劳动总量将可以用于：(1)生产B，它将被运到比利时以交换A；(2)为自己生产另一份B；(3)生产C。

正是用于生产C的那一部分可以利用的劳动，也就是说，创造出相当于10法郎新财富的劳动，由于没有使法国丧失A和B，所以，很难被人们看到。如果把A换成铁（这是比利时具有相对优势的），把B换成酒、丝绸和巴黎的各种时尚产品（这是法国具有相对优势的），那么，C就是人们渴望得到的种种财富——不管是什么，你都会发现，贸易保护主义政策必然会减少国民财富。[①]

您是否喜欢我们做这些乏味的代数题？我当然乐意奉陪。您无法否认，如果贸易保护主义制度想成功地为煤炭工业带来某些好处，唯一的办法只能是通过提高煤炭价格；您也无法否认，从1822年至今煤炭价格的升涨，已经导致所有使用煤炭的人需要为生产每个单位热量掏更多钱，换句话说，它是一种损失。我们能说，实施这种限制性措施，煤炭生产者能得到等于这种损失的额外收益，也即超出投资于受损产业的资本之利息和该产业正常利润之上的收益吗？如果真是这样，那么，我们可以先不管这是不公正的，是可恶的、掠夺性的，是共产主义的，至少也可以证明，从纯粹经济的角度看，这种措施是中立的，因为我们可以将其看成是共同

① 参见作者法文版全集第二卷的文章 One Profit against Two Losses, Two Lossesagainst One Profit。——法文版编者注

掠夺，仅仅是重新分配财富而并没有消灭财富。若果真如此，贸易保护措施还有点道理。然而，您本人在 236 页上断言："Aveyron, Alais, Saint-étienne, Creusot, and Anzin 等地的煤矿，无一例外都没有为投资于其中的资本创造出 4%的收益！"在法国，在没有保护的情况，正常的资本平均收益率是 4%。那么，这种收益如何抵消上面提到的损失？

不仅如此，另一个国家也蒙受了损失。由于煤炭的相对价格提高，所有煤炭消费者都蒙受了损失，外国也不得不相应地限制其他产品的消费。我国的各个产业都必然相应地感受到其负面影响。而对这种损失，从来没有人考虑过，因为它一点都不引人注目。

请允许我再阐明一点。这一点，大多数人都没有注意到，对此，我颇为惊讶，也即：农产品贸易保护会对所谓的无产者造成不折不扣的负面影响，同时也将最终损害土地所有者自身的利益。

让我们设想，在南海有一座岛屿。在这里，土地已经成为一定数量的居民的私有财产。

设想在这个有限而又已经被人完全占有的地区，无产者的人口一直在增加，或者趋于增加。①

无产者阶层成员无法直接生产其生存所必不可少的生活必需品。他们不得不出卖他们的劳动给那些可以供应这些必需品的人。作为交换，他们获得食品，甚至获得原料——谷物、水果、蔬菜、肉、羊毛、麻布、皮毛和木头，等等。

① 参见本书第 6 章《财产权与掠夺》第三封信。——法文版编者注

显然，市场上出售这些东西的数量越多，越符合他们的利益。市场上这些农产品供应越充分，劳动者每一单位劳动所能获得的东西就越多。

在自由贸易制度下，会有大量商船驶到外岛和大陆去寻找更多的粮食和原材料，用本岛生产的制成品去交换。由此，地主也将享有他们有权获得的大量财富，在工业劳动与农业劳动之后将形成一种公平的平衡。

然而，这个岛上的地主却这样算计："如果我们阻止无产者为外国人干活，不准他们从外国人那里交换生活必需品和原材料，工人就不得不来买我的东西。他们的人口在不断增加，由于他们之间的竞争越来越激烈，他们就会大声要求我们在留出自己需要的产品之后，把余下的那部分粮食和原材料拿出来出售，我们就可以以很高的价格出售我们的产品。换句话说，他们的劳动与我们的劳动之间的相对价值平衡就会被打破。他们将为让我们满意而不得不付出更大数量的劳动。那么，咱们就赶紧制定一条法律来禁止出口他们的制成品。不过，这对我们来说可不是件愉快的事。而为了执行这部法律，咱们就创建一支政府官员队伍，无产者将和我们一起来养活这些官员。"

我想问您，这是不是最严厉的压迫？是不是对一切自由的、最基本的、最神圣的财产权的公然践踏？

然而，请注意，对地主来说，诱惑工人接受这种法律也许不是桩难事。他可以告诉他们，这一法律对他们是有益的：

"我们这样做并不是为了我们自己，而是为你们好。我们根本没有想到自己的利益，心里想的只是你们的利益。正是借助这种明智的措施，农业将会繁荣发达；我们地主会变富裕，这将使我们能够拿出更多东西给你们，给你们支付更高的工资。如果没有这些措施，我们就会变穷，那你们会受到什么影响？这个岛上会被外岛来的生活必需品和原材料所淹没。你们的船不得不一直在海上航行。国家将何其不幸！你们的各种生活必需品的供应确实会很丰富，然而，你们能分享人家的财富吗？不要说你们的工资还能维持目前的高水平，更不要说能够提高了，因为外国人不会干别的，只会提高他们的产品价格。谁能向你们保证，他们不会突发奇想把他们的产品免费送给你们？如果真是这样（我们都破产了），你们不用再劳动，也失去了工资收入，那你们就得在丰富的供应之中被毁灭。相信我们，你们应该对我们的法律心怀感激。不管怎么样，我们土地上的产品，除了我们自己消费的之外，留在岛上的生活必需品的增加和增值，都会用来交换你们的劳动，这些东西终究都是属于你们的。最重要的是，不要相信有人说的，这里的对立是你们和我们之间的冲突，好像你们的自由和财产受到了危害。永远不要听有些人告诉你们的这些话。要相信，这种冲突是你们跟外国人之间的冲突，显而易见，这些野蛮的外国人——上帝诅咒他们！——是想在以后突然翻脸，开出天价剥削你们，那时，你们愿不愿意都没有用了。”

对立法者不断重复这样的说教，再装点上种种诡辩，什么贸易平衡，我国的工业、农业、战争的前景，等等，未必不能获得巨大的成功，并且有可能说服被压迫者自己。假如征求他们的看法，他们也可能支持这种压迫性法令。这种情形以前已经出现过，以后还会再次发生。

然而，地主和无产者的美好想象，并不能改变事物的本质。结果将是，人们受贫穷煎熬，陷入饥饿、无知和扭曲状态，营养不良、疾病和堕落将使人口减少。更深一层的结果就是，道德、财产权、自由和真正的国家主权的观念受到严重破坏。

而我在这里非常希望证明的一点就是，惩罚也很快会降临到地主头上。由于消费群体的毁灭，他们也面临被毁灭的命运；因为岛上的生活环境变得越来越恶劣，岛上的人只能消费得起质量最差的东西。在有的地方，他们可能靠采摘栗子维持生存，在有的地方靠玉米生活，在有的地方靠糜子、荞麦、燕麦或马铃薯生活。他们将不会知道小麦和肉是什么滋味。地主将会十分惊恐地眼看着农业日见衰落。他们自己忙活、搞什么委员会都没有用，一个劲儿重复下面的谚语也没有用："多加料，多养牲口；多养牲口多积肥，多积肥多打小麦。"他们设立新税种，补贴苜蓿生产者也没有用。他们面对下面的情景将束手无策：备受贫困煎熬的人没有购买肉类的能力，因而，也不能为这一熟悉的周转提供第一个刺激力量。他们将会从自己付出的代价中逐渐认识到，自己多费点劲儿为争夺富裕的消费者而努力，要比由一位垄断者独占所有消费者对自己更有利一些。

因此，我想说：贸易保护一开始就使穷人唯一的财产——他们的技能和劳动——受富人的支配；它对所有人带来一种净损失，最后，以富人与穷人一起破落而告终。它赋予国家某种特殊的权利，可以把穷人本来就不多的东西拿走，为的是让富有的人更富有。而最后，在这个世界上无所继承的人也根据同样的原则，强烈要求倒过来，通过国家的干预对财富进行更公平的再分配。我实在不知道原来那些获利的人如何应对穷人的这种要求。不管如何，最基本的、也是最好的回应就是：放弃一切压迫。

不过，我想把这些想法联系起来看。毕竟，我们是因为什么而发生争论的？我们是怎么说的，您是怎么说的？在一点上，在一个重要的问题上，我们都一致认为：立法者进行干预，平等地分配财产，拿走一些人的东西给另一些人，这就是共产主义；而这，就意味着一切劳动、节俭，一切幸福、公正的终结，以及社会的瓦解。

在您那方面，您认为您已经察觉到，这种有害的理论已经渗透到各种各样的报刊书籍中。换句话说，已经侵入纯粹的思想领域中，您就要在这个领域与之顽强搏斗。

而就我而言，我相信，我已经发现，在您的赞成和帮助下，它早就已经渗透到我们的法律和政策、行动领域中，而我正是在这些领域中与之斗争的。



接下来，我希望您能注意到，如果您一方面在理论上反对共产主义，另一方面却宽恕——甚至鼓励——实践中的共产主义，您就陷入前后矛盾中了。

如果您回答我说："我之所以这样做，是因为实行保护性关税而导致的那种共产主义，尽管与自由、财产权和正义是背道而驰的，却合乎效用原则，正是这种考虑使我没有理会其他方面的问题。"难道您不觉得，您已经先损害了您著作的整个成就，您已经使书中的观点互相抵消了，您已经剥夺了您的观点的力量，至少是在哲学和伦理问题上，站在了形形色色的共产主义一边？

那么，先生，一个如您这样文明的有思想的人能够承认实用与正义之间截然对立这种说法吗？您希望我直言相告吗？与其冒险提出这种破坏性、不虔诚的论断，倒不如说："在我看来，效用和正义是彼此冲突的，这是一个很特殊的问题。我很高兴那些耗费一生精力仔细研究这一问题的人士得出了相反的结论。我确实对这个问题没有充分的研究。"我对此没有充分研究！那么，承认这一点就是那么痛苦，以至于某些人由于不想承认这一点，而准备自相矛盾到彻底否认主宰着社会发展的上天的法则，宣称正义与效用是根本无法和谐的？还有什么比这更彻底地否认上帝的圣明的？我始终认为，一个有理智、有良知的人所能遭受的最大的灾难，就是在这一点上陷入迷途。面临这样非此即彼的选择的时候，一个有头脑的人会站在哪边？他决定站在效用一边？那些自称讲究实惠的人经常就是这样说的。然而，除非他们看不到一个念头与另一种念头之间的关联，否则，他们也肯定会对系统的掠夺和不公正的后果感到恐惧。他毅然决然地决定站在正义、理想的一边，而不管付出何种代价，"不管发生什么事，我都要作正义的事"。那些合乎正道的人经常都是这样说的。然而，谁能承担得起将自己的国家和整个人类推入不幸、荒芜和死亡之中的责任？任何人，如果他相信效用与正义是对立的，他就无法在两者之间作出任何抉择。

我错了。有人将作出抉择，人心如此，自私自利将压倒良心。事实已证明了这一点。不管在什么地方，人们都相信，贸易保护主义制度有利于人民的福利。人们采用了这种政策，尽管口口声声说着正义；然而，很快，不可避免的后果就出现了。对财产权的尊重被摧毁了。人们学比洛特先生的样儿说：财产权既然已经受过贸易保护主义的践踏，那为什么就不能再受就业权的损害？有些人追随比洛特先生，走出第三步；还有些人则跟随另一些人，走出第四步，直至共产主义大获全胜为止。[①]

还好，像您这样健全的思想家，对这种恶果来得这么快大惊失色。他们企图收回覆水。他们确实是想收回覆水，您在您的书中就是这样说的，而贸易保护主义制度，只要一个社会迈出第一步，只要这一步，就会从致命的斜坡上滑下去。而看着目前对财产权的这种否定，如果您不是坚持下面的公理，“权利要么存在，要么不存在。如果它们存在，就会引起全部相应的结果”，而是说，“这儿情况特殊，在这里，为了国民的幸福，需要牺牲某种权利”，此时，你在书中所表达的力量和逻辑，就只能变成虚弱和自相矛盾。

因此，先生，如果您要完善您的著作，您就必须公开您对贸易保护主义制度的立场，而要这么做，就绝对有必要从解决经济问题入手。您必须集中研究这种制度的所谓效用问题。因为，即使假设我已经看到了您从公正的角度谴责了这种制度，您也并不能完全打败这种制度。重复一遍，人性如此，如果要让他们在一种具体的好处与抽象的正义之间进行抉择，正义的理想必然会危乎殆哉。如果你想了解这方面明显的证据，那就请看看发生在我身上的事。

我到巴黎的时候发现，形形色色号称自己是民主党人和社会主义者的思想流派，如你所说，都在搬弄“原则”、“利他主义”、“自我牺牲”、“博爱”、“平等”、“和谐”等等词汇。他们以轻蔑的态度对待财富，在他们眼里，财富如果不是可鄙的，起码也是次要的；而由于我们重视财富，于是，我们就被人家看成是冷酷的经济学家，自我主义者，个人主义者，资产阶级，无情无义的人，只知道为了低级

① 参见本书第 8 章《掠夺与法律》最后几页。——法文版编者注

的自私自利而感谢上帝。[1]“好吧”，我对自己说，“这儿都是些心灵高尚的人，我没有必要跟人家讨论经济学观点。这些问题太微妙了，而巴黎的政治理论家一般都无人愿意对这类研究投入太多精力。不过，跟这些人讨论自私自利的问题，则不应该有什么障碍，他们要么由于信仰神圣的智慧而相信，自私自利是与正义和谐的，要么乐于牺牲个人的私利，因为他们都渴望成为忘我的人。那么，如果他们同意我说的，自由贸易是一种抽象的权利，那他们应该毅然团结在它的旗帜下面，因此，我将向他们陈述我的呼吁。”你知道他们是怎么回答我的？他们是这样说的：

“你的自由贸易是个美丽的乌托邦。它是建立在道德与正义之上的；它使自由稳固，使财产权神圣；它会促进国际和睦，人类的和平和友爱。原则上，你是正确的，一千倍的正确。但是，我们将用各种办法，毫不妥协地与你斗争，因为，外国的竞争对于国内工业是致命的。”

我举出自由回应他们：

“我不承认外国的竞争对我国工业是致命的。最起码如果真是这样，那你们将不得不在自私自利——在你们看来，这是贸易保护主义政策的基础，与正义——诚如你们承认的，这是自由的基础——之间作出选择。如果我，金钱的崇拜者，让你们作这种选择，那么，你们这些自称是忘我的人怎么会为了满足自私自利而把原则践踏在脚下？主宰着世间凡人的那种动机，也完全主宰着你

① 参见作者全集法文版第二卷，Polemic against the Newspapers 中的大多数文章，尤其是题为 The Democratic Party and Free Trade 的文章。——法文版编者注

们，你们不要再为这种动机巧言辩白了。”

这一经验让我认识到，我们首先需要解决这一最重大的问题：正义与实用之间到底是和谐的，还是彼此冲突的？这之后，我们必须从经济学方面研究贸易保护主义理论。如果兄弟友爱的鼓吹者自己在面临钱财损失的时候也不免犹豫，那么，很显然，仅靠兄弟友爱是不足以保卫普遍的正义理想的。我们也必须承认那种卑俗的、低级的、可鄙的、受人轻视的，但也是最强大的动机，即自私自利。

借这次机会，我在寄这封信时也冒昧地给您寄了两卷书[①]，里面对此有一些论述。我完全相信，如果您像经济学家一样，能够从道德原则之外的角度来分析贸易保护主义制度，如果我们只是对其效用有不同看法，那么，您就不会拒绝仔细地研究，终极解决方案里的这两大要素是互相冲突的还是彼此和谐的。

这里存在的是和谐，至少在我看来，这一点是显而易见的。但愿您也看得很清楚！那么，就请您运用您那杰出的说服力去反对最危险的空想共产主义形态，您会对给予它致命的一击。

看看英国正在发生的事情吧。如果说共产主义确实可以在这个世界上找到一块最适合它成长的地方，那非大不列颠莫属。那儿的封建制度使社会分化为极端贫困的阶层和极端奢华的阶层，按说，这应该使那里的人们的思想最易受这种错误理论的影响。然而，我们看到的是什么？这些理论使欧洲大陆陷入动荡之中，而

---

① 作者寄给梯也尔先生的两卷书就是《经济学的诡辩》第一、二卷。——法文版编者注

在英国社会，甚至连一点波澜都没有掀起。人民宪章运动[①]并没有在那里扎下根。你知道为什么吗？因为在过去10年中，人们一直在讨论贸易保护主义制度的组织，清楚地阐明了财产权和国家的合理职能。

毫无疑问，揭开贸易保护主义的假面具就能打击空想共产主义，由于同样的理由，即由于两者的密切关系，反过来，如果打击共产主义，比如你那样的做法，则可以同时打击这两者。贸易保护主义是不可能长期顶住一个明晰的财产权界定的冲击的。因此，如果说有什么事情令人惊奇，并让我高兴的话，那就是看到那个旨在为垄断特权辩护的组织，却消耗自己的资源传播你的著作。这可真是最怪异的一幅景象，或许可以令我以前的努力不算白费。米默勒尔委员会的这种作法无疑会使你的著作再版多次。如果真是这样，那就请允许我指出：您的著作中存在着若干严重的疏漏。以科学的名义，以真理的名义，以公共福利的名义，我恳请您满足我的需要，迫切地请求您对下面两个问题作出回答：

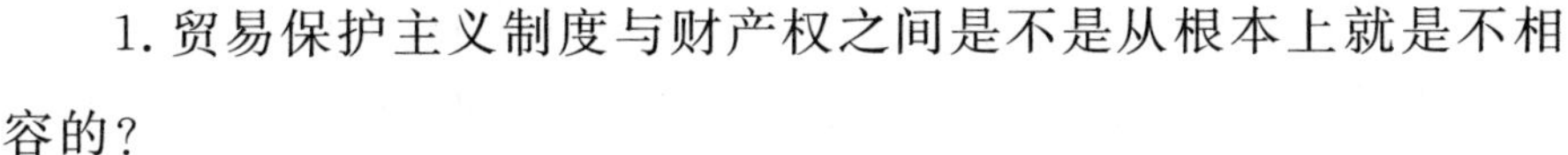

1. 贸易保护主义制度与财产权之间是不是从根本上就是不相容的？

2. 政府的职责是保护每个人按自己的意愿发挥其生产能力及支配其劳动果实的权利，也即财产权，还是拿走一些人的东西给另一些人，从而实现利润、机会和生活水平的平等？

啊，先生，如果您得出了我那样的结论；如果运用您的才能，您

① 1838到1848年间，英国发生的以争取普选权为核心的劳动群众政治运动，主要参加者为工人。后失败。——中译者注

的名望，您的影响力，使这些结论在公共舆论中占据主流地位，您对法国社会所作出的贡献将是多么巨大啊。那时，我们将会看到，国家被严格限制在其正当职责范围之内，也即保障每个人按自己的意愿运用自己的生产能力、支配自己的财产的权利。我们将会看到，国家会放弃其大量不正当的特权，并从其所承担的可怕的责任中解脱出来。国家会把自己完全限制于镇制对自由的滥用，也即使人们只承认自由本身。国家将确保公平对待所有人，而不保证任何人稳获成功。公民们将学会对国家所提出的要求进行分析，哪些是合理的，哪些是幼稚的。他们将不会用无数诉求和要求淹没它；他们也不会再把自己的不幸归罪于国家；他们将不再对国家抱不切实际的幻想；在热切地追求利益的时候，国家不再是施舍者。我们不会看到他们把每一次失望都归咎于立法者和法律，然后要求替换官员和政府形态，建立起一个又一个制度，又砸烂一个又一个制度。我们将看到，人们会抛弃通过国家代价高昂而危险的干预互相掠夺的普遍的狂热。政府将严守其职能和责任，一切从简，成本低廉，不把它们一环套一环的沉重代价强加于被统治者，以获得公众的好感。这样的政府将具有凝聚力，而这种凝聚力是我们国家从来没有过的东西；我们也可以彻底解决一个大难题：终结革命。

# 第八章　掠夺与法律[①]

致制造业委员会中的贸易保护主义者

先生们，让我们以中庸和友善的态度来说道说道。

你们是不希望政治经济学家信奉和教授自由贸易。

你们似乎在说："我们不希望政治经济学家关心什么社会、贸易、价值、道德、法律、正义或财产。我们只承认两个原则：压迫和掠夺。"



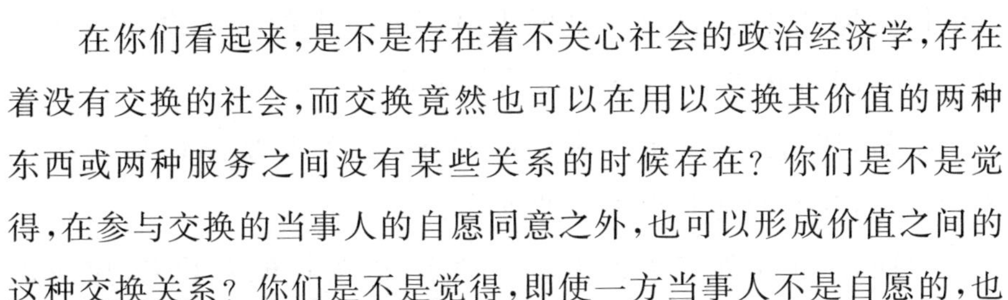

在你们看起来，是不是存在着不关心社会的政治经济学，存在着没有交换的社会，而交换竟然也可以在用以交换其价值的两种东西或两种服务之间没有某些关系的时候存在？你们是不是觉得，在参与交换的当事人的自愿同意之外，也可以形成价值之间的这种交换关系？你们是不是觉得，即使一方当事人不是自愿的，也

① 1850 年 4 月 27 日，在经过一番非常有趣的讨论之后（发表在 the Moniteur 上），制造业、农业和商业总委员会通过了下面的决议：

"由政府支薪的教授不应当仅仅根据自由贸易的理论观点教授政治经济学。他也应该，并且尤其要从法国工业的实情和管理法国工业之法律的立场上教授政治经济学。"

针对这一决议，巴斯夏写了本文，最初发表在 1850 年 5 月 15 日的 the Journal des économistes。——法文版编者注

可以知道两种产品的价值？你们是不是觉得，在没有自由的情况下，双方当事人也可以达成自愿的同意？你们是不是以为，一方当事人即使被剥夺了自由，也算不上是被另一方压迫？你们是不是以为，即使是压迫者和被压迫者之间的交换，也并没有破坏交换的等价原则，因而也没有践踏法律、公正和财产权？

那么，实话实说，你们的愿望是什么？

你们不希望交换是自由的。

然则，你们希望交换不是自由的？

那么，你们是否希望交换在压迫的环境中进行？因为，如果交换不是在压迫的环境中进行的，它就是在自由的状态中进行的，而这并不是你们想要的。

还是承认了吧，让你们难受的是公平，也即正义，让你们难受的是财产权——当然不是你们的，而是他人的。你们不愿意别人自由地支配自己的财产（这是成为财产所有者的唯一途径）；你们想支配你们的财产，——还有他人的财产。

于是，你们要求经济学家把这种种十足荒唐的东西炮制成系统的理论，为你们炮制出掠夺的理论。

然而，这正是他们永远不会干的事；因为在他们看来，掠夺是憎恨和混乱之源，而其最可恶的形态正是法律中的掠夺*。

在这里，我要特别提到达齐先生①。您是一位中庸、公正、慷慨的人士。您没有一心只想着自己的利益和自己的财富；这些正

① Denis Benoiît d'Azy(1796—1880)，法国政客，路易·菲力普时代的议员，1849年任立法公会副主席。他是一位顽固的保守分子和贸易保护主义者。作为一位金融家和铁路管理人，他对国家作出了重大贡献。——英译者注

是您不断宣称的。最近您在制造业委员会上说:“如果让人们致富的唯一办法,就是让富人放弃自己的财产,那么,我们都已经准备好要这么做了。”(是的,是的,这是真的。)昨天,您在国民公会上又说,“如果我觉得,给所有工人提供他们所需要的工作岗位的重任都有必要由我来承担,那么,我会拿出我所有的财产来完成这一重任的;……不幸的是,我一个人做不到这一点。”

尽管您说无法作出牺牲让您如此痛苦,就像巴塞里说,“钱啊钱,我鄙视你,可是我多么想拥有你”[①]一样,没有人会相信。不过,没有人会怀疑这么完美的慷慨大度的,尽管这也是根本没有用处的。让自己看起来比较谦虚,也是一种美德,尤其是这种表态是完全含而不露和否定性的时候。就您自己而言,您从来都不放过在议会、在立法机构的讲坛上向全法国表现的机会。大家都看出了,您的行善的冲动是那么的情不自禁,尽管您觉得很遗憾,不得不抑制自己行善积德。

但是,毕竟,并没有人要求您放弃您的财富,我也同意,这样并不能解决社会问题。

您愿意慷慨解囊,您却不能了却这一心愿;那么,我就斗胆请您公正一点。您仍然拥有您的财富,但让我也继续拥有我的财富。我尊重您的财产权,也请您尊重我的财产权。这个要求或许不算太过分吧?

假设我们是生活在一个实行交换自由的国家,人人都乐意自

① 巴斯夏本文所引的几句话中有一句出自 Beaumarchais 的《塞维利的理发师》。此处,很显然是他根据记忆大致引用的,因为这些话出自护卫 Bartolo 之口,而不是乐师说的。——英译者注

由地支配自己的劳动和财产。您是不是有点毛骨悚然？别担心，这只是个假设而已。

那么，在这里，我们每个人都是一样的自由。事实上，在这里有一部完全合乎立法准则的法律。这部法律是完全公平、公正的，绝不会减少你的自由，而是保障你的自由。只有当我们试图压迫别人，你压迫我，或者我压迫你的时候，这部法律才发挥效力。也有一群政府官员——即官僚或政客——获得授权使用暴力，但他们仅仅是执行法律而已。

在这种状况下，我们假没，你是个铁加工厂主，而我是个帽商。我自己或者我的商店需要铁。很自然地，我会自己问自己一个问题："我如何用最少的代价换得我所需要的铁？"考虑过我的处境和相关的资料后，我发现，对我来说，最好的办法是我制造帽子，将其卖给比利时人，作为交换，他们将会卖给我铁。

但是，你是个铁厂厂长啊。你对自己说："我当然可以让这个流氓（这是你对我的称呼）光顾我的店铺。"

于是，你浑身披挂着马刀、手枪，并把你的几位仆人全副武装起来，然后跑到边界线上。这时，我正准备完做交易，你对我大喊一声："住手！要不然我打爆你的头"。

"但是，先生，我需要铁啊。"

"我会卖给你的。"

"但是，你的铁价太高了啊。"

"我这样不是无缘无故的。"

"但是先生，我也有理由希望低价买到铁啊。"

"哈，那好吧，我们就在这里决定是你有理还是我有理。伙计们，揍这家伙。”

简而言之，你阻止了比利时铁进入法国，同时，你也阻止了我的帽子出口到比利时。

根据我们现在的假设，即在自由贸易制度下，你不能否认，你的这种行为是一种公然的压迫和掠夺行径。

于是，我们就赶紧求助于法律、官员和公共警察力量。他们介入，你被审判，遭到谴责，也很公平地受到惩罚。

然而，这却让你想到了一个好主意。

你对自己说："我可真蠢，自己给自己招来这么大的麻烦。这是什么事嘛，我竟然要冒险杀人或者被人干掉！我自己大老远跑过来，还带着自己的仆人，花了那么大的成本，让自己成了掠夺者，活该受到国家法庭的审判，而这一切只是为了让一个可怜的帽商到我的店铺里以我开的价码买铁！要是我让法律、官员、公共警察力量站在我一边多好！要是我能让这些政府力量出面干我自己在边界线上干的那些事多好！”

这诱人前景让你激动，你想办法让自己成了立法者，你投票支持一部包括下列条款的法律：

“第一条，应该向每个人，尤其是可恶的帽商征收某种税。”

“第二条，应该拿这笔税款养活那些在边界线上保卫铁工厂主利益的人们。”

“第三条，他们将监督禁止任何人用帽子或其他商品交换比利时出产的铁。”

“第四条，内阁部长、国家检察官、海关官员、税务官和狱吏将各尽所能地负责执行本法。”

我得承认，先生，采用这种形式，掠夺将变得非常容易，对你能带来更大好处，比你自己最初赤膊上阵的危险也更小。

我得承认，对你来说，这可真是一条惬意又轻松的路子。当然，你肯定会露出胜利的笑容，因为你现在把所有的成本都转嫁到了我的肩上。

但我也敢肯定，你已经把破坏、不道德、混乱、憎恨和无尽的革命之源带给了社会，你开启了形形色色的社会主义和共产主义试验的大门。

你可能觉得我的说法言过其实了。那好，咱们换个位置。放到你的位置上，我也觉得太言过其实了。

现在我们假设，我是个劳动者，而你仍然是铁厂主。

如果能廉价甚至不掏钱搞到我需要的工具，那可太好了。现在，我知道，你的仓库里有锯子和斧子，我也不跟你废话，就闯入你的仓库，拿上我要用的东西就走。



而你，则运用你正当自卫的权利，先是以暴易暴，然后，你找法律、官员、警察来帮忙。你把我投入监狱，你这么做很正当。

于是我对自己说："我可真笨。如果你想霸占别人的财产，你不能不顾法律，而必须利用法律，假如你不是个笨蛋的话。"于是，你不是个贸易保护主义者吗？我就变成个社会主义者。你僭称自己有获利的权利，那我就诉诸就业权或占有生产资料的权利。

而且，在监狱中，我读到了替我说话的布朗基先生的著作，我把下面的理论烂熟于心："无产者解放自己所需要的是生产资料；而政府的职能就是向工人提供生产资料。"还有：

"一旦我们承认，要想获得真正的自由，人们必须有能力使用和开发自己的生产潜能，因而，社会必须向其所有成员提供教育，没有它，人的心智就无法发育；向其提供生产资料，没有它，他就不可能发挥自己的才能。那么，社会要赋予其所有成员合适的教育和必要的生产资料，能做这一点的，除了国家之外，还能有谁？"[①]

于是，由于这需要国家发生革命性变革，所以，我也迫使自己跻身立法机关。我也让法律牺牲你的利益增进我的利益，扭曲法律，让法律做那些以前我直接干的时候遭受惩罚的那些事。

我的法令就是直接模仿你的：

第一条，向所有公民，尤其是铁厂主征收某种税。

第二条，国家将用这些税款来养活一支全副武装的队伍，号称博爱警察。

第三条，这些博爱警察将进入放着斧子、锯子的仓库，拿走这些工具，将其分配给需要它的工人。



先生，你也会看到，借助这种很有创造性的机制，我也就不必再冒被指控为掠夺的风险、代价和恶名了。国家会替我偷盗我需要的东西，就像它曾替你盗窃你需要的东西一样。我们两个玩的是一个把戏。

我们大家都已经看到，如果我设想的第二种情况成为一个既成事实，法国社会会变成什么样子。至少我们应该已经看到，我设想的第一种情况现在已经基本上完整地实现，而大家都看到法国社会是什么样的。

我在这里不想探讨这一问题的经济含义。人们都相信，假如

① Organisation du travail, Introd., pp. 17and 24.

我们呼吁自由贸易，我们仅仅是受一种需求驱使：允许劳动和资本流向最具优势的地方。就此而言，公共舆论弄错了，这仅仅是我们相对次要的考虑。贸易保护主义制度使我们痛心疾首、让我们极度厌恶的是，它否定了法律、正义和财产权；它使本来应该是维护正义和财产的法律，走向了其反面；它败坏和扭曲了社会赖以存在的前提条件。而我要求你们最认真地考虑的，其实正是这一点。

那么，什么是法律，或者起码来说，法律应当是什么样的？其合理的、道德的职能是什么？难道不就是维护所有权利、各种自由、和种种财产权的严格的平衡吗？不就是使正义在所有这些因素中间占据主导地位吗？不就是防范和镇制压迫和掠夺行径，不管是什么人搞的？

如果有一天，法律本身被授权可以犯下它本来应予惩处的犯罪行径，如果有一天，法律在理论上和实践中走向了自由和财产权的反面，你们难道不会为引入这个世界的那些巨大、激进而可悲的新奇制度而惊骇吗？

你们为现代社会所展示的种种症状而震惊；你们对我们的各种制度和理念中的大混乱而痛心。然而，这不正是你们的原则所致吗？它扭曲了一切东西，扭曲了理念，也扭曲了制度。

法律不再是被压迫者的庇护所，而成了压迫者的武器！法律不再是盾牌，而成了一把剑！法律不再是以其威严的指针维持天平的平衡，而成了不可靠的砝码和扳手！而你们却竟然还想让社会秩序井然！

你们的原则现在已经把下面的话挂在了立法机构的入口处：“不管是谁，只要获得了影响力，就可以获得他合法掠夺的份额。”

结果是什么？每个阶层都竞相拥挤到立法机构门前大喊："我也要参与掠夺，我也要！"

二月革命后宣布实施普选权，我曾一度希望，我们终于会听到一种强大的呼声了："都不要再掠夺了。公正对待所有人。"因为这是社会问题的唯一解决之道。然而，事情却并没有如我预料的这样发生；几个世纪的贸易保护主义宣传已经严重地腐蚀了人们的情感和观念。

是的，每个阶级都根据你们的原则，蜂拥到国民公会前，要求把法律变成自己进行掠夺的工具。人们要求实行累进税，无息贷款，最低工资制，义务教育，对工业的资本鼓励，等等。一句话，人人都想靠牺牲他人而保证自己的生存和发展。

那么，他们是根据什么权威提出这些要求的？依据的正是你们以前的先例；他们用的是谁的诡辩？正是你们宣传了几个世纪的那些理论。他们跟你们一样，也在说要使劳动条件平均化。他们跟你们一样，也抗议无政府的竞争。跟你们一样，他们也嘲笑自由放任，也即嘲笑自由。跟你们一样，他们也说，法律不应当仅仅局限于维护正义，而应当成为濒于破产的产业帮手，应当保护弱者不受强者欺凌，应当以整个社会为代价保护某些人的利益，等等。一句话，社会主义——或者用迪潘先生①的话说，掠夺理论——流行起来，发展起来。你们自己造就了这种制度，而现在，你们却希望政治经济学教授们跟你们一道，捍卫你们的利益。



---

① Charles Dupin，法国著名工程师、经济学家和政客。参见本书第 20 页注[1]。——中译者注

你们这些贸易保护主义者尽管那么精明，尽管已经低声下气，炫耀自己无处发挥的慷慨，用充满感染力的呼吁恳求你们的对手，但这些都没用，你们无法阻止逻辑自身的力量。

你们无法挡住比洛特先生这样对立法者说："你们曾经照顾过某些人，现在你们必须把这种好处给所有人。"

你们无法不让克雷米厄克斯先生[1]对议员们说："你们以前让制造商富起来了；现在也得让无产者富起来。"

你们也没有理由阻止纳多先生[2]要求议员们："你们不能拒绝为受苦阶层提供你们曾经向特权阶层提供的那些好处。"

你们甚至不能不让你们的领袖米默勒尔先生对议员说："我给工人退休基金拨出 25000 法郎补贴"，也不能阻止他用下面的话来为自己的行动辩护：



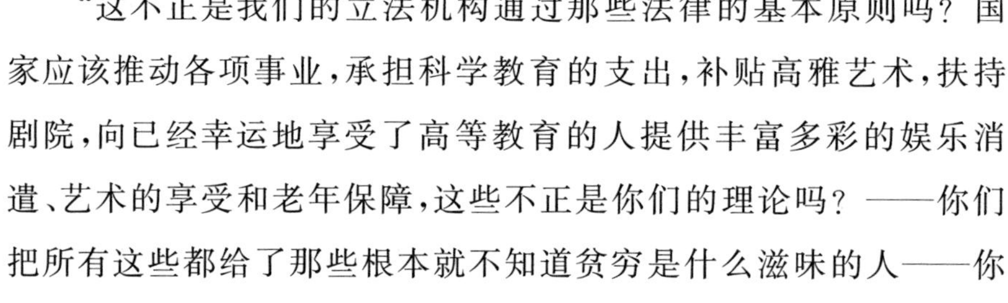

"这不正是我们的立法机构通过那些法律的基本原则吗？国家应该推动各项事业，承担科学教育的支出，补贴高雅艺术，扶持剧院，向已经幸运地享受了高等教育的人提供丰富多彩的娱乐消遣、艺术的享受和老年保障，这些不正是你们的理论吗？——你们把所有这些都给了那些根本就不知道贫穷是什么滋味的人——你

① AdolpheIsaac Morse Crémieux(1796—1880)，是当时著名的犹太人，1842 年到 1848 年当选议员。作为一位稳健派，他参加了 1848 年的革命政府，1870—1871 年任司法部长。他呼吁赋予阿尔及利亚犹太人以投票权，并创建了 the Alliance Israélite Universelle。第二帝国时期，他由于一度反对拿破仑三世而被投入监狱。1875 年当选参议员以迄去世。——英译者注

② Martin Nadaud(1815—1898)，法国政客，空想共产主义者卡贝的追随者。1849 年当选为立法公会议员，曾被拿破仑流放，1870 年返回巴黎，其后多次当选议员。——英译者注

们让那些一无所有的人为自己根本享受不到的好处掏钱，却竟然拒绝给予他们任何东西，哪怕是生活必需品？”

“……先生们，我们法国社会，我们的习俗，我们的法律就是这个样子。国家的干预可以说是无处不在，我们或许会为此而叹息，因此，除非国家插手，否则，没有任何东西是稳定的，也没有什么东西是永恒的。正是国家造出了塞夫勒[①]瓷器和哥白林挂毯[②]，是国家掏钱定期举办展览，展出我们的艺术家和制造商的产品，也是国家向那些饲养牲口和繁殖鱼类的人们支付工资。所有这些都需要付出很高的成本；不断地有新税种，要所有人交纳——你们明白，是所有人。而人们从中得到了什么直接的好处？你们的瓷器、你们的挂毯、你们的展览给他们带来了什么好处？我会好好地赞赏你们抵制你们所说的过分狂热状态，并将这视为一个原则问题，尽管就在昨天，你们还投票同意向亚麻生产提供补贴；我会赞赏这一点的，但必须在你们考虑到这个时代的精神，最重要的是，在你们确凿地证明你们是不偏不倚之后。我已经从方方面面很公正地揭示了，迄今为止，国家都在更积极地满足那些养尊处优的阶层的需求，而不是照顾那些处境较差的人。如果确系如此，那么，这种赤裸裸的偏袒必须到此为止了。那么要实现这一点，是不是就非得取消哥白林挂毯的生产、禁止继续进行展览？当然不是，而是要让穷人直接参与这些利益的分配。”[③]

人们注意到，这里所列举的一长串以牺牲所有人为代价而给

① Sèvres，法国北部城市（在巴黎西南）。——中译者注

② Gobelin tapestries，法国巴黎哥白林挂毯厂生产的挂毯。——中译者注

③ Moniteur of April 28，1850。——法文版编者注

予少数人的种种优惠中，却遗漏了一项——关税优惠。尽管这是合法掠夺最明显不过的表现形式，这恰恰表现了米默勒尔先生高不可攀的智慧。不管是支持还是反对他的所有雄辩家，都表现了同样的保留。可真是太精明了！也许他们希望让穷人参与这些利益的直接分配，让他们得到些好处，从而继续维持严重的不公正局面，但他们却闭口不谈这一点。

他们是在自己哄自己。他们真的以为他们通过设置进口壁垒犯下局部掠夺罪行后，其他阶层就不会努力通过其他途径进行普遍的掠夺？

当然，我知道，你们总是成竹在胸，总有辩词。你说了：

“法律赋予我们的优惠并不是为了实业家的利益，而是为了整个工业。我们利用这些措施，以牺牲消费者为代价，而使整个市场上供应减少的商品，仅仅是我们手里有积压的那种商品。”

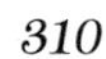



“这些关税保护措施确实使我们富裕了，但我们的财富将使我们可以增加开支，从而可以扩大营业，而我们的利润则可以像甘露一样遍撒劳动阶层。”①

这就是你们的话，而令我们痛心的是，你们的这种恶劣诡辩已经深入到民众心中，因而今天，他们正是用你们的这些理论赋予所有法律上的掠夺行动以正当性。受苦阶层也说：“我们也通过立法手段来霸占别人的财产吧。那样，我们的生活也会更舒适更惬意。我们也可以购买更多的小麦、更多的肉、更多的衣服、更多的铁。我们通过税收获得的财富，也可以像甘露，遍洒资本家和地主。”

① Moniteur of April 28. See the opinion of M. Devinck。——法文版编者注

然而，就像我已经说过的，我今天并不想讨论法律上的掠夺的经济后果。如果贸易保护主义者愿意，他们会发现，我们已经详尽地批驳过所谓的连锁反应的诡辩[①]，这种诡辩可以被人用来赋予所有的偷盗和欺骗行径以正当性。

此处，我们仅仅考察通过立法手段剥夺交易自由的政治和道德后果。

我想说的是，已经到了弄清法律是什么、应当是什么的时候了。

如果你们使法律成为所有公民的自由和财产权的保障，如果法律就是公民个人正当自卫权的组织化，那么，你们就会在正义的基础上，建立起一个合理、简朴而经济的政府。它可以为每个人理解，受每个人爱戴，得到所有人支持，被授予十分明确而极为有限的责任，被赋予牢不可破的凝聚力。

相反，如果你们使法律成了个别人或阶层为了自己的利益而进行掠夺的工具，那么，每个人都会竭力去操纵法律，每个人都会为了自己的利益而操纵法律。立法机构的门前肯定会人头攒动，而立法机构内部也必然充满无穷无尽的斗争。人们的精神将会陷入混乱，一切伦理都将毁灭。特殊利益的鼓吹者中间暴力频仍，选举战将愈演愈烈，大家互相咒骂、揭丑、讽刺，毫不掩饰彼此的憎恨。公共警察力量将被用来干那些不公正的掠夺勾当，而它本来是应当防范这种行径的。所有人心中不再有对、错之分了。因

① 指《经济学的诡辩》第一卷第12章和第二卷第4、第13章中对贸易保护主义的批驳。——法文版编者注

为所有人的良心中已没有正义与非正义之分了。政府将承担起维持所有人生存的重任,并将被这一重任压垮。将会出现政治动荡,出现毫无意义的革命,出现堕落。由此,形形色色的社会主义和共产主义就乘虚而入了。这是扭曲法律所不能不导致的必然灾祸。

因此,你们贸易保护主义者利用法律压制贸易自由、也压制财产权的时候,就为所有这些灾难敞开了大门。不要大嗓门咒骂社会主义,它正是你们帮忙建立起来的;也不要嫌共产主义不好,它也是你们帮忙建起来的。现在,你们要我们这些经济学家为你们搞出某种理论,站在你们一边,为你们辩护。不,谢谢。你们自己干吧。[①]

*作者三年前曾表达过这样的看法,见发表于1847年11月28日LeLibreéchange上的文章。他回应贸易保护主义倾向的《工业观察报》(the Moniteurindustriel)说:

请读者原谅我们,我们可能要当一会儿诡辩家。我们的对手迫使我们不得不戴上博学之士的方帽长袍,而由于他提到我们时总爱说"博士",那么我们这么做就更有正当性了。

一桩不合法的行动总是不道德的,就因为它违反了法律;但是并不能由此得出结论说,它本身是不道德的。如果一位泥瓦匠(我们请求我们的朋友们能够对这样的小事予以关注)在辛苦劳作了一天后,用他的收入去交换一

① 这篇回应贸易保护主义者的文章,是作者离开兰德斯省时所写,简明地阐述了自己对于立法问题的看法,写完之后,他觉得有必要更全面地予以论述,于是,几天后,在Mugren短暂停留的几天中,他撰写了《法律》(本书第二章)。——法文版编者注

件比利时衣服，他并不算干下了本质上不道德的事。这桩行动本身并不是不道德的；但它却是违法的。证据就在于，如果有机会被修改，就没有人会认为这种交换有什么不对。在瑞士，它就绝不是不道德的。因此，本身不道德的事情，在不管什么地方、什么时间都应该是不道德的。《工业观察报》难道会主张一个人的行为是否道德要取决于时间、地点？

由于存在着不合乎道德的非法行动，因而也存在非法的不合乎道德的行为。如果我们的朋友们篡改我们的话，要从中找出本身并不具有的含义；如果某些人，私下宣称自己热爱自由，写文章和投票表决时却反对它；如果一个奴隶主鞭打奴隶让他干活；这种种行径可能没有触犯法律条文，但每个人的良心都难以接受。我们对贸易施加限制，正是属于这类行为的范畴，也是最声名狼藉的。假设某位法国人对另一个法国人说："我禁止你购买比利时布料，因为我想要强迫你到我的店铺。这可能让你觉得难受，但我却很受用；你可能会损失 4 法郎，但我却可以得到两法郎，而这对我来说就足够了。"我们会说，这是一种不道德的行为。他是利用自己的暴力冒险这么干，即是诉诸法律手段，都不能改变这种行为的性质。就其性质而言，它是不道德的，从本质上就是不道德的。在一万年前它就是不道德的，在南极、北极它也是不道德的，在月球上它同样是不道德的，因为不管《工业观察报》怎么说，法律不可能把坏事变成好事，尽管法律可以一直干这种坏事。

事实上，我们会毫不迟疑地说：法律的共谋只能增加这种事情的不道德性。如果法律没有掺和，如果，举个例子，制造商自己雇人去实施他所构想的贸易限制，那么，《工业观察报》自己也会为这种不道德行为震惊。但是现在，看看发生了什么。由于这位制造商找到了不给自己增添麻烦的捷径，也即让公共警察力量为我所用，把压迫的一部分成本转嫁给被压迫者，不道德的事情摇身一变成了善事了！

确实可能出现这样的情况：那些因此而受压迫的人们设想，这样的法律也可以为我所用，也有可能这种压迫正是来自压迫者和被压迫者都犯的同样的错误。这种错误将赋予他们的目的以正当性，使那些本来被认为可恶的行为具有正当性。在这种情况下，多数会批准这样的法律。我们只能遵从它，我们不会跟其唱对台戏。但是，没有什么可以阻止我们对多数说：在我们看来，这是错误的。——法文版编者注。

# 第九章　学位与社会主义

尊敬的议员先生们：

我曾经向立法公会提交过一份旨在取消大学学位的修正案①。由于健康原因，我无法亲临国会阐述我的提案，请允许我以书面形式再次提出②。

这是个极为严重的问题。但是你们委员会起草的法律很不完备，我相信，如果能根据我的提案做一些修正，就将让目前的公共教育现状获得重大进步。



目前的大学学位制度具有三重问题，一是教育千篇一律(千篇一律并不是统一)，二是把最糟糕的行政管理强加于教育之上，三是使教育没有灵活性。

---

① 重要的是区分美国的独立学院和大学制度与法国的制度。美国的制度是自由的，有很广阔的选择范围，自己确定授予学位所需具备的条件。巴斯夏所抗议的法国大学制度则始建于第一帝国时代。在法国，所有的高等教育全部集中在一个叫"大学"(l'Université)的大学团之下，由一位"大校长"(le grand maître)和一个最高理事会(le Conseil Supérieur)领导。这个组织全面控制本国所有学校和大学的课程、方法和授予各种学位的必备条件。因此，巴斯夏并没有夸大"大学"所拥有的垄断性权力。直到1875—1885年第三共和国时期，法国才开始教育自由化改革。——英译者注

② 早在20年前作者在他写的第一篇文章就已经指出，教育自由是国家必须努力争取进行的改革之一。参见作者法文版全集第一卷 To the Electors of the Deparment of Landes。——法文版编者注

如果说，这个世界上有什么东西生来就是进步的，那就是教育。确实，教育如果不是一代一代地传承社会所获得的知识、也即每日每时都在深化和增长的财富，还能是什么呢？

自中世纪黑暗结束以来，法国的教育何以仍然保持着千篇一律和停滞状态？因为教育被大学学位垄断着，被封闭在一个自我陶醉的小圈子中。

有一个时期，人们为了获取随便什么知识，都必须学习拉丁语和希腊语，就好像巴斯克人和巴斯-布里多尼人生来就必须学习法语一样。人们日常使用的语言是变动不居的，而印刷术还没有发明出来，人的心智也不知道自己去探索自然的奥秘。于是，要接受教育，就必须知道伊壁鸠鲁和亚里士多德是怎么想的。上等阶层的人士都以不识字而自豪。唯一掌握和传承知识的阶层是僧侣教士。那时候的知识是什么呢？显然，它仅仅是指那些使用已经废弃的语言，主要是拉丁文记录的知识。书籍都是拉丁文的；人们也都用拉丁文写作。拉丁文是宗教用语，教士能教别人的只能是他们自己曾经学过的语言——拉丁文。

于是，我们也就可以理解，在中世纪，教育完全就是学习已经废弃的语言。这种语言被人很不恰当地称之为学术语言。

而到了 19 世纪，还把拉丁文视为学术语言，这自然吗？有用吗？拉丁文还是获得知识的必要手段吗？仅仅通过罗马人留给我们的著作，我们能学到宗教、物理学、化学、天文学、生理学、史学、法律、伦理和工业技术或者社会科学吗？

掌握一门语言，跟知道如何读书一样，意味着掌握了一种工具。我们耗费自己的全部青春年华，用于掌握一种根本没有任何用处的工具，或者说没有太大用处的工具，这难道不是很奇怪的一件事吗？因为，我们刚开始掌握它就忙着忘掉它。唉，假如我们能够尽快忘记学到的那些可怜的东西该多好啊。

如果圣西尔军事学校[①]本来想向我们的青年传授现代军事科学，而教给他们的却全是如何用弩机发射石头，我们会作何感想呢？

我们国家的法律规定，没有获得学士学位[②]的人被排除在一切最令人尊敬的职业之外。

它还规定，一个人要想获得这种学位，就必须脑子里填满拉丁文的知识，别的任何东西都没有用。那么，结果怎样呢？众所周知，年轻人都会精打细算，只要达到能获得这种学位的程度即可，达到这种水平，他们就立刻不再进一步学习。你们对此摇头叹息。然而，难道你们不明白，这正是他们对社会强迫他们付出这么多没用的努力所发出的抗议？

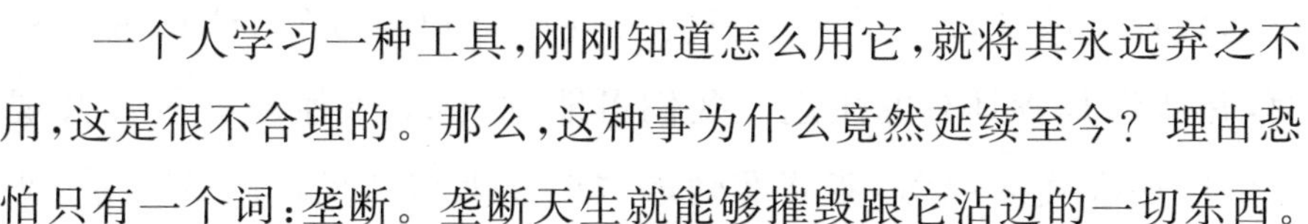

一个人学习一种工具，刚刚知道怎么用它，就将其永远弃之不用，这是很不合理的。那么，这种事为什么竟然延续至今？理由恐怕只有一个词：垄断。垄断天生就能够摧毁跟它沾边的一切东西。

因此，我希望国民公会能够维护教育的自由，也即教育的进步。现在看来，这已经不大可能了，我们不能拥有完整的自由了，

---

① Saint-Cyr，法国最重要的军事学院。——中译者注

② 当时法国的学士学位（baccalauréat），大致相当于美国学院的头两年，是由预备学校（the collège or the lycée）授予的。但是其标准要高，研究也要精深，因此，学生要想获得学士学位，必须完成普通教育。获得这种学位后就有资格进大学进一步深造获取更高学位。——英译者注

那就让我尽最大努力哪怕是挽救一点点教育的自由。

诚如法学家所说，可以从人身的角度及其与对象间的关系来认识自由；因而，取消教育方法上的竞争，其对自由的侵害，一点也不比取消人们之间的竞争更小。

有些人会说，"作为一种职业，教学工作将会获得自由的，因为人人都可以进入这个行当。"这是一个巨大的幻觉。

国家——或者毋宁说那些短暂地、哪怕是合法地掌握政府权力的政党、派别、宗派、个人——能够让教育走上自己所希望的方向，按照自己的意愿塑造人们的思想，而要做到这一点，只需有个学位制度就足矣。

在允许每个人自由地进行教学活动的同时，却把授予学位的权力只赋予一个人，那么，最终的结果必然是，教育会陷入被奴役状态。



我是一家之主，我雇教师来教我的儿子。我和老师都相信，真正的教育应该是教孩子们学习物质规则和道德规则，认识各种东西，并认识其所具有的用途。我们可能觉得，如果他能够对社会现象形成最准确的观念，能够准确地把握原因与结果之间的关系，就是最成功的教育了。我们当然希望把教育建立在这种认识的基础上。然而，国家却另有想法。它觉得，有知识的意思是他能够背诵普劳图斯①的诗句，能够引用泰利斯②和毕达哥拉斯对火和空气的

① Plautus(254—184BC)，古罗马喜剧作家，主要作品有《一罐金子》、《驴子的喜剧》、《吹牛军人》等。——中译者注

② Thales(624—546BC?)，古希腊哲学家、数学家、天文学家，米利都学派创始人，"希腊七贤"之一，认为水为万物本原。——中译者注

看法。

那么，国家会怎么干呢？它对我们说："你们想教你们的孩子什么东西，随便，但在他20岁的时候，我会考他几个跟泰利斯和毕达哥拉斯的看法有关的问题；我会要他背诵普劳图斯的诗句。如果在这些课程上他不能达到相应的水平，那就证明了，他的整个青年时代没有全部投入到这方面的学习中，那么，他就休想成为医师、律师、文官、领事、外交官或教师。"

于是，我不得不低头屈服，因为我可不敢冒险让自己的孩子被排斥在这些职业之外。你会跟我说，我是自由的。但我想说，我不自由，因为你让我不得不逼自己的儿子成为一个学究——至少在我看来是如此，也许会成为一位可怕的小雄辩家。无疑，这是对我的意愿的粗暴践踏。

如果获得学士学位所必须掌握的知识，都直接关乎我们当代的需求和兴趣，那该多好！而现在要求青年掌握的古典知识，如果只是没有用处，倒也罢了；事实上，这些知识是非常有害的。它使人们的思想混乱颠倒——这就是它所造成的难题，而这个难题要由被赋予教育垄断权的人来解决。下面我将论证这一点。

从争论一开始，大学和教士就互相指责对方。

教士们说，"你用你的启蒙理性主义弄乱了我们青年人的思想。"

大学则回答说，"你用你们的宗教教条使他们麻木不仁。"

这时来了个调解者，他说，"宗教和哲学是姐妹。我们应该把自由探索和权威结合起来。大学和神职人员，你们可以轮流掌握垄断权，大家分享，别再争论了。"

我们曾经听到令人尊敬的朗格勒斯主教①这样对大学说:"是你们给我们培养出了1848革命一代的社会主义者。"

而克雷米厄克斯很快就用下面的话反击这种非难:"正是你们教育出了1793年一代的革命分子。"

如果这些话中确实包含着真理,那我们可以得出什么结论呢?结论就是:两种教育体系都是有害的。就这一点而言,两者是没有差异的,而是一丘之貉。

是的,这就是我的想法:这两种教育体系有一点是共通的,那就是都在过分重视经典学习,而正是由于这一点,这两种教育体系都扭曲了国人的判断力和道德。他们的区别仅仅在于,一个主要是利用宗教,另一个则主要利用哲学。然而,并不是宗教和哲学本身有害——有的人就这样指责它们——事实上,它们还减轻了损害。我们没有像野蛮人那样粗野,还得感谢宗教和哲学,而拉丁学者却一个劲地要求我们模仿这些野蛮人。

让我做一番想象,这个想象或许有点牵强,但它有助于大家理解我的意思。

假设在某个地方,在地球表面跟我们正好相对的一个地方,有一个民族,憎恨和鄙视劳动,它的整个生活方式都建立在世世代代掠夺和奴役他人的基础上。这个民族把它的政治、伦理、宗教和公共舆论都建立在维护和发展自己的残忍的原则之上。由于法国已

① Pierre Louis Parisis(1795—1866),法国高级教士,政客,1835—1851年是Langres主教,1851年到1866年是Arras主教。他曾被选入1848年的立宪大会,直言不讳地主张君主制,拥护反动势力。1848年以后,他一直是"大学"最高理事会理事,尽管拿破仑1852年的政变使他丢失了其他政治职位。——英译者注

经把教育的垄断权力给予了教士阶层，这些教士觉得，最好是把所有法国年轻人发送到上面说的这个国家，让年轻人过那样的生活，让这些年轻人汲取那些人的感情，使其对那些热情有加，对待那些观念就像呼吸空气一样自然而然。不过请注意，每个学生离开的时候都带了本叫做《福音书》的东西。一代又一代人就这样回到祖国，然后爆发了一场革命。我想请读者自己想象一下，这些学生在革命中将发挥什么作用。

看到发生了这么多事，国家就决定收回教士的教育垄断权，而将其交给大学。大学也忠于传统，它也把年轻人派到那个地方，派到那些进行掠夺、占有奴隶的民族中，然后，每个人都得到了一本叫作哲学的东西。有五六代人接受了这种教育，他们根本就不了解本国实际，然后又爆发了第二场革命。由于他们与自己的前辈是在同样的学校中成长起来的，所以他们觉得，自己完全可以跟他们一争高下。

于是，两个垄断者之间爆发了战争。

教士说，"是你们的破书导致了这些灾祸"。

大学回敬道，"是你们的破书招来的。"

不，先生们，你们的那些书本根本没有这么大的作用。招来灾祸的其实是你们两边都想出来并付诸实施的奇怪的念头：要把法国青年送到别的地方学习。本来我们应当让他们学到劳动、和平和自由，你们却让强盗、奴隶的感情和看法渗透了他们的思想。

我想说的是，号称社会主义或共产主义的破坏性理论，都是经典教育的结果，而这种古典教育，有的是教士提供的，有的是大学提供的。我还想说，学士学位制度甚至把古典教育强加于那些人们本以为自由的学校中，而这些学校乃是根据法律所设立的。因此，我要求废除大学学位制度。

有人盛赞学习拉丁文可以开发人的智力。这纯粹是一种偏见。古希腊人没有学习过拉丁文，却并不缺少聪明才智。我们也都清楚，法国妇女并没有学过拉丁文，可她们并不缺少常识。假如人的心智不被扭曲，就得不到提高，这种看法未免太怪异了。古典教育号称所具有的这种好处——如果确有这种好处的话——是很成疑问的，它听任罗马人的观念、感情、看法和其风俗习惯被拙劣模仿，随着他们的语言，渗透到法国人的心灵中，这必然带来可怕的后果，难道我们就不明白，我们为那些所谓的好处付出的代价不是太昂贵了么？

早在上帝对人类宣布“你脸上的汗水使你有面包吃”以来，维持自己的生计，对人类而言，就是一件非常艰巨、也非常吸引人的事情，而由于人们用于维持自己生存所利用的手段各不相同，于是，他们的习惯、看法、伦理和社会习俗也就存在巨大的差异。

靠狩猎为生的民族与捕鱼为生的民族不同，游牧民族也不可能跟航海民族一个样。

然而，如果两个民族之间，一个以劳动为生，一个以盗窃为生，那么，上面说的那些差异与这两个民族之间的差异，根本就不能相提并论。

不管是狩猎，还是捕鱼，还是放牧、经商、务农或从事制造业，都有一个共同点：都是努力作用于身外的物质，来获得满足自己需求的东西。他们所欲控制的对象是自然。

而那些以掠夺为生的人则要对人类的其他成员采取行动，他们一门心思想控制的是他们的同类。

人们为了生存，必须作用于自然的行动，就叫做劳动。

这种行动的果实应该造福于那些付出劳动的民族。然而，也有一种可能，就是别的民族通过欺骗和暴力，把这些辛勤劳动的民族置于控制之下，从而占有这些劳动果实。

在此，我无法全面展开这一想法；不过，只要我们稍加思索，就会相信，处于两种截然不同处境的两群人，他们的习惯、风俗、心态、社会组织、道德、宗教，所有这一切，都必然截然不同，甚至用于描述最根本的社会关系的词汇，像“家庭”、“财产权”、“自由”、“美德”、“社会”、“政府”、“共和”、“人民”等，这两个民族也不可能看法一致。

一个尚武的民族很快就会明白，家庭生活会影响人的战斗热情（我们自己也能感受到这一点，因为我们也禁止我们的士兵过家庭生活）。但是，也不能妨碍人口增长呀？那么，该如何解决这一问题？柏拉图在理论上提出，而斯巴达的莱克格斯实际推行的，就是乱交（promiscuity）。然而，长期以来，我们却恰恰把柏拉图和莱克格斯的名字当作偶像来崇拜。

至于财产权，我不相信谁能从古代文献中找到对财产权的可靠的定义。今天我们可以说：“每个人都拥有他自身，因而也可拥有自己的劳动，因而也可以占有他的劳动产品”。而罗马人相信过这种观念吗？作为奴隶主，他们会说：“每个人怎么可能属于他自己？”他们鄙视劳动，他们会说，“每个人怎么可能是自己劳动果实的所有者”？在他们看来，这种观念无异于让他们集体自杀。

那么，古代人的财产权建立在什么基础上？在法律基础上，这真是一种造成惨重损失的观念，是这个世界上出现过的最可怕的观念，因为这种观念让使用和滥用各种东西获得了正当性，它请法律来确认财产权，哪怕是盗窃来的东西，甚至是人本身。

在这些野蛮时代，人们是不可能正确地理解自由的。自由是什么？是我们所有人的自由权利的总和。自由涉及每个人自己的责任，自由地思考和行动、言论和写作、劳动与交换、教学与学习，只有这些是可以自由的。人们从小被训练就是要进行无穷无尽战争的民族，怎么可能知道自由为何物？是的，罗马人篡改了这个词，用它来指由于战利品分配不公而引发的内战中的某种勇敢行为。领袖们想占有一切，人民则要求分享。于是，广场上总是喧闹不休，阿芬丁山建起了收容所[①]，颁布土地法，护民官频繁干预，阴谋诡计猖獗；于是，就形成了这样的公理："我喜欢自由，即使充满危险"，等等，它也进入了我们的语言，上学时，我也曾经把它题写在自己的所有课本上：

啊自由！你们的狂风暴雨在伟大的灵魂看来，是多么迷人！[②]

植根在法国青年的心灵中的，就是这些可敬的事例、崇高的规则、珍贵的种子！

罗马人的道德又是什么样的呢？在这儿，我不是说父子、夫妻、主仆、资助人与委托人、人与上帝之间的关系，仅仅是奴隶制度中的种种关系，就足以使其整个社会堕落；在此我想要探讨的是据

① 意大利罗马的一座山丘，古罗马城建在7座山丘上，这是其中一座。——中译者注

② 原文为"O liberté! que tes orages Ont de char me pour les grands ccurs!"——英译者注

说是共和国令人钦佩的一面，也即爱国主义。这种爱国主义是什么样的？憎恨外国人，毁灭所有文明，扼杀一切进步，用火和剑蹂躏整个世界，把妇女、孩子和老人都绑在凯旋的战车上，这就是他们的光荣，这就是他们的美德。雕塑家却用雕像赞美这样的暴行，诗人用诗句歌颂这样的暴行。唉，面对这种景象，有多少次，我们的年轻人的心灵都充满羡慕之心，争相效仿！而我们的教师们，可敬的牧师们，却一直在努力让我们过上基督教的和文明的生活。成见的力量多么地巨大啊！*

这些课程是不能忘记的；无疑正是从罗马，我们知道了下面的格言：一个国家的所失，就是另一个国家的所得。这一格言，就盗窃而言，是正确的，但就劳动而言，则是错误的。但它依旧主宰着这个世界。

想象一下，在巴黎市中心，有一个组织，学到了罗马人的道德，他们憎恨工作，企图通过欺骗和暴力满足自己的需求，于是与社会处于敌对状态。无疑，在这样的组织中，也会很快形成某种道德规范，甚至是某些共同的美德。勇敢、坚定、自制、审慎、纪律，在遭遇不幸时坚贞不屈，严守机密，献身于共同体——所有这些，都肯定属于美德。而这些也会发展成为强盗中间占据主宰地位的精神；这些也是海盗的美德，也正是罗马人的美德。或许有人会说，罗马人的事业是如此伟大，他们取得了如此巨大的成功，这本身就为他们的犯罪行为遮上了一层遮羞布，把犯罪变成了美德。也正是因为如此，古典教育才是有害的。罗马人犯下的不是一般意义上的罪恶，而是粉饰了一层美丽色彩的罪恶，是诱惑人的心灵的罪恶。

最后，关于社会，古代世界把两个错误观念流传给了现代世界，从而破坏了社会的稳定，并将继续破坏社会的稳定。

第一种观念是：社会形成的条件与自然无关，而是契约的产物。这种观念，在今天看来是完全错误的，但在古代倒也不无道理。罗马和斯巴达确实是人们为了一种共同的、明确的目的组成的群体：这个目的就是掠夺。严格来说，他们不是社会，而是军队。

第二种观念是上述观念的必然推论：法律创制了权利，因而，立法者与普通民众的关系，就相当于制陶工与黏土的关系。米诺斯、莱克格斯、梭伦、努马[①]分别塑造了克里特、斯巴达、雅典和罗马社会。柏拉图则构造了一个想象中的共和国，想使之成为未来某个民族的创造者和建国者的蓝图。

下面我们来看看，这两种观念恰好构成了社会主义的突出特征和明显标记，我们是从贬义上用这个词的，用它来代表各种形式的社会乌托邦。



不管是谁，如果他没有认识到，国家就像人体一样，是按照自然法形成的，那他就会梦想人为地创造出一个社会，按自己的意愿随意操纵家庭、财产权、法律、人，而这，就是社会主义。他不想研究生理学；他要把雕塑家的凿子用在同类的身上。他不进行观察，自己闭门发明创造。他不信奉上帝，他相信他自己。他不是个科学家，而是个暴君。他不是服务于他的同胞，而是支配他们。他不

① Numa Pompilius（活动时期约在700BC前后），传说中古罗马王政时代的第二代国王（715—673BC），曾创立了宗教历法，并建立各种宗教制度。——中译者注

研究他们的人性，而是按照卢梭的教导，改变人性。[①] 他从古代汲取灵感：他追随着莱克格斯和柏拉图的足迹。拥有学士学位的人，正是这样的人。

肯定会有人说："你也太夸张了吧，我们好学的年轻人从优美的古代学到的，不可能是这么可怕的看法和情感。"

那么，你还能指望他们从古代学到什么呢？好好回忆回忆，你刚离开学校进入社会之时的思想状态。当时的你，难道不是一门心思渴望效法地球上的掠夺者和讲坛上的煽动家？反正就我自己而言，当我看到下面的情形，实在是非常惊奇，当今社会用布鲁图[②]和格拉古兄弟[③]的模子来塑造成千上万的青年人，其宗旨就是教育他们不进行任何诚实劳动（这被认为是奴隶的事），而是跑到大街上成为暴民，而这些年轻人竟然能经受住这种考验。因为，古典教育不仅仅使我们鲁莽地急于重温罗马的生活，还使我们始终对它心向往之，把它当成全人类的理想模式，当成现代人的崇高榜样，尽管高不可攀，我们永远不能以为自己可以达到那种水平，但我们也必须努力争取效仿它[④]。

社会主义已经控制了渴望获得学士学位的阶层，这话有什么错吗？

① "凡是准备创建一个国家的人，都必然感觉到自己有能力改变人性……改变人的身体和精神构造。"(《社会契约论》，第7章）。——法文版编者注

② Brutus(85—42BC)，罗马贵族政治家，刺杀恺撒的主谋，后逃亡希腊，集结军队对抗安东尼、屋大维，兵败自杀。——中译者注

③ the Gracchi，即 Tiberius Sempronius Gracchus(153—121BC)和 Gaius Sempronius Gracchus(163—132BC)，古罗马政治家。——中译者注

④ 参见第二章《法律》。——法文版编者注

梯也尔先生说：

“中等教育要教富裕阶层的孩子学习古代语言……当他们学习希腊语和拉丁文的时候，学到的不仅仅是单词，还可以学到那些高尚和庄严的东西（掠夺、战争和奴隶制）；认识到人类历史上简朴、伟大、不可磨灭的一幕……中等教育教育出来的是国家的文明阶层。今天，尽管文明阶层并不能构成整个国家的主体，它们却能赋予整个国家以自己的特色。它们的恶习，它们的品质，它们的善恶倾向立刻会传遍整个国家；它们通过传播自己的观念和自己的感情来决定国家的形态。”①

要解释我们的历次革命的危害和反常性，再也没有比这更准确、更好的解释。

梯也尔又说：



“我敢充满自豪地说：古典时代是这个世界上最值得赞美的时代。先生们，请让我们的孩子热爱古代，将其作为宁静、和平、健全的精神之庇护所，惟此才能保持他们的纯洁和完美。”

罗马的宁静？罗马的和平？罗马的纯洁？啊，如果梯也尔先生那么多人生经验和那么非凡的常识都没有能够阻止他不犯糊涂，那么，你怎么能指望我们天真热情的青年能抵御它的诱惑呢？

最近，国民公会中也出现了一场很滑稽的对话，堪与莫里哀的喜剧媲美：

---

① 梯也尔先生论《中等教育法》的报告，1848 年。——法文版编者注

梯也尔先生，从高高的主席台上很严肃地对圣伊莱尔先生[①]：“你喜欢希腊文，而不喜欢拉丁文，这是错误的。我这样说不是从艺术，而是从道德角度看的。在法国人看来，你尤其大错特错，因为法国人属于拉丁民族。”

圣伊莱尔先生也不是在说笑：“那么柏拉图呢？”

梯也尔先生仍然很严肃：“鼓励青年人学习希腊和拉丁语是很明智的，非常明智。我是出于道德考虑而更喜欢拉丁文学习。但是与此同时，也需要这些可怜的年轻人了解德语、英语、精确的科学、自然科学、历史等。”

要知道这是什么？这是罪恶。沉浸在罗马的生活方式中，怎么可能是道德的！

梯也尔先生不是第一个，也不是唯一一个相信这种幻象的人。我或许可以说，这是一种虚伪可笑的表演。下面我将简要地谈谈古典教育对法国的文学、道德和政治留下了多么深刻的影响。我没有精力、也不想描述完整的图景，因为有哪个作者未受其影响呢？我只想勾画出一个大概就可以了。



我不用说蒙田了吧，人人都知道，他是多么地向往斯巴达，而他的品位是多么地卑琐。

---

① Jules Barthélemy de Saint-Hilaire(1805—1887)，法国学者和作家，法兰西学院拉丁、希腊语教授，1840 年曾任教育部长。1848 年进入政界，曾任临时政府首席秘书，后任议员。期间在“1850 年法案”事件中公开反对巴斯夏等人的批评，为现有的“大学”体系辩护。他曾经是非常有名的保守分子，甚至有些反动，晚年却相当具有自由主义色彩。为了抗议拿破仑三世，他辞去在法兰西学院的教授职位和行政管理职位。1870 年后，他成为梯也尔的追随者，被选人国民公会，成为梯也尔内阁成员，1875 年当选参议员，1880 年任外交部长。——英译者注

至于我很佩服的高乃依[①]，我相信，他那些表面上优美的诗句对他那个时代的精神造成了伤害，让矫揉造作、暴烈、反社会的情感看起来也仿佛崇高庄严，比如下面的话：

“为公共利益牺牲自己的所爱，忘我地投入战斗……只有我们具有这种美德……入选罗马军队，我毫不迟疑，我充满真诚的喜悦。我出嫁了自己的姐妹，我要为自己的兄弟而战。”[②]

我得承认，我不希望自己具有库里亚斯[③]的那种感情，我指的不是他对具体史实的看法，而是他对罗马整个历史的看法：

“感谢上帝，尽管我不是罗马人，但我心中仍有人性。”

## 费 纳 隆



公正的共产主义让人惊恐，因为它让我们害怕。但不正是其长期浸淫于古代世界，才使费纳隆成为一位共产主义者？而现代欧洲人一直认为他是道德完美的最令人尊敬的典范。读一下他的《泰雷马克历险记》——一般父母都很早就让孩子读这本书——你会看到，费纳隆自己就是那位虚构的贤人，他把法律完全交到立法

① Pierre Comeille(1606—1684)，法国剧作家，古典主义悲剧奠基人，擅长运用戏剧场面揭示人物内心冲突，剧作有四大悲剧《熙德》、《贺拉斯》、《西拿》、《波里耶克特》等30余部。——中译者注

② 出自高乃依剧作《贺拉斯》，*Horace*，II，iii。——英译者注

③ Guriace，高乃依剧作《贺拉斯》中的人物，荷拉斯三兄弟和库里亚斯三兄弟决斗，以决定罗马和Albe谁将统治谁。一开始，贺拉斯两兄弟被杀，而库里亚斯三兄弟都受伤，剩下的那位贺拉斯逃跑，后来却又爱上了库里亚斯的妹妹，但最后，他将库里亚斯三兄弟逐个杀死。——中译者注

者手中。他准备根据什么样的方案组织他的理想社会呢？一方面，立法者反思、发明、行动；另一边则是社会，被动而迟钝，听任自己受人摆布。于是，普通人的道德冲动、行动原则就被剥夺了，这成了某一个人的特权。费纳隆是现代最大胆地鼓吹人为计划社会的人士之先驱，正是他决定着他所幻想的萨朗特社会中所有居民的衣食住行和职业。只有他可以决定，允许他们吃什么，喝什么，可以怎样建他们的住宅，应该拥有几间屋子，应该购置什么样的家具。

他说——我还是让他自己来说吧：

“贤人创设官员负责管理商人的库存、利润、成本和企业……在此之外，商人拥有完全的贸易自由……他禁止进口任何可能导致奢侈和糜烂生活的外国产品……他取消了曾经出售锦缎等产品的商人……他为各个阶层处于不同生活水平的人们创建了有关服装、食品、家具和住宅规模与装饰的规章制度。

“他对国王说，‘应该根据其与生俱来的等级制定相应的服饰规矩……仅次于您的第一等级将穿白衣服；……第二个等级的人，穿蓝衣服；……第三等级，穿绿衣服；……第四等级，穿黄衣服；……第五等级，穿浅红色或粉红色衣服……第六等级，穿灰色亚麻布衣服；……第七等级，也就是最后一个等级，穿白、黄相间的衣服。这是七个等级的自由人的服装。所有的奴隶则应该穿深灰色服装。不容许擅自更改布料类型和服装样式。”[①]

① 那些希望像揉搓面团那样塑造社会的人士有时也很谦逊，他们不会说“我将如何如何，我将安排什么……”相反，他们更喜欢利用间接的形式，但意思却完全一样：“你们应该做什么，你们应该计划……”——作者原注

他也以同样的方式管理公民和奴隶的食品。

“然后他取缔了一切靡靡之音。

“他为建筑确定了朴素而高尚的标准。他要求自由人所建的每栋房子都必须有客厅和立柱走廊，而房间则不能宽敞。

“但是贤人的中庸和节俭并不妨碍他批准建设一座很大的建筑，用来进行赛马和战车赛及摔跤和拳击比赛。

“在贤人看来，绘画和雕塑属于艺术，不应当全部废止，但他只允许在萨朗特有少量这类艺术家存在。”

我们难道看不出来，这是阅读柏拉图的著作、学习莱克格斯的榜样而激发出来的一种想象？他们的乐趣就是用人做试验，仿佛这些人就是原材料。

我们不应当说，这些没有价值的空想是心灵过于仁爱的产物，而认可其正当性。这样的空想还有很多，他们无不提出。组织或者打乱社会的方案。



## 罗　兰[①]

罗兰就是一位，他在智力和感情的深度方面与费纳隆不相上下，他对教育的关切程度更超过费纳隆。唉，他与古典世界长期打交道，并没有阻止这个好人的智力和道德不断退化。不管是谁，读他的著作，都不能不感到悲哀、同情。我们无法肯定他是基督徒

---

① Charles Rollin(1661—1741)，教育家，为大学的特权辩护，也鼓吹古典教育。著有 *Traité des études*(1726)。——英译者注

还是异教徒，因为他对上帝和偶像不置可否。他已经准备把古代英雄时代的传奇，当作《圣经》所讲述的奇迹那样信奉。在他那平静的面容上，我们总是能看到尚武激情的阴影；他热衷于谈论标枪、剑和弩。在他眼里——博絮厄同样如此——最有意思的社会问题就是，在战场上，马其顿的密集方阵是否比罗马的军团厉害。他赞美罗马人把科学严格限制在下面的领域：雄辩、政治、战争。在他看来，除此之外的一切知识都是堕落之源，只能使人们倾向于和平；因而他小心防备不让这些知识进入他的学校。梯也尔先生应该对此叫好。他最敬重的是马尔斯和贝娄娜[①]；因此，他简直没有闲工夫再去崇拜基督。他所受的教育中，古典教育占据主导地位，因而受到传统看法的愚弄，他极为崇拜罗马人。只要是涉及罗马人，那么，假如某位罗马人克制自己没有干出十足的坏事，在罗兰看来，就成了最高尚的美德。亚历山大大帝为暗杀自己最要好的朋友而遗憾，西庇阿[②]没有抢走人家的妻子，在他眼里，也都是无与伦比的英雄品质的表现。一句话，他曾经认为，我们每个人都是生活在矛盾之中，那么，他本人就是最完美的典范。

有人认为罗兰是共产主义和斯巴达制度的崇拜者。我们还是对他公平点吧，他的崇拜并不很彻底。只要有机会，他就责备斯巴达立法者由于四个小小的缺陷而毁灭了自己的事业：懒惰，男女乱交，杀婴，大规模屠杀奴隶。然而，每次说完这些保留意见后，这个

① Mars and Bellona，均为古罗马战神，贝娄娜为马尔斯的妻子或妹妹。

② Scipio(237—183BC)，古罗马统帅，曾攻入迦太基，击败汉尼拔，两度出任执政官。——中译者注

好人就大谈有关古典时代的那些流俗的见解，认为莱克格斯简直就不是凡人，而是神灵，认为他的政治完美无缺。

在罗兰看来，立法者干预一切事务是绝对必要的。因此，当他读到一位名叫佩拉斯奇斯（Pelasges）的家伙告诉希腊人如何吃橡子的时候，他由衷地为希腊人高兴。他说，在这之前，希腊人就像牛一样吃地上的草。

他还说：

“作为对罗马人的伟大美德的奖赏，上帝赐予他们一个帝国，这一点看似不可能，实则显而易见。要与他们的美德相称，除此之外的任何奖赏都是对他们不公的，他们自己根本就不追求物质享受，这只不过是个补偿而已。”

在这里，我们不是可以很清楚地看到，流俗的看法与基督教观念在罗兰可怜的心灵中发生了冲突？我们上面所引的话，恰恰概括了法国教育创始人所有著作之本质所在。他自己自相矛盾，他眼里的上帝也自相矛盾，从而使我们也陷入自相矛盾——这就是罗兰的学说，这就是那种通往学士学位的教育之实质。



如果说男女乱交和杀婴使罗兰对莱克格斯创建的制度稍有微词，那么，他对斯巴达别的制度则是热情洋溢，他甚至能赋予盗窃行径以正当性。这可真是一件有趣的事情，也跟我的论题有很密切的关系，所以值得分析一下。他是这样论证的。

罗兰先假设，原则上，是法律创制了财产权——一个可怕的原则，而这正是所有鼓吹人为社会秩序（artificial social orders）的人所信奉的。我们看到，卢梭、马布利、米拉波[1]、罗伯斯庇尔和巴贝夫都信奉这一原则。那么，由于财产权的基础在于法律，法律就不能以盗窃为基础？你如何反驳这种论证？

“斯巴达是允许盗窃的。而在斯基台社会[2]中，盗窃会受到严厉惩罚。这种差异的原因是显而易见的：法律，只有法律能决定财产权和物品的使用权。在斯基台社会中，法律没有赋予某个人去动用他人物品的权利，而在斯巴达，法律的规定则相反。”

于是，这位好人利用最无可争辩的权威——上帝的权威，代表盗贼和莱克格斯发出最热情的呼吁：

“对他人的财产，人人都拥有同样的权利，再也没有比这更普遍的现象了；因此，上帝不仅赋予了穷人采摘他人葡萄园中的葡萄、到他人田中拾麦穗及抱走一整捆麦子的权利，也赋予了每个过路人同样随心所欲地进入他人葡萄园尽情地享用葡萄的权利，而根本不用管葡萄园主是否同意。上帝本人就给出过这样做的第一个理由。正是在属于他的以色列的土地上，以色列人可以在必要的条件下享用他人的葡萄。”

有人肯定会说，这种理论只有罗兰信奉，是个特例。这正是我要说的。我将证明，由于一味沉溺于可怕的古代社会的习俗，即使是最可敬、最诚实的知识分子身上，也存在着非常严重的道德

① Honoré Gabriel Riqueti, Comtede Mirabeau(1749—1791)，法国大革命时期君主立宪派代表人物。由于国王和王后的抵制，他的君主立宪设想没有能够实现，最终导致1789年局势急剧变化。他曾担任雅各宾俱乐部主席和国民公会主席。1790年起，与宫廷联络，次年病死。——中译者注

② 古代欧洲东南部以黑海为中心的一个地区。——中译者注

缺陷。

## 孟德斯鸠

说到孟德斯鸠，正是他重新发现了人的权利。他是最伟大的学者之一，他的每一句话都具有无上的权威，上帝也不会让我损害他的荣耀。然而，当我们看到，古典教育竟然也如此成功地影响了这颗高贵的心灵，诱使他赞美古代最野蛮的制度，我们该作何感想呢？

“古代希腊人深深地觉得，为了生活在一个受欢迎的政府之下，人们有必要接受美德的训练。他们专门设计了各种制度来满足这种目的……克里特的法律就是斯巴达的法律的原型，柏拉图的法律则修正了斯巴达的法律。

“我要请读者注意这些立法者所具有的伟大的天才：他们公然蔑视一切公认的习俗，摧毁一切世俗的美德，向整个世界展示了他们的智慧。莱克格斯把盗窃罪与公正的精神、把最野蛮的奴隶制度与最充分的自由、把最凶暴的感情与最伟大的节制结合起来，从而给他的城邦带来了稳定。他似乎剥夺了它的全部资源、艺术、商业、货币和防御。在斯巴达，人们有野心而绝不会向往致富，人们有自然的友爱，却不是他人的孩子、父亲和丈夫；甚至连贞洁都不再受人尊敬了。而正是这种生活方式，使斯巴达通往了伟大和光荣；它的制度是如此地坚不可摧，因而即使有人在战场上打败了它，但如果战胜者不能成功地将这些制度从其政治中清除出去，就不可能真正赢得胜利。”①

“那些希望拥有同样的制度的人们应该建立这样的政权，在那儿，就像在柏拉图的共和国中一样，财产将由所有人共有。他将要求人们尊敬诸神，为了维护道德而将本国人与外国人隔离，由国家而非公民经营商业；他将给予我们艺术，而不让我们接触奢华，将满足我们的基本需求而不是奢望。”

孟德斯鸠用下面的话解释古代人对音乐的高度重视：

“我相信我可以解释这一点。我们可以探讨古希腊城邦国家的精神，尤其是那些以战争为主要任务的城邦的精神。各种赚钱的行业和职业，自由人都不屑一顾。色诺芬说，‘绝大多数手艺都将使人的肉体柔弱无力；那些工匠不得不坐在阴凉中或者靠近火炉；他们没有时间结交朋友，也没有精力为共和国做贡献。’只有在某种民主制度堕落之后，匠人才获得了公民身份。这就是亚里士多德教导我们的，他主张，一个好的共和国是绝不可能给予他们公民权的。”

“农业一直是奴隶从事的职业，通常都是由被征服的民族务农：在斯巴达是其农奴阶层（希洛人），在克里特是珀里俄基人(Perioecians)，在帖撒罗尼迦是珀尼斯忒人(Penestaeans)，在别的共和国，也同样是由被奴役者从事农业。

“一句话，在古希腊人看来，所有的商业都是没有出息的。这就必然意味着，公民与奴隶、佃户、外国人交换劳务的想法，是与古希腊的自由精神背道而驰的。因此，柏拉图要求法律惩罚那些竟

① *Spirit of the Laws*, Bk. IV, chap. 6. ——法文版编者注

敢经商的公民。

“在古希腊共和国,要把这些观念付诸实施,也面临着相当大的不便和困难。一方面,法律要求公民不得从事商业、农业或手艺;而另一方面,他们又不能游手好闲。于是,他们就把自己的时间都花在竞技训练和与战争有关的技艺方面。他们的制度不允许他们从事别的职业。因此,希腊人必须被看成是一个由运动员和武士组成的社会。当然,这些训练非常适合于使人们强健和勇敢,也需要其他东西调和一下,从而,能使他们的生活方式精致、优雅一些。音乐则能透过身体器官触及人的精神,很适合实现这一目的。”①

这里,我们看到了下面的观念:古典教育给予了我们自由。现在,我们来看看它是如何教导我们理解平等和节俭的:

“实现财富的平等是民主国家的本质所在。尽管如此,人们不难认识到,要实现完全的平等,并不总是很合算。缩小不平等,并将其限制在一定范围内就足矣。在这之后,就制定具体的法律,通过对富人征税,向穷人提供救济来逐渐拉平仍然存在的不平等。”②



“在一个好的民主国家,仅仅平均分配全部土地还不够,每块土地还必须足够小,就像罗马那样……

“财富的平等会使人节俭,而节俭则会维持财富的平等。这两者尽管不同,但两者彼此互相依赖,缺一不可。”③

---

① *Spirit of the Laws*, Bk. IV, chap. 8. ——法文版编者注

② 同上. Bk. V, chap. 5. ——法文版编者注

③ 同上, Bk. V, chap. 6. ——法文版编者注

“萨莫奈人[1]有一种习俗，这种风俗，在小国，尤其是在处于他们那种处境的小国，效果极佳。所有的年轻人都被集中起来，让人们进行评判。被宣布为最优秀的青年可以挑选自己喜欢的姑娘作自己的妻子；接下来，由比他稍差一些的青年再来从剩下的姑娘中挑选自己的妻子，依此类推……很难设想还有比这更高尚、更动人的奖赏，对一个小国来说，成本最低，对两性也都最有激励作用。

“萨莫奈人是斯巴达人的后裔；柏拉图的律法则不过是对莱克格斯的法律的完善，仅靠他自己，是达不到这种水平的。”[2]

## 卢　梭

论起对法国大革命的巨大影响，没有人能超过卢梭。布朗基说，“他的著作就放在公安委员会的会议桌上。当时的人们认为，他的那些与常理相反的论点不过是文学上的夸张而已。然而，那些话很快就在国家的公共集会上被看成是唯一的真理，像刀剑一样犀利。”因而，也不应忽视把卢梭与古代连接起来的精神纽带。热情赞颂罗伯斯庇尔的布朗基说，“他的文风让我们联想到高乃依那充满激情的动人语言。”

除此之外，谁不知道，卢梭还是那些一般都归之于罗马和斯巴达的观念和习俗的最热情的赞颂者！他本人就说过，正是阅读古希腊历史学家普卢塔克的著作，才使他成为我们看到的那副样子。

---

①　Samnite，古代居住在意大利中部操奥斯卡语的部落，公元前 350—前 200 年间曾三次卷入反抗罗马人的战争。——中译者注

②　*Spirit of the Laws*，Bk. VII，chap. 16。——法文版编者注

他的第一篇文章就是直接反对人类精神的。其第一页就打上了他的独特印记：

"我能忘记那座城市吗？它曾经在古希腊的中心繁荣。我们一直渴望重建这座城市，它因其公民幸福的无知和法律的智慧而著名。与其说它是世间的国家，不如说它是半人半神的国度，相比于凡人，他们的美德是多么地出众啊。啊，斯巴达，它让任何空洞的理论黯然失色。当精致的艺术导致恶行在雅典蔓延的时候，当暴君那么热心地收集诗人作品的时候，你们却把所有的艺术和艺术家、科学和学者从你们的疆界中彻底清除！"①

在他的第二部著作《论状态之不平等》(*The Discours sur l'inégalité des conditions*)中，他更猛烈地抨击社会和文明的一切基础。他之所以这样激烈，是因为他相信，自己就是古典智慧的诠释者：



"我设想自己站在雅典的学园中，复习着导师的教导，让柏拉图和色诺芬给我作评判，而人类就是我的听众。"

这部著名作品的中心思想可以概括如下：我们之后的人生来就是不幸的，由于他们将在我们的基础上获得更多知识，于是等待着他们的，只能是最可怕的命运。我们生产能力的发展已经使我们十分不幸了。我们祖先的不幸要比我们少，因为他们更无知。罗马已经接近完美状态了，斯巴达则实现了这种完美——迄今为止，完美就是所有人和谐地在社会中生活。然而，人类真正的幸福只存在于自己赤身裸体、孤独地生活在森林中的时候，人们之间彼

① *Discours sur le rétablissement des sciences et des arts*.——法文版编者注

此没有联系，没有友爱，没有语言，没有宗教，没有观念，没有家庭的时候——简而言之，人们生活在一种跟野兽没有多大区别的状况下，他可能就是野兽，尽管他能直立行走，尽管没有长爪子而有两只手。

很不幸，黄金时代无法持久。人类经过了某个中间阶段，这里倒不无吸引力：

“当他们满足于居住在乡村小屋，以皮毛为衣，以羽毛、贝壳装饰自己，在自己身上画上种种色彩……当他们从事的职业只需要自己一个人就可以完成的时候，他们仍然是自由的、健全的、善良的、幸福的。”

唉，他们却不知道文明的这第一阶段就此打住：

“……从有个人需要他人帮忙（就此不幸地形成了社会）那一刻起；从一个人占有可供两个人使用的资源的时候起，平等就消失了，出现了财产，劳动成了必需……

“冶金和农业两种工艺的出现，造成了这场大革命。对诗人来说，这是黄金白银，在哲学家看来，这是铁和小麦，正是它们导致了文明人的出现，最后引导他走向毁灭。”

于是，人们必须脱离自然状态进入社会了。这是卢梭的第三部著作《社会契约论》探讨的主题。

在这里，我不想详尽地分析这本著作，我只想指出，这本书的每一页都是在复述希腊-罗马的观念。

由于社会是一个契约，所以每个人都有权提出自己的条款。

“只有那些联合起来的人有权调整他们组成社会的条款。”

然而，这也不大容易。“那么，他们如何调整这些条款？是通过共同协定，还是灵机一动？……盲目的群众通常不知道自己想要什么，他们如何自己完成设计一种立法体系这样一个巨大而艰难的事业？……于是，就需要一位立法者。”

于是，从理论上接受普选权，不一定就比在实践中推行起来更快。

从各方面看，这位立法者必然是一位超凡出众的人。他敢于承担起创建国家的重任，他认为自己有能力改变人性，改造人的生理和精神结构。一句话，他准备发明一台机器，而人不过是他手中的原材料而已，那么，他该从何处着手呢？

卢梭在这里很清楚地论证了，立法者不可能依靠暴力或说服，那么，他靠什么达到目的呢？靠欺骗：

“这就是为什么所有时代的建国之父都不得不乞求于上苍的力量，并把自己的智慧说成是神的旨意。……这种具有神圣理据的法令是超出普通人的理解力的，立法者将其归功于不朽的神明，以神圣的权威来赢得那些凡人的支持，而以凡人的智慧是不足以吸引他们的。但并不是任何人都能让神说话的。”（诸神！不朽的诸神！这可真是对古典观念的隔代遗传）

跟他的导师柏拉图和莱克格斯一样，跟他心目中的影像斯巴达人和罗马人一样，卢梭赋予“劳动”和“自由”两个概念的含义，实乃两种不相容的观念。在社会中，人们必须作出选择：要么放弃自由，要么被饿死。不过，有一条摆脱困境之道：奴隶制。

“从一个国家的人民选举其代表时起，他们就不再是自由的了。

“在希腊，一切人民必做的事他们都自己来做；人民不断地在市场上举行集会。一切工作都由奴隶来完成。他们最关心的是他们的自由。如果没有这种优越的条件，如何能够维护这种权利？而你们更关心增加你们的物质福利而不是维护你们的自由，你们更怕贫困而不是奴役。

“什么！只有在有奴隶制支撑的时候，自由才能存续？也许吧。两极相遇。一切不自然的东西都有其不便之处，就这一点而言，公民社会比其他方面尤甚。有时，人们会处于一种不幸的处境：一个人要维护自己的自由，必须以牺牲另一人的自由为代价；公民要想完全拥有自由，就必须以奴隶悲惨地做奴隶为条件；斯巴达就是这种情形。你们现代世界各国没有奴隶，但你们自己就是奴隶。”云云。

这里，我们看到了古典教育所传播的传统流俗的极佳例证。古代人由于其生性残忍而采用奴隶制。既然它是一种不可避免的结果，是一种传统，于是，学术圈中人就觉得，他们的一举一动都值得赞美，并根据他们的制度对自由的本质作出种种深奥复杂的论证。



卢梭把自然状态与社会划分为截然对立的两极，其对公共道德、对私人道德的破坏都是致命的。按照他的概念体系，社会是契约的产物，这种契约变成法律，法律再凭空创制出正义和道德。在自然状态下，既没有正义，也没有道德。父亲对儿子没有义务，儿子对父亲也没有责任，夫妻之间也都没有义务。“我不欠任何人任何东西，我也不向任何人承诺什么。我觉得不属于我的东西，当然就是对我没有用的东西。我对诱惑我、我也能得到的所有东西，都拥有无限制的权利。”

由此必然得出结论：假如已经通过的社会契约一朝瓦解，那么，社会、法律、道德、正义、责任等一切东西就立刻完蛋了。卢梭说，“将重新获得其原初的权利和自然的自由，这种权利和自由在人们获得约定的自由之时曾放弃了。”

现在，我们也必须了解，这种社会契约是非常容易瓦解的。每时每刻，只要有某个人违背了他的协定或者对随便什么人从事了非法行径，契约就瓦解了。如果社会对一个被判罪的罪犯说“你罪有应得”，而这个家伙竟然逃跑了；如果某位公民拒绝纳税，如果某位会计沾了公家的便宜，这个时候，社会契约就立刻被打破了，所有的道德义务都不存在了，正义也不存在了；父母与孩子、丈夫与妻子之间就谁也不欠谁的了；每个人都对他希望得到的东西拥有毫无限制的权利——一句话，整个人类又回到自然状态了。

我想请读者自己想象一下这种理论在革命年代所能造成的那些浩劫。

这种理论对私德的破坏也是致命的。年轻人充满热情和激情地进入社会时，对自己说“我内心的冲动是自然的声音，它永远都不会错。约束我的种种制度都是人为的，都不过是专断的惯例而已，而并未征得我的同意。把这些制度踩在脚下，我就可以获得双重快乐：既满足了我的天生的激情，也让我相信自己就是个英雄。”结果将会如何？

这儿，还用我们回想《忏悔录》(*the Confessions*)中那些令人哀伤而忧郁的话吗？

“我的第三个孩子跟前两个一样也送到了育婴堂，后面的两个也如法炮制；因为我共有过 5 个孩子。在我看来，这种安排很好，我并不吹牛，但我要说，我这样做确实是为了他们的母亲着想……把孩子抛给公共教育……我觉得自己已经是柏拉图共和国的一员了！”

## 马布利

众所周知，马布利是个希腊-罗马狂。他跟卢梭是同一类人，但比起卢梭来，心胸更狭窄，也更没有同情心。他更没有资格接受那种观念，搞得也更混乱。他跟所有古典作家一样坚信，人类只是社会规划者的原材料而已，他也想跟他们一样成为规划者，要对这些原材料进行规划。于是，他把自己看成了一位立法者。他先是想在波兰发挥自己的这种才能，但看样子似乎并不怎么成功。然后，他又向美国人端出了斯巴达的油腻肉汤，不过，他也没有让他们相信它的好处。美国人的这种愚昧令他大怒，他预言，美国肯定要垮台，维持不了五年。

让我在这儿对我的论述做一个限定。在引用费纳隆、罗兰、孟德斯鸠、卢梭等人的荒唐而具有破坏性的理论的时候，我当然不敢否认这些伟大作家的很多著作也充满了智慧和道德感。而他们著作中的错误就源于他们接受了古典时代的传统看法，但其正确理论则具有完全不同的来源。我的主旨正好是说，恰恰是希腊、拉丁文的教育，使我们都陷入自相矛盾之中。它使我们对过去持一种盲信的态度，哪怕是最可怕的灾难，也成了光荣的事情；而只有当代的精神——基督教，人们不能不承认其为正确的良好的常识，能向我们展示未来应该追求的理想。

我就不引用摩莱里、布里索[①]和雷纳尔等人论述热爱战争、奴隶制和教士的种种欺诈行径、财产共有、懒惰等行为的正当性的话了——不仅如此，他们甚至在赞美、歌颂这些行为。这些理论的根源何在，不会有谁弄错的。我重复一遍，其根源正是在学士学位课堂上强加给我们的古典教育。

古典时代古老的观念——据说是那样的宁静、和平和纯洁——不仅毒化了学者之思想，也毒化了法学家的思想。我相信，甚至在那些关于财产权问题已得出合理观念的法学著作中，读者也不难看出这一点。那么，我们无法想象，不具备这种观念的立法活动又该是什么样的。最近我偶然翻阅瓦泰尔[②]的著作《万国法》(*Traité du droit des gens*)。我注意到，作者用了整整一章讨论下面的问题：是否容许诱拐妇女？显然，这种珍闻我们只能归功于罗马和萨宾人[③]的传奇故事。他非常严肃地权衡了各种支持和反对意见之后，最后给出了肯定的回答。这要归功于罗马的光荣。罗

① Jacques Pierre Brissot(1754—1793)，小册子作者、记者、社会改良家和革命者。法国第一共和国初，他是举足轻重的雅各宾派议员，编辑《法兰西爱国者报》，曾草拟废黜国王的请愿书。他在法国取消奴隶贸易的运动中很活跃，是温和的共和派团体——吉伦特派领袖，反对山岳派，其成员最初就被称为布里索分子。1792 年 8 月 10 日起义后，力图解散巴黎公社和雅各宾俱乐部。次年 6 月被流放，逃跑未遂被捕，10 月被处死。著有《刑事法理论》、《美国南方黑人杂忆》等。——中译者注

② Emerich de Vattel(1714—1767)，瑞士法学家，他的《万国法》(*Law of Nations*,1758)试图把自然法运用到国际关系中。从气质上讲，他是个自由主义者和人文主义者，他提出自由与平等的原理，捍卫战时的中立权，他的著作影响了后来国际法的发展，在美国尤其有影响。——中译者注

③ the Sabines，古代意大利中部一个部族，公元前 3 世纪时被罗马人征服。——中译者注

马人怎么会错呢？传统的观念是禁止我们这么思考的。人家是罗马人，这就足够了。罗马虽然干尽了烧杀抢掠的事，但依然是宁静的、和平的、纯洁的。

有人可能会提出，我在这里所批判的东西，仅仅是这些学者个人看法而已。是这样吗？如果不是古典教育导致的一致行动，再加上蒙田、高乃依、费纳隆、罗兰、孟德斯鸠、卢梭、雷纳尔、马布利等人的不断巩固，从而在社会中形成了崇拜古典时代的普遍心态，我们的社会或许会更幸福一些。这一点仍有待人们了解。

与此同时，我们还看到，共产主义理念不仅在个别人头脑中而且在整个人类的精神中获得了支配地位，支配了那些最博学的人和最有势力的人。当耶稣会士准备在南美巴拉圭创建一种社会秩序的时候，他们想到的是什么样的方案？正是米诺斯、柏拉图和莱克格斯的方案。他们创建了一个共产主义社会，当然最终，不可能得到什么好结果。那里的印第安人的生活比野蛮人还要惨。尽管如此，欧洲人偏爱共产主义制度的先入之见是如此根深蒂固，这种种制度在他们眼里是如此地完美无缺，于是，人们纷纷赞美这些在耶稣会士权杖下默默地生存着的无名无姓的生物（因为他们根本就不是人）的幸福和美德。

这种使命伟大的传播者卢梭、马布利、孟德斯鸠、雷纳尔，是否想过用历史事实核实他们的理论？从来没有过。希腊和拉丁文著作怎么会出错呢？一个人遵循柏拉图的教导怎么会误入歧途呢？于是，巴拉圭的印第安人是幸福的，或者应该是幸福的，尽管这种统治带给他们的是最深重的痛苦。阿萨拉[①]、布干维尔[②]等旅行家正是带着这些先入之见开始他们的旅行的，他们本来是准备为这么美妙的奇迹唱赞歌的。当悲惨的现实第一次映入他们眼帘时，他们都无法置信。然而，他们不得不接受现实，他们最后不得不非常遗憾地宣布，想象中诱人的空想共产主义理论，付诸实践的结果是可怕的。

给定前提，则必然得出不可避免的结论。显而易见，我上面所引几位作者都不敢把他们的理论推到其逻辑终点。摩莱里和布里索自认为已经修正了这种逻辑一致性的缺陷。他们是柏拉图真正的追随者，他们公开鼓吹财产和妇女共有；值得注意的是，他们鼓吹这些东西时，不断引用的正是人人都认为值得赞美的奇妙的古典时代的例证和规则。

当法国大革命爆发的时候，教士所提供的教育就使法国人对家庭、财产、社会的普遍看法堕落到这种状态。毫无疑问，我们也可以用古典教育之外的其他理由对此予以解释。然而，这种教育本身也是错误的观念、残忍的感情、破坏性的乌托邦、致命的试验的大杂烩。对此，恐怕没有什么可怀疑的吧？只要读一下当时人们在立法公会和国民大会上的讲话，就能明白这一点。他们的语



① Don Felixde Azara(1746—1811)，曾有20年时间担任划定西班牙和葡萄牙在南美洲殖民地的边界线的西班牙专员，著有 *Voyage dans l'Amérique méridionale depuis* 1781 jusquén 1801(Paris，1809)，融南美博物学的观察与巴拉圭探险与历史记录于一书。——英译者注

② Louds Antoine de Bougainville(1729—1811)，法国航海家和探险家，著有 *Voyage au tour du monde*(1771)，描述其环游世界(1767—1769)的经历。他航行经过的所罗门群岛中最大的一个岛屿就以他的名字来命名。——英译者注

言正是卢梭和马布利的语言。他们无非是法比里西乌斯(Fabricius)、加图[①]、两位布鲁图、格拉古兄弟和喀提林[②]等人的应声虫、传声筒而已，是对他们的深情呼唤。一桩暴行，只要是罗马人干的，就是光荣的。这种教育灌输到人们思想中后，就必然会表现到人们的行动中。如果大家都承认斯巴达和罗马是榜样，那么，人们就必然会效法它们或拙劣地模仿它们。这个人希望恢复奥林匹克运动会，那个人希望再搞土地法，还有人会希望大街上摆上黑乎乎的斯巴达肉汤。

在这里，我无法全面地探讨这个问题，这需要深思熟虑，需要专门写一篇文章论述《希腊罗马文学对我们的大革命精神的影响》。下面，我集中探讨几个最突出的问题。

两个大人物主宰着法国大革命，可以说是其人格化身：米拉波和罗伯斯庇尔。对于财产权问题，他们持何种看法呢？



我们已经看到了，古典时代那些将其生活方式建立在掠夺与奴隶制之上的国家，从来没有能够为财产权奠定坚实的基础。他们倾向于认为，财产权不过是约定俗成的东西；他们认为，对财产的权利源于法律，因而就制定出了法律，赋予奴隶制和盗窃以合法性，罗兰人就曾经这么天真地解释过。

卢梭也曾经说过："财产权是人们约定的一种制度，而自由才

① Cato，大加图(234—149BC)，古罗马政治家、作家，曾任执政官和监察官，维护罗马传统，著有《史源》、《农书》等，是拉丁散文文学的创始人；小加图(95—46BC)，大加图的曾孙、政治家、斯多葛派哲学信徒，支持元老院共和派，反对恺撒和喀提林，因共和派战败而自杀。——中译者注

② Catiline(108？—62BC)，罗马共和国贵族，因竞选执政官失败而策动武装政变，被执政官西塞罗镇压，失败战死。——中译者注

是自然的赐予。”

米拉波也表达过同样的看法：

“财产权是社会的产物。法律不仅保障和维护财产权，法律也创制财产权从而使之形成；法律决定公民对其财产之权利的范围和程度。”

当米拉波说这番话的时候，他不仅仅是在陈述一种理论，他的真正目标是阐明议员们限制公民行使那种完全取决于他的法令之权利，因为这种权利正是他创制出来的。

罗伯斯庇尔则重复了卢梭的定义：

“自由是人的第一位的需要，是他的最神圣的自然权利，在给自由下定义的时候，我们曾经十分正确地指出过，自由的限度取决于他人的权利。为什么你们不把这一原则用于财产权？它也是一种社会制度，难道自然法还没有人的约定那么神圣？”



在开门见山说完这段话后，罗伯斯庇尔开始给财产权下定义：

“财产权乃是每个公民享有和支配法律保障他所拥有之物品的权利。”

于是，自由与财产权的定义就是截然对立的。它们成为具有不同源头的两种权利。一种来自自然，一种源于社会制度。一种是自然的，另一种则是人为的，是约定的。

那么，谁来制定法律呢？是立法者。于是，他就可以影响人们行使其对财产的权利，因为这种权利正是他随心所欲地赋予公民的。

于是，罗伯斯庇尔就不难从这种定义中推论出就业权、济贫权和累进税制了。

“社会有责任为其全部成员提供赡养，或者给他们提供工作岗位，或者保证失业者达到一定生活水准。”

“向穷人提供必要的帮助是富人对穷人的义务。将由法律来确定富人如何履行这种义务。”

“收入不足以维持其生存的公民，可以豁免其缴纳公共开支的义务。其他人则有义务根据其财富多寡累进地向国家作出贡献。”

絮德勒[①]指出，罗伯斯庇尔据此采用种种措施，要把私有财产制度转变为共产主义。不仅其支持者这样认为，事实也正是如此。他把柏拉图《法律篇》中所提出的原则应用于现实，企图建立《理想国》中所描述的那种社会，尽管没有成功。

（众所周知，柏拉图写过两本著作，一本是《理想国》，描述了一个理想社会（财产和妇女公有），另一本则是《法律篇》，描述了向这种理想过渡的步骤。）



除此之外，罗伯斯庇尔还是古典时代所谓宁静、和平和纯洁的仰慕者。他关于财产权问题的讲话中就充满了对这些古典气质的感人的赞美：亚里士多德应该不会羡慕过克罗伊斯[②]的财富，而住在小茅屋的法比里西乌斯也从来不羡慕克罗伊斯的宫殿！如此等等。

一旦米拉波和罗伯斯庇尔从原则上授予了立法者以调整财产

① Théodore Rose Léon Alfred Sudre（b. 1820），法国政论作家，经济学家，著有 *Histoire du communisme, ou Réfutation historique des utopies socialistes*（1848）。——中译者注

② Croesus（？—546BC），吕底亚末代国王，敛财成巨富，后供职于波斯宫廷。西方多以他代指富豪、大财主。——中译者注

权限度的特权，那么，他们认为，这一限度应该限制在什么程度才算合适，就不重要了。他们或许会觉得只要有就业权、济贫权和累进税制就足够了，而有些更坚定的人则不会就此止步。如果创造和支配财产的法律可以向平等迈出第一步，那为什么不能迈出第二步？为什么不能实现完全的平等？

于是，不可避免地，圣茹斯特[①]就比罗伯斯庇尔走得更远。同样不可避免地，巴贝夫超过了圣茹斯特。一个人假如走上了这条道，那就只有一个合理的终点。神圣的柏拉图早已经指出了这一点。

圣茹斯特——哎呀，我已经说过，要把谈论的范围限制在财产权问题上。我忘了，我还得揭示古典教育是如何扭曲我们的道德观念的。如果我说，圣茹斯特在通往共产主义的道路上比罗伯斯庇尔走得更远，我想，读者会相信我的话的，现在回到我们的主题。



最重要的是，我们必须明白，圣茹斯特的错误是跟他所受的古典教育有关系的。像他那个时代和我们当代的所有人一样，他身上也渗透着古典时代的精神。他总觉得自己就是布鲁图。在他还没有到巴黎施展他的政治抱负前，他曾写道：

“啊上帝，如果布鲁图没有生活在罗马，他一定会憔悴的；不过，我相信，如果布鲁图没有杀死别人，他也会自杀的。”

杀人！这似乎就是生活在这个地球上的人的命运。

古希腊、罗马的一切崇拜者都同意，共和国的基石是美德，而

---

① 法国大革命时期雅各宾派领袖之一。参见本书第 109 页注[1]。——中译者注

上帝知道他们用这个词指什么！于是，圣茹斯特写道：

“共和政府如果不是建立在恐怖之上，就是建立在美德之上的。”

在古典时代，流行的看法是，勤奋劳动是丢人的。于是，圣茹斯特也这样声讨劳动：

“对于真正的公民来说，做生意是病态的。人长出双手，仅仅是为了耕种土地和携带武器。”

为了防止人们自甘堕落竟去做生意，他要求给每个人都分配一块土地。

我们已经看到，根据古代人的想法，立法者与人类的关系，就相当于制陶工与黏土的关系。不幸，这种想法流行起来之后，没有人想做黏土，每个人都想做制陶工。我们当然可以理解，圣茹斯特给自己指派的正是这种美好的角色：

“如果有一天，我确信自己不能再增进法国人的美德以促进和平，让他们在思想上警惕，并坚定地抵制暴政和不公正，我宁愿自己结束自己的生命。”

“如果人民善良，则万事大吉。因此，我们需要种种制度来改进公众的道德品质。改进其道德的第一步是满足他们的需求和利益。人人都必须获得土地。”

“孩子必须终年穿亚麻衣服。他们得睡席子，每天只睡 8 个小时。他们必须吃同样的东西。他们只能以植物块根、果实、蔬菜、面包和水为生。16 岁之前，他们不得吃肉。”

“男子在 25 岁之后每年必须到神殿中公开宣布自己的朋友的名字。不管是谁，如果没有合适的、充足的理由而抛弃了自己的朋友，就应当遭到放逐。”

于是，圣茹斯特效法莱克格斯、柏拉图、费纳隆、卢梭，僭称自己对法国人的道德、情感、幸福和孩子问题的判断，比所有法国人加起来还要正确，还要有力。和他本人比起来，人类是多么地无关紧要！人类必须都靠他才能生存。他的大脑是整个人类的大脑，他的心灵就是人类的心灵。

这就是留恋古典时代之传统偏见中影响了法国大革命的东西。柏拉图设想的理想终于实现了，17、18世纪的教士和俗人都对其大唱赞歌。行动的时刻到来了，米拉波迈出了第一步；罗伯斯庇尔迈出了第二步，圣茹斯特迈出了第三步，昂托纳勒①迈出了第四步，巴贝夫比他的前辈都更坚定，一步步迈向终点，达到了彻底的共产主义，完美的柏拉图主义。我本来应该引用一些他的论述，不过，在这里我只想指出一点，他说他们是小格拉古，由此可见他的性格之一斑。

仅就我们这儿讨论的问题而言，大革命的整个精神状态，可以从下面的引语中清楚地看出：罗伯斯庇尔希望什么？“把人们提升到古典时代的国家曾经达到的共和美德的水平。”②圣茹斯特想干什么呢？“让我们享受斯巴达和雅典的幸福快乐。”③此外，他还希

---

① Pierre Antoine, Marquis d'Antonelle（1747—1817），记者、政客，著有*Catéchism edutiersétat*(1789)。他主持了对玛丽-安托瓦内特和吉伦特派的审判。——英译者注

② 3Nivôse, Year III.——法文版编者注。Nivôse是法国革命历法的第四个月。——英译者注

③ 23Nivôse, Year III.——法文版编者注

望“所有公民都随身携带布鲁图的匕首”。[①] 残忍的卡里埃[②]想干什么呢？“自此以后，每个青年都沉思斯凯沃拉[③]之火，苏格拉底之毒药，西塞罗之死，加图之剑。”拉波·圣-厄蒂安纳[④]又想什么呢？“国家应该效法克里特和斯巴达，从摇篮，甚至从一出生就全面照顾每个人。”[⑤]坎泽-万特斯派[⑥]想要什么呢？“建立一个献祭给自由的教会，建立起祭坛，贞洁的处女在其上燃烧起不灭之火。”[⑦]整个国民大会希望什么呢？“自此以后，我们各市镇的人民，人人都是布鲁图和帕布里科拉斯[⑧]。”所有这些宗派，的确都是抱着最美好的信念，而这使他们对社会更为危险；因为真诚地献身于错误，就导致了盲信，而盲信是一股强大的力量，尤其是它可以使广大民众群起响应。所有人普遍地狂热追求某种社会理想，不

① Nivôse, Year III. ——法文版编者注

② Jean Baptiste Carrier(1756—1794)，法国大革命大恐怖时期最为臭名昭著的执法者。1794 年，为了防止旺代（法国西部一地区）叛乱蔓延到南特，他建立了一个革命法庭，把大量囚犯送上断头台、火刑场，及——最有创造性、也最有效率的——溺刑(noyades)，就是用一种船底带活门的船把囚犯淹死在卢瓦尔河。他本人最终也在 1794 年 11 月被送上断头台。——英译者注

③ Scaevola，传说中的罗马英雄，曾刺杀一围攻罗马的部族之王，被捕后受审时将右手伸入祭坛烈火中而神色自若，令敌方感佩，获释荣归。——中译者注

④ Jean Paul Rabaut Saint-Étienne(1743—1793)，吉伦特党人，该派垮台后被送上断头台。——英译者注

⑤ 1792 年 12 月 16 日。——法文版编者注

⑥ Quinze-Vingts 收容院，最早是为收养三百位穷苦的盲人而建，后来被置于一个特别行政部门的管理之下，建成为一家工场。——英译者注

⑦ November 21, 1794 年 12 月 21 日。——法文版编者注

⑧ Publius Valerius Publicola，古罗马将军，在公元前 510 年领导了驱逐塔昆（传说中的罗马第七代国王，实行独裁统治，被元老院驱逐——中译者注）的斗争，并抵御了沃尔西人、伊特鲁里亚人和萨宾人对罗马的围攻。——英译者注

可能没有任何结果；公共舆论，不管是文明开化的，还是被误导的，都是这个世界的主宰者。如果某种根本错误，比如说古典时代光荣正确的观念，通过教育，从每个人的理智刚刚觉醒时就深入其心灵，从而成为一种根深蒂固的传统观念，被所有人毫不迟疑地接受和同意，那么，这种错误就会从理论变成实际，从思想变成行动。当一场革命降临，把理论付诸实践之时，谁会说这是一百年前一个叫做费纳隆的家伙以一种可怕的面目又再现人间了？他曾经以小说的形式表达过自己的想法。当时，他只是个诗人，现在，他却成了一位烈士。当时，他只是觉得社会太可笑了，现在，他却颠覆了社会。

然而，现实中确实有一种力量，要比最流行的传统观念还要强大。当教育在公共舆论中播下某种致命的种子后，在国家肌体中就会出现一种自我保护的力量，使它自己在经历了很多折磨、在经历了无数苦难和血泪之后，最终彻底清除它所感染的那些有害的细菌。

因此，在乌托邦式共产主义使社会陷入严重的惊恐状态并危害社会之后，某种反动就是不可避免的了。法国开始向专制统治倒退。这种倒退也很激烈，人们连革命的正当成就也无暇顾及。我们又回到了执政官和帝国的时代。然而，唉，人们醉心于在这个新时代维护古罗马的种种规制，这一点，不用我多说吧？古典时代总是有很多东西，可以给暴行赋予正当性。从莱克格斯到凯撒，有多少榜样可供挑选啊！于是——在这里，我想借用梯也尔先生的话——“我们开始是与伏尔泰同行的雅典人，中间一度成为国民大会统治下的斯巴达人，最后则成了拿破仑统帅下的恺撒的士兵。”

我们怎么可能没有意识到，我们跟古罗马调情最后给我们时代留下的烙印呢？仁慈的上帝啊，这种迹象随处可见：我们的议院，我们的纪念碑，我们的文学，帝制时代的种种时尚，我们给我们的制度所起的可笑的名字，无不可见古罗马的印记。因此，我们看到，执政官、皇帝、元老院议员、护民官、罗马长官、元老院法令、鹰标、特洛伊拱门、罗马军团、希腊式城市公共会堂、雅典学园等等玩意，在我们的时代层出不穷，当然不是偶然的。

革命原则与反革命原则间的斗争似乎到 1830 年 7 月就结束了。这之后，这个国家的知识热情都转向了社会问题研究——就研究本身而言，这是一种非常自然而有益的追求。不幸的是，大学仍然为我们的精神生活设定路线方针，并再次指引我们回归古典时代的思想源头。于是，我们不幸的国家又堕落到唠叨其历史的水平，又一次从头开始，又经历一番同样的历程。我们似乎又在经历一个循环：乌托邦空想、试验、反动；书本上的柏拉图主义、军事专制主义；费纳隆、罗伯斯庇尔、拿破仑！还能有什么呢？随着文学和新闻的再度复兴，我们的年轻人不是去努力探索和阐述社会的自然规律，而是局限于论证古希腊-罗马人的公理：社会秩序是立法者创造出来的——这一拙劣原则为想象开辟了无限的空间。最后就是通向社会主义的永恒重生。因为，如果社会是人创造发明出来的，那么，谁不愿意成为创造者？谁不想当米诺斯、莱克格斯、柏拉图、努马、费纳隆、罗伯斯庇尔、巴贝夫、圣茹斯特、圣西门、傅立叶、布朗基、普鲁东？谁不想享受建国者的荣耀？谁不想被人称为国家之父？谁不想以自己喜欢的方式把家庭和财产权——仿佛它们都是化学元素——组合起来？

然而，为了使这些空想不仅仅停留在报纸专栏而拥有更广大的挥洒空间，就必须掌握权力，必须占据核心权力。从这里指挥政治权力放射出的每一道光芒，是所有社会试验必不可少的先决条件。于是，每个宗派、每个思想流派都竭尽全力要把主流学派或宗派从其掌握政府权力的位置上赶走，由自己取而代之。因而，在古典教育的影响下，政治生活不可能是别的，而只能是一连串无穷无尽的斗争和革命，以决定哪个乌托邦拥有用人类进行试验的权利，仿佛人就不过是原材料而已。

是的，我要指出，正是获得学士学位所必须完成的课程，令人痛心地使整个法国青年都成为社会主义乌托邦和社会试验的后备军。无疑，这正是一种非常奇怪的现象的原因所在，即那些相信自己已经受到社会主义的威胁的人，却没有能力起而反驳这种现象。毕竟，对于中等阶层、地主、资本家来说，圣西门的理论、傅立叶所设想的社会制度、布朗基的制度、勒鲁克斯的制度、普鲁东的制度，都不过是一种理论而已。你们说，他们都错了；那你们为什么不反驳他们呢？因为你们自己喝的正是同一杯水；因为你们也与古代有千丝万缕的联系，你们也醉心于古希腊、罗马的一切，因此，你们思想中也渗透着社会主义。

“你们的心灵也受到社会主义的某种污染。”

你们提出通过关税来平均财富，你们的穷人救济法，你们要求的免费公共教育，你们的奖励和补贴措施，你们的中央集权，你们对国家的信赖，你们的文学，你们的剧院——所有这些都表明了，你们也是社会主义者。你们跟社会主义的传道者只有程度上的差别，但你们跟他们实际上是一丘之貉。因此，当你们觉得，你们被人压过一头时，你们不是起而反驳，因为，你们不知道怎么反驳，你们要反驳别人，就不能不骂自己；相反，你们抓耳挠腮，苦思冥想。最后，你们只有呼吁采取压制措施，你们可怜兮兮地说，“这是为了法兰西。”

不，法兰西无需如此。事情自有其必然规律：当你们沉湎于毫无意义的悲伤之时，社会主义正在经历自我颠覆。社会主义的鼓吹者中间已经争得不可开交了。傅立叶空想的共产村庄——法朗吉走到头了，三人小组已经完蛋了，国立工场已经不复存在了，你们的平均财富事业也会终结。至今还剩下些什么呢？无息贷款。你们为什么不骂它荒唐呢？唉，原因就在于，这正是你们自己发明出来的。这些东西，你们鼓吹多年了。你们发现自己无法彻底取消利息，你们就管制利息。你们在你们提出的利息法中规定了一个固定的最高利率，于是，你们就给人们一种印象，财产权是法律创造出来的，而这，恰恰就是柏拉图、莱克格斯、费纳隆、罗兰、罗伯斯庇尔的想法，我敢说，这也不仅是社会主义，更是共产主义的本质所在。那么，就不要跟我说这种教育的课程有多好，因为它没有教给你们应该了解的东西，而只能让你们在面对某些莽汉脑海出现那些疯狂的念头时却无计可施。由于你们自己不能用真理来对付谬误，那至少也应该让各种谬误彼此自相残杀。用不着钳制乌托邦分子的言论，从而让人们以为，正是由于他们遭受迫害才有那种念头的。如果不是中等阶层，那么，最起码，广大劳动者已经对社会问题产生了兴趣。他们将成功地为“家庭”、“财产权”、“自由”、“争议”和“社会”等概念找到新的定义，比起我们的教育所提供的定义来，当会更准确。他们不仅将打败那些自我标榜的社会

主义，也将打败那些自己也浑然不知的社会主义。他们将摧毁你们的极权主义国家干预制度，你们的中央集权，你们人为的国家团结，你们的贸易保护主义制度，你们的官办慈善事业，你们的利息法，你们粗野的外交，你们的垄断性教育。

因此我才说：不，不是法兰西要如此这般。从这种斗争中出现的社会，比起你们所要塑造的社会来说，将更幸福、更文明、更井然有序、更伟大、更自由、更道德，也更虔诚。

最重要的是请记住：当我批判古典教育的时候，并不是要求禁绝它。我没有呼吁国家强迫每个人都接受我的看法，我毋宁是说，不要强迫我接受别人的看法。这两者之间有巨大的差异，我们不要混为一谈。

梯也尔先生、德里昂塞[①]先生、德蒙塔朗伯尔先生、圣伊莱尔先生觉得，罗马的气氛非常适宜于塑造青年的心灵和思想。很好，那就由着他们让自己的孩子去感受这种气氛。悉听尊便。但他们也得给我让自己的孩子摆脱这种邪恶的气氛之自由。对你们这样的保守派来说，这种气氛是庄严的，但在我看来，却是可恶的；它能让你们的良心得到满足，我却愿对其敬而远之。没问题，你们可以去追求自己的理想，但也让我追求我的理想。我不强迫你们，你们干嘛要强迫我？



你们坚信，从社会和道德的角度看，社会理想的生活方式只能到古代去寻找，而在我看来，只能在未来找到。梯也尔先生宣称：

① Henri Léon Camusat de Riancey(1816—1870)，具有天主教和保皇主义倾向的法国政论家和政客，他 1850 年创办 L'Union 杂志，并自任编辑。1845 年入选议会，公开反对共和政府，要求改变教育体系。——英译者注

“我们可以以百倍的自豪说，古典时代是人类历史上最值得赞美的时代。”至于我，我却很高兴自己没有你们这种可悲的见识。我之所以说可悲，是因为，根据你们不幸的规律，人类就是一个不断退化的过程。你们认为人之初是最完美的，我则认为，人类到终点才会完美。你们相信，社会是在退步，我则相信，社会在进步。你们相信，我们的见解，我们的观念，我们的整个生活方式都应当尽可能地符合古代的模子。而我在研究了斯巴达和罗马的社会秩序之后发现，那里所上演的只是暴力、不义、欺诈、无尽的战争、奴隶制、堕落、错误的政治、错误的道德和错误的宗教而已。你们所赞美的，正是我所痛恨的。但你们可以坚持自己的看法，那也让我保持自己的判断。这里，我们不是律师，我们不是在集会上，一方要求实施古典教育，一方反对这种作法，不是非得作出判决，从而不是伤害我的良知，就是损伤你们的良心。我所要求于国家的，仅仅是它保持中立。我要求你享有自由，我也享有自由。至少就不偏不倚、中庸、谦虚这一点而言，我要比你们略高一筹。

教育可以根据施教者的来源分为三种：国家教育、教士教育以及所谓的自由教师教育。

我所要求的是后一种。也就是说，教师可以在教学活动中自由地尝试新的、更有效的方法。就让国立大学去教它所珍视的希腊、罗马去吧，就让教士去教它所通晓的希腊、拉丁文去吧，就让这两种教育去生产柏拉图主义者和政治煽动家去吧，但不要让他们阻止我们用别的方法为我们的国家、为我们这个时代培养人才。

如果不准我们拥有这种自由，那人们每时每刻告诉我们“你们拥有自由”的所谓自由，就成了莫大的笑柄。

在2月23日的议会会议上，梯也尔先生第四次宣称：

“我想重复一遍我曾经说过的话：我们所起草的法律赋予的自由，是符合宪法的自由。

“我希望你们能够证明还存在别的自由，并向我证明这不是自由；至于我，我坚持认为，除此之外，不可能存在任何自由。

“以前，如果不经政府批准，我们不准随便教育自己的孩子。我们已经消灭了以前的政权；人人都可自由地安排教育内容。

“从前总有人对我们说，教这个教那个，不准教这个教那个。今天，我们可以说：你想教孩子什么就教什么。”

听到这些挑战性的话却必须保持沉默，是一件痛苦的事情。假如我的嗓子问题没有阻止我站上讲台，那我就会这样对梯也尔先生说：

那么，让我们从教师、从孩子的父亲、从社会的角度，来看看你所说的这种完美的自由到底是什么货色。

根据你的法律，我创办了一所预备学校。我必须向学生收取学费，用于购买或租赁设备，给学生提供餐饮，支付教师的工资。但在我的学校旁边就有一所国立学校。它可不用费心考虑去如何搞到钱添置设备、养活教师。包括我在内的纳税人已经掏了这笔钱。于是，国立学校就可以把其学费降到很低的水平，以至于我的学校根本没法维持下去。这就是自由吗？但是，我起码还可以安慰自己：我提供的教育要比你们的优越，正是公众梦寐以求的，因而，尽管你逼得我不得不收费，尽管我的学费相对较高，但学生还是源源不断地涌到我的学校。但这时候你插手了，对我说：“你可以教你喜欢的东西，但如果你偏离我的方法和课程，你的学生不得从事任何需要学问的职业。”这是自由吗？

现在，假设我是孩子的父亲。我把我儿子送到“自由的”学校。我会面临什么处境？作为孩子的父亲，我得为孩子的教育掏钱，没有谁来帮我一把；作为一位纳税人，一位天主教徒，我要为他人孩子的教育掏钱，因为我不能不交纳用于国立学校的税金，也不能不在大斋戒季节投一枚硬币到教堂的募捐箱以资助教会学校。当然，在后一种场合下，我确实是自由的。但是，纳税也是一种自由吗？根本不是！你可以说你实现了社会主义意义上的社会团结，但不要说你已经建立了自由。

这还只是问题的次要的一面，更严重的问题在后面呢。我喜欢自由的教育，因为你的官方教育（你还强迫我为其掏钱，尽管我没有从中受益）在我看来，是共产主义的和异教的；我的良知使我不愿意让自己的孩子被灌输斯巴达和罗马的观念。在我看来，这些观念完全是对暴力和抢劫的赞颂。因此，我不得不自己掏钱支付孩子的学费，又掏钱交税支付别人的孩子的学费。然后我看到了什么？我看到，通过你的精明的学位制度，你的神学和尚武教育也渗透到我们的自由的教育体系中了。我的良心只能屈从你，否则的话，我的孩子就会成为社会上的贱民。你已经对我说过四遍，我是自由的。即使你对我说上一百遍，我也会一百遍地回答你：我不自由。

你自相矛盾，这是必然的；我也承认，在公共舆论目前的状态下，你不可能关闭官办的预备学校。但可以减少一下你的自相矛盾吧。你每天不是都在抱怨我们年轻人的社会主义心态和倾向，抱怨他们疏离宗教观念、崇尚军事冒险吗？这种尚武激情如此之高，以至于在我们的协商会议上，竟然不准说出“和平”这个单词。我们在演说的时候必须百倍警惕，以免在涉及外国人的时候提到正义这个单词。这种可悲的心态无疑是有原因的。你那神学的、柏拉图主义的、好战的、煽动性的教育，难道与此就没有一点关系？不过，我不想对你说，改变你们的课程。这对你来说，未免求全责备。我只是想对你说：既然你已经允许所谓的自由学校在你的国立学校之外成长，尽管它们处境艰难，那就索性也允许他们尝试开设基督教和科学课程，结果是好是坏，全由它们自己承担。这种试验是值得一试的。谁知道呢？也许会取得不错的进展。而你却想将其扼杀在萌芽状态！

最后，让我们从社会的角度考察一下这个问题，最重要的是考察一下，如果教师和孩子的父亲没有自由，那么，断言社会的教育有自由就是很奇怪的事。



梯也尔先生1844年论述中学教育的报告，第一句就说出了这一可怕的真相：

“公共教育也许是文明国家最关注的问题；因此，控制教育也是各政党争夺的最重要的目标。”

由此可以得到的一个结论是：一个国家，如果不想让教育成为各政党争夺的目标，就应该尽快取缔公共教育，也即国家主办的教育，并宣布实行教育自由。如果教育体系在政府管辖的范围之内，各政党就有无数理由去争夺权力，因为，出于同样的原因，它们会控制教育体系，这是它们最重要的目标。支配的野心不正由贪婪引起的吗？这种野心不是已经引起了无数的斗争、革命和混乱码？用控制教育这样一种具有潜在影响力的诱惑来唤醒更多的野心，恐怕不算明智吧？

那么，为什么各政党那么热切地要控制教育方向？因为它们都知道莱布尼茨说过的话："让我成为教育的主宰者，我就可以改变整个世界。"政府权力主宰教育，就是各政党主宰教育，就是暂时获胜的某一派主宰教育，这时候的教育就代表着某一种观念，某一种理论体系，而把其他政党和派别排斥在外。罗伯斯庇尔曾说，"我们已经缔造了共和国，下面的任务就是创造共和主义者"；——1848 年，这种想法又复活了。而波拿巴则只想培养士兵；弗雷瑟努斯[①]只想培养宗教狂热分子，维勒曼[②]只想要雄辩家，基佐[③]只想培养空谈家，昂方坦[④]只想培育圣西门主义者；而我，对人类不断堕落感到愤怒。我若有能说"朕即国家"时，也许会受到诱惑专门培养经济学家。我们真的始终认识不到，各政党一旦掌权，就有借机用暴力将他们的看法——不，是他们的谬误——普遍地强加于所有人的危险性？这确确实实是通过法律手段、用暴力禁止人们学习除他们自己醉心的观念之外的其他观念。

① Denis de Frayssinous(1765—1841)，狂热的教会人士、大学校长。——英译者注

② Francois Villemain(1773—1854)，索邦神学院教授、文学批评家、公共教育部长(1839—1844)。——英译者注

③ Francois Pierre Guillaume Guizot(1787—1874)，法国政治家，历史学家。1812 年受聘为巴黎大学近代史教授。在政治上为君主立宪主义者，曾于 1814 年和 1830 年两度参与起草宪法。七月王朝时期，曾担任内政、教育、外交等大臣，最后于 1847 年至 1848 年任首相，1848 年二月革命时下台。晚年致力于历史著述。1833 年创立法国历史学会。——英译者注

④ Barthélemy Prosper Enfantin(1796—1864)，法国工程师、圣西门主义的创始人之一。——英译者注

尽管在这方面共和派表现得比谁都更坚决，但这种要求从本质上说是君主专制主义的，因为它建立在这一假设之上：治于人者是为治人者造出来的，社会属于掌握政治权力者，他们可以按自己的设想构造社会；而根据我们付出那么大代价才赢得胜利的法律，政治权力不过是社会的派生物而已，是社会思想的一种具体表现而已。

就我而言，我无法想象，尤其是无法从共和派立场上设想比这更荒唐的恶性循环：年复一年，通过普选，国民的意见汇总到官员那里，然后，官员就可以随心所欲地塑造国民的看法。

这种理论隐含着下面两个主张：国民的看法是错误的，政府的看法则是不会出错的。

如果真是这样，那么，共和人士也就重新建立起了独裁统治，国立教育、君主制、国王权利神圣不可侵犯，也认同了政府的权力是绝对的、可以不承担责任的、永远不会出错的，因为所有这些都建立在同样的原则之上，具有共同的基础。



如果这个世界存在着不会出错的人（或者政治派别），那么，我们确实可以把自己的教育，还有我们的全部权利都交给他，放心地让他替我们打理一切。但如果并不存在这样的人，那么，就让我们尽自己所能摆脱愚昧，而别让我们放弃自己的权利。

现在，我再一次提出我的问题：从社会的角度看，我们正在讨论的法律是否能建构出自由？

从前，有一所国立大学，要教育孩子必须得到它的许可。它把它的观念和方法强加于社会，人们必须投其所好。那么，根据莱布尼茨的看法，它就是时代的孕育者，因此，它的领导人确实可以当得上大校长(Grand Master,也有伟大的主宰者的意思)这个很郑重其事的头衔。

现在,这一切都已经结束了。诸多现在只剩下两种特权:其一,为了获得学位,我们必须得掌握某些东西;其二,不准那些不遵守第一条的人进入行业。

有人对我们说,这算不得什么。而我要说,这才是最要害的。

因此,我不得不对教育问题讨论中经常出现的一个单词"统一(unity)"说上两句。因为很多人把学士学位制度看成是引导所有人的思想走向唯一一个方向的办法,这个方向即使不是合理的、有益的,至少也是有利于统一的,因而也是可取的。

有很多人赞美统一,这一点并不难理解。我们每个人在觉得自己领会了上天的旨意后,都对自己的判断充满信心。我们都相信,这个世界上只有一种正确的看法,那就是我们自己的。因此,我们觉得,立法者如果能把自己的看法强加于所有人,那就是最好不过的;如果我们自己总能立于不败之地,那就更好了,所以,我们都希望自己成为立法者。然而,立法者总是不断轮替。结果怎么样呢?每换一茬,就用一种统一取代另一种统一。因而,如果我们单独观察某个历史时期,国立教育确实实现了人们思想的统一,但如果我们把立宪公会时期、督政府时期、帝国时期、复辟时期、二月王朝时期、共和时期等各时期合起来看,就会看到差异。更糟糕的是,所有变换都给思想领域带来了严重的破坏,就好像在一出戏剧中,舞台管理的反复无常造成布景乱换一样。我们能够听任国民思想和公众的良知陷入这种堕落和被凌辱的深渊吗?

统一共有两种,一种是作为起点的统一。它是那些短暂掌握权力的人通过暴力强加于人的。另一种则是作为结果的统一，是人类完美状态的圆满实现，它是人的思想自然地趋向真理的必然结果。

第一种统一乃是建立在对人类的蔑视之上的，其实现手段就是专制。罗伯斯庇尔就是这种统一的鼓吹者，他曾说，“我们已经缔造了共和国，下面的任务就是创造共和主义者”。拿破仑也是这种统一的信奉者，他说，“我热爱战争，我要让所有法国人都成为战士”。弗雷瑟努斯也在追求这种统一，他说，“我已经形成了一种信念，我想通过教育把这种信念灌输到所有人的良心中”。普罗克汝斯忒斯[①]也痴迷于这种统一，他说，“我要以我的床的尺寸为标准，凡是比我的床长的人，我就把他截短，比我的床短的人，我要把他拉长。”学士学位也把这种统一强加于青年人：“所有人，不管是谁，如果不按我的课程，我就不准他生存。”大学最高理事会绝不应每年都改变课程，因为这会为所有人带来数不尽的麻烦，那么，整个国家就该变成黏土，听任那位曾经把它捏成某种样式的人在不满意的时候随便就将其打破么？

在1844年报告中，梯也尔先生清楚地表明了，自己也是这类统一的拥护者，而我们必须很遗憾地说，这是与现代国家的精神不相容的。

“在没有教育自由的国度，国家是由某个绝对意志驱动的。他希望用一种模子塑造全国所有青年人，就像铸造硬币一样，按自己

① Procrustes，希腊神话中的阿蒂卡巨人，他专门羁留旅客，将其绑在床上，身体比他的床长，就截短，比他的床短的，就拉长，此即普罗克汝斯忒斯之床。——中译者注

的设想打上自己的印记。他是不会允许教育体系存在多样性的，用不了几年，就会使所有孩子都穿上同样的衣服，吃同样的食品，让他们学习同样的东西，进行同样的锻炼，等等。

“但是请注意，不要诋毁国家把某种统一的品质强加于整个民族，不要将其视为暴政手段。相反，人们几乎可以肯定地说，国家使所有公民都遵守某种统一的模式的这种决心，对于培养爱国精神是有益的。在古典时代的各共和国，祖国是最崇高的，人们也最积极地献身祖国。国家对公民的道德和理想提出了严格的要求……而我们在上个世纪，经历了人类社会的种种类型。我们曾经当过与伏尔泰同行的雅典人，一度是国民大会统治下的斯巴达人，也曾经是拿破仑统帅下的恺撒的战士，即使我们曾经梦想过把国家的枷锁完全套在教育头上，那也是在国民大会统治时期，在人们的爱国热情最高涨的时候。”

我们对梯也尔先生不应存有偏见。他并没有提出我们应该效仿这些作法，他只是说：“我们不必效法这些作法，也不应污蔑人家。这些作法确实是精神错乱，但也是爱国主义的精神错乱。”

尽管如此，事实却是，梯也尔先生也在这儿表明了，自己仍然相信他以前提出的一个判断：“古典时代是这个世界上最值得羡慕的时代。”他表露了自己对国家专制统治的秘而不宣的偏爱，对克里特和斯巴达的本能的羡慕。在这样的国家，立法者有权用一种模子塑造整个国家的青年，就像铸币一样. 可以按自己的设想，在他们身上打上自己的印记，等等。

在这里，我不得不指出——因为这跟我的论旨有关——偏爱古典时代的流俗，要我们景仰古代的美德，而其实这些所谓的美德,不过是人类最残酷、最不道德的欲望的产物而已。我不得不再重复一遍,人们经常赞美的那些古代人是靠掠夺为生的,他们在希望获得某种东西的时候,从来没有想过通过劳动获得。他们把整个人类视为自己的敌人。正是他们,发动了持续不断的战争,使所有人面临要么永远获胜要么被毁灭的抉择。于是,对他们而言,这个世界上只有一种职业,并且只能有一种职业,那就是战士。社会不得不一律集中于发展所有公民的军事美德,而公民则不得不屈从于这种统一性,以求维持自己的生存。**

然而,这些野蛮时代与我们的时代有哪些共同点呢?

今天,为什么所有公民都可以被别人像铸造硬币一样,根据同一种设想来塑造成某种预先设计好的东西?不就是因为他们想从事那些高尚的职业吗?有些人是根据什么用同一个模子塑造他们?谁掌握这个模子?这是一个严重的问题,我们应该多说几句。谁掌握这个模子?如果确实存在某种模子(学士学位就是一种),那么,人人必然都想掌握它:梯也尔先生、帕里西斯先生、圣伊莱尔先生,激进分子、反动分子、保守分子、坏蛋,等等。于是,我们就必须展开斗争,以解决这一基本问题,而这样的问题却总是被一再提出。打破这一致命的模子,真诚地赋予人们自由,不是更简单吗?



因为,自由是形成真正的统一的土壤,是使之开花结果的空气。竞争的效果是鼓励、发现、传播好的方法,而排除坏的方法。我们必须认识到,人的心智天然地亲近真理而不是谬误,亲近善良的东西而不是邪恶的东西,亲近有用的东西而不是有害的东西。如果不是这样,假如正确的东西必然导致失败而错误的东西却注定会成功,那么,我们所有的努力就都是徒劳的;就像卢梭所说的,人类就不可避免地走向堕落退化我们就不得不附和梯也尔先生的话："古典时代是这个世界上最值得敬仰的时代"——而这句话不仅是错误的，也是亵渎人类。人们正确理解的利益是彼此和谐的，人们内心的光芒把这种和谐利益显现给人类，它光辉灿烂照耀着人类。因此，他们个人和集体的努力，他们的经验，他们的探索，甚至他们的失望，他们的竞争——一句话，他们的自由——都会使人趋向于统一，这是人性的具体表现，也是共同利益的圆满实现。

自由党怎么也会陷入某种奇异的自相矛盾中，漠视人的自由、尊严和完美，而宁愿选择某种人为的、死气沉沉的、可耻的统一，即由形形色色的专制政权轮番强加于民众的那种统一？

这有几个原因：首先，自由党也深受古典教育灌输给他们的罗马精神之害。他们的领袖人物不也都拥有学士学位吗？其次，他们希望通过制造议会动荡，使这一宝贵的工具落入自己手中——按照梯也尔先生的说法，这是思想的模子，是所有野心家的目标。最后，抵御 1792 年欧洲入侵的需要，对强大的国家团结观念在法国的普及，也起到了不小的作用。

然而，迫使自由主义者牺牲自由的最大推动力量是，他们担心，教士阶层会侵蚀教育，这种想法使他们的行为扭曲了。

我不同意他们的看法，但我可以理解他们。

自由主义者说，看看法国教士的现状吧：它有学术等级，有强大的纪律，有 4 万民兵力量(所有未婚和绝大多数占据其社区重要职位的教士)，而它举行的仪式对民众的日常生活都有重大影响。他们在布道坛上讲话的时候，没有人会质疑他们的权威。他们也控制着忏悔，这些就使他们跟国家联结的纽带很牢固，保证他们可以从国家预算中得到资金，而他们的精神领袖却是一个外国的国王！它还可以从热心奉献的信徒那里得到捐助，拥有更多资源，然后又进行施舍。想想吧，他们认为自己的首要使命就是控制教育。现在，你来说说，在这种情况下，教育自由怎能不是陷阱？

要研究这样一个大问题及相关问题，需要一整本书，我只想提出一点来讨论：

在自由的教育体系下，不会是教士来支配教育，而会是教育反过来支配教士。不会是教士按他们的设想塑造这个时代，而会是时代将按自己的风尚改变教士。

一旦取消国立大学的学位特权，将教育从其枷锁中解放出来，并使其摆脱偏爱古典时代的流俗，那么，在竞争的刺激下，教育必然会探索新的、更有成效的路子。这一点有什么可怀疑的吗？自由学校将会在国立学校和教会学校之外艰难地成长起来。它会认识到，必须向人的心智提供真正的营养，也即关于万物本身是什么的知识，而不是两千年前的人如何看待万物的知识。培根说过，古典时代是世界的童年时代，那么，我们可以恰当地说，我们的时代才是古典时代，因为我们时代的世界获得了更多知识和经验，也更成熟老练了[①]。遵照道德的秩序和物质的秩序来学习了解上帝和大自然的杰作，这就是真正的教育。当学校摆脱政府控制后，这种教育将大行其道。接受过这种教育的年轻人，在理解力、判断力的可靠性和对现实生活的兴趣等方面，肯定要比国立大学培养出来的视野狭窄的修辞学家和被灌输了一脑子早已过时的教条的教士



① *Advancement of Learning*, BookI. ——英译者注

表现更好。如果我们让前者承担我们时代的重任，那么，后者必然会忘掉他们已经学到的东西，然后去学习他们应该掌握的东西。看到这种结果，孩子的父亲必然会喜欢充满了活力和生命力的非官方学校，而抛弃那些培养驯服的奴隶的学校。

接下来会发生什么事呢？教士也想继续维持自己的影响力，那么，最好的办法就是用关注现实的教育替代关心书本的教育，用积极研究事实的教育替换诵读传统理论的教育，用理解事物本质的教育代替仅仅触及事物表面的教育。

然而，要想教人，自己得先懂，自己要懂，得先学习。于是，教士也不得不改变其学习研究的方向，神学院也会必然进行改革。那么，你是否觉得不同的菜谱并不能养育出不同的性情？不过，我们不要忘了，不仅仅是神学教育的内容会发生变化，其教学方法也会发生变化。有关上帝和大自然的杰作的知识，只有通过不同于用来学习研究神谱的那种方法才能掌握。观察事实及其之间的关联是一回事，毫不怀疑地接受某种神圣的书本并从此推导出结论是另一回事。于是，教士就会用科学代替知觉，用怀疑代替权威，用哲学的方法代替完全依赖教条的方法；不同的目的需要不同的方法，而不同的方法会使人的心智产生不同的倾向。

那么，毋庸置疑，教育自由的必然结果是把科学引入神学院，最后，也不可能不逐步改变这些机构中根深蒂固的思维习惯。我相信，这种变化将预示着一场伟大的、值得追求的革命的曙光——由此，我们将实现真正的宗教统一。

我在这里所讨论的偏爱古典时代的传统成见，使我们生活在矛盾之中：我们是法国人，有法国人的需要，我们所受的却是罗马人的教育。那么，从宗教的角度看，我们是不是也生活在矛盾之中呢？

我们都从内心深处感受到一股不可遏制的力量，它驱使我们信奉宗教；与此同时，我们也在思想中感受到一股同样不可阻止的力量，使我们疏离宗教——实际上，这种力量越强大，我们越是积极地修炼我们的心智。因此，一位伟大的学者[①]曾经说过："有学问的人总是最没有信仰的人。"

啊，这是多么可悲的景象！至今，我们一直听人在哀叹人们的宗教信念日见淡薄。而最奇怪的是，正是那些听任信仰最后的火花在他们的心灵中熄灭的人士，却最充分地表现出他们很不得当的怀疑情绪——对他人的怀疑。他们对大家说："放弃你们的理性，否则，你们将失去一切。依赖我的理性是再好不过的了，因为我的理性是特殊材料制成的；我要别人遵守摩西十诫，自己却未必相信它会显灵；即使我稍微背离了它，罪恶也并没有多大；但如果是你，那后果就不同了：你违背它，就必然会危害社会……和我的安宁。"

于是，人们出于敬畏，寻求伪善的庇护；并不相信，但却作出一副相信的样子。人们的怀疑潜伏在内心深处，表面上看起来很虔诚，实际上，一种新的传统观念，最糟糕的那种观念，却玷污着人的心灵。

但即使在这里，也绝不会只有伪善。尽管人们什么都不相信，但拉芒内斯说过，在人的内心深处，依然存在着永不干涸的信念之

---

① Lactantius. ——英译者注

源，即使这里并没有正式的宗教仪式。

怎么会出现这种奇怪而危险的局面呢？原始而根本的宗教真理，不正是所有思想流派都一致遵守的吗？而随着时间的流逝，人们搞出种种机构、惯例和礼仪以增加对其理解，结果，这些信念本身却无人相信了？即使是在教士心中，人们搞出来的这些东西，除了那种与无可匹敌的原始信念有关的基本教义之外，还能有什么东西支撑其存在？

宗教统一是可以实现的，但只有当每个宗派都放弃我所说的那些寄生性机构后才有可能。大家还记得，博絮厄在跟莱布尼茨讨论所有基督教忏悔仪式恢复统一的办法时曾经多少提到这一点[①]。19 世纪的学者竟然认为 17 世纪的伟大学者过于大胆，怎么会有这种事情？不管怎样，教育自由将使新的精神习俗渗透到教士阶层心中，必然会成为伟大宗教复兴的最强大武器，此后，只有这一宗教能够满足人的良心之需要，并拯救社会。

人类一直具有某种伦理需求，希望以上帝的名义，创造出种种机构，作为道德的守护者和施与者，而它们由此而获得了对于凡人的无限的权力。经验告诉人们，再也没有比无限制的权力更容易使人腐败的了。于是，我们就进入了这样的时代：在这里，牧师根本不再是宗教的工具，相反，是宗教成了牧师的工具。从此之后，这个世界陷入一种致命的对抗状态。信念与理性都竭力想压倒对方。牧师不断地在神圣的真理之外增加错误，他却宣称这仍然是神圣的。这种做法为俗人坚定地反对他提供了更坚实的理由，为

① 博絮厄的想法不过是各个宗派都回归罗马天主教会。——英译者注

支撑自己的立场提供了更多的论据。牧师把错误假冒为真理，俗人则在批判错误的时候连真理也消灭了。宗教变成了迷信，而哲学则充满了怀疑。在这两个极端之间，则是广大群众无所适从；我们可以说，人类正在经历一个危机时期。我们脚下的深渊比以前什么时候都深，不仅人与人之间展开斗争，每个人的良心内部也在斗争，而其结果则是形形色色的。如果政治动荡让整个社会陷入恐慌[①]，它又会惊恐地投入信仰的怀抱。某种伪善的虔诚占据了支配地位，牧师相信，他正是赢家。然而，一旦重新出现平静，一旦牧师准备发挥自己胜利的优势，理性就再次强调它的正当性，再次发挥作用。那么，这种无政府主义状态何时才能终结呢？我们何时才能承认理性与信仰实际是一体的呢？如果有一天，信仰不再是一种武器；牧师名实相符，成为宗教的工具，放弃种种客套和礼仪，牧师最关心的基本上正是人类主要关心的，那时，宗教和哲学就不仅仅只是姐妹，那时我们恐怕得说，他们是不可分割地融为一体了。



不过，还是从这崇高的理想走下来，回到大学学位这个主题吧；我怀疑，教士干吗要强烈反对抛弃古典教育的老方法。不管基于何种考虑，他们都没有理由非得这样做。

柏拉图的共产主义、异教、奴隶制和强盗所信奉的观念和道德原则、贺拉斯的《歌集》、奥维德的《变形记》等东西最后的捍卫者和传播者，竟然是法国的牧师，岂不是一个莫大的讽刺？我并不是想劝他们怎么样。但他们应当允许我在这里引用一份报纸中的一段

① 比如1848年革命。——英译者注

摘录。而如果我没弄错，这份报纸正是教会人士办的。

那么，在教会学者中，谁是异教教育的的辩护人呢？是圣克莱门特[①]吗？他写道，亵渎神灵的科学相当于水果和甜品，只有在吃完了肉食之后才能端上来；是奥利金[②]吗？他曾写道，异教诗歌的金杯中有致命的毒药；是德尔图良[③]吗？他曾称异教哲学家是异教的老前辈；是圣伊雷纳尤斯[④]吗？他曾宣称柏拉图是所谓异端的佐料；是拉克坦修斯吗[⑤]？他曾说，在他那个时代，有学问的人都是最没有信仰的人；是圣安布罗斯[⑥]吗？他曾说，对基督徒来说，花费时间搞什么异教的修辞，是危险的；最后，是圣哲罗姆[⑦]吗？他在致埃斯塔基乌斯（Eustachius）的信中，激烈地抨击学习研究异教徒的著作。他说："光明与黑暗间有什么共同点？基督与彼勒[⑧]会有什么一致性？贺拉斯与赞美诗又有何相干？维吉尔跟《福音》有什么关系？……"圣哲罗姆很后悔自己年轻时花了那么

① 可能是指 Clement of Alexandria，雅典人，生于 150 年，死于 211 至 215 年间，拉丁名为 Titus Flavius Clemens，是基督教护教论者，向希腊化地区传教的神学家，是亚历山大学派第二位著名的领导人和教师。——中译者注

② Origen（大约 185—254）古代基督教著名希腊教父之一，《圣经》学者，主要著作有《基督教原理》等。——中译者注

③ Tertullian（大约 160—220），迦太基基督教神学家，用拉丁文写作，从而使拉丁文成为教会语言及西方基督教传播工具，著有《护教篇》等。——中译者注

④ St. Irenaeus，活动于 2 世纪的基督教教士，里昂主教。——中译者注

⑤ Lactantius，4 世纪的基督教护教论者。——中译者注

⑥ St. Ambrose（大约 339—397），意大利米兰主教（374—397），竭力维护基督教会的权威，在文学、音乐方面造诣颇深，12 月 7 日是他的纪念日。——中译者注

⑦ St. Jerome（347—420），早期西方教会教父，《圣经》学家，通俗拉丁文本《圣经》译者。——中译者注

⑧ Belial，基督教《圣经》中魔鬼的别名，弥尔顿《失乐园》中的堕落天使之一。——中译者注

多时间学习异教的学问："我是多么的不幸啊，为了西塞罗，我废寝忘食，大清早我都手捧普劳图斯诵读不已。有时我反观己身，开始阅读先知书，但他们的风格在我看来似乎太粗俗了。由于我缺乏判断力，我竟然拒绝了光明！"

然后我们再来听听圣奥古斯丁是怎么说的：

"曾经教会我读、写的那些简朴的书籍，实际上，要比我后来投入精力学习的东西更有用，也更可靠。这些东西中有记述埃涅阿斯[①]冒险的书籍，我曾经为黛多[②]的命运和爱情之死而潸然泪下，而忘了我自己的罪孽，我发现自己也被这些有害的书籍毁灭了。……而这类愚蠢的书籍，在一般人眼里，却比那些让我学会读、写的书还要可敬、还要有用！（Tales dem entiae honest iorese tuber ioresl ittera eput antur）……就让这些高雅文学的贩卖者大声抗议我的想法吧，我不会理睬他们的。我会竭尽所能摆脱我曾经走过的这条邪恶之路……确实，学习这些东西，可以让我掌握很多以后可以派上用场的表达方式。但是，不用阅读这些轻佻的东西，在别的地方也可以学到这些表达方式，而孩子们却不会被引上一条危险的道路。然而，有谁敢对你说，别学这些东西？啊，习惯的力量是多么可怕！……不就是为了遵守你指引的路线，我才阅读了朱庇特的故事，这个在打雷的时候还通奸的家伙的故事！我都清楚地知道，这些事情是对立的，然而，因为他能够打雷，于是，

① Aeneas，特洛伊战争中的勇士，特洛伊沦陷后，背父携子逃离该城，经长期流浪到意大利，据说其后代建立了罗马。——中译者注

② Dido，Carthage的建国者及女王，拉丁史诗中记载她坠入了埃涅阿斯·洛文尼斯的情网，因埃涅阿斯与她分手而绝望自杀。——中译者注

他的通奸行为似乎就不那么可怕了。而年轻人却会受到诱惑，去模仿邪恶的神的行为。

“然而，所有的孩子都被卷进你这来自地狱的洪流，这股洪流大多数都是那类应当受到谴责的习俗。这些习俗在那些领取我们给的薪水的官员们的眼皮底下，堂而皇之地招摇过市……这是谬误之酒，而我们已被灌醉的老师却把这种酒端给我们的孩子；当我们不想饮下这毒酒的时候，他们还惩罚我们。面对他们的惩罚，我们却无处申诉，因为所有的法官都已经喝过这酒。因此，我的心灵备受不纯洁的情绪之折磨，因为这世上来自魔鬼的诱惑很多。”①

除了这些，还有天主教文献中的激烈的批评。这些猛烈的谴责、这些动人的忏悔、这些明智的忠告，难道不都是动人心弦的悲叹，既是对圣奥古斯丁写作的那个时代，也是对我们这个时代？圣奥古斯丁曾经激烈地抨击过的这种学习研究体系，现在却不正在古典教育的名义下活得好好的？异教的洪流难道还没有淹没整个世界吗？不是有成千上万孩子每年都被扔进这股洪流中，从而失去他们的信仰和道德原则，失去人的尊严感，失去对自由的爱，失去对自己的权利与义务的了解？他们的表现不是清楚表明了，他们的思想已经完全浸透了错误的异教观念、错误的伦理、错误的美德、异教的邪恶及其对人类的巨大诱惑？

这种可怕的道德失序状态之所以出现，并不是由于个人行为反常，甘愿放弃自己的自由意志；不，这种反常完全是法律通过大学学位制度强加于人的。德蒙塔朗伯尔先生本人在后悔自己对古

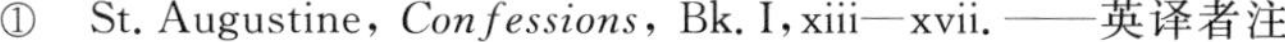

① St. Augustine, *Confessions*, Bk. I, xiii—xvii. ——英译者注

典文学的学习还很不充分的时候，引用了督导员和大学各系主任的报告。这些报告都提到了这种教育所遭遇的抵触情绪，我则宁可说，这种抵触是一种反抗，是公众对这种荒唐而有害的暴政的反抗。人人都能看到，法国青年精打细算，清楚地知道，在古典课程中该学会什么，不用学习什么，只要刚刚够获得学位的程度就万事大吉。而对人类其他各门知识，却不存在这种情况。我们不是都知道吗？在这种体制下，有一百个投考者，他们都具有超出学习那些课程所需要的才智，却只录取十个人。就让立法者来向公众舆论和时代精神阐明他们为什么要这么做。

胆敢在此插嘴的是野蛮人、哥特人、古代英格兰的皮克特人吗？对古典时代所矗立的文学丰碑或古希腊民主制度对人类文明事业作出的贡献的伟大之处，难道笔者真的一无所知吗？



当然不是；我不得不在此再重复一遍，笔者并不要求法律禁止什么，而是要求法律不要禁止什么。笔者要求法律允许公民自由地按自己的意愿行事。他们是能够用正确的眼光看待历史的，他们会敬仰值得敬仰的东西，贬斥应当贬斥的东西，并把自己从残酷地折磨着现代国家的偏爱古典时代的传统偏见中解放出来。在自由的制度中，自然科学与异教学问，基督教与异端都会在教育中获得自己应得的位置；由此，将重新实现人的观念、利益、生活方式的和谐。这是个人维护良知的条件，也是社会井然有序的关键。

* 人们脑海中的古代人庄严的形象，跟实际差得不是一丁点。假如有人跟我们谈起古罗马公民，我们脑海中出现的图像，一般并不是以牺牲其他和平民族为代价而抢夺战利品和奴隶的强盗，我们不认为他半裸着身子，出奇

地肮脏，在大街上闲荡；我们也没有看到，他鞭打奴隶直至流血，如果这名奴隶有点活力和精神，甚至会被他打死。相反，我们宁愿想象，他有一个优美的头颅，给人印象深刻的、庄严的身体，就像古典雕像一样。我们乐于想象，他正在沉思自己祖国的最终命运。我们似乎看到，他的全家人都聚集在壁炉前，他置身其中如众星捧月；妻子正在为武士准备简单的饮宴，满怀信心而深情地注视着丈夫的脸；幼小的孩子在专心听老人讲课，他时不时地向他们讲述自己祖先拓荒的故事和他们的美德……

啊，我们怎么可以沉溺在这种幻象中，如果我们真的走进历史，漫步在罗马大街上，就近仔细观察他们，我们就会发现，我们那么赞美他们，未免太天真了！……(作者未发表的文章片断，约写于 1830 年前)。——法文版编者注

＊＊作者在一些零散的段落中曾经考察过这样两个问题：首先，作为政治动机，自我牺牲是否比自私自利更可取？其次，古代人，尤其是罗马人是否比现代人具有更多自我牺牲精神？

如所周知，他对这两个问题的回答都是否定的，下面是他就第二个问题给出的一个理由：

“当我拿出我自己一部分财富用来建造围墙和屋顶，以保护我不受盗贼侵犯，不受风雨肆虐之时，恐怕不能说我是出于自我牺牲精神，恰恰相反，我是在寻求自我保护。

“同样，当罗马人弥合内部分歧以保障自己的安全，当他们征战疆场，当他们承受几乎难以容忍的纪律之时，他们并不是在牺牲自己的利益。正相反，他们是在利用他们保卫自己避免灭绝的唯一手段，因为他们始终受到他们利用暴力手段征服的那些民族要起来推翻他们的威胁。

“我知道，有些罗马人确实具有伟大的自我牺牲精神，把自己奉献给罗马的幸福安宁。但这很容易解释。决定其政治组织自私自利的，并不仅仅是他们自己的动机。那些习惯于永远胜利，并对他们不了解的社会总是抱敌视态

度的人，必然具有一种民族自豪感、一种很高尚的爱国精神。从最野蛮的游牧部落，到只是偶然打仗的文明民族，所有的尚武民族，都迷恋这种奔放的爱国主义。罗马人有更充分的理由这样做，他们的生活本身就是连绵不断的战争。这种高尚的民族自豪感，加上尚武习俗所产生的勇敢，加上这种勇敢所激发的视死如归气概，加上对荣誉的珍爱、加上希望永远被子孙后代记住，必然会促使有些人作出令人赞叹的行动。

“因此，我并不是说，在一个纯粹的军事社会中不可能形成美德。如果这样说，显然是无视历史事实，因为我们从抢劫团伙中也能看到勇敢、活力、献身、视死如归、慷慨等美德。我想指出的是，跟抢劫团伙一样，进行掠夺的民族在自我牺牲精神这一点上，并不比从事工商劳动的民族更优越；我还要加上一句：前者所造成的巨大的、永久性的罪恶，是若干个人的令人赞叹的行为所无法抵消的，这种行为本身甚至都说不上是美德，因为它们也对人类构成了伤害。”（作者未出版的文章段落，约写于 1830 年前）——法文版编者注

# 第十章　反对政治经济学教授的战争宣言[①]

政治经济学竟然顽固地拒绝为某些人保护自己的利益而限制他人贸易的措施大唱赞歌，我们知道这些人士的抱怨是多么的悲切。假如说他们并不是想完全压制这门学科，那他们至少也是想解雇那些讲授这门学科的人士。他们效法的是中世纪宗教裁判所总结出来的充满智慧的公理："你想打败你的论敌吗？那就封上他的嘴。"

因此，议会在起草一份关于大学各系组织的法律时，向公共教育部长发来一篇很长的备忘录。里边出现了我们用自己的话叙述的下面这些意思，当我们得知此事时，我们根本就不应惊讶：

"你是否认识到你在干什么，先生？你竟然要把政治经济学理论引入大学课程！这样做的必然结果就是我们的特权将声名扫地！

"如果说有什么公理是颠扑不破的，那就是这一条：在所有国

---

① 在《掠夺与财产》一文（本书第8章）中提到的决议通过3年前，主张贸易保护主义的米默勒尔委员会正式要求解雇政治经济学教授，取消政治经济学教席。不久它变得温和一些，仅仅要求在教授自由贸易理论的同时，也必须教授贸易保护理论。1847年6月13日，巴斯夏在报纸 Le Libreéchange 上运用讽刺手法批驳了这种要求，当时米默勒尔委员会头一次提出这种要求。——法文版编者注

家，教育都必须与其政府的制度保持一致。你是否以为在斯巴达或罗马，国库会付钱给教授们去高声攻击战争中的掠夺行径或反对奴隶制？那么，在法国，你怎么能允许教授们批判贸易限制政策！[①]

“先生，这是自然的旨意，每个国家都只能靠自己劳动的果实生存，而上帝又使劳动成为一件痛苦的事。因此，我们看到，所有时代，各个地方的人们都热切地希望掠夺他人。把自己的负担加到邻人肩上，而把好处留给自己，这是多么的惬意啊。

“战争，可以说是实现这一目标的最重要的手段。要想抢占他人的财产，这是最迅捷也最简单的办法。

“奴隶制次之。这是一种更优雅的办法，历史已经证明，不再杀死俘虏而是将其作为奴隶，是文明的一大进步。

“最后，随着时间的推移，出现了一种更为狡猾的办法，取代了上面两种比较粗暴的掠夺方式。这种办法能长时间维持下去，而它的名字‘保护’，也更能掩藏其可恶之处。你不明白，名字有时能够大大有助于我们掩盖真相。



“先生，你得明白，在当代鼓吹反对贸易保护，就相当于在古典时代反对战争和奴隶制。这就意味着扰乱社会秩序，干扰最值得尊敬的阶层的宁静。如果异教的罗马镇压那个跑到他们民众中间散布威胁平静和友爱的新教派（指基督教），从而显示了其超凡的智慧和有先见之明的保守主义精神，那么今天，我们怎么竟然同情政治经济学教授？而且，我们并没有要你把他们喂给狮子吃。你

① 这显然是《学位与社会主义》（第 9 章）一文的初步想法，这一点，下面的段落表现得更明显。——法文版编者注

看，我们的办法是多么地文雅，我们是如此地讲究中庸之道。只要不让他们讲课，我们就心满意足了。

“或者最起码，如果他们确实打心眼里希望讲课，那他们怎么就不能稍微显得公正一些呢？他们怎么就不能调整一下他们的课程以满足我们的希望呢？所有国家的政治经济学教授难道注定了非得用理性的武器反对贸易保护主义制度不成？即使这种制度有一些缺陷，可它怎么也应该有一些长处吧，因为它对我们有好处。教授们难道就不能不说其缺点而多讲其优点？

“而且，如果学者不去搞科学发现，那要学者有什么用呢？谁会养活他们去创造一种专门反对我们的政治经济学？显然，他们是存心跟我们作对。当罗马宗教裁判所裁定伽利略认为地球自转的想法是错误思想后，这位伟人毫不迟疑地改口说，地球不转了。他甚至跪在地上发表了这一声明。他确实低声咕哝了一声，据说是 Epursimuove（“但它还在转”）。应该让我们的教授们也公开跪地发表声明：自由是无益的，即使他们低声嘀咕什么 Epurèbuona（“但它确实有益”），我们也并不在意。

“不过，我们希望更中庸一些。一个人必须不偏不倚，先生，你不会否认这一点吧。那好，由于世界上有两种互相对立的学说，一种信奉这样的座右铭：允许自由贸易；另一种则提出：禁止自由贸易。那么，为了公平起见，就平等对待这两种理论吧，让他们同时教授两种理论。务必保证大学要教授各种流派的政治经济学。

“看到科学总是站在自由一边，难道不是很令人丧气的事吗？科学是否不应该有这样强烈的倾向呢？应该如此，可是，只要设立一个教授职位，他立刻就表现出美杜莎的头[①]，自由贸易主义者的面孔。

“于是，萨伊[②]树立了典范，而布朗居伊[③]、罗西[④]、米舍尔·舍瓦利埃[⑤]和若瑟夫·加尼埃[⑥]紧随其后。假如你的前任没有投入更多精力限制这些人的有害学说，我们现在会变成什么样？谁知道呢？即便是这样，我们这些年也不得不承受面包降价之苦。

“在英国，亚当·斯密、杜加尔德·斯图亚特[⑦]、拿骚·塞涅

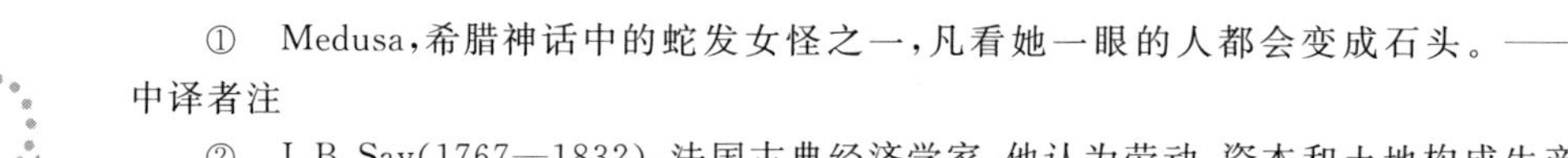

① Medusa，希腊神话中的蛇发女怪之一，凡看她一眼的人都会变成石头。——中译者注

② J. B. Say（1767—1832），法国古典经济学家，他认为劳动、资本和土地构成生产三要素，而工资、利润和地租就是其各自服务的报酬，并把政治经济学分为生产、分配和消费三论，为19世纪经济学所普遍接受。著有《论政治经济学》、《政治经济学教程大全》等。——中译者注



③ Jérôme Adolphe Blanqui（1798—1854），法国经济学家，巴黎商业学校（the Parisé cole de Commerce）领导人。——英译者注

④ Pellegrino Luigi Eduardo Rossi（1787—1848），政客、法学家，著名政治经济学家。由于参加意大利统一战争而被驱逐，成为日内瓦研究院法学教授（1819），及日内瓦派驻联邦议会的代表。1833年成为法兰西学院（the Collège de France）政治经济学教授，1834年成为索邦大学宪法学教授。1848年遇刺身亡。他与萨伊一起代表着一种实用唯心论（the practical idealism），在巴斯夏看，这正是政治经济学的本质。——英译者注

⑤ Michel Chevalier（1806—1879），法国经济学家和政论家。早年热衷于圣西门主义，曾任Le Globe编辑，此后，成为文明产业主义（enlightened industrialism）的鼓吹者，认为它可以促进社会进步和个人自由。由于这一点，也由于他鼓吹自由贸易，所以是巴斯夏的同仁。他也跟英国自由贸易主义者科布登一起，参加了1860年著名的英法商业条约谈判过程。——英译者注

⑥ Clement Joseph Garnier（1813—1881），亚当·斯密文集的评注者，公认为法国最杰出的经济学家之一。巴黎商业学校教授。——英译者注

⑦ Dugald Stewart（1753—1828），托马斯·里德（Thomas Reid）创立的“常识”学派的苏格兰哲学家、古典政治经济学家。——英译者注

尔[①]等成千学者也搞出了同样造谣惑众的理论。牛津大学还创立了政治经济学教授职位，让谁担任此职？——一位未来的大主教[②]，于是，大主教先生也在散布宗教与科学和谐的理论，而谴责我们从贸易保护制度中得到的好处。结果如何呢？渐渐地，公共舆论受到诱惑。在两年之内，英国人很不幸地实现了其贸易自由。他们可真是罪该万死！

“同样的事情在意大利也发生了。大大小小的国王、君主、公爵可真是轻率，竟然容忍经济学教学活动，而没有强迫这些教授搞出支持贸易限制的科学来。不出所料，日诺维西[③]、贝卡里亚[④]及当代的西亚罗扎[⑤]等无数教授都积极宣传自由，而今，托斯卡纳实行了自由贸易，那不勒斯正在削减关税。

“你也知道，这一思想运动在瑞士的结果是什么，它总是让人们的思想倒向经济学知识。瑞士是自由的，又处于欧洲中心，就像一盏明灯，明晃晃地让我们很尴尬。因为，当我们宣称‘自由贸易的结果就是毁灭农业、商业和工业’时，人们总是情不自禁地提到



---

① Nassau William Senior(1790—1864)，英国经济学家，牛津大学第一位政治经济学教授。——英译者注

② 指 Whateley，都柏林大主教，他在该城创建了政治经济学教授职位，是牛津大学教授。——法文版编者注

③ Antonio Genovesi(1712—1769)，意大利哲学家、经济学家、那不勒斯大学教授。作为自由主义者和洛克的信徒，他代表着启蒙运动的精神。——英译者注

④ Cesare Bonesanade Beccaria(1738—1794)，意大利哲学家，刑法学家、经济学家。他是法国启蒙运动的热心信徒，在本国，积极地争取更公正、更人道的刑事审判程序。他的著作《犯罪与惩罚》(Crimes and Punishments，1764)是经典著作。——英译者注

⑤ Antonio Scialoja(1817—1877)，意大利经济学家和政客，都灵大学政治经济学教授，鼓吹自由贸易。1860 年后，当选议员，并曾出任内阁部长。——英译者注

瑞士。这时，我们可真是无言以对。感谢上帝，《新闻报》(*La Presse*)总算把我们从这种困窘中解脱出来，它帮我们想出了一个很好的理由：瑞士之所以没有被毁灭，仅仅因为它是小国。

“科学，可恶的科学，很有可能在西班牙也释放出同一个魔鬼。西班牙可是贸易保护的典型。看看它是如何地繁荣昌盛！即使不算上它从新世界榨取的财富及从自己富饶的国土上掠夺的财富，单是贸易保护主义制度就足以解释它所取得的伟大成就。然而，西班牙也有了政治经济学教授，比如拉萨格拉①、弗洛雷兹·埃斯特拉达②和目前的财政部长萨拉曼卡先生③等人士，他们都提出要恢复西班牙的信誉，完全通过自由贸易的力量提高国家的收入。

“先生，你还想怎样？在俄国，只有一位经济学家，而他也赞成自由贸易。



“你知道，世界上所有反对贸易壁垒的学者的阴谋都是不能容忍的。驱使他们这样做的动机是自私自利吗？不是。如果他们愿意，他们也可以很好地宣传贸易保护，他们又不会给饿死。那么，宣传自由贸易，纯粹是心怀叵测。他们的看法一致，这是非常危险的。你知道人们会怎么说？看到经济学家的想法如此一致，人们

---

① Ramónde La Sagra(1798—1871)，植物学家、议会议员、经济学家。他的重要著作有 *Lecciones de economia social*(1840)，*Organización de trabajo*(1848)和 *Banco de lpueblo*(1849)。——英译者注

② Alvaro Florez Estrada(1765—1833)，19 世纪上半叶西班牙最著名的经济学家。——英译者注

③ José de Salamanca y Mayol(1811—1883)，西班牙银行家、政客。除担任过财政部长外，后来还担任过众议员和参议员。参与了西班牙铁路线的建设。——英译者注

会得出结论，他们也会由于同样的理由而团结在一种信念之上，就好像自阿基米得之后，所有的几何学家对直角三角形之斜边的平方等于什么有同样的结论一样。

“先生，当我们请你下令大学不偏不倚地同时教授两种相反学说的时候，在我们看来，这仅仅是权宜之计，因为我们预料到会发生什么：你强令要求传授贸易保护主义理论的人，通过自己研究，很快也会转而信奉自由贸易理论。

“因此，最好是一劳永逸地禁止经济学和经济学家，回归明智的帝制传统。不去创设什么新的政治经济学教授职位，而是干脆废掉这种教职，如果幸运的话，仅留下极少数。你知道政治经济学的定义是什么吗？就是教劳动者保护属于自己的财产的科学。显然，如果这种可怕的科学四处传播，那人类的四分之一就会被毁灭。

“让我们牢牢坚持美好的古老的古典教育，它对任何人都不会造成伤害。让我们向我们的青年人灌输古希腊和拉丁文。如果他们一天到晚都在审视他们笔下的《田园诗》的六步格，那怎么可能伤害到我们？让他们与格拉古兄弟和布鲁图一起生活在罗马社会。在这里，元老院中谈论的都是战争，而城镇的广场中讨论的都是如何分配战利品；就用贺拉斯文雅的哲学来教化他们：

‘特拉拉拉拉（表示欢快），我们的青年
特拉拉拉拉，在这里成长。’

“有必要教他们劳动和交换的法则吗？罗马教他鄙视劳动，这是奴隶才干的事，除了为被征服者悲哀、为尚武的奴隶主呐喊之外，他们不承认任何交换的正当性。这样，我们就使我们的年轻人为进入现代社会做好了准备。这里，确实有一点点小小的危险。我们的年轻人可能会多多少少成为共和主义者，他们对自由和财产权会有一些奇怪的看法；他们盲目地崇拜残酷的暴力，因此，他们或许可能跟整个欧洲反目为仇，他们会喜欢在大街上用铺路的石头来解决政治问题。这是不可避免的，坦率地说，多亏了提图斯皇帝和李维[1]，我们多多少少都沾染了这个习性。不过，对于这种危险，你可以用那些好心的警察来对付。但是，你能用什么样的警察力量对付这些经济学家的颠覆性观念？他们在其课程中竟然厚颜无耻地这么定义财产权：当某人自己挥汗生产出某一东西后，由于他有权消费它，所以他也有权交换它。[2]

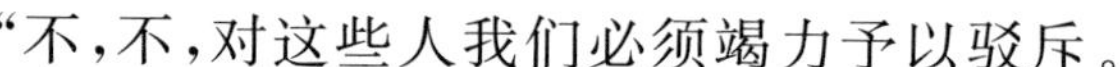

“不，不，对这些人我们必须竭力予以驳斥。

“快点——一个马嚼子(gag)，两个马嚼子，三个马嚼子！”



① Titus(39—81)，古罗马皇帝，曾镇压犹太人起义，荡平耶路撒冷，所建凯旋门至今犹存。Livy(59BC—17AD)，古罗马历史学家，著有《罗马史》142卷，记述罗马建城至公元前9年的历史，大部分散佚。

② 参见作者法文版全集第二卷 the declaration of principles of the Society for Free Trade。——法文版编者注

# 第十一章　关于压制产业工会的讲话[①]

议员同仁们：

我在这儿支持我尊敬的朋友莫兰先生的修正案，而要支持这一修正案，我就不得不仔细考察委员会的提案。要讨论莫兰先生的修正案，就不能不探讨一般性原则问题，也需要我们讨论委员会的结论。

事实上，莫兰先生的修正案并不是对最初的提案的简单修正，他是用一种思想体系反对另一种体系，而要作出取舍，我们必须得仔细进行比较。



公民们，我并不想以任何党派成见或是阶级偏见来讨论这一问题。我也不想利用你们的感情，而立法大会已经注意到，我的肺[②]也无法忍受议会中的喧闹；我需要议会最仁慈的关照。

---

① 《刑法》第 413、415、416 条以一种很不公平的方式惩罚雇主和工人结成联盟。立法公会向一个委员会提出一个议案，要求废除这些条款，该委员会裁定不能废止，认为完全有必要维持这些压制性措施，不过，它同意修改这些条款，使之更加公正。

但该委员会提出的修正案并没有达到这一目标。来自德雷默的制造商和议员莫兰坚信，工人与雇主间的和谐只能建立在法律面前的平等基础上，他希望按照这一原则修正委员会的结论。在议会 1849 年 12 月 17 日的会议上，巴斯夏发言支持他提交的修正案。——法文版编者注

② 一年多后，巴斯夏就死于肺结核。——英译者注

为了评价委员会的理论体系，让我先回顾一下其可敬的书记员德瓦特默斯尼尔先生[①]的一些话。他曾说，"《刑法典》第 44 条及其后条款包含这一普遍的原则，即，联合，不管是雇主的联合还是工人的联合，只要有这种企图，或者开始发挥作用，就触犯了刑律。"这一点赫然写进法律中，而正是这一原则，立刻引来可敬的莫兰先生的一个评论：他曾向你们指出过："因此，工人就不可能联合起来，也不可能跑到雇主那里，跟他们体面地讨论工资问题！"（他说的是"跟雇主体面地讨论"。）

瓦特默斯尼尔先生插话说："请原谅，他们可以联合起来，他们显然可以这样做，不管是联合起来找雇主，还是指定一个委员会去找雇主，都可以；按照刑法条款，只有当他们企图或者已经开始结成组织之时，也就是说，当他们开始讨论相关条款之后，才触犯刑律；尽管雇主为了自身利益而希望以和解的精神解决这类问题，工人依旧可以对他们说：'由于你不会满足我们向你提出的全部要求，我们将辞职。我们将通过使用自己的影响力，通过施加那种众所周知的、有赖于我们的利益一致和同志情谊的压力，我们将获得别的工厂的工人通过罢工获得的那些待遇。'"

读了这一段之后，我弄不清楚，哪儿犯法了。因为在这个立法公会中，在我看来，对于这一问题，不可能存在所谓的多数派或少数派。我们都希望镇压犯罪行为，我们都不想仅仅为了以惩罚人为乐，而把虚构的、想象的罪名写进刑法典中。

① Antoine Francois Henri Lefeburede Vatimesnil(1789—1860)，同情教会的反革命的官员和政客。1828 年任公共教育部长，七月革命后他支持路易·菲力浦。——英译者注

我实在不清楚，联合有什么错。联合、罢工或者仅仅暗示要施加压力，算犯罪行为吗？据说，"联合本身就构成了犯罪行为"。我不能接受这种说法，因为联合[①]这个词本身就是结社的同义词；跟结社一词，语源相同，含义相同。如果不考虑联合所要追求的目的和要用的手段，联合本身不能被认为是犯罪行为。可敬的书记员先生以为可以回答莫兰先生，莫兰先生问的是，工人是否可以跟其雇主讨论工资问题，可敬的瓦特默斯尼尔先生说："他们当然可以；他们可以个别去找或者所有人一起指定一个委员会。"那么，要指定委员会，他们当然必须达成某种共识，共同制订计划，发生联系；他们必须结成一个组织。那么，严格地说，单是联合本身并不能构成犯罪。

然而，有的人却希望将其定罪，他们说，"结成一个组织本身，就是犯罪的开端"。然而，开始进行一项清白的活动也算有罪吗？我不这样认为。即使一项行动本身就是坏的，法律也只能在其实施之后予以惩治。事实上，我想说的是，正是一个行为的开端使该行为得以完成。相反，你们的话却等于说，看一眼就是犯罪，但在人们开始看之前却不算犯罪。瓦特默斯尼尔先生本人也承认，不可能探知一件犯罪行为背后的想法。那么，一件行为如果本身就是无罪的，行动过程也是无罪的，那么，显然，就不能控告其有罪，这种性质是不可改变的。

那么，"实现联合的开端"这个词是什么意思呢？

联合可以以成千上万个不同方法形成，可以以各种方式开始

① 原文为法文 lacoalition。——英译者注

付诸实施。但是，我们关心的不是这成千上万的方法，而是罢工本身。在这种情况下，如果罢工就是结成联盟的开端，那么，假定罢工本身就是犯法，我们就惩罚罢工；假定罢工将受到惩罚，那么，不管是谁，如果由于工资水平不能达到他的要求而拒绝工作，就将受到惩罚。如果是这样，你们的法律尚算诚实。

然而，是否有人敢说，不管使用什么手段，罢工本身就是犯法？在工资水平不合己意时，一个人难道无权拒绝出卖自己的劳动？

有人会这样回答我："如果这里说的只是一个人，当然没有问题，但如果人们为这一目的而联合起来，那是另一回事了。"

然而，先生们，一个本身清白的行为，不会因为涉及人数增加就变成犯罪行为。如果一个行为本身就是坏的，那么，我承认，如果是多个人进行这一行为，我们可以说，这种行为更加恶劣；但是，如果行为本身是无罪的，不可能由于是多人从事这一行为，就变成犯罪行为。因此，我不明白，我们怎么可以说，罢工是犯罪行为。如果一个人有权对另一个人说："在如此这般的条件下，我不想工作"，那么，两三千人一起也同样有这种权利；他们有权拒绝工作。这是一种自然权利，也应当是一种法律上的权利。



然而，我的论敌却非要把污名强加于罢工之上。他们是怎么干的呢？他们自己插入了这些话："由于你不能满足我们提出的要求，所以，我们不想干了；我们将施加那种众所周知的、有赖于我们的一致利益和同志情谊的压力……"

于是，罢工就成了犯罪行为。众所周知的压力——暴力和胁迫，这确实是犯罪行为，这是你们应当予以惩罚的。事实上，这正是令人尊敬的莫兰先生的修正案所提出的。那么，你们为什么不支持他？

然而，他们却采用另一种论证方式，他们说："联合有两个特点，可以被归入犯罪范畴：联合本身是有罪的，它造成的结果对工人、对雇主、对整个社会都有害。"

首先，联合有害这种看法是成问题的。它是否有害，取决于其提出的目标，最重要的是其采用的手段。如果其手段仅限于消极怠工，如果工人团结一心，达成一致，说："我们不想以这样低的价格出卖我们自己的商品，也即劳动，我们想提高工资。如果你不答应，我们就准备回家，或者到别的地方找工作。"在我看来，不应该把这说成是犯罪行为。

但是你们却认为，这是有害的。这里，尽管我对尊敬的书记员先生的能力表示万分敬佩，但我相信，他的论证混淆了问题，这还是客气的说法。他说："罢工对雇主是有害的，因为缺了某个或某些工人，会给他带来麻烦。罢工对他的生产带来不良后果，因此，罢工者侵害了雇主的自由，因而触犯了宪法第13条。"



可以说，这完全是颠倒是非。

我碰上一位雇主，我们讨论工资水平问题。他开的价我不满意，我没有做任何过激的事，我自己离开，而你却说，我侵害了雇主的自由，因为我不愿意按他开的价码工作对他的生产活动有不良影响！看来，你所期望的不是别的，正是奴隶制！如果法律强迫一个人在他不同意的条件下工作，这个人不是奴隶还能是什么？（左派："说得好！说得对！"）

你们要求司法介入，因为我侵犯了雇主的财产权，那么，你们有没有想过，强迫我工作不就等于雇主侵犯我的权利？如果他可以通过法律手段把他的意志强加于我，那么，自由何在？公平何在？（左派："说得好！说得对！"）

不要说我没有如实概括你们的论证，因为你们的报告和讲话俱在，就是这个意思。

于是，你们就会说，工人如果联合起来会损害自己的利益，你们由此得出结论，法律应当禁止罢工。我同意你的说法，在大部分情况下，罢工会损害工人自己的利益，但正是因此，我才希望他们拥有罢工的自由，因为，只有自由能教他们明白，罢工对他们自己有害。而你们得出的结论却是法律应当干涉，应当把他们禁锢在工场。

于是，你们就使法律走上了一条很危险的道路。

你们每天都指责社会主义者企图让法律干涉一切事务，企图消灭个人的责任感。



你们每天都抱怨，只要哪儿有罪恶、有痛苦或者是不幸，人们就总是想到法律和国家。

至于我自己，决不会因为一个人罢工了，每天坐吃山空，于是要求法律跑过来对这个人说："你必须到那家店铺工作，即使他们没有满足你的工作要求。"我不能接受这样的理论。

最后，你们说，罢工对整个社会有不良影响。

这一点是毫无疑问的；但是，论证过程是一样的：一个人可能觉得，放弃现在的工作，可以在一周或十天内找到另一个收入更高的职位；这些天内整个社会确实会蒙受劳动损失，但对此，你能怎样呢？你要法律包治百病？这是不可能的；如果真是这样，我们也必须说，商人等待一个更好的时机出售自己的咖啡或是糖，也会对社会不利。于是,我们就必须经常动用法律,要求国家干预。

有人提出了反对委员会提案的理由,而在我看来,这种理由过于随便,因为这是一个严肃的问题。据说:“问题的核心是什么?一方是雇主,而另一方是工人;我们所要讨论的是确定工资水平的问题。显然,如果工作是由自然的供需活动所决定的,那么,可欲的就是供应和需求同样自由,或者如果你乐意,也可以说同样受到约束。为实现这一目的,只有两种办法:要么我们必须允许工人联合使自由更完善,要么我们必须完全禁止工人联合。”

人们反驳这一观点的理由是——你们也承认——你们的法律在两者之间保持平衡是完全不可能的,因为大量工人的联合,由于是大规模而于光天化日之下组织的,所以,处理起来,要比雇主的联合要容易得多。

你们承认这种难度,但你们又说了:“法律不能过多地考虑这些细节问题。”我的回答是,法律应当停下来多考虑一下这些细节问题。如果法律本身只有以最骇人听闻、也最严重的不公态度对待社会各个阶层时,才能镇制某种假想的犯罪活动,那么,它就应当好好想想自己在干什么。现实中有成千上万种这样的情况,法律都应当停下来好好想想。



你们自己承认,在你们的立法机构的统治下,供需双方不再处于平衡状态,因为雇主比较难以联合起来;然而,很显然,如果两三个雇主聚餐一顿,是没有人知道他们在干什么的。而另一方面,工人的联合却是可以察觉到的,因为他们的活动总是公开的。

由于一方可以摆脱法律的监督,另一方则不能,那么,法律的必然后果就是冲击供应的一方而不是需求的一方,也就是说,至少在其一定程度上，将改变自然工资水平，而且是以一种系统的、永久的方式。而这，是我所不敢苟同的。我想说的是，由于你们无法制定出一部平等地适用于有利害关系的各方的法律，由于你们不可能给予他们法律上的平等，那么，就给予他们自由，自由之中就包括平等。

但是，如果实施委员会提案的结果却并不能获得平等，那么，是不是至少可以在表面上获得这种平等？是的，我当然相信，委员会付出了巨大努力，力图实现哪怕是名义上的平等。然而，这种努力迄今并不成功；为了证明这一点，只需要对比一下刑法第414条与415条即可，前者涉及的是雇主，后者讲的是工人。前一条非常简单：是不会让人搞错的；有人触犯而受惩罚，那是公正的，而雇主要为自己辩护的时候，也清楚地知道规则是什么：

“1. 各家雇主之间任何旨在强制压低工资的联合，如果具有这种企图或者已经开始实施，应予以惩罚。”

我提请你们注意“强制”一词，它给雇主提供了很大的辩护余地。他们会说，“我们两三个人确实有同谋，我们是想采取措施降低工资，但我们并没有想强制实施。”这是一个很要紧的词，而在下面一条中却没有。

事实上，第415条是很有弹性的：它所涉及的不是一项行为，而是大量行为：

“工人组成的任何旨在同时中止工作、禁止在商店工作、禁止在某个时间之前或之后出现在某个场所，或者一般而言，旨在拖延怠工以图影响或提高劳动价格（它没有提到“强制”），如果有这种企图或已开始实施这种行为，云云。”

假如你们说我对“强制”一词吹毛求疵，那么，我想提请委员会注意它自己赋予这一单词的重要性。（哗然）

（一位左派议员）：右派在捣乱。只要一谈到正确的事情，他们就总想打断人家说话，而一说到错误的东西，他们却听得津津有味。

巴斯夏先生：如果想做到某种程度的公正，哪怕是名义上的公正（因为是不可能有真正的公正的），对于第 414 条中所包含的“不公正”和“滥用”的含义，委员会可以采取两个办法予以纠正。

这些让雇主可以随便为自己开脱的单词，要么应当予以撤销，要么也同时添到第 415 条中，让工人也可以为自己开脱。而委员会当初却决定不使用“不公正”和“滥用”这两个词。委员会是根据什么这样做的？恰恰是根据这些单词后面的词——“强制”；这个单词在其报告的一页中就出现了 5 次，足见委员会高度重视它。事实上，委员会已经直截了当地阐述了这一点：

“如果达成一项协议，旨在实施某些违反法律的措施以图强制降低工资，则这种行为就是不正当的。这样的行为必然是不公正的，是滥用权利，因为通过某种违法的、冷酷的约定，强制降低工资所导致的工资下降，并不是工业环境和自由竞争的结果；因此，再使用‘不公正’和‘滥用’这两个词是不合理智的。”

那么，他们是如何论证划掉“不公正”和“滥用”这两个词的正当性的？他们说：“这些单词是多余的，‘强制’一词就可以将其全部概括。”

然而，先生们，一涉及工人，就不见“强制”一词了，于是，工人就没有同样为自己辩护的机会了；第 415 条仅仅规定，工人不能提高工资，不是说不准使用强制手段、不公正地滥用权利提高工资，而只说不准提高工资。这里，最起码存在着漏洞、缺陷和某种不平等，并被转换成我刚刚谈到的那种更大的不平等。

先生们，这就是委员会提出的理论。在我看来，这种理论不管从哪个方面看都是错误的。理论上是错误的，实践上是邪恶的，这种理论使我们根本不能确定什么才算违法。是联合本身，是罢工，还是滥用权利，还是强制？我们不清楚。我相信，每个人，甚至是那些最讲究逻辑的人，也不会明白，何种情况下不会受惩罚，什么时候必须受惩罚。你们对我说："联合就是一种违法行为。不过你可以任命一个委员会。"然而，根据你们的报告中之种种说法，我却不能确定，能不能任命一个委员会或者派一个代表团，因为从你们的报告中我可以得出结论，联合本身就是违法活动。

其次，我还想说，从实际效果看，你们的法律充满了不公正，它没有公平地、合理地适用于对立的双方，而你们是想消除这种对立的。这可真是消除双方对立的很古怪的办法，看人下菜碟！

至于莫兰先生的思想，我不想多说了，它本身就很清楚明晰，它是建立在颠扑不破的、公认的原则之上的：让自由发挥作用，抑制滥权行为。不管是谁，只要具备理智，就不能不同意这一原则。

问一下随便哪位初来乍到者，如果法律仅仅局限于镇制胁迫和暴力，那它会是不公正、是有所偏私的吗？每个人都会告诉你们："不公正和偏私行为本身就是名副其实的犯罪。"此外，法律既是对无知的人制定的，也是针对学问渊博之士的。人们的心智必须立刻能够掌握某一犯罪行为的定义，人们的良心必须都能够承认之。人们读了法律后，肯定会说，"这确实是一种犯罪行为。"你们大谈什么尊重法律，而这种直觉反应就是尊重的基本含义。你们又如何指望人们会尊重一部不理智的、莫名其妙的法律？这是不可能的。（左派表示赞同）

在我看来，先生们，将这儿正在发生的事情，与德瓦特默斯尼尔先生昨天在这里谈过的另一个国家——英国——一直发生的事情进行一下比较，是很有价值的，对处理工会、劳工纠纷等问题，英国有很丰富的经验。我相信，他们的经验是值得在此探讨的。

你们都曾听说过，英国自废除相关法律以后，涌现了大量力量强大的工会。不过，你们恐怕没有听说过在这之前的情景吧。我们则必须谈谈这一点，为了对两种理论作出评判，我们必须比较一下前后的情形。

在 1824 年以前，英国备受无数可怕、激烈的工会的折磨，不得不颁布了 37 部法令以控制这种灾难。而你们都知道，在这个国家，传统就是法律的一个构成部分，在这里，即使是荒唐的法律，也仅仅因为其源于古代而受到人们的尊重。英国确实被工会的魔鬼搞得狼狈不堪，筋疲力尽，不得不通过一个又一个法令，最后，在很短时间内，颁布了 37 部法令，一个比一个更严厉。结果又如何呢？这些法令并没有达到目的；灾难越来越严重。直到有一天，他们突然醒悟过来："我们已经想尽办法了。我们已经颁布了 37 部法令。我们就试试一种最简单的办法能不能成功：公正与自由。"我倒是希望人们把这一推理应用到很多问题上。采取这种解决办法并不如想象的那样难。简单地说吧，这一次，这种理论占了上风，被应用于英国。

于是，在1824年，根据休默先生[1]的提案——该提案非常类似于杜特勒[2]、格勒波[3]、伯努瓦[4]和富尔德等诸位先生提出的议案——通过了一部法律：它规定，彻底废除迄今为止通过的一切有关工会的法律。于是，在英国，面对工会，司法自己缴械了，甚至连暴力、恐吓和威胁都放任不管了，而这些行为却会使工会变质。对这些行为，唯一可以适用的法律是有关恐吓和街头斗殴的法律。于是到了次年，1825年，司法大臣提议制定一部专门法，允许人们完全自由地联合，但将加重对一般暴力行为的惩处力度。这就是1825年法律的本质。

第三条宣布："任何从事胁迫、恐吓或暴力等活动的人都将被判处监禁和罚款，等等……"

"胁迫"、"恐吓"、"暴力行为"等词一再出现。而"联合"一词，甚至根本没有提到。



接下来是两个非常引人注目的条款。这两条在法国恐怕是不可能通过的，因为这两条实际上包含着这样的公理："法律未予禁止者即是允许者。"

1825年的法律说："凡联合、联盟以图影响工资水平或达成口

① Joseph Hume(1777—1855)，英国政治家和自由主义改革家，詹姆斯·穆勒和杰里米·边沁的追随者，积极反对有利于雇主的关于工会组织的旧法律，并推动废止了禁止机器出口和工人移民的法律。——英译者注

② Paulémile Doutre，律师，1846年发表了一本论述选举权的专著。——英译者注

③ Louis Greppo(1810—1890)，极左派政客。——英译者注

④ Adrien Théodore Benoît-Champy(1805—1872)，法官、外交官、众议员、参议员。——英译者注

头、书面协议者……不受本法之约束。”

一句话，在英国，明确地赋予了人们以最广泛、最完整的自由。

我想说的是，法国的情形与此类似。委员会所提出的用以为你们的想法辩护的理由，正是英国的旧制度，那37部法令所体现的原则。而杜特勒先生及其同仁的提案，就相当于休默先生的提案，要求废除所有法令，对于共谋的暴力活动并不予以额外的惩罚；尽管人们不能不看到，一定数量的人所策划的暴力活动所带来的危险，肯定要大于单个人在大街上犯下的暴力罪。最后，尊敬的莫兰先生的提案完全相当于英国1825年颁布的最后法律中所揭橥之原则。

现在，有人对你们说：“自颁布1825年法律以来，英国的情况就不怎么好。”不怎么好！我只能说，在我看来，你们就此问题所作的声明缺乏深思熟虑。我曾几次游历英国，曾向很多制造商询问过有关这一法律的问题。我敢断言，我所遇到的所有人中，没有一个不称赞它，没有一个人不对英国能在这种情况下勇敢地奉行自由原则表示高兴的。也许正是由于这一点，后来英国在很多问题上也都奉行了自由原则。



你们提出1832年罢工，这确实是一个很难对付的理由；但我们在分析事实的时候得注意，不要脱离了时代背景。那一年，英国出现了粮食歉收，每夸脱小麦卖到95先令，当时发生了持续数年的饥荒。

书记员德瓦特默斯尼尔先生：那么，1842年的罢工呢？

巴斯夏先生：1832年出现了饥荒，1842年出现了更严重的饥荒。

书记员：我说的是1842年的罢工。

巴斯夏：我的论点放到1842年，更有说服力。在这样的饥荒时代，会发生什么事？人们几乎所有收入都用来购买生活必需品。他们不再购买制成品；工厂闲置，很多工人失业，劳工市场饱和，工资下降。

如果出现了工资下降，如果又加上大饥荒，那么，在一个自由的国家出现工人的联合，就一点都不奇怪。

英国的情况就是如此。它是否因此而修改了法律？根本没有。

它知道这种工人组织工会的事，但它坦然面对它。谁搞恐吓和暴力活动，它就惩罚谁，除此之外，它没有惩罚任何人。

我们面前就呈现着这样一幅可怕的工人社团图景，而据说，他们将会成为政治性组织。



先生们，就在我们上面提到的那个时期，英国还面临着一个大问题。这个问题比当时的环境、比粮食歉收所造成的问题更严峻。当时，工业人口与土地拥有者即贵族之间正在展开斗争，贵族希望以尽可能高的价格出售小麦，于是就禁止进口外国小麦。结果如何呢？昨天还被亲切地称之为“工会”的组织，那些享有联合自由的组织发现，他们联合起来为提高工资而进行的所有努力，并没有什么成效……

有人插话：这可太糟糕了……

巴斯夏先生：你说这太不幸了，而我却要说，这是大好事。工人们本来以为，工资水平并不取决于雇主，而是取决于社会的法律。而现在他们明白了：“为什么我们的工资无法提高？原因很简单：因为法律禁止我们为出口而生产，至少是禁止我们用自己的钱购买外国小麦。看来，我们是错怪雇主了，我们应该怪罪贵族阶层，他们不仅拥有土地，而且能制定法律。只有当我们也拥有政治权利后，我们才能影响工资水平。”

（左派：“说得好！说得对！”）

巴斯夏：先生们，的确，从英国工人这种非常简单而自然的行为中所能看到的某些异乎寻常的东西，简直可以说是把对法国仍没有实行普选权的抗议带到了这个讲坛上。（左派更热烈地赞成）

由此得出的结论是，英国工人通过行使自由权利已经得到了一个大教训：他们明白了，他们的雇主并不应对工资的升降承担责任。今天，继土豆枯萎病、农业严重歉收、铁路狂热及席卷欧洲的革命、工业品出口受阻等灾难之后，英国正在经历非常艰难的两三年，它从来没有经历过这么严重的危机。但是，从来没有人把这种危机归罪于工会或其暴力活动。他们有了经验之后已经放弃了这种行为；我们已经有了一个榜样，现在该我们反思了。（左派欢呼）

简而言之，我最关心的只有一件事。你们希望人们尊重法律，这没错；但是我们决不能因此而要人们忘记正义的含义。

我们面对着两种理论：委员会的理论和莫兰先生的理论。

想象一下，如果分别根据两种理论起诉工人会有什么结果。假设根据现有的工会法起诉工人，他们甚至不知道法律想要他们怎么样；他们相信，他们如果限于联合、并合谋策划，那就是正当的，你们自己在某种程度上也承认这一点。他们会说：“我们的储蓄花光了，我们没法活了。这不是我们的错。这是社会的错，它在折磨我们；这是老板的错，他在剥削我们；这也是司法的错，它把罪名强加在我们头上。"他们将会满腔怨恨地出现在被告席上，他们会被人看成是受害者；不仅他们自己有抵触情绪，那些没有被起诉的人也同情他们：我们那些总是热情洋溢的年轻人，还有追求自己理想的著名政论家们。你们相信，对国家的司法来说，这种局面好受吗？有利吗？

接下来，假设根据莫兰先生的理论来起诉工人。他们被起诉，而共和国检察官会对他们说："我们并不因为你们组织工会而起诉你们，这方面你们拥有完全的自由。你们要求提高工资，我们也不管。你们一起策划，我们也不管。你们要罢工，我们也不管。你们试图说服你们的同志，我们也不管。但你们使用了武器、暴力、恐吓，据此，我们起诉你们。"

被你们起诉的工人会低头认罪，因为他会觉得他错了。他会承认，他的国家的司法是公正的和公平的。("说得好！")



先生们，我想进一步提出一些想法以结束这次发言：

在我看来，劳动阶级中正在讨论的很多看似重要的问题，其实是劳动者被误导才想出来的。我提请你们注意这一点：某个国家如果存在着不同的阶层、阶级和社会等级，最上层的阶级僭称自己具有某种特权，而比它低一个等级的阶层希望获得支配地位，在这种情况下，是随时会爆发革命的。自然，这第二个等级也会呼吁其他阶级帮助它实现公平和正义的理想。革命之后，第二个等级掌权了，通常，用不了多久，它就赋予自己某些特权。第三个等级和第四个等级如法炮制。这些确实令人痛恨，但却很容易发生，只要较低的等级能够承担其特权的代价。

而二月革命的结果则是，整个国家，所有人，包括最低等级的人,都通过选举、通过普选权而达到或者应当达到自我治理的程度。于是,人们就互相模仿——对此我深感痛心。但在我看来,也很正常——人人都觉得,他们可以通过也赋予自己特权而弥补自己所遭受的不幸;我认为,获得无息贷款的权利、就业权等要求,都是货真价实的特权。(骚动)

而事实上,先生们,如果在我国各个阶层之下,或者说在我们的视野之内还存在一个庞大的阶层,比如说3亿中国人,来承担其代价,那么,赋予每人特权倒也罢了(众笑)。然而现在,并不存在这么一个阶层;因此,每种特权的代价都必将由我们自己的人民承担,都要从他们的口袋中掏出,他们不仅不可能享受任何好处,反而会经由各种复杂的机制,承担一切代价。

因此,我要求立法公会与这些要求进行斗争。对此,立法公会不能掉以轻心,因为,很要命的是这些要求都很真诚。我想说的是,你们有责任与之斗争。而如果劳动阶层所提出的要求是合情合理的,他们仅要求正义和自由,而你们竟然拒绝,那你们又如何能成功地抵制那些特权要求?我相信,如果你们在这里能表明你们是不偏不倚的,你们必能获得伟大的力量,你们将被人们视为所有阶层尤其是劳动阶层的保护者,假如你们不偏不倚地、公正地对待他们。(左派高声支持)



总结一下:我拒绝委员会的提案,因为它仅仅是权宜之计,而所有的权宜之计的特点就是脆弱和不公正。我支持莫兰先生的提案,因为它是基于某种原则,唯一一种能够满足人的思想、赢得人心、获得所有人的良知一致同意的原则。有人曾经问过我们:“你们是仅仅因为对自由的柏拉图式热爱而希望称颂自由么?”就我而言,我的回答是:“是的。”自由可能使国家遭受考验,但只有自由能够启蒙、教育和启发国民。失去了自由,就只有压迫;热爱秩序的人们应该记住,如果各阶级的团结、对法律的尊重、每个人利益的保障、国家的安宁建立在压迫之上,那这种制度就时日无多了,假如真的存在过这种制度的话。

# 第十二章　致民主人士

## ——评莫蒂默-特尔诺克斯修正案①

不，我并没有弄错；我觉得我的心，一颗民主的心，正在嘭嘭地跳动着。那么，为什么，我总是时不时地发现，我跟那些宣称自己才是民主之代言人的人士正好唱反调？

不过，我们必须彼此理解。民主这个词难道真有两种相反的含义？



我来谈谈吧，在我看来，促使人们改进其物质、精神和道德环境的那种期望，与上帝赋予他们实现这些期望的能力之间，是有某种联系的。

因此，我希望每个人都自己对自己负责，可以自由地处置、安排和管理自己的人身、自己的行动、自己的家庭、自己的生意、自己

---

① Louis Mortimer-Ternaux(1808—1871)，法国政客、历史学家，政治上比较反动，1830 年到 1871 年间断断续续地担任过政府公职、当选过国民公会议员和国会议员。其 Histoiredela Terreur 最集中地体现了他的观点。——英译者注

在立法公会于 1850 年 4 月 1 日召开的会议讨论公共教育预算案时，议员莫蒂默-特尔诺克斯提出一份修正案，将为中等阶层子女开办的大学预科、学院和研究机构的支出减少 30 万法郎。极左派议员和极右派议员在这一问题上倒是立场一致，最后该修正案因在投票表决时遭到微弱多数的反对而夭折。就在次日，巴斯夏在一家日报上发表了本文，对这次投票发表了自己的看法。——法文版编者注

的社团、自己的理智、自己的能力、自己的劳动和自己的财产。

在美国，人们就是这样理解自由和民主的。在那里，每个公民都时刻警惕着保持自己的独立自主性。而正是拜这种自由之赐，穷人有望摆脱贫穷，而富人也有望保有他的财富。

事实上，我们看到，正是这套制度，使美国人在很短时间内就达到了相当高水平的成就、安全、富裕和平等，创造了人类历史上独一无二的伟业。

当然，美国跟所有其他地方一样，也有人总会毫不犹豫地侵害他们的同胞的自由和财产权，以此为自己谋取私利。

因此，就出现了法律，法律就是借助公共警察暴力的手段，来防止和镇制这种侵略倾向。

在维护这种暴力时，每个人彼此合作，都出自己的一份力。法律并不像有些人所说的，是牺牲一部分人的自由以维系其他人的生存。恰恰相反，法律乃是保障所有人之自由的最简单、最公正、最有效、也最经济的手段。

政治中最难的一件事就是防范受托使用这种公共警察暴力的人，去做那些本来该由他们来阻止的事。

然而，法国的民主人士却似乎从完全不同的角度看待这些问题。

毫无疑问，他们跟美国民主人士一样，也谴责、反对、蔑视人们可能受诱惑运用自己的力量侵害他人的掠夺行径——即一个人侵害另一个人的财产权、劳动、自由的一切行径。

然而，尽管他们反对个人之间的掠夺行径，却将其视为实现财产平等的手段，因而，他们就把进行掠夺的权力授予法律，授予公共警察部队，而我认为：我们搞出法律和警察本来是要防范掠夺行径的。

于是，一方面是美国的民主人士，他们把惩罚个人之间的掠夺行径的权力授予公共警察，他们也非常小心不让这种力量本身蜕变为掠夺性力量；另一方面，法国的民主人士却恰恰利用这种力量作为掠夺的工具，这一点恰恰成了他们所设计的制度的基础和本质。

对这种制度，他们赋予了种种冠冕堂皇的名号，组织呀，合作呀，友爱呀，团结呀。由此，他们对最残忍的欲望也无所顾忌了。

“彼得比较穷，蒙多尔比较富裕，他们不是亲兄弟吗？那他们不应该互相帮助吗？他们不应该互相合作，不应该组织起来吗？那么，就让他们分享财富，这样对大家都好。当然，彼得是不能自己去拿蒙多尔的东西，这没错。但我们会制定法律，创造出某种力量，由它们来负责完成这个过程。于是，蒙多尔的反抗就可以被当作是叛乱，彼得就心安理得了。”

在这类立法的历史上，有的时候，掠夺行径表现得尤其地骇人听闻。这种情形一般都发生在法律被用来劫贫济富时。

然而，面对这种情形，激进的山岳派人也拍手叫好。最主要的原因是什么？难道不是因为他们把已经稳固建立的通过法律进行掠夺的原则，看作是自己以后也可以效法的先例？假如多数人曾经支持将劫贫济富的行径合法化，那么，你如何拒绝劫富济贫的法律？

如果在一个国家，本来是用来保障每个人权利的神圣的法律力量，被扭曲为侵害自己权利的力量，这个国家可太不幸了！

昨天，在立法大会上，我们就看到了这样的一幕，看到了一幅令人憎恶的可悲图景，我们也许可以将其称为一出愚弄人的闹剧。

我们来谈谈这里面的问题吧。

每年有30万孩子年满12岁。他们中，只有1万人能进国立大学和高中。他们的父母是不是全都是富人？我对此一无所知。不过，我们当然基本上可以肯定，他们是这个国家最富裕的人。

很自然地，他们必须承担自己孩子的吃喝、教育和培养的费用。然而，他们发现这笔费用太高了。于是，他们就诉诸法律手段，并且真的搞到了一部法律，对酒、盐征税，然后把从29万个孩子的父母那里搞到的钱，通过赠送、奖励、补偿、补贴等途径，分配给父母更为富裕的孩子。

莫蒂默-特尔诺克斯先生提出，这种稀奇古怪的局面该结束了，然而，他的努力却失败了。极右人士觉得，让穷人为富人的孩子上学掏钱是最便利的办法；而极左人士则发现，抓住这样难得的机会，把通过法律进行掠夺的制度牢牢地建立起来，是最合适的策略，于是也支持这种法律。

我问我自己：我们这是要往什么方向发展？立法公会必须直接受某些原则指导；它必须致力于公正地对待所有地方的所有人。然而，事实上，它却一头扎向大家彼此通过法律掠夺的制度，在致力于建立实现所有阶级完全平等的制度，也即共产主义。

昨天，立法公会等于宣布：穷人必须纳税以救济富人。那么，它还能有什么脸面拒绝其他人提出的“榨取富人”以救济穷人的法律？

就我自己而言，当我站在选民面前时，我不能忘记这一点，我曾对他们说过：

“你们是否支持建立在下面这种安排之基础上的政治制度：你们自己将为自己的生存承担全部责任；你们将通过付出你们自己的劳动、努力、勤奋，以换取你们自己所需要的食品、衣服、住房和教育，并实现富裕、幸福，也许还有兴旺发达。政府跟你唯一有关的事，就是确保你不受任何干扰和侵犯。至于政府方面，为了完成这一任务，它只要求你们交纳最低限度的赋税。你们是否想要这样的政府？”

所有人都大喊：“我们只要这样的政府。”

现在，如果我能重新站在那些贫穷的农民、那些诚实的工匠、那些善良的工人面前阐述我的看法，那我会对他们说：

“你们将要交纳更多的赋税，比你们原来想的要高；你们只能获得比原来想望的更少的自由；在某种程度上，这是我的错，因为我抛弃了你们当初选我时我所持有的关于政府制度的想法。4 月 1 日，我投票支持增加盐酒税，为的是帮助那些把自己的孩子送进国立学校的极少数国人。”

不管听众们会有何反应，反正我自己是不愿意对那些曾经信任我的人发表这么一番讲话，从而把自己置于那种可悲而又可笑的境地的。

# 第十三章　贸易差额[1]

贸易差额乃是一种信念。

我们都知道，它的意思是说：如果一个国家的进口额大于出口额，它就蒙受了逆差损失，反之，如果该国的出口额大于进口额，这个盈余就是其收益。这被人们当成一条公理，很多法律都是据此而制定的。



正是根据这种假说，莫居安先生[2]前天引用统计数字警告我们说，法国搞的对外贸易，每年要损失2亿法郎，实在是令人伤心，根本没有必要再搞这种贸易。

“11年中，通过贸易，你们损失了20亿法郎。你们明白这意味着什么吗？”

然后，他把他那无可挑剔的规律用于具体数字。他说，“1847

① 在讨论1850年的总开支预算时，莫居安先生很天真地阐述了非常古老而完全错误的贸易平衡理论（Moniteur of March27.）。巴斯夏在其《经济学的诡辩》中已经对此给予了驳斥，但他觉得，应该给予批判，尽管身体不好，他已经无法再登上讲坛，于是他写成本文，在3月29日投书一家日报，提出了自己的思考。请注意，作者在本文阐述自己的论题的时候简化了其假设，并且没有提到他在1845年已经论述过的内容。（参见《经济学的诡辩》第一卷第六章）。——法文版编者注

② Francois Mauguin（1785—1854），法国律师与演讲家，他坚信自由主义，为很多他认为受到政府迫害的人士进行司法辩护并获得胜利。1827年首次当选议员，在路易·菲力普统治时期声名远播。——英译者注

年，你们出口了价值6.05亿法郎的工业制成品，而只进口了1.52亿法郎，在这里，你们赚了4.50亿法郎。”

“但原材料方面，你们的进口额是8.04亿法郎，出口额仅为1.14亿法郎，因此，你们损失了6.90亿法郎。”

这是天真幼稚的人士从一个荒唐的前提合乎逻辑地得出一个错误结论的又一个好例证。莫居安先生已经发现了让达尔布莱[①]、勒伯夫[②]等先生对贸易逆差冷嘲热讽的奥秘。这可真是一个伟大的成就，我还真禁不住有点嫉妒呢。

让我来说道说道莫居安先生及所有的贸易保护主义者据以计算收益和损失的那条规律的有效性。就举两个企业的生意为例吧，我一直都在做这种生意。

我住在波尔多，我生产了一桶葡萄酒，价值50法郎；我把它发送到英国利物浦，海关就在其记录本上记上一笔：出口50法郎。



在利物浦，这桶酒卖了70法郎。我的代表用这70法郎购买了煤炭，它在波尔多市场可以卖到90法郎。海关马上又记下一笔：进口90法郎。

贸易差额，也即进口额高于出口额的价值是40法郎。

在我看来，这40法郎，进了我的账面，是我的收益。然而，莫居安先生却告诉我，我损失了40法郎，由于我的这笔生意，法国损

---

① Auguste Adolphe Darblay(1784—1873)，法国实业家，1840年到1848年间为议员。——英译者注

② Louis Lebeuf(1792—1854)，金融家，1835年任法兰西银行董事。贸易保护主义者，是保卫国内工业委员会领导人之一，1837年当选下院议员，1852年当选上院议员。——英译者注

失了 40 法郎。

莫居安先生为什么在这儿看到的是损失？因为他认定，只要进口额大于出口额，就必然意味着要用现金来弥补这个差额。然而，在我讲的这个交易中——所有赚钱的生意其实都是这个路子——谁说非得用现金来支付那个贸易差额？商人总是要比较不同市场上的价格，只有在他确信或者至少是有可能做到，出口的东西再返回来时之价值有所增加才会做生意。这一点，应该不至于太难理解吧？因此，莫居安先生所说的损失，其实应当叫做收益。

我做完这笔交易后没有几天，就觉得后悔了。我后悔怎么没有再等几天。因为，波尔多的葡萄酒价格下跌了，而利物浦的酒价上涨了；那么，如果我不是那么性急，我就可以只花 40 法郎在波尔多买进葡萄酒，然后以 100 法郎在利物浦售出，如果真是这样的话，我相信，我的收益会更大。然而，莫居安先生却告诉我说，如果真是这样，我蒙受的损失会更大。

我的第二笔生意结果则完全不同。

我花 100 法郎从 Périgord 买进了一些食用菌，准备卖给两位高贵的英国内阁大臣，价钱很高啦，我想可以换回不少英镑吧。唉，现在想来，我真应该自己享受这些美味(我说的是食用菌，而不是英镑或者托利党人)。那样的话，我就不会鸡飞蛋打，什么也没捞着，因为很不幸，货轮航行途中失事沉没了。海关官员本来已经在其记录中记下了出口 100 法郎，然而，这回却再也不会有什么东西进口了。

于是，莫居安先生就说了：法国赚了 100 法郎；因为，幸好轮船沉没了，出口额现在就大于进口额了。如果事情是另一个结局，轮船没有失事，我赚回了相当于200或300法郎的钱，贸易差额就刚好相反，于是，法国就成了受损失的一方。

从科学的观点看，在做生意的商人看来亏损了的生意，在那些整天搬弄理论的理论家们看来却成了赢利，这无论如何，也是件可悲的事。

而从现实的角度看就更可悲了，这种认识上的错位会导致什么结果呢？

假定莫居安先生有权（由于他具有选举权，因而他已经具有某种程度的权力）不顾商人的考虑和愿望，而根据自己的考虑和愿望建设"有益于国家的商业和工业组织，大大推动国内工业的发展"，那么，他会怎么做呢？

莫居安先生必然会通过法律手段取缔一切在国内低价买进然后在国外高价卖出并且从国外进口国内急需之商品的交易，因为恰恰是这种生意，使进口额超出了出口额。



相反，他必然会容忍，事实上，他可能会鼓励——如果必要的话就（用大家交纳的税款）给予补贴——在法国高价买进然后低价在国外出售的一切生意；换句话说，出口那些对我们有用的东西而进口那些对我们没用的东西。因此，举个例子，他肯定会让我们随便从巴黎购进奶酪拿到阿姆斯特丹出售，然后从阿姆斯特丹买进最新时尚产品到巴黎出售；因为只有在这样的贸易中，贸易差额才始终对我们有利。

是的，如果立法者不让有利害关系的当事人在这些问题自己为自己作出决定、采取行动，自己享受收益、承担风险，那将是可悲的，甚至是可耻的。由他们自由行动，至少每个人都会为自己的行动承担责任;如果出错,他自己遭受惩罚,自己也会学乖。然而,如果立法者横加限制,那么,他必然会作出完全错误的判断,不断地犯错就将成为整个民族的行为规律。我们法国人十分热爱自由,我们却没有真正地理解自由为何物。啊,让我们好好地弄清楚自由的含义!否则的话,我们还不如别爱它。

莫居安先生还泰然自若地说,在英国,政治家们无一例外地接受贸易差额理论。在按照他的理论计算完贸易逆差带来的损失之后,他大声疾呼:"如果这种局面出现在英国,他们就会坐不住了,下院议员们无一例外都会觉得自己的位子不稳当了。"

而在我看来,我敢断言,如果某人跑到英国下院说,"我国的出口总值超过了进口总值",只有在这时候,议员们才会觉得有问题了,我实在是怀疑,有谁敢在这句话后面再画蛇添足:"这种贸易顺差代表的是收益。"



英国人坚信,进口大于出口对于国家的发展是非常重要的。他们也早就注意到,这是所有商人的一致心态;正是如此,他们坚定地支持自由放任政策,致力于恢复自由贸易。

# 第十四章　蜡烛制造商关于禁止太阳光线的陈情书

蜡烛、纸媒、提灯、烛台、路灯、烛花剪、灭烛器制造商，动物油脂、植物油脂、树脂、酒精及与照明有关的各种商品的生产者，致尊敬的国会议员们：

先生们：

你们走上了正确的轨道。你们抵制了各种抽象的理论，你们完全不理会商品供应是否充足、价格是否低廉，你们主要关心生产者的命运。你们希望他们不受外国竞争者的压力，也就是说，把国内市场完全留给国内企业。

我们乐意提供一个很好的机会，让你们应用自己的——我们怎么称呼它呢？你们的理论？不，再也没有比理论更具有欺骗性的了；你们的学说？你们的思想体系？你们的原则？不过，你们讨厌各种各样的学说，你们厌恶思想体系；至于原则嘛，你们认为，政治经济学中不存在任何原则；那么，我们就将其称之为你们的惯例吧——没有理论，也没有原则的惯例。

我们正在遭受一个外部竞争者的毁灭性竞争，他生产光线的自然禀赋要比我们的优越得多，他以一种难以置信的低廉价格向国内市场倾销光线；只要他一出现，我们的生意就完蛋了。所有的消费者都去用他，法国的一个工业部门——其派生出的影响是数不胜数的——就完全陷入停顿状态。这个竞争者，不是别人，正是太阳。他向我们发动了无情的战争，我们怀疑，他是受可恶的英国佬的挑唆才对我们下毒手的（多么出色的外交手腕！），因为他对那个不讲信义的阿尔比恩相当关怀，对我们却没那么慷慨！①

我请求你们发善心通过一部法律，要求关闭所有窗户，老虎窗、天窗、内外百叶窗，拉上窗帘，关上窗扉，关上船上的圆玻璃窗，舷窗盖，拉上遮阳篷——一句话，关上能使阳光照进屋子的所有口子、洞眼、裂口和缝隙，因为它损害了我国的这一重要产业，我们充满自豪地说，是我们向国家奉献了这一产业，而国家如果不经过一番搏斗就抛弃我们，那绝对是忘恩负义。

尊敬的议员们，请你们发发善心，严肃地对待我们的请求；至少在倾听我们陈述应该扶持这一产业的理由之前，不要轻易地拒绝这一请求。

首先，如果你们下令尽可能地切断自然光照进室内的一切渠道，因而创造出对人工照明的需求，那么，法国所有行业都可以从中受益，不是吗？

那时，法国要消耗更多的动物油脂，那就需要饲养更多的牛羊。于是，我们会看到平整过的田地、肉类、羊毛、皮革，尤其是农业健康发展离不开的肥料会大大增加。



---

① “不讲信义的阿尔比恩”(Perfidious Albion)是指英格兰，法国人通常用这个词嘲笑英格兰的浓雾，在英格兰，由于经常有雾遮挡阳光，它所需要的人工照明，跟法国差不多。1840年，法、英关系一度非常紧张。——英译者注

阿尔比恩(Albion)是希腊人和罗马人对英格兰或不列颠的称呼。——中译者注

如果法国消耗更多的植物油，我们会看到，罂粟、橄榄、油菜的种植面积会扩大。这些植物高产但消耗土壤地力，而我们上面提到的家畜饲养数量增加，生产出更多的肥料，正好可以弥补土壤地力的消耗。

我们的荒地也会遍布能生产油脂的树林。无数蜜蜂将从山区飞出来，采集这里宝贵的花蜜，而现在，这些蜜源都白白浪费了。由此，各种农作物的产量都会提高。

船运业也会大发展。成千上万只船会出海捕鲸，只需要很短时间，我们就可以形成一支庞大的船队，足以捍卫法国的荣誉，并使我们这些陈情者——蜡烛商的爱国热望得偿所愿。

巴黎各个制造业部门会如何呢？今天，种种烛台、提灯及枝形大烛台上的金箔、青铜和水晶令大型商业中心熠熠生辉，而如果你们通过这部法律，那时，这些商业中心的景象必将相形见绌了。



于是，那些在沙丘之巅劳作的贫穷的树脂采集工、那些在阴暗矿坑中冒险的矿工，都可以获得更高的工资收入，也能逐渐发财致富。

先生们，只需稍加思索，就可以肯定，如果你们答应我们的请求，那么，整个法国，从富有的昂赞公司[①]股东，到最卑微的火柴商人，所有人的生活条件都会大为改善。

先生们，我们已经预计到了你们拒绝我们的请求之理由；但是，这些理由无一不是出自自由贸易鼓吹者的陈词滥调。我们敢说，你们提出用以反驳我们的每句话，其实都可以用以反驳你们自

① Anzin Company 当时法国最大的煤炭公司。——中译者注

己和你们赖以制定你们所有政策的原则。

你们是否要告诉我们，尽管通过这种保护措施我们获得了益处，但法国作为一个整体，却不会得到任何好处，因为消费者得承担所有的代价？

我们已经有答案了：

你们根本没有资格在这里谈什么消费者利益。一直以来，你们一旦发现消费者的利益与制造商的利益不一样，你们就毫不犹豫地牺牲消费者的利益。你们这么做是为了促进工业、为了提高就业。这次，基于同样的理由，你们也应该做同样的事。

你们自己确实也已经预料到了这种反驳理由，当人们对你们说，消费者有权自由获得铁、煤、芝麻、小麦和纺织品，你们回答说，"不错，但是生产者也有资格排斥这些东西"。说得很好！如果消费者确实拥有自由获得各种商品的自然权利，那么，生产者也有禁止其进入的权利。



你们还可以说："而生产者和消费者本来就是合二为一的。如果制造商从贸易保护政策中收益，他也能使农民富裕起来。反过来说，如果农业繁荣，也能为制成品开辟市场。"说得好。如果你赋予我们在白天提供照明的垄断权，那么，我们为满足生产需要，肯定会购进大量动物油脂、木炭、植物油、树脂、蜡、酒精、银、铁、铜和水晶，而我们和我们的供货商发财之后，我们的消费也会增加，从而会给国内各个行业带来繁荣。

你们会不会说，太阳光照是大自然慷慨的赐予，拒绝这样的赐予就等于拒绝这种赐予本身，借口却是想鼓励人们自己生产这种东西？

而如果你们采取这一立场，你们就是自掘坟墓。记住，迄今为止，你们一直在排斥外国商品，而这些外国商品就相当于大自然慷慨的赐予。你们只需要拿出满足其他垄断者要求的一半理由，就足以满足我们的请求了，而这是与你们一贯的政策完全一致的；仅仅由于我们的要求比他人的要求更有根有据就拒绝我们的要求，等于承认这样的方程式：＋×＝＋－。换句话说，这将是滑天下之大稽。

同样是生产一种商品，在不同的国家，由于气候条件不同，劳动和大自然是按不同比例结合的。而大自然所贡献的那部分总是无偿的，人的劳动所贡献的那部分才构成了价值，才需要掏钱购买。

假如里斯本出产的橙子价钱只有巴黎出产的橙子的一半，那是因为，前者拥有充足的自然光照，这当然是不用掏钱的，而后者却需要人工温室，当然得购买者掏钱了。



于是，如果我们购买了一只产自葡萄牙的橙子，我们就可以说，与巴黎的橙子比起来，有一半是免费赠送，换言之，只需要掏一半钱。

现在，正是由于它是半卖半送（原谅我们用这个词），你们坚持要禁止它进入法国。你们说，“如果法国劳工得拼了命工作，而外国劳工只用付出一半努力，而另一半由大自然慷慨赐予，那么，法国劳工如何能够抵挡得住外国劳工的竞争？”然而，如果一件产品的一半是免费的，就让你们发布禁令排斥它，那么，对一件完全是免费的东西——光照——你们怎么竟然允许它进入竞争？你们要想不陷入自相矛盾，就应当在排斥那些只需半价因而伤害我国工业的产品之外,禁止那些完全免费的东西,对此应当有更充分的理由,你们也应当有更大热情。

另举个例子:如果我们从外国进口一种商品,比如煤、铁、小麦或纺织品,如果我们掏的钱比我们自己生产的要少,两者之间的价差,就是我们所获得的无偿赠送。这一赠送的多少与价差的幅度是成比例的。如果外国人只要我们掏 3/4、1/2 或 1/4 的价钱,那我们就相应得到了 1/4、1/2 或 3/4 的无偿赠送。而如果慷慨的赠与者一个子儿也不要,比如太阳赐予我们的光线,那我们所得到的就全是无偿赠送。因此,问题就是我们前面已经提出过的,你们是希望法国从无偿使用光线中获益,还是希望从维持那些昂贵的生产活动获得所谓的好处?请你们作出选择,但请讲究逻辑;因为,如果你们像现在这样,禁止进口外国的煤、铁、小麦和纺织品,这些进口品的价格越来越低,接近于零,那么,你们允许价格本来就是零的太阳光线一整天都在照射,就是自相矛盾的。

# 翻译说明

弗雷德里克·巴斯夏1801年6月30日出生在法国西南港口城市巴荣纳(Bayonne)。10岁的时候父母双亡,是由祖父抚养成人的。17岁那年,他结束学业,到家族在巴荣纳镇开办的出口企业中工作。在这里,他亲身感受到了贸易保护主义带来的不便和恶果:由于政府奉行贸易保护政策,这个地区商店纷纷倒闭,人口外流,失业人口增加。这是他后来毫不妥协地反对贸易保护主义的思想基础。

25岁那年祖父去世,他继承了家族在米格龙的财产,从而使他在以后的25年中不用为衣食奔波,过上了"体面的农民"和学者的生活。巴斯夏雇人经营家族企业,从而得以集中精力追求学术事业。他大量阅读了萨伊(Jean-Baptiste Say)、亚当·斯密、德特拉西(Destutt de Tracy)、孔德(Charles Comte,也许是他最钟爱的作者)和迪诺耶尔(Charles Dunoyer)等古典政治经济学家的著作。当时他最亲密的朋友是他的邻居库德罗伊(Felix Coudroy),他们在一起阅读了大量哲学、历史、政治、宗教、旅行、诗歌、政治经济学、名人传记等方面的著作,并经常展开热烈的讨论。就在这些阅读和讨论中,巴斯夏逐渐形成自己的观念,他的思想逐渐成熟。有趣的是,库德罗伊最初是卢梭的信徒,也跟当时卢梭的大多数信徒一样，是个社会主义者。而巴斯夏曾经说过，他喜欢面对面的谈话，而不喜欢在大庭广众下讲话。最终，他把库德罗伊转化成了个古典自由主义者。

巴斯夏第一篇见诸报章的文章发表于1834年4月，是对波尔多、里昂等商人的一份请愿书的回应，这些商人们要求取消农产品关税，但另一方面，却又要求保留制成品关税。对前者，巴斯夏表示赞赏；对后者，巴斯夏则予以批判，并指出这两者是自相矛盾和伪善的。他写道，“你们争取少数人的特权，而我则要求赋予所有人自由。”然后，他解释了，为什么应当全面取缔一切关税。

接下来一篇文章《税收与葡萄》则反对对葡萄酒征任何税，在这篇文章中，他继续发展自己的经济自由理念；第三篇文章则反对一切土地税和各种形式的贸易限制。然后是1844年夏天，巴斯夏将一篇论述法国、英国关税的影响的手稿寄给当时法国最负盛名的经济学期刊《经济学家学报》(*the Journal des Economistes*)，在1844年10月号上发表，题为《英国和法国的关税对两国人民的未来的影响》(*The Influence of Frenchand English Tariffs on the Future of the Two Peoples*)。毫无疑问，它是当时法国、甚至整个欧洲捍卫自由贸易及更一般意义上的经济自由的最有说服力的文章。此时，巴斯夏已经成长为自由放任主义坚定而不知疲倦的捍卫者。

这之后，巴斯夏一发而不可收拾，为报纸撰写了大量小册子和文章，开始了他短暂而辉煌的写作生涯。他的这些文章结集为两卷本的《经济学的诡辩》(*Economic Sophisms*)，先后在1844年和1845年出版。

巴斯夏还是一位活跃的社会活动家。1845年巴斯夏见到了英国自由贸易主义代表人物、曼彻斯特学派领袖科布登(Richard Cobden),决心组织法国的自由贸易主义社会运动。1846年,他在波尔多成立了自由贸易协会,并在全国范围内宣传自由贸易、经济自由观念。然后他到巴黎,成为他参与创办的一份宣传自由贸易的周刊《自由贸易》(*Le Libreéchange*)的秘书和编辑。

当时的法国人厌倦了代表着特殊利益集团的君主的腐败,1848年二月发动革命,迫使国王退位。然而在随后的动荡中,种种乌托邦争相在社会上表演。为了与这些观念进行斗争,已经身患肺结核的巴斯夏竞选成为国民公会议员。他最初与诗人拉马丁关系还不错,并使这位在后来的革命和临时政府中举足轻重的人物具有自由贸易色彩。但当拉马丁开始采取国家干预主义政策后,巴斯夏就公开反对他的做法。在国民公会,他坚定地捍卫财产权,为公民自由辩护,并据此对右翼和左翼的限制主义的经济政策左右开弓。他反对君主专制主义、贸易保护主义、军国主义,也反对社会主义和空想共产主义。不幸的是,其时的大多数议员都沉溺在狂热的改造社会的幻想中,而对他的理性洞见没有兴趣。他的健康每况愈下,但他仍勇敢地与攻击经济自由和公民自由的种种学说进行斗争。

巴斯夏曾经深刻地剖析过法国政治的困境,结果果如他的预言,法国不断地重复自己的错误,新生的共和国垮台了,君主又回来了。不过,巴斯夏没有看到拿破仑三世加冕,就于1850年圣诞之夜在罗马病逝,刚刚写完其最完整地表述其经济理论的《和谐经济论》第一卷和第二卷的部分章节,其中有一部分在他死后才发

表。在他生命的最后一个月,他抱病写作了其最著名的论文《看得见的与看不见的》(What Is Seen and What Is Not Seen)。巴斯夏先是搬家丢失了已经写成的手稿,然后重写一遍。但自己觉得太学究气,很不满意,就付之一炬,写了该文的第三稿。这就是我们现在见到的经济学名篇。

巴斯夏的著作多写作于1848年法国革命前后,其时,形形色色的乌托邦激进主义和保守主义思潮甚嚣尘上。他的文章直面民众错误的想象和精英分子知识上的谬误。由于他的文章大多都是专为报刊而写作,因而所谈论的都是他那个时代最紧迫的问题,但行文中却贯穿了他对最基本的经济学、政治哲学、法哲学等领域基本理论的思考,因而使他的文章在引人入胜的文笔下面,透出深刻的思想内涵。

法文版的巴斯夏《全集》(*Oeuvres Complétes*, Paris: Guillaumin, various dateso fpublica tionan dreissue)共有7卷。他的著作大约有2/5被翻译成了英文,组织翻译出版的则是美国经济学教育基金会。其中《和谐经济论》是全译本,而《经济学的诡辩》(*Economic Sophisms*)则并没有把法文两卷本《经济学的诡辩》中的所有文章全部译出。

本书收录了集中反映巴斯夏方方面面思想的文章,包括他最著名的论文《看得见的与看不见的》和《法律》等。另外,译者将《经济学的诡辩》中的《蜡烛制造商关于禁止太阳光线的陈情书》一文译出作为最后一章。在翻译《法律》一文的过程中,译者参考了两个英文译本。书中注释有三种,一种是巴斯夏法文版全集编者所加的注解,一种是英文译者的注解,还有一种是中文译者的注释,均已逐条注明。

经济学理论与文章的机智、雄辩，一般是很难相提并论的，而在巴斯夏的文章中，这两者完美地结合在一起，巴斯夏的文章充满了有趣的寓言、辛辣的反讽、机智的辩论，阅读他的文章本身，就是一种愉悦。然而，由于本书是经过英文转译的，加上译者的英文理解能力和汉语表达能力有限，巴斯夏行文之妙，或许只能传达一二，实为莫大的遗憾。

**图书在版编目(CIP)数据**

财产、法律与政府:巴斯夏政治经济学文萃/(法)弗雷德里克·巴斯夏著;姚中秋译.—北京:商务印书馆,2017
(汉译世界学术名著丛书:120年纪念版:珍藏本)
ISBN 978-7-100-14168-0

Ⅰ.①财… Ⅱ.①弗… ②姚… Ⅲ.①资本主义政治经济学—研究 Ⅳ.①F03

中国版本图书馆CIP数据核字(2017)第137691号



汉译世界学术名著丛书
(120年纪念版·珍藏本)
**财产、法律与政府**
**巴斯夏政治经济学文萃**
〔法〕弗雷德里克·巴斯夏 著
姚中秋 译

商 务 印 书 馆 出 版
(北京王府井大街36号 邮政编码100710)
商 务 印 书 馆 发 行
南京爱德印刷有限公司印刷
ISBN 978-7-100-14168-0

2017年12月第1版　　开本710×1000 1/16
2017年12月第1次印刷　　印张27
定价:130.00元